U0361942

南开大学农业保险研究中心·农业保险系列教材

农业保险经营管理

周县华　编著

南开大学出版社

天　津

图书在版编目(CIP)数据

农业保险经营管理 / 周县华编著. —天津：南开
大学出版社，2021.1
南开大学农业保险研究中心·农业保险系列教材
ISBN 978-7-310-05999-7

Ⅰ.①农… Ⅱ.①周… Ⅲ.①农业保险－经营管理－
中国－高等学校－教材 Ⅳ.①F842.66

中国版本图书馆 CIP 数据核字(2020)第 249596 号

农业保险经营管理
NONGYE BAOXIAN JINGYING GUANLI

南开大学出版社出版发行
出版人：陈　敬
地址：天津市南开区卫津路 94 号　　邮政编码：300071
营销部电话：(022)23508339　营销部传真：(022)23508542
http://www.nkup.com.cn

北京明恒达印务有限公司印刷　全国各地新华书店经销
2021 年 1 月第 1 版　　2021 年 1 月第 1 次印刷
260×185 毫米　16 开本　21 印张　2 插页　416 千字
定价：58.00 元

如遇图书印装质量问题，请与本社营销部联系调换，电话：(022)23508339

编委会名单

主　任：虔国柱
委　员：（按姓氏笔画排序）

牛国芬　　石　践　　卢一鸣　　冯文丽
朱　航　　江生忠　　江炳忠　　李连芬
李勇权　　邱　杨　　沈光斌　　张　峭
张仁江　　张海军　　陈元良　　周县华
单　鹏　　赵　明　　段应元　　施　辉
姜　华　　郭　红

编写组成员

中国保险行业协会

    郭　红　刘　阳　徐　强　杨大明　李俊利

河北农业大学

    赵君彦　高　彦　郝　妍

中国人民财产保险股份有限公司

    李　越　何　鹏　吕　松

中国太平洋财产保险股份有限公司

    吕　铁　刘　姣　杨志鹏

华农财产保险股份有限公司

    于福宽　于　洋

中原农业保险股份有限公司

    王　俊　苏振兴　谢　嫘

总　　序

　　经南开大学农业保险研究中心（以下简称南开农研中心）将近两年的精心策划、筹备、招标、研讨和各位专家学者的艰苦写作，我国农业保险界第一套专业丛书陆续问世了。这是一件值得农业保险界和保险界高兴和庆贺的事。

　　中国的农业保险，要从 20 世纪 40 年代的商业性试验算起，到现在已有 70 多年的历史了，但是真正的制度化农业保险的启动、试验和发展过程，只不过 12 年时间。在这 12 年时间里，农业保险学界和业界，在中国农业现代化发展和乡村振兴的背景下，借鉴和吸收不同国家发展农业保险的实践和经验，努力设计出一套有我们自己特色的制度模式和经营方式，开发出自己的丰富多彩的产品体系，在这个领域创造出中国经验和中国速度。这可能是我们的农业保险界前辈和国际农业保险界做梦也没有想到的。

　　实践总是理论和政策的先导，理论和政策又进一步指导着实践。这些年里，农业保险的实践不断给农业保险研究提出新课题，推动着农业保险理论的不断探索。同时，我们的实践经验也在一点一滴地积累和总结。这套教材，就是政、产、学、研在这几十年里实践和研究成果的结晶，这些成果必定会为农险制度和政策的完善、业务经营和管理的改进提供指导和规范。

　　几十年来，特别是近 12 年来，我国农业保险的发展走过了一条循序渐进之路。从该业务性质层面，开始是单一的商业化农业保险的试验，后来才走上政策性农业保险和商业性农业保险并行试验和全面实施的阶段。当然，目前的农业保险，政策性业务已经占到农业保险业务 95％ 以上的份额。从农业保险的内容层面，也从最初的种植业和养殖业保险，扩大到涉农财产保险的广阔领域。就农业保险产品类别和作业方式层面，我们从最初的以承保少数风险责任的生产成本损失的保障，扩大到承保大多数风险责任的产量和收入的保障。承保方式也从传统的一家一户的承保理赔方式，扩展到以区域天气指数和区域产量的承保和理赔方式。从农业保险制度构建的层面，我们从商业性保险领域分离出来，建立了专门的农业保险制度。这个发展和建设过程虽然不短，但相比其他国家，特别是其他发展中国家，速度是最快的，而且从 2008 年以来我们的农业保险市场规模已经稳居亚洲第一、全球第二了。

随着农险业务和制度的发展变化，我们遇到越来越多法律的、政策的以及上述所有业务拓展领域的理论和实际问题。在商业性农业保险试验屡战屡败的背景下，最早提出来的是"农业保险有什么特殊性质"的问题。随着理论上的认识深化和逐步统一，制度和法律建设问题就提出来了。2007年政府采纳了农业保险界的意见，开始对农业保险给予保险费补贴。随着这类有财政补贴的政策性农业保险的试验和扩大，业务经营和扩展的问题也逐渐提上议事日程。《农业保险条例》出台之后，随着全国普遍实施政策性农业保险和广大小农户的参保遭遇承保理赔的困境，天气指数保险、区域产量保险等经营方式和产品形态便受到广泛关注和开发。当国家对大宗农产品定价机制改革的政策推出时，作为配套政策的农业收入保险和其他与价格风险相关的保险产品的研究也变得迫切起来。这些年，特别是在这十几年里，制度创新、经营模式创新、组织创新、产品创新等我们需要面对和探讨的课题，就一个一个被提出来了，我们的农险研究在逐步形成的政、产、学、研体制下，广泛地开展起来，参与研究的专家、学者、研究生和广大从业者越来越多，各类成果也就呈几何级数式增长的势头。我们的农业保险相关法律和政策就是在这样的基础上产生并不断完善，推动着我国农业保险的制度建设、业务规模和服务质量的快速推进和发展。

本套丛书既是适应业界业务发展的需要，也是适应学校教学的需要，在保险监管部门的充分肯定和大力支持下，集行业之力，由众多学者、业界专家和研究生们共同努力，一边调研一边讨论，共同撰写出来的。从该创意的提出，题目征集，选题招标，提纲拟定和交流，初稿的讨论，直到审议、修改和定稿，虽然历时不短，但功夫不负有心人，现在丛书终于陆续出版，与读者见面了。我想，所有参加研讨和写作的专家、学者和研究生们，都在这个过程中经受了调研和写作的艰苦，也享受到了获得成果的喜悦。我们相信，这些作品会为我们的农险实践提供帮助和支持。

本套丛书是我国第一套农业保险专业图书，也是我所知道的世界上第一套全方位讨论农业保险的图书，虽然不敢说具有多么高的理论水平和实践价值，但这是一个很好的开头，是我们这些农业保险的热心人对我国农业保险的推进，对世界农业保险发展做出的一点贡献。当然，我们的实践经验不足，理论概括能力也有限，无论观点、论证和叙述都会有很多不足之处甚至谬误，需要今后进一步修正、提高和完善。我们欢迎业界和学界广大同人和朋友在阅读这些作品后多加批评和指正。

南开农研中心要感谢这套丛书的所有参与者、支持者和关注者，特别是各位主编及其团队，感谢大家对农业保险"基建工程"的钟爱并付出的巨大热情和辛劳，感谢诸多外审专家不辞劳烦悉心审稿。也要感谢南开农研中心所有理事单位对这套丛书的鼎力支持和帮助。南开农研中心也会在总结组织编写这套丛书经验的基础上，继续推出其他系列的农业保险图书，更好地为所有理事单位服务，更好地为整个农业保险界服务，为推动我国农业保险事业的蓬勃发展做出更多的贡献。

南开大学出版社的各位编辑们为第一批图书能及时出版，加紧审稿，精心设计，付出诸多心血，在此表达我们的深深谢意。

度国柱

2019 年 5 月于南开大学

前　　言

自 2007 年中央财政实施补贴以来，农险保费从 2006 年的 8.48 亿增长至 2020 年的 800 亿左右，年化复合增速达到 39%。与责任保险基本相当，略低于健康险。成为车险之后，并驾齐驱的三大非车险类保险之一。占整体财险保费比例达到了 6.4%。

2010—2019 年，农险实现承保盈利 178 亿，利润率在 4% 左右，呈下降趋势。农业保险已经成为高赔付率、低费用率、薄利润率的可持续发展的非车大险类。

2019 年 10 月，财政部、农业农村部、银保监会和林草局联合发布了《关于加快农险高质量发展的指导意见》。2020 年 5 月财政部发布了《关于扩大中央财政对地方优势特色农产品保险以奖代补试点范围的通知》，多部委从政策层面相继对农险行业未来 10 年高质量的发展路径做了提纲挈领的规划。根据《关于加快农险高质量发展的指导意见》（以下称《意见》），农险的性质由"有政府补贴的商业保险"明确为"政策性农险"，重视程度大幅上升。而且，首次赋予了农险保障国家粮食安全、增进农户收入稳定性、提高农产品国际竞争力、有效推进扶贫攻坚的职责。因此，未来在"扩面、增品、提标"的政策指引下，保费规模将会进一步提升，根据《意见》的规划，到 2030 年农险总体发展基本达到国际先进水平。按照美国农险保费占农业增加值大约 5.4%（2017 年）的标准计算，10 年后我国农险的保费规模，最高可以达到 4000 亿元人民币。复合增速将保持在 15% 左右，农险在保险公司，非车业务构成中的重要地位，会进一步凸显。即使是打一个折扣，比如达成 2 千亿，也能实现至少翻倍的增长。

在这样的一个大背景下，农业保险的经营管理就显得尤为重要了。农业风险属于高风险险类，各年度之间赔付率波动较大。如何购买再保险，如何利用大灾准备金都是需要仔细研究的课题。

目前，农险行业费率的差异化很小，《意见》中明确未来将明晰政府与市场的边界，充分尊重保险机构产品开发、精算定价、承保理赔等经营自主权。未来风险识别和产品创新能力将会是保险公司形成差异化竞争力的重要方式。

建立单独的农险财务核算制度，从财务口径对农险经营过程中的费用列支、营收损益进行严格的管理和风险把控，才能确保农险承保理赔列支合法合规，费用专款专用，成本归集准确。

本书对这些问题都有涉及，希望对学界和业界都能有所帮助。

周县华

中央财经大学中国精算研究院

2020 年 12 月 17 日

目　　录

第一章　农业保险经营管理概论

第一节　经营主体

农业保险经营主体是农业保险的重要内容，与其发展联系紧密。自国家 2007 年开始实施农业保险保费补贴政策以来，全国农业保险发展迅速。2007 年至 2017 年全国农业保险原保费收入年平均增长速度超过 9%，累计保费收入近 2800 亿元。[1]

在农业保险大发展的背后，是各类农业保险经营主体的蓬勃发展。自 1982 年至 2000 年的中国人保农业保险商业化实验阶段，到 2000 年至 2007 年农业保险大讨论阶段，再到 2007 年以后政府与市场合作的农业保险大发展阶段，各类经营主体在农业保险改革进程中迸发了强有力的活力。2007 年底，全国经营农业保险的财产保险公司共计 9 家，农业保险保费收入过亿元的为 5 家，而至 2018 年底，全国经营农业保险的财产保险公司共计 39 家，农业保险保费收入过亿元的达到 24 家，[2] 农业保险市场形成了"以商业保险公司为主的供给体系"，不同的农业保险经营主体的发展也呈现了不同的形态。

以 2012 年至 2018 年农业保险年保费收入过亿元主体来看，农险市场呈现三类集群（见图 1.1）：一是中国人民财产保险股份有限公司（以下简称"人保财险"）与中华联合财产保险股份有限公司（以下简称"中华财险"）两家具有较长农险经营时间的经营主体，约占全国 70% 的保费收入；二是安华农业保险股份有限公司、阳光农业相互保险公司、国元农业保险股份有限公司等 5 家农业保险公司，其农险保费规模增长迅速，成了我国农险市场第二梯队的主力军；三是以太平洋财产保险公司（以下简称"太保产险"）、锦泰财产保险公司（以下简称"锦泰财险"）、北部湾财产保险股份有限公司（以下简称"北部湾财险"）等近年来进入农险市场的财产保险公司，这一类型的财险公司数量多、增长快，每年都有数家公司跨入农业保险保费收入亿元级别。根据各类经营主体的经营模式，我国的农业保险经营主体大致可以依据经营区域、经

---

[1]　根据保监会统计报告整理。
[2]　根据《保险统计年鉴 2018》各财险公司年保险收入统计数据整理。

营特点及经营目的进行划分。

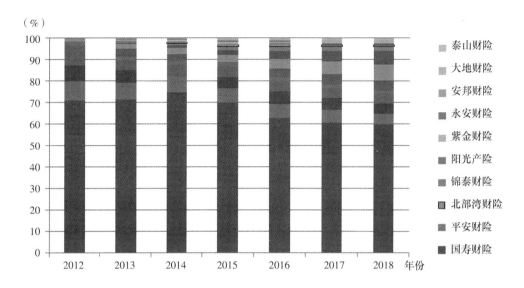

图 1.1 2012 年至 2018 年国内主要农业保险经营主体市场份额占比变化

一 按照经营区域分类

我国的农业保险经营主体按其经营区域划分，可以划分为全国性公司和区域性公司。这类主体以近年来进入农险市场的财产保险公司为主，因其经营区域的不同形成各有特色的农业保险经营方向。

（一）全国性公司

农业保险经营主体中的全国性公司多为集团公司旗下财产保险公司，规模大，业务广，在国内大部分省市自治区均设有分支机构，经营管理相对成熟。以太保产险为例，太保产险是中国太平洋保险（集团）股份有限公司旗下的专业子公司，公司总部设在上海，现注册资本为人民币 194.7 亿元。目前已全面完成了在中国各省级行政区域的机构布局，在全国拥有 41 家分公司，1 家航运保险事业营运中心，2600 余家中心支公司、支公司、营业部和营销服务部。2019 年，公司总资产和净资产分别为 1657.49 亿元和 398.85 亿元，实现净利润 59.1 亿元，全年公司实现保险业务收入 1329.79 亿元，其中农业保险达 59.75 亿元。（见图 1.2）

太保财险的农业保险的经营起步于 2007 年前后，与其他全国性财产保险公司类似，经过 2007—2009 年业务铺垫阶段，2010 年太保财险农业保险业务进入稳定发展期。随着 2013 年《农业保险条例》的颁布实施，全国农险市场开始进入大发展时期，当年太保财险也开始积极推进农业保险业务建设，其确立了"到 2015 年末，取得国内各主要农业保险大省的农险经营资格，保费收入达 13 亿—15 亿元，初步形成具有太平洋保险特色的农险专业化经营模式，业务经营管理综合实力进入国内主要农险经营主体行列"的经营目标，并于同年度取得云南、内蒙古、湖南、广西、北京、山东、河南、湖北、江苏、江西、海南等地区农险保险经营资格，年末农险保费营收 6.4 亿元，较上年增长 35%，但这一增长速度却明显落后于其竞争对手，尤其是安华、国元等专业性农险公司。此外，车险市场进入承保利润下滑通道，使得太保财险业务综合成本率高达 99.5%，濒临承保盈亏的成本线。

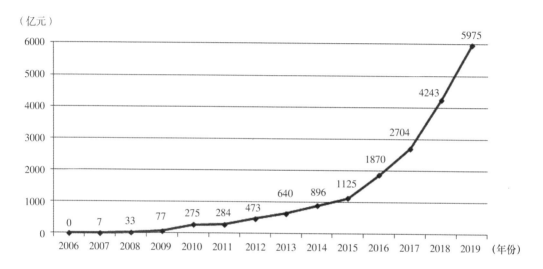

（亿元）

图 1.2　太保产险 2006 年至 2018 年农业保险保费收入情况

　　2014 年，太保财险的农险经营发生重大转变。根据上海市政府保险专业化经营的总体思路，7 月太保财险发布公告"拟以 2.24 亿元受让上海国际集团、上海国有资产经营有限公司合计持有的安信农业保险股份有限公司 34.34% 的股权"，10 月该转让交易获保监会批准。安信农险的加入为太保财险农险经营增加了新的动力及盈利。

　　2016 年，太保财险与安信农险再行农险经营改革，安信农险主动调整业务结构，退出不具竞争优势的车险领域，专注农险业务，最终实现保险业务收入 10.44 亿元，其中农险 6.85 亿元，同比增长 29.2%。这一转型，使安信农险综合成本率同比下降 4.4 个百分点至 94.1%，实现净利润 1.16 亿元，同比增长 2.7%。同时两家保险公司重新划定了经营区域，安信农险主要在江、浙、沪经营。太保财险主要在云南、内蒙古、湖南、广西、北京、山东、河南、湖北、海南等省、自治区、直辖市经营农业保险。这一举措使得太保财险得以轻装上阵，更加专注深耕已有市场，2016 年其最终农险业务营收 18.7 亿元，同比增长 66%，业务规模位居全国第六位。

　　太保产险的农业保险经营很好地代表了全国性公司的特征。就大多数财产保险公司而言，车险仍是其财产保险主要业务来源，农业保险目前大多只作为其非车业务的探索性方向，并未作为一项重大业务列入其重点发展领域，究其原因，目前农险市场规模仍较小，且赔付率、赔付方式、运作模式尚未完全成熟，整体业务对公司经营贡献率不高。从业务结构来看，虽然全国性公司农业保险绝对数不低，但各省级分支机构普遍农业保险保费均在亿元级别，且保费增长多依靠个别业务较好的省份。

（二）区域性公司

截至 2017 年末，全国地方法人类财产保险公司共计 21 家（含专业性农业保险公司），这类财产保险公司多由地方政府牵头建立，在农业保险经营策略上也多为专注深耕省内市场或专业领域。以北部湾财险和锦泰财险为例，北部湾财险是在广西壮族自治区党委、自治区人民政府的大力推动和支持下，由广西金融投资集团有限公司作为主发起人，联合 13 家区内外大型企业共同发起，于 2013 年 1 月 18 日成立，是首家总部设于广西的全国性法人保险机构。目前，北部湾财险分别设有广西、广东两家省级分支机构。

北部湾财险于 2013 年 11 月由中国保监会批准在广西开办农业保险业务，2014 年至 2018 年，其保费规模分别为 0.9 亿元、1.92 亿元、2.82 亿元、3.6 亿元及 4.9 亿元，平均增长速度在 50% 以上。不同于其他省级农业保险市场，其糖料、烟叶及林木保险等产品市场规模占其种植业保险市场的一半，这决定了其对于地方特色农业经济更为重视。截至 2017 年 9 月末，北部湾保险累计承保水稻 985.72 万亩、糖料蔗520.52 万亩、能繁殖母猪 49.64 万头、育肥猪 673.82 万头、森林 11338.69 万亩、烟叶46.17 万亩，以及奶牛、大蚝等险种，提供风险保障 736.52 万亿元，支付赔款 4.64 亿元，有力地支持了农业生产稳定。

此外，因广西特殊的地理环境，使得北部湾财险更为重视县域农村基层服务体系建设，其建立了"以县支公司为龙头、以农业保险服务站为依托、以驻村协保员为延伸"的覆盖全区的农业保险服务网络体系，铺设了农险服务站（点）315 个、村级农业保险服务点 358 个，覆盖全区 90% 的县域，基本打通保险服务农户的"最后一公里"。

锦泰财险是经中国保监会批准设立，由四川省委、省政府倡导，成都市委、市政府牵头，成都市国资委独资的成都金融控股集团有限公司主导，国投资本控股有限公司、四川省投资集团有限责任公司等九家公司共同发起设立，并于 2011 年 1 月成立，第一家总部设在四川成都的全国性股份制财产保险公司。公司注册资本为人民币 11 亿元，股东由国有大型及骨干企业集团组成，涵盖金融投资、电力、煤炭、农业、旅游、商贸、交通等基础性、资源性产业及高科技产业等行业领域。目前，锦泰财险全国共计 7 家省级分支机构，1 家省级分支机构正在筹建中。

锦泰财险于 2013 年由中国保监会批准在广西开办农业保险业务，2013 年至 2018

年，锦泰财险农业保险保费收入分别为 0.94 亿元、1.27 亿元、1.78 亿元、2.83 亿元、3.17 亿元及 4.05 亿元，年均增长速度接近 33%。对于农业保险的经营，锦泰财险将创新型保险作为其推进农险发展的核心。2012 年 9 月锦泰财险启动政策性特色农险试点工作，2013 年 11 月政策性蔬菜价格指数保险出单，2014 年 4 月蔬菜价格保险出赔首张超百万元保单，2014 年 11 月试点生猪价格保险，2015 年 1 月获批于贵州开展农产品目标价格保险试点，2015 年 7 月于贵州出单农产品目标价格保险，2015 年 9 月获批于陕西省开展政策性特色农业保险试点，2016 年 6 月于陕西韩城出单花椒指数保险。立足创新研发的思路，锦泰保险开发了特色蔬菜保险、蔬菜价格指数保险、杂交水稻制种保险、水果保险、生猪价格指数保险等多个特色农险险种。其中，生猪价格指数保险创新型地实现了理赔系统的全线自动化的模式，将全过程控制在 24 小时以内。

锦泰财险和北部湾财险的发展模式很好地代表了区域性公司的特点。就地方性公司而言，其均为地方政府组织、地方国企出资建立的地方法人企业，由于目前车险业务竞争激烈，且大部分份额被大型公司占据，对于体量普遍较小的地方性公司而言，非车业务更为重要，而农业保险作为近年来增长最快、前景最好的非车业务自然为地方性公司所重视。以北部湾财险为代表的一批区域性公司，其农险经营主要立足于当地的特色产业，利用公司自身的地域性优势深耕特色农险保险市场。以锦泰财险代表的区域性公司则将农险业务的发展聚焦在创新险种上，通过抢占新兴市场来带动整体农业保险业务的推进。

二 按照经营特点分类

我国的农业保险经营主体按其经营区域划分，可以划分为全国性公司和区域性公司，主要为经营特点已固定的经营主体。

（一）综合性公司

目前我国农业保险市场共有人保财险和中华保险两家综合性公司，其经营农险业务时间长，业务门类齐全且多样化，农险经营分支机构铺设健全，具有丰富的农业保险经营经验。

1. 人保财险

人保财险是经国务院同意、中国保监会批准，于 2003 年 7 月由中国人民保险集团发起设立的、目前是中国内地最大的财产保险公司，其前身是 1949 年 10 月 20 日经中国人民银行报政务院财经委员会批准成立的中国人民保险公司。人保财险是"世界 500 强"企业中国人民保险集团股份有限公司的子公司，2003 年 11 月 6 日，公司在香港联交所主板成功挂牌上市，成为中国内地第一家在海外上市的金融企业。2013 年公司保费收入超过 2000 亿元，亚洲排名稳居第一位，在全球单一品牌财险公司中位列第二位。2014 年公司经营业绩取得新的历史性突破，业务规模首次跨越 2500 亿元大关，成为中国财产险市场售价年度保费超过 2500 亿元的公司。

人保财险经营农业保险具有悠久的历史。1950 年，成立不久的人保公司就在北京、山东、重庆等地试办牲畜保险。1951—1952 年，人保公司还在一些地区试办了农作物保险。1953 年，农业保险停办。1955—1957 年，恢复和办理牲畜保险。1958 年，继续办理生猪保险，扩大养猪保险，试办农业保险。但由于 1958 年 12 月武汉全国财政会议决定立即停办国内保险业务，人保公司的农业保险业务进入了长达 24 年的空白期。1982 年，国务院决定逐步试办农村财产保险、生猪保险等业务，中国人保全面恢复试办农业保险，在全国范围内进行了大规模的农业保险试验。自 1982 年以来的 30 多年中，无论经营体制如何变化，人保财险一直坚持经营农业保险，并在全国始终保持最大的农业保险市场份额。近几年，人保财险对农业保险高度重视，采取了一系列发展农业保险的措施。

第一，实施"三农"保险"一号工程"。2011 年以来，人保财险将发展"三农"保险作为"一号工程"，成立了由总裁担任主任的"三农"保险发展委员会，投入 10 亿元以上资金设立"三农"保险发展专项基金。

第二，构建农业保险管理部门。在总公司层面设立农业保险事业部"三农"保险部，各级分支机构全面实行农业保险发展"一把手"负责制，明确专职分管领导和主管工作部门，33 个省级分公司单独设立了农业保险管理部门，业务规模较大的地、县级分支机构也设立了农业保险部，实施了一系列促进农业保险发展的政策举措。

第三，构建"三农"保险基层服务体系。目前，人保财险的"三农"保险已经延伸到乡一级，保险服务站已经覆盖了全国农村地区 90% 的乡镇，在 24 万个行政村拥有总数达 30 万人的协保员队伍，初步构建形成了覆盖基本全面、管理较为清晰、运行日益规范、服务趋于到位的"三农"保险基层服务体系，基本实现了"网络到村、服务到户"。

第四，向提升服务和产能阶段转型。在物理网点搭建初步完成的基础上，2013 年，人保财险将深入推进"一号工程"由建设布点阶段向提升服务和产能极端转型。按照"思想认识到位、工作机制到位、财务支持到位、产品培训到位、信息管控到位、考核激励到位"六到位的要求，持续完善农网布局，完善农网硬件和软件配置，加强产品与服务培训，健全综合管理制度。

2. 中华财险

中华财险是经中国保监会批准，于 2006 年 12 月由中华联合保险控股股份有限公司发起设立的全国性财产保险公司，其前身是由国家财政部、农业部专项拨款，新疆生产建设兵团组建成立的新疆生产建设兵团农牧业生产保险公司。1986 年 7 月 15 日，中国人民银行根据中发〔1986〕8 号文件"农场要积极实行农牧业保险制度，动员小农场参加保险"的精神，按照《保险企业管理暂行条例》的规定，批准设立了新疆生产建设兵团农牧业生产保险公司，是新中国保险史上成立的第二家具有独立法人资格的国有商业性保险公司，标志着保险市场竞争的出现。成立初期，公司专营新疆生产建设兵团内部种、养两业保险。

1992 年，中国人民银行批准公司经营新疆兵团范围内除法定保险和外币保险外的所有保险业务。1993 年，更名为新疆兵团保险公司。2000 年 7 月，经国务院和中国保监会批准，业务经营区域扩大到全自治区，同时更名为新疆兵团财产保险公司，在全自治区范围内开办各种财产保险、机动车保险、货运险、责任险、农业保险、健康险、医疗险及短期人身保险业务。

2002 年 9 月 20 日，经国务院同意，新疆兵团保险公司更名为中华联合财产保险公司。2004 年 9 月，经中国保监会批准，公司实行"一改三"的整体改制方案，成立"中华联合保险控股股份有限公司"，下设"中华联合财产保险股份有限公司"和"中华联合人寿保险股份有限公司"两家独立法人子公司。2010 年 12 月，为了适应新的发展形势，中华财险公司总部从乌鲁木齐迁至北京。

中华财险注册资本金 146.4 亿元人民币，在全国设立了总公司 1 家，分公司 28 家，分公司营业总部 2 家，中心支公司 222 家，支公司 1346 家，营销服务部 650 家，机构总计 2249 家，员工队伍 36740 人，形成了比较完善的营销服务网络，建立了一支高素质的保险经营与营销专业队伍。2014 年，保费收入近 350 亿元，市场规模位居国内财险市场第五位，承保利润额位居行业第三位，农险业务规模位居全国第二位。

目前，这两家综合性公司是我国农险市场毫无疑问的"巨头"，其合计占据了农险市场 60%—70% 的市场份额，在市场经验、机构铺设、业务规模等方面优势明显。

（二）专业性公司

建立专业农业保险公司是我国农业保险改革的重要举措，截至 2018 年末，全国共有 5 家专业农业保险公司，分别为中原农业保险股份有限公司（以下简称"中原农险"）、安华农业保险股份有限公司（以下简称"安华农险"）、阳光农业相互保险公司（以下简称"阳光农险"）、国元农业保险股份有限公司（以下简称"国元农险"）、安信农业保险股份有限公司（以下简称"安信农险"）。此外，还有较为特殊的中外合资的中航安盟财产有限公司（以下简称"中航安盟"）。（见表 1.1）

专业性公司地域化发展特点突出，其在农业保险资质的无限制以及地方资源集中的优势，使其会在公司成立后的 2—4 年经历第一个高速增长期，随着农业保险业务逐渐成熟，综合费用率下降，会在成立后的 3—5 年开始盈利，但在公司成立后的 5—8 年，往往出现保费收入的增长缓慢期，一般存在 3—4 年的缓增期，这是由于前期机构红利和前期产品红利逐渐消失，种植险保费进入瓶颈期。因此保费的增长需要新的突破点，例如机构向全国范围设立、设计创新产品或拓展、延伸保险区域。

表 1.1   全国专业性农业保险公司基本情况

公司名称	注册地	成立时间	注册资本	经营区域
安华农险	吉林省	2004 年	10.575 亿元	吉林省、内蒙古自治区、辽宁省、山东省、北京市、青岛市、大连市、四川省、河北省、黑龙江省、广东省
中原农险	河南省	2015 年	11 亿元	河南省
阳光农险	黑龙江省	2005 年	10 亿元	黑龙江省、广东省
国元农险	安徽省	2008 年	21.039 亿元	安徽省、河南省、湖北省、贵州省、上海市
安信农险	上海市	2004 年	7 亿元	上海市、浙江省、江苏省
中航安盟	四川省	2011 年	11 亿元	吉林省、陕西省、四川省、辽宁省、黑龙江省、内蒙古自治区、北京市

资料来源：上述公司官方网站 2018 年公开披露信息。

专业农业保险公司是我国农业保险发展中的重要力量，特别是在我国农业保险发展的初期，专业化农业保险公司凭借着专营农业保险的技术优势，对农业保险的整体推进起到了非常关键的作用。但随着农业保险经营的不断深入，这些专业化的农业保险公司普遍进入了瓶颈期。首先，专业农业保险公司较其他保险公司其涉农业务不能少于总体业务的 60%，这使得专业农业保险公司的业务结构相对专一，加之农业风险集中，当出现大额赔付时，专业农险公司受到的冲击更大。其次，农业保险立法及制度建设尚不完善，虽然目前从中央到地方出台了关于农业保险的一些规章制度，但整体相对笼统，且相关权利与责任边界不清，没有成体系的执行规范，容易造成农业保险经营在面对复杂情况时在合规与业务之间进退维谷。最后，随着农业保险市场活跃性不断增强，市场竞争程度也在不断提升，虽然专业农险公司与其他保险公司同样面对竞争环境，但专业农险公司的边界已被确定，因此在整体业务竞争上缺乏弹性。

三　按照经营目的分类

按照经营目的分类，农业保险经营主体可分为营利性和非营利性。

公司制经营主体主要包括股份制保险公司，是目前农业保险市场的主要经营主体，前文所述各类股份制保险公司均分属这一类别，其经营目的就是通过经营保险业务来获取利润，这也是股权资本的内生要求。

非营利性主体则是不以盈利为目的，而是以互助互济的方式，为投保人提供风险保障。在我国，这类主体主要由相互制保险公司和非营利性社团法人组成。

（一）相互制保险公司

相互制保险公司是相互制与公司制相结合的一种特殊保险组织形式，以投保人缴

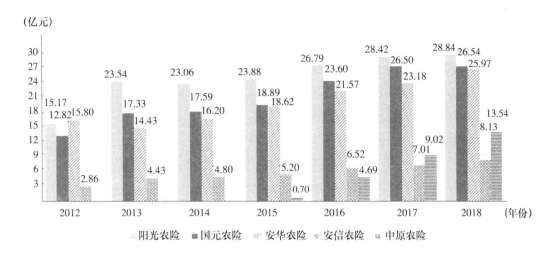

图 1.3　2012—2018 年专业型农业保险公司保费收入对比

纳的纯保险费形成保险基金，以投保人之间互助共济的方式实现被保险人的人身或财产风险损失补偿，并采用公司经营制度。农业相互保险公司采用相互保险的形式，又融合了公司制的经营模式和治理机构，很好地结合了经营主体与农民的利益，具有产权明晰，交易成本较低，减少信息的不完全和不对称的特点，有利于协调好政府、经营主体和农民的关系，能有效地降低保险产品的价格，并在保险关系中易于相互监督，减少道德风险，提高农民参加农业保险的积极性。

目前，我国农业保险市场上的相互保险公司仅有阳光农险一家。阳光农险是 2005 年 1 月经国务院同意、中国保监会批准、国家工商总局注册的我国唯——家相互制农险公司。阳光农险实行会员制，公司所有参保农民都是公司的会员，会员既是保险人又是被保险人。会员根据公司章程向公司缴纳保险费，公司根据合同约定进行赔付，从事相互保险活动。

按照保监会的有关要求，阳光农险坚持"先农险、后商险，先局部、后放大"的原则，"立足垦区、覆盖全省、走向全国"的"三步走"战略，目前设有 13 个分支公司。在黑龙江省内，公司共设立了 1 个分公司和 11 个中心支公司、在 94 个农场设立了保险社、在 5 个县（市）设立了支公司、在 66 个县（市）设立了营销服务部、在 1000 多个乡（农场管理区）成立了保险分社、在 2000 多个村（农场居民组）成立了保险互助会，发展会员 100 余万人，服务网络已覆盖黑龙江省。此外，公司还在广东省设立了分公司，在低纬度地区开展农业保险业务。目前，阳光农保开办的保险险种有种植业保险、养殖业保险、责任保险、机动车辆保险、交强险和其他涉农保险等主险产品 100 余个。

（二）非营利性社团法人

我国的非营利性社团法人是在特殊的社会和经济环境下适应渔民、农机和农民风险保障需求而诞生的社团法人组织，具体包括中国渔业互保协会，陕西、湖北、湖南等省的农机安全协会、农业风险互助协会等。

中国渔业互保协会是渔业互保协会的代表，其是由农业部主管、民政部批准的，全国范围内广大渔民及其他从事渔业生产经营或渔业生产经营服务的单位和个人自愿组成，实行互助保险的非营利性的社会团体，于1994年7月成立，总部设在北京。中国渔业互保协会自成立以来始终坚持"为渔业服务"的方针，渔业互助保险工作取得了迅速发展。19年来，累计入保渔民754万人（次），入保渔船51万艘（次），为渔民群众提供了高达7394亿元的风险保障，共支付经济补偿金近19.3亿元，成为我国渔业防灾减灾的重要保障体系，为渔业经济可持续发展做出了重要的贡献。除中国渔业互保协会外，广东、浙江、山东、河北、福建等渔业大省也建立了类似的渔业互保协会。

陕西省农机安全协会是农机行业非营利社会团体的先行者，其是在陕西省农机局领导支持下，由陕西省农机安全监理总站负责组织筹备，经陕西省农业厅批准、陕西省民政厅登记注册，组织全省农机监理系统的单位、农机专业合作社和农机手、农机企业成立的。协会与江泰保险经纪股份有限公司签订合作协议，共同发起成立陕西省农机安全协会风险互助管理委员会。农机安全互助保险开创初期，陕西省农机局作为直接的主管部门，给予了50万元的准备资金扶持。2009年，陕西省在渭南、宝鸡、咸阳等关中平原农机较多地区的20个县首先开展试点工作，并逐步扩展到全省。湖北、湖南两省也成立了类似机构。

农业风险互助协会则是在2011年由广东省中山市民政局核准注册。农业风险互助协会主发起单位包括市围垦公司、农机监理所、农业科技推广中心、水产技术推广中心站和太平洋产险中心支公司等。作为一个服务于"三农"的非营利性社会团体，主要的业务范围包括：开展农业风险管理技术培训和防灾减灾服务，为会员提供灾后救助和损失补偿，配合相关部门推进农业产业化、标准化、集约化发展。该协会成立后推出了首个互助产品"农机安全责任风险互助条款"，并与商业保险公司就巨灾风险分散问题达成框架协议，同时有针对性地遴选了市内51名农业企业、事业单位和个人作为首批会员。

非营利性社团法人是在我国保险制度改革的特殊背景下催生的特殊保险团体，其既带有互助保险的色彩，也包含了与商业性公司截然不同的"非营利性"。20世纪90年代初，经营农业保险的国有专业化金融机构人保公司正在进行商业化改制，渔业、农机等特殊行业因经营难度大、灾害重、风险大、赔付高，加之国家没有相应的财政和税收支持，导致保险公司对这些领域采取了"风险回避"的态度。同一时期，渔业、农机等领域正在经历高速发展，风险分散与损失补偿的需求日益强烈，风险需求与保险公司退出市场的矛盾催生了这些非营利性社团法人的诞生。不同于相互保险组织，这些社团法人并不是由成员自己控制，而是由行政组织指定的官员或入股"股东"来控制和管理的一种保险组织，成员在组织内部没有民主控制和管理的权利，注册资本金由政府部门或其他企业、组织筹集，组织也没有成员的经济参与，不存在入股和分红的问题。总体而言，非营利性社团法人就是一种提供保险服务活动的社会团体，这种形式是一种特殊的既非商业保险公司也非合作保险组织的非营利性社会团体。

（三）非营利性农险经营主体的特殊性

目前，相互保险公司及非营利社团法人等非营利性农险经营主体均不是我国农业市场的主流，而是作为一种补充手段存在。

首先，这类非营利性农险经营主体多经营范围较小，被保险人种植区域、种植品种同质化较高，农业风险集中分布，难以在更大范围内分散风险。受经营资质的限制，其积累保险基金的速度及规模有限，且多未建立健全准备金体系和再保险风险分散体系，在面临重大自然灾害时，会面临偿付能力不足的风险。

其次，我国针对非营利性农险经营主体尚未建立起健全的法律支持和规范体系，其在经营农业保险实务中易受到地方管理部门的不适干预。此外，这类组织尚处于发展的初期，管理制度、补贴及资金运用机制不健全，其经营农业保险也会受到相应影响。

最后，保险是技术性、专业性较强的金融业务，农业保险较一般性保险业务更为复杂，其费率精算、承保、理赔以及业务管理各个环节都需要专业性的人才与技术进行支持，目前我国农业生产都还处于较低水平，非营利性农险经营主体的技术及人才积累较为薄弱。

第二节　组织结构

一　组织形式和组织结构的关系

伴随着我国农业发展的不同阶段，农业保险也呈现出不同的组织形式，并最终决定了我国农业保险的组织架构。

（一）组织形式沿革

1. 萌芽阶段（1949—1958 年）

我国农业保险起步于牲畜保险，1950 年中国人民保险公司（下简称"人保公司"）针对牛、马、骡、种畜和奶牛等推出了牲畜保险，1951 年人保公司将农业保险的开办扩展到小麦、水稻、甘蔗、烟草等品种范围。但随着农业保险开办过程中出现的急于求成、强迫命令的问题，在第三次全国保险工作会议上确定了"整理城市业务，停办农村业务，整顿机构，在巩固的基础上稳步前进"的工作方针，农业保险经营开始进入收缩阶段。随着农业生产"大跃进"的深入及人民公社化运动全面铺开，农业保险分担风险、保障生产的职能已由合作化公社替代，因此1958年武汉全国财政会议正式做出了立即停办农业保险的决定。

这一阶段的农业保险更多发挥的是生产保障工具，而非风险管理工具。在承保上多以作为生产工具的牲畜为保险标的，在理赔上也重保障轻经营，且各地经营农业保险的思路、方法差别很大，未形成统一经营标准及规范，这使得农业保险不具备持续经营的基础。

2. 恢复和徘徊阶段（1982—2002年）

自1958年农业保险停办后，我国农业保险的发展经历了24年的空白期。1982年，国务院在转批中国人民银行《关于国内保险业务的情况和今后发展意见的通知》中指出"逐步试办农村财产保险、牲畜保险等业务"，宣告了农村保障体系逐渐由国家救济再次转向农业保险。

相较之前农业保险的经营思路，这一时期的农业保险仍主要由人保公司经营，但已经明显具有持续经营的理念，人保由试办牲畜保险入手，确立了"收支平衡、以丰补歉、略有结余、以备大灾之年"的经营思路。但由于政府支持力度不足及政策变动频繁，全国农业保险经营持续亏损，最终导致了人保在2004年完全放弃了农业保险业务。

这一阶段农业保险的发展呈现商业化经营的特征，经营由企业自主进行，政府在一定程度上给予了政策指导及税收优惠，但支持多为隐形的、间接的，并未改变全国农险经营模式。当市场经济改革持续推进时，农业保险业务的非营利性特征便与保险公司的盈利诉求相互冲突，这成为全国农险市场步入萎缩的重要原因。

3. 转型和快速发展阶段（2003年至今）

2003年，随着党的十六届三中全会《中共中央关于完善社会主义市场经济体制若干问题的决定》的通过，我国农业保险经营开始由商业保险公司主营模式进入政府支持、企业经营的合作模式。2007年，原保监会根据一号文件精神拟定了农业保险试点方案，财政部也首次列支预算额度开展保费补贴试点。2012年，国务院公布《农业保险条例》，确立了"农业保险实行政府引导、市场运作、自主自愿和协同推进的原则"。自此，我国现行农业保险组织形式确立。

（二）组织形式与组织结构

我国农业保险目前的组织形式是建立在长期探索的基础上，对于世界主流的政府经营、政商共营、农民自营、业界自营的四种农业保险的经营模式，我国政府、学界和业界共同选择了政府与市场共建的形式。基于我国实际及经营经验，商业保险公司拥有技术和人才储备，但农业保险"准公共用品"的性质决定了其与商业主体逐利性存在天然矛盾，因此需要政府支持与引导，政府建立垄断性经营的农险公司则不能很好发挥农业保险的风险杠杆效应，也难为政府和市场接受，此外，我国农业现代化水平不高、农民组织能力欠缺也使得合作保险模式只能作为补充，上述多种因素共同决定了政府与市场共建是当前较为适合我国农业保险发展的道路。

组织形式的选择，决定了我国"农业保险实行政府引导、市场运作、自愿自主和协同推进的原则"，"省、自治区、直辖市人民政府可以确定适合本地区实际的农业保险经营模式"。依据这种政府和市场的合作模式，我国农业保险形成了政府以政策组织、引导，保险经营主体推进具体业务，金融监管单位监督，各农业相关部门协助的组织结构。

其中，政府作为管理者、支持者、监督者，规范引导农业保险的发展。在中央层面，各部委围绕农业发展方面和目标，制定了一系列农业保险相关政策，地方政府则在中央制定的政策框架内，制定适合自身的农业保险实施细则。自中央到地方财政建立农业保险补贴体系，由中央、省、市及县级财政共同分担农业保险补贴，补贴品种涉及主粮作物、大宗农产品、地方特色农产品等种植、养殖行业。此外，政府还承担着组织、宣传、监督管理等职责。各类经营主体则承担着经营农业保险的职责，通过商业化手段，经营主体与农户、农业主体签订保险合同。当投保农户及农业主体遭受自然灾害和意外事故造成经济损失时，农业保险经营主体则进行赔付。此外，农业保险经营主体还肩负着具体管理农业保险产品设计、承保、理赔及业务管理等具体工作。

二　经营主体的组织结构

（一）组织结构的含义及内容

企业的组织结构是企业围绕经营管理目标而建立的机构、部门的组合形式，一套适合企业且行之有效的组织结构是企业健康、稳定发展的保障。目前，主流的企业组织机构有直线制、职能制、直线职能制、事业部制及矩阵制等类型，农业保险经营主体特别公司制主体也基本遵从上述类型来构建自身的组织结构。

组织结构的目的是把"实现企业目标所要求的任务通过组织所要求的任务通过组织规范的形式层层分解，以保证企业目标的落实和实现"，通过建立命令指挥链、委托代理链和目标手段链在组织内容形成有效的激励机制和约束机制，具体到公司经营就包括部门设置、岗位设置、业务流程设计等，其中核心是部门架构的设置。

（二）农业保险经营主体的组织结构

农业保险作为财产保险公司的一个经营模块，需要在组织内容上进行专业化程度较高的分工，从前端的产品设计、产品销售、承保、核保，到后续的理赔、核赔、再保险分配，再到信息支持、客户服务、档案管理等保障工作，每个环节都需要数个部门交叉进行、分工协作。目前，大多数保险公司都以前、中、后台的形式对整个经营管理流程进行组织管理，其中前台部门负责业务发展和客户开发（包括营销管理、销售等职能），中台部门负责管理运营环节，为前台部门提供支持服务，对业务风险进行管控，为客户提供售后服务（包括产品开发、客户服务、核保、再保险、理赔等职能），后台部门为整个组织提供支持性服务（包括行政管理、人力调配、财务会计、信息支持、法务支持、战略规划等职能）。目前，国内各类财产保险公司的组织机构分为职能型组织结构、事业部型组织结构及矩阵型组织结构。

第一类是职能型组织结构。职能型组织结构是目前国内财险公司主流的组织结构，其是将公司内部相似职能的员工组合成一个部门，管理者针对公司经营活动的特性和需要，将各项任务拆分入各个部门。部门实行自上而下的垂直领导，决策权集中在公司管理层，在部门内设置部门负责人、处室负责人等对部门的日常经营进行分层管理。职能型组织结构是保险公司最为传统的组织结构形式，其通过精细化、专业化取得效率，管理层能够集中资源进行优化配置，发挥整体优势，职能导向的组织架构符合专业分工原则，有利于专业化技能的不断提高和有效利用。但这种以管理层为核心的集权式结构会使高级管理人员需要应付大量一线实务问题，从而减轻了在战略发展上的侧重。因采用垂直管理，管理层需要大量行政人员来进行信息传导，随着公司的扩张行政机构也会更加庞大，相对应的大量信息无差别地汇聚至管理层，增加了其工作分配及信息处理的难度，造成信息和管理成本上升。此外，职能型组织结构的中层管理人员多负责信息的传导、协调，并没有决策权，很难发挥中层管理者的积极性，容易产生相互推诿责任的现象。

第二类是事业部型组织结构。事业部型组织结构是为了应对保险公司规模不断扩大而衍生出来的一种组织结构，其核心是采用分权式的组织形式，具体形态是对公司内部的人员依据产品、客户或地区划分成若干事业部，管理层及总公司从业务中脱离出来进行总体决策，而每个事业部形成单独核算的利润单元，针对对应业务拥有充分的决策权。事业部型组织结构能充分激发中层管理干部的能动性，因事业部拥有高度自主经营权，能确保经营最大限度地贴近客户，但同时也削弱了总公司及管理层的整体控制能力，难以形成规模经济效应。

第三类是矩阵型组织结构。矩阵型组织结构是为了保持分权式组织结构贴近市场优势的同时，强化总公司资源集中调配形成规模效应而形成的组织形式。这种结构在横向每个事业部中加入纵向的各个职能部门坐标，从而形成一种职能部门化和项目部门化相互交织的矩阵。这种矩阵型组织结构能充分发挥以事业部型组织贴近市场的优势，同时各业务条线向上级业务部门负责而不向事业部负责，加强了总公司及管理层对整个公司业务的宏观把控。矩阵型组织结构适应性较强，适合复杂多变的经营环境，能快速对市场需求做出反应。但这种组织结构依赖较为通畅的信息传导渠道，对于人员的沟通交流能力要求较高，在交叉节点上需要建立高度透明的信息共享机制。信息传导不畅或人员间没有相互及时沟通，因每一节点都存在双重领导，反而会导致一线人员无所适从，降低整体组织的效率。

上述组织结构是当前国内财产保险公司主流的组织安排形式，这三种组织结构各有优缺点，保险公司会根据自身的发展阶段、企业规模等因素决定自身的组织架构。农业保险作为一项经营业务，各类经营主体在安排其组织结构时，也包含在上述三种模式之中。

三　公司（组织）治理

公司治理是关于公司各利益主体之间权、责、利的制度安排，涉及决策、激励、监督三大机制的建立和运行等。因农业保险经营目标、经营方式、资产负债结构等方面的特殊性，决定了农业保险经营主体的公司治理重点与一般企业不同。

一是高比例的负债经营，农业保险经营主体同其他保险公司一样，资本金更多发挥的是风险准备金的作用，投保人对公司资产的贡献远大于股东，由此决定了投保人、被保险人作为最重要的利益相关者在保险公司治理中的特殊性和重要性。但在对经营结果进行分配时，被保险人只能获取固定比例的投资回报，而股东却享有无限的剩余索取权，因此股东就会鼓励经营者投资更高风险的项目以获取高额的风险回报。对于农业保险经营而言，承保标的为活体作物及动物，其保险标的、损失情况及风险分布较其他财产保险更具有模糊性及不确定性，股东鼓励经营者压低赔付率以获取更好回报的可能性更大，因此农业保险经营者必须高度重视投保人、被保险人等相关利益者的权益，通过优化决策机制、关联交易、公司独立性、规范股东大会等，加强公司治理。

二是农业保险的公共性决定了农业保险公司（组织）治理需高度重视合规治理。在农业保险经营中，保险监管机构代表着投保人与被保险人的利益，其作为特殊的利益相关者是农业保险公司（组织）治理中的重要一环，这决定了农业保险治理需要高度重视相关监管规则。农业保险大量的保费来自财政资金，在部分农业保险险种上政府均为唯一投保人，农业保险公司（组织）的治理成果直接关系到财政资金的使用效率，在农业保险经营中，监管机构在一定程度上扮演了代言人的角色，其有义务也有权力对农业保险公司（组织）的治理提出合理化要求及建议。此外，农业保险的利益相关者均为间接利益相关者，当股东追求高额回报激励公司经营者追求高风险利益时，因信息不对称，投保人及被保险人实际上承担了额外风险，农业保险因其特性，被保险人极端分散，大量个体农户不具备保险的专业知识，即使知晓其权益受到侵害，也难以有效地集中维护权益，需要监管机构作为公众利益的代表介入农业保险公司（组织）治理。因此，农业保险公司（组织）治理应高度重视与监管机构的沟通，通过完善相关机制使公司能够有效识别、评价、监测相关合规风险，主动避免违法违规行为。

此外，还应重视公司信息披露制度，定期向监管机构披露公司内控、风险、合规状况和治理结构方面的情况，规范信息披露程度，增强公司透明度。

三是农业保险的经营特殊性，农业生产的特性导致农业保险风险相对集中，相较传统财产保险，农业保险经营对稳健性、审慎性及偿付能力的要求更高，这也对保险公司主要股东的持续出资能力以及股权结构的稳定提出了很高的要求。

第三节　经营管理的目标与原则

一　农业保险的目标和作用

农业保险是以保险为表现形式、具有一定公益性的国家农业保护政策措施，是一种具有"准公共物品"性质的政策性保险。作为一种政府高度参与的农业保障制度，农业保险体现着国家的农业发展政策或社会保障政策，它的特殊性决定了其具有多样化的作用。作为"准公共用品"其具有较强的社会管理功能，作为金融工具其又能为农业发展提供资金融通，作为保险的一种其还能为农业提供风险保障。（见图1.4）

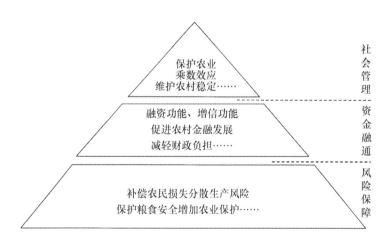

图1.4　农业保险的作用体系

但农业保险作为政策性保险，其真实发挥的作用与政府制定的农业保险目标息息相关。我国一直没有很明确地确立政策性农业保险的政策目标。在2012年颁布的《农业保险条例》中提出，"为了规范农业保险活动，保护农业保险活动当事人的合法权益，提高农业生产抗风险能力，促进农业保险事业健康发展，根据《中华人民共和国保险法》《中华人民共和国农业法》等法律，制定本条例"。根据我们的理解，中央政府将加强对农业的风险管理，提高农业生产抗风险能力作为农业保险的政策目标。表 1.2 中 2004 年至 2018 年连续 14 年的中央一号文件反映了农业保险目标的变化。

表 1.2　　　2004 年至 2020 年中央一号文件农业保险相关内容及部署目的对应表

年份	文件标题	农业保险相关内容	出现章节	部署目的
2004	《中共中央国务院关于促进农民增加收入若干政策的意见》	加快建立政策性农业保险制度，选择部分产品和部分地区率先试点，有条件的地方可对参加种养业保险的农户给予一定的保费补贴	七、深化农村改革，为农民增收减负提供体制保障	1. 减轻农民保费负担； 2. 降低种养生产风险
2005	《中共中央国务院关于进一步加强农村工作提高农业综合生产能力若干政策的意见》	扩大农业政策性保险的试点范围，鼓励商业性保险机构开展农业保险业务	七、改革和完善农村投融资体制，健全农业投入机制	1. 增加农业金融投入； 2. 加强对农户及新型农业经营主体的保护
2006	《中共中央、国务院关于推进社会主义新农村建设的若干意见》	各级财政要增加扶持农业产业化发展资金，支持龙头企业发展，并可通过龙头企业资助农户参加农业保险。 稳步推进农业政策性保险试点工作，加快发展多种形式、多种渠道的农业保险	二、推进现代农业建设，强化社会主义新农村建设的产业支撑 六、全面深化农村改革，健全社会主义新农村建设的体制保障	1. 加强对新型农业经营主体的保护； 2. 增加农业保险的覆盖面
2007	《中共中央、国务院关于积极发展现代农业扎实推进社会主义新农村建设的若干意见》	积极发展农业保险，按照政府引导、政策支持、市场运作、农民自愿的原则，建立完善农业保险体系。扩大农业政策性保险试点范围，各级财政对农户参加农业保险给予保费补贴，完善农业巨灾风险转移分摊机制，探索建立中央、地方财政支持的农业再保险体系。鼓励龙头企业、中介组织帮助农户参加农业保险	一、加大对"三农"的投入力度，建立促进现代农业建设的投入保障机制	1. 进一步完善农业保险的体系建设； 2. 建立风险分散机制，提高农业保险保障力度； 3. 提高农户参加农业保险广度
2008	《中共中央、国务院关于切实加强农业基础建设进一步促进农业发展农民增收的若干意见》	认真总结各地开展政策性农业保险试点的经验和做法，稳步扩大试点范围，科学确定补贴品种。 完善政策性农业保险经营机制和发展模式。建立健全农业再保险体系，逐步形成农业巨灾风险转移分担机制	一、加快构建强化农业基础的长效机制 六、稳定完善农村基本经营制度和深化农村改革	1. 提高农业保险的保障范围； 2. 健全巨灾风险分散机制，提高农业保险保障程度

年份	文件标题	农业保险相关内容	出现章节	部署目的
2009	《中共中央、国务院关于2009年促进农业稳定发展农民持续增收的若干意见》	加快发展政策性农业保险，扩大试点范围、增加险种，加大中央财政对中西部地区保费补贴力度，加快建立农业再保险体系和财政支持的巨灾风险分散机制，鼓励在农村发展互助合作保险和商业保险业务。探索建立农村信贷与农业保险相结合的银保互动机制。扩大农产品出口信用保险承保范围，探索出口信用保险与农业保险、出口信贷相结合的风险防范机制	一、加大对农业的支持保护力度 二、稳定发展农业生产	1. 提高农险保障力度，扩大农险保障范围； 2. 建立巨灾风险分散机制
2010	《中共中央、国务院关于加大统筹城乡发展力度进一步夯实农业农村发展基础的若干意见》	推动农产品出口信贷创新，探索建立出口信用保险与农业保险相结合的风险防范机制。积极扩大农业保险保费补贴的品种和区域覆盖范围，加大中央财政对中西部地区保费补贴力度。鼓励各地对特色农业、农房等保险进行保费补贴。发展农村小额保险。健全农业再保险体系，建立财政支持的巨灾风险分散机制	一、健全强农惠农政策体系，推动资源要素向农村配置 四、协调推进城乡改革，增强农业农村发展活力	1. 扩大农险保障范围； 2. 向非种养的涉农领域提供保费补贴； 3. 建设巨灾风险分散机制和再保险体系
2011	《中共中央、国务院关于加快水利改革发展的决定》	鼓励和支持发展洪水保险。提高水利利用外资的规模和质量	五、建立水利投入稳定增长机制	为水利建设提供风险保障
2012	《中共中央、国务院关于加快推进农业科技创新持续增强农产品供给保障能力的若干意见》	扩大农业保险险种和覆盖面，开展设施农业保费补贴试点，扩大森林保险保费补贴试点范围，扶持发展渔业互助保险，鼓励地方开展优势农产品生产保险。健全农业再保险体系，逐步建立中央财政支持下的农业大灾风险转移分散机制	加大投入强度和工作力度，持续推动农业稳定发展	1. 扩大农险保障范围，新提出对设施农业、森林保险、互助保险等的扶持； 2. 建设巨灾风险分散机制
2013	《中共中央、国务院关于加快发展现代农业进一步增强农村发展活力的若干意见》	健全政策性农业保险制度，完善农业保险保费补贴政策，加大对中西部地区、生产大县农业保险保费补贴力度，适当提高部分险种的保费补贴比例。开展农作物制种、渔业、农机、农房保险和重点国有林区森林保险保费补贴试点。推进建立财政支持的农业保险大灾风险分散机制。支持符合条件的农业产业化龙头企业和各类农业相关企业通过多层次资本市场筹集发展资金	二、健全农业支持保护制度，不断加大强农惠农富农政策力度	1. 完善农业保险制度并对中西部地区与生产大县提高扶持力度； 2. 扩大保费补贴的覆盖范围； 3. 建设大灾风险分散机制

续表

年份	文件标题	农业保险相关内容	出现章节	部署目的
2014	《中共中央、国务院关于全面深化农村改革加快推进农业现代化的若干意见》	2014 年，启动东北和内蒙古大豆、新疆棉花目标价格补贴试点，探索粮食、生猪等农产品目标价格保险试点，开展粮食生产规模经营主体营销贷款试点。 加大农业保险支持力度。提高中央、省级财政对主要粮食作物保险的保费补贴比例，逐步减少或取消产粮大县县级保费补贴，不断提高稻谷、小麦、玉米三大粮食品种保险的覆盖面和风险保障水平。鼓励保险机构开展特色优势农产品保险，有条件的地方提供保费补贴，中央财政通过以奖代补等方式予以支持。扩大畜产品及森林保险范围和覆盖区域。鼓励开展多种形式的互助合作保险。规范农业保险大灾风险准备金管理，加快建立财政支持的农业保险大灾风险分散机制。探索开办涉农金融领域的贷款保证保险和信用保险等业务	加快农村金融制度创新	1. 对农业保险创新险种进行补贴； 2. 提高农业保险保费补贴力度； 3. 鼓励开展地方性特色农业保险； 4. 建立大灾风险分散机制
2015	《中共中央、国务院关于加大改革创新力度加快农业现代化建设的若干意见》	积极开展农产品价格保险试点。 加大中央、省级财政对主要粮食作物保险的保费补贴力度。将主要粮食作物制种保险纳入中央财政保费补贴目录。中央对财政补贴险种的保险金额应覆盖直接物化成本。加快研究出台对地方特色优势农产品保险的中央财政以奖补政策。扩大森林保险范围。 积极推动农村金融立法，明确政策性和商业性金融支农责任，促进新型农村合作金融、农业保险健康发展	五、围绕做好"三农"工作，加强农村法治建设	1. 提高农业保险保费补贴力度以及扩大范围； 2. 加强农业保险制度化建设
2016	《中共中央国务院关于落实发展新理念加快农业现代化实现全面小康目标的若干意见》	加快推进病死畜禽无害化处理与养殖业保险联动机制建设。 创新发展订单农业，支持农业产业化龙头企业建设稳定的原料生产基地、为农户提供贷款担保和资助订单农户参加农业保险。 完善农业保险制度。把农业保险作为支持农业的重要手段，扩大农业保险覆盖面、增加保险品种、提高风险保障水平。积极开发适应新型农业经营主体需求的保险品种。探索开展重要农产品目标价格保险，以及收入保险、天气指数保险试点。支持地方发展特色优势农产品保险、渔业保险、设施农业保险。完善森林保险制度。探索建立农业补贴、涉农信贷、农产品期货和农业保险联动机制。积极探索农业保险保单质押贷款和农户信用保证保险。稳步扩大"保险＋期货"试点。鼓励和支持保险资金开展支农融资业务创新试点。进一步完善农业保险大灾风险分散机制	三、推进农村产业融合，促进农民收入持续较快增长 五、深入推进农村改革，增强农村发展内生动力	1. 提高农业保险保费补贴力度以及扩大范围； 2. 完善农业保险制度； 3. 扩大农业保险的覆盖领域

年份	文件标题	农业保险相关内容	出现章节	部署目的
2017	《中共中央、国务院关于深入推进农业供给侧结构性改革加快培育农业农村发展新动能的若干意见》	鼓励地方探索土地流转履约保证保险。开展农民合作社内部信用合作试点,鼓励发展农业互助保险。持续推进农业保险扩面、增品、提标,开发满足新型农业经营主体需求的保险产品,采取以奖代补方式支持地方开展特色农产品保险。鼓励地方多渠道筹集资金,支持扩大农产品价格指数保险试点。探索建立农产品收入保险制度	六、加大农村改革力度,激活农业农村内生发展动力	1. 鼓励创新型农业保险发展;2. 扶持满足新型农业经济主体需求的产品;3. 扶持符合地方特色产业的保险产品
2018	《中共中央、国务院关于实施乡村振兴战略的意见》	探索开展稻谷、小麦、玉米三大粮食作物完全成本保险和收入保险试点,加快建立多层次农业保险体系。深入推进农产品期货期权市场建设,稳步扩大"保险+期货"试点,探索"订单农业+保险+期货(权)"试点	九、推进体制机制创新,强化乡村振兴制度性供给 十一、开拓投融资渠道,强化乡村振兴投入保障	1. 建设多层次农业保险体系;2. 加强保险与期货的联动
2019	《中共中央国务院关于坚持农业农村优先发展做好"三农"工作的若干意见》	推进稻谷、小麦、玉米完全成本保险和收入保险试点。扩大农业大灾保险试点和"保险+期货"试点	五、全面深化农村改革,激发乡村发展活力	扩面增品提标,完善农业保险政策
2020	《中共中央国务院关于抓好"三农"领域重点工作确保如期实现全面小康的意见》	抓好农业保险保费补贴政策落实,督促保险机构及时足额理赔。优化"保险+期货"试点模式,继续推进农产品期货期权品种上市	五、强化农村补短板保障措施	

依据16年来中央一号文件的相关要求来看,我国农业保险的建设始终在围绕增加农业保险供给与提高农业保险稳定性这两个方向,以使用农业保险这一政策工具完成维护粮食安全、增加农民收入及促进农业现代化发展的目标。

一是维护粮食安全,这是我国农业保险建设的基础目标。目前,我国对农业保险的补贴重点为主要粮食作物、大宗经济作物等,这些是居民日常消费的必需品,也是粮食安全的核心。在2004年至2009年的政策性农业保险试点期,及2014年至今的创新型农业保险试点期,中央一号文件始终将涉及粮食安全的相关作物放在了核心位置,优先试点、重点扶持。此外,我国始终将提升农业保险的稳定性作为建设的重要任务,持续推进农业保险的制度、立法完善以及大灾风险分散体系的建设。

二是增加农民收入,这是我国农业保险建设的核心目标。随着农业保险的不断发展与完善,中央一号文件对于农业保险的要求也在不断丰富,但"增品、提标、扩面"的建设路径始终没有改变。自2010年起,中央一号文件就将发展符合地方特色产业的农业保险作为重要内容，并将农房、渔业互助等关系农民切身利益的险种纳入保费补贴范围，创新农业保险产品，探索并推进稻谷、小麦及玉米的完全成本保险和收入保险，农业保险的赔偿标准和赔偿范围也在不断增加。我国农业保险建设在提升农业保险普惠性的同时，也在不断加强农业保险的保障力度，从多方面增加、稳定农民的收入。

三是促进农业现代化发展，这是我国农业保险建设的最终目标。农业现代化是农业发展的未来，也是乡村振兴战略的必由之路。随着农业的不断发展，个体耕种的效率与规模已很难满足现有的市场竞争环境，而人口向城市集聚也带来了更加丰富、细致的农业产品需求，农业生产的集约化、规模化、产业化、精细化经营是实现农业现代化的必然要求，这也是我国农业保险的建设方向。在中央一号文件中，各类新型农业经营主体始终是农业保险重点服务的对象，并着力打通保险、保证、融资、出口等多环节壁垒，形成联动效应，以借由农业保险为经营主体提供一套完善、高效的风险保障体系，最终促进我国农业现代化的快速发展。

二　经营管理原则

现行的农业保险制度都有政府的高度参与，这决定了农业保险的经营管理原则不同于传统的财产保险经营，其侧重于服务农业农村经济发展、保护农户及农业经营主体合法权益及服从政府相关部门监督管理等方面。我国《农业保险条例》明确规定了农业保险实行"政府引导、市场运作、自主自愿和协同推进"的原则。

（一）政府引导原则

政府引导是指财政部、省级及省级以下财政部门（以下简称地方财政部门）通过保费补贴等调控手段，协同农业、水利、气象、宣传等部门，引导和鼓励农户、龙头企业、专业合作经济组织参加保险，积极推动种植业保险业务的开展，调动多方立项共同投入，增强种植业的抗风险能力。

对于"政府引导"原则需要从两方面来理解：一方面，农业保险是不同于商业性保险的政策性保险，政府在农业保险的推动与发展中要有所作为，不能把农业保险完全交给市场；另一方面，政策性保险并不等同于"政府主办"或"政府主导"保险，更不是"政府兜底"保险，政府在农业保险中的职责是有限的，它并不直接购买或供给农业保险，而是通过保费补贴、组织宣传、协助定损理赔、监督管理等职责来引导和推动农业保险的发展。

（二）市场运作原则

市场运作是指财政投入要与市场经济规律相适应，农业保险业务以经办机构的市场化经营为依托，经办机构要重视业务经营风险，建立风险预警管控机制，积极运用市场化手段防范和化解风险。

农业保险虽然是政策性保险，但从美国等农业保险发达国家的实践经验来看，农业保险"市场运作"相对来说效率较高。美国经验农业保险的历史比较悠久，从19世纪末到目前，美国的农业保险经历了私营单轨制—国营单轨制—公私合营双轨制—私营＋政府扶持制四种制度模式。前三种制度模式要么难以为继，要么效率较低，目前实行的是第四种制度——私营＋政府扶持制度，即代表政府的联邦农作物保险公司逐渐从农业保险原保险业务中退出，政策性农险由私营公司经营，政府提供费用补贴、再保险支持和税赋优惠等支持，类似于我国目前实施的"政府引导、市场运作"模式。在该模式下，美国农业保险经营相对稳定，效率较高。到2000年时，美国可投保的农作物保险就达100余种，农作物承保率达76%，农户参保率达65%，保险金额是1980年的10倍。

（三）自主自愿原则

自主自愿是指农户、龙头企业、专业合作经济组织、经办机构、地方财政部门有关各方的参与都要坚持自主自愿。在符合国家有关规定的基础上，各省、自治区、直辖市可因地制宜制定相关支持政策。自主自愿原则包含以下两层含义。

第一，自主原则。由于我国幅员辽阔，各省市自治区农业生产条件和生产品种差异很大，我国不可能"一刀切"实行全国统一的农业保险经营模式。因此，《农业保险条例》规定"省、自治区、直辖市人民政府可以确定适合本地区实际的农业保险经营模式"。

第二，自愿原则。政策性保险并不是强制性保险，《农业保险条例》规定"任何单位和个人不得利用行政权力、职务或者职业便利以及其他方式强迫、限制农民或者农业生产经营组织参加农业保险"。

（四）协同推进原则

协同推进是指保费补贴政策要同农业信贷、其他支农惠农政策有机结合，以发挥财政政策的综合效应。农业、水利、气象、宣传、地方财政部门等有关各方应对经办机构的承保、查勘、定损、理赔、防灾减损等各项工作给予积极支持。"协同推进"原则包括以下两方面含义。

第一，农业保险是一个专业性很强的复杂险种，加之我国农民收入较低，保险意识薄弱，保费补贴政策如果不与其他农业信贷和惠农政策有机结合，将会影响农业保险的参与率和实施效果。美国等国家的农业保险与其他农业支持政策相挂钩的做法证实了这一点。对此，《农业保险条例》规定"国家鼓励金融机构对投保农业保险的农民和农业生产经营组织加大信贷支持力度"。

第二，农业保险的推动是一项系统工程，单靠保险公司是无法实现的，需要各级政府部门对承保、查勘、定损、理赔、防灾减损等各项工作给予积极支持。《农业保险条例》规定"国务院财政、农业、林业、发展改革、税务、民政等有关部门按照各自的职责，负责农业保险推进、管理的相关工作。财政、保险监督管理、国土资源、农业、林业、气象等有关部门、机构应当建立农业保险相关信息的共享机制"。"县级以上地方人民政府统一领导、组织协调本行政区域的农业保险工作，建立健全推进农业保险发展的工作机制。县级以上地方人民政府有关部门按照本级人民政府规定的职责，负责本行政区域农业保险推进、管理的相关工作。""国务院有关部门、机构和地方各级人民政府及其有关部门应当采取多种形式，加强对农业保险的宣传，提高农民和农业生产经营组织的保险意识，组织引导农民和农业生产经营组织积极参加农业保险。"

三　社会性与特殊性

农业保险是以保险为表现形式、具有一定公益性的国家农业保护政策措施，作为一种国民收入再分配的制度安排，农业保险的特殊性质决定了其经营具有社会性和特殊性。

（一）农业保险经营的社会性

"社会性"是一个多应用在公共管理、公共事务方面的广义概念，当一个组织、事项的活动代表了公众的利益或能对公众的生产生活产生较为深远的影响时，其就包含了社会性，具体到实务中，社会性的表现是国家、政府和社会公众组织对于公众利益的组织、服务与管理。

1. 农业保险经营的组织性

农业保险的组织性是其社会性的重要体现。农业保险首先是保险，是农业生产者以小额保险费为代价，把农业生产过程中由于灾害事故造成的农业财产的损失转嫁给保险人的一种制度安排。农业保险的经营在整体的风险保障环节中，扮演着组织的角色。农户和各类农业生产经营主体向保险机构缴纳保险费，通过保险机构风险划分及再保险，这些保险费会在受灾主体与非受灾主体、受灾地区与非受灾地区之间进行再分配。此外，由于保险的杠杆属性，农业保险已经成为财政部门对农业部门进行转移支付的重要工具，保险机构则成为承接这部分财政补贴并引导其流向受灾农户的组织者。

2. 农业保险经营的服务性

农业保险具有广泛的服务性，可以从服务农民、服务农业与服务国家三个层面说明。一是服务农民，农业保险能有效地缓冲农民所遭受的灾害损失，稳定农民收入，使农民可以尽快恢复生产和生活，消除灾害所带来的不利影响。此外，农业保险在一定程度上减轻了农民使用新技术的成本，提高了农业经营者的抗风险能力与扩大生产的信心。二是服务农业，现代农业的发展是建立在农业集约化、规模化经营的基础上，这使得农业生产的形态完全脱离了原有的手工耕种模式，农业经营者在使用现代农业机械、耕植技术的同时，风险强度和范围也在显著扩大。农业保险为农业经营者提供了风险保障手段，能有效地解决农业产业化过程中风险集中和扩大的问题，能确保灾后农业生产能力的恢复。三是服务国家，粮食安全是国家安全的重要组成部分，农业作为基础产业具有很强的正外部性，在国民经济发展中具有重要的战略地位，农业保险为农业生产的稳定性提供了有效保障。此外，农业保险属于世界贸易组织界定的"绿箱政策"，其是对于贸易扭曲较小的支持政策，因而也被国际市场广泛接受。

3. 农业保险经营的管理性

农业保险是进行农村社会管理，维护农村社会稳定的重要工具。首先，农业保险使农民灾后能够得到必要的经济补偿，收入能力的增强，减少了大量的不安定因素，有利于促进农村社会稳定。其次，农业保险充分发挥了保险机构识别、衡量和分析风险的专业优势，积累农业生产风险的相关资料，为农业生产风险管理提供数据支持，有利于完善农业生产的风险管理机制。最后，政府通过农业保险补贴等转移支付手段，为低收入人群提供了各类风险保障，有利于缩小贫富差距，维护农村社会稳定和社会公平。

（二）农业保险经营的特殊性

农业生产具有特殊的风险特点，因而农业保险经营也呈现特殊性。

1. 保险标的的生命性

农业保险的保险标的具有生命性，其价值始终处于变化中，只有当它成熟或收获时才能最终确定，因此也催生了变动保额以及二次定损等农业保险的特有技术。受保险标的生命周期、生长规律的影响，农业保险的各项工作也必须顺应保险标的的规律，而保险标的的鲜活特点也对农业保险的查勘时机和索赔时效产生约束。更为特殊的是，由于保险标的在一定的生长期内当受到损害后有自我恢复能力，从而使农业保险的定损变得复杂，尤其是农作物保险，往往需要收获时二次定损。

2. 灾害损失的系统性

农业受生产环境和气候环境影响大的特性，使其灾害损失也呈现系统性。

首先，生产环境的差异会使不同的区域形成独立的农业生产子系统，系统内农作物的品种、特性、期间等要素均与其他系统存在差异，这就使保险机构需要根据区域特性去考虑险种类别、标的种类、灾害种类、保险责任、保险费率等承保、理赔要素。在农业保险经营上必须充分考虑不同子系统的生产特性，有针对性地推进各项业务工作。

但是，农业生产的子系统却又包含在整体的气象系统内，因此不同区域内的被保险人可能同时遭受不利的天气条件带来的损失，高度相关性的农业风险不符合"大数定律"，削弱了保险机构在农户之间、作物之间、地区之间分散风险的能力，导致农作物保险高风险形成高赔付率，直接影响农业保险的供给能力与风险分散能力，给保险机构带来了巨大的经营风险。

3. 经营结果的周期性

农业生产与农业风险具有很强的季节性与规律性，这决定了农业经营结果的周期性。农业经营结果的周期性不仅按季节分布，还会在数个经营年度维度上进行循环，在无大灾的年份某些农险险种赔付率不高，但在大灾年份则会出现严重超赔。这种周期性表明，农业保险的经营不能以某一经营年度的赔付率去评价业务的好坏，而是要从灾害周期的时间跨度去评价农业保险的经营成果，这决定了农业保险的开办和参与应当是连续的，应将对保险业务的会计期间与灾害周期统一起来，真实地衡量业务的经营损益。

4. 保险信息的不对称性

农业生产的特殊性决定了生产者与保险机构之间的信息差较大。从保险标的来说，不同区域、不同地块的地理信息、土壤质量以及种植环境均存在差异，这就导致了农户掌握的保险标的信息要远远高于保险人，加之农业保险的承保相对集中，使得保险人更加难以根据保险标的的真实情况进行承保管理。从逆选择风险来说，农户及各类农业经营主体大多常年从事农业生产活动，其风险管理水平、风险认识水平也各不相同，在投保期间，投保人往往会根据历史灾害情况或保险标的的经营情况有选择地投保风险较大的地块，客观上导致了保险风险的集中，为保险人带来经营风险。从道德风险来说，农业保险的参保、理赔时间非常集中，保险人很难有足够力量对被保险人进行深入的勘察，这种漏洞客观上容易诱发各类投机获利心理，引发各类虚假行为。

第二章 农业保险的业务模式

第一节 农业保险政府制度模式

制度是管理某种活动的行为准则，模式是解决某一类问题的方法论，制度模式具有管理标准化、经营流程化、工具制式化的特点。农业保险是建立在一定制度基础上的经营过程，即农业保险需要先有制度建立然后才能有经营运作（康新，2010）。制度模式指制度准则在实行时有组织的机构或体系，具有自上而下的强制性意味。关于农业保险政策中政府的制度模式主要有以下三种：完全公共模式、公私合营模式、纯商业化运作模式。

一 完全公共模式

由于农业保险存在明显的外部性，政府不可避免地会介入农业保险的发展中。完全公共模式由政府制定农业保险的相关法律法规，统一农业保险业务的制度框架，组建专业性的农业保险公司经营全国农业保险业务。这种专业性的农业保险公司隶属于中央有关部门，如农业部等，各级地方政府设立管理机构，具体业务由基层保险公司实施。除政府经营的专业性农业保险公司外，也允许其他商业性保险公司加入其中，但必须向政府提出申请，严格依照规定经营管理农业保险并接受政府监管。为保证农业保险经营主体的财务稳定性，政府一般会向农业保险经营机构提供再保险支持和经营管理费用补贴（罗向明，2012）。这种制度模式的优点在于能够充分运用政府的公权力和公信力，便于对农业保险进行统一规划和管理，有利于扩大农业保险的覆盖范围。除此之外，这种模式具有很强的抗经营风险能力和资金承担能力，有助于农业保险资源的集中分配和合理利用（徐斌，2008）。它的缺点是利用政府行政权力运作农业保险业务具有很强的垄断性，效率低于市场化经营，不利于监督管理，道德风险和逆向选择发生的可能性也比较大，无法保证农业保险的可持续发展。其次，不利于协调中央政府和地方政府之间、农业保险公司和地方政府之间的利益关系，中央政府的财政压力也会比较大。

二　公私合营模式

政府和保险主体相互合作模式主要是在政府主导下，政府与商业保险公司合作经营农业保险的一种方式。政府不直接参与农业保险的具体业务，而是通过补贴农户保费和保险公司经营管理费用、监督管理保险公司等间接方式参与农业保险经营。这种模式允许商业保险公司之间开展良性的农业保险业务竞争，各自因地制宜研发农业保险险种，鼓励农民参与农业保险。这种制度模式能够克服完全公共模式的一些缺点，充分利用政府的公权力、公信力、支持力，把政府从具体业务中解脱出来，不具体参与农业保险的经营，更加符合市场经济的要求，避开政府过多干预市场经营的弊端。在政府财政支持下，能充分调动保险公司经营的积极性和农户参保的主动性，提高了农业保险的运行效率，有利于提升整个行业的服务水平。当然，这种模式在实践中也存在不足，商业保险公司以营利性为主，对政府财政补贴政策的有效性提出了很大的挑战，容易出现农业保险政策性支持过程中的"政府失灵"（康新，2010）。

三　纯商业化运作模式

与完全公共模式相对的是纯商业化运作的模式，这种模式主要是商业保险公司与农户或者农村基层组织双方按照自愿原则签订契约，是否参加农业保险完全取决于被保险人的个人意愿，不带有任何强制性。商业性农业保险以赢利为目的，权利义务关系则是建立在商业契约关系上，由自主经营的保险公司围绕严格履行保险合同而进行自我管理。美国早期有私人商业保险公司试办农业保险业务，由于农业保险存在高风险、高赔付问题，容易导致商业性农业保险公司难以实现财务上的可持续性，最终大都以失败而告终。纯商业化运作根据农户需求，市场化运作农业保险，自负盈亏，追逐利益最大化，但由于农业风险的弱可保性和农业保险的准公共性，纯商业化的农业保险模式很难独立运行。

第二节　国际主要农业保险发展模式

一　美国农业保险

美国是公私合营 PPP 模式的代表，政府通过农业部风险管理局 RMA 和联邦作物保险公司 FCIC 来支持和监管农业保险、私营保险公司负责开展农业保险具体业务。美国农业保险历史悠久，经过多年发展，已是世界上农业保险最为发达的国家，拥有产量、收益、收入和指数保险等多种保险产品，既承保农作物的产量风险，又承保农产品的价格风险，为农民提供了全方位、多层次的风险保障。

（一）发展历程

美国农业保险的发展分为四个阶段：第一阶段，19世纪末至20世纪初的"私营单轨式"。此阶段农业保险业务由商业保险公司承办，属于纯商业化的运作模式，在没有政府扶持的情况下，保险产品很少，该模式最终以失败告终。第二阶段，1938—1980年的"国营单轨式"。20世纪30年代末，美国联邦政府开始试点农作物保险计划，由美国联邦农作物保险公司直接经营，此阶段依然没有政府补贴，农作物承保范围比较局限，农户的参保率很低。第三阶段，1981—1996年的"公私合营双轨式"。1980年，美国联邦政府颁布的最新《联邦农作物保险法》对原先的农作物保险法进行了重大修改，扩大了农作物的险种和承保范围，并对农作物保险实施财政补贴。同时允许商业性保险公司参与销售和经营农作物保险，逐步减少政府直接开展业务，将保险业务转移到商业保险公司，大大激活了农业保险市场。第四阶段，1996年至今的"私营政府扶持制"。随着经济的发展，私营保险公司逐步涉足美国的农业保险市场，联邦农作物保险公司逐渐从农业保险的原保险业务中退出，全部交由商业保险公司代理或经营，联邦农作物保险公司只负责制定规章制度，进行监督和提供再保险（徐斌，2008）。

（二）制度模式

经过长期发展和完善，美国农作物保险从产品设计开发、机构设置，到保险产品的销售、统计、精算、定损以及保险的宣传、教育、推广等，形成了非常完整的组织体系（见图2.1）。美国农业保险体系主要分以下三个层次。

第一层是美国联邦农作物保险公司。1996年美国农业部成立了专门的政策性农业保险管理和监督机构，即风险管理局（Risk Management Agency，RMA）。从美国农作物保险管理体制看，联邦农作物保险公司全部职责都由农业部风险管理局履行，负责制定或批准农业保险费率，管理农业保险的补贴资金，资助风险管理研究和推广项目。风险管理局还经营和管理其附属机构——联邦农作物保险公司（Federal Crop Insurance Corporation，FCIC）。1996年之前，联邦农作物保险公司直接经营原保险业务，而在1996年之后逐渐退出了农作物保险的经营业务。FCIC的主要职责是向具备经营农险业务资格的商业保险公司提供管理费用补贴、向农民提供农作物保险保费补贴、为商业保险公司提供再保险支持、对商业保险公司进行检查监督等。

第二层是私营商业保险公司。商业保险公司经联邦农作物保险公司审核批准后才能运营。商业保险公司承担全部农业保险的直接业务，负责具体实施政府制订的农作物保险计划。按规定开发新产品，获得政府补贴和再保险。

第三层是保险代理人和农业保险查勘核损人。在美国，农作物保险主要通过代理人销售，其中大部分为独立代理人，他们可为多家保险公司提供代理业务。农险专业核损人开展农险查勘核损工作，查勘核损人须经过培训，通过考核并取得资格后方能从业，可以是独立查勘核损人，也可以供职某一商业保险公司。此外，还有商业再保险公司，主要向商业保险公司提供商业再保险，但目前商业再保险公司分保的业务很少。商业再保险公司可以获取政府提供的费用补贴、税收金融支持等优惠政策。

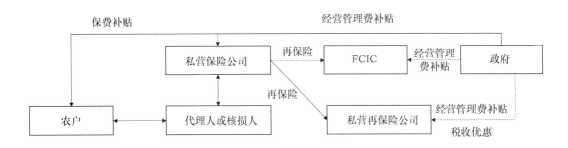

图 2.1　美国农业保险经营模式

（三）支持政策

一是制定完备的法律体系。1938 年美国通过《联邦农作物保险法》，并依法组建联邦农作物保险公司，《联邦农作物保险法》及其修正法案形成了美国农业保险发展的制度框架和法律基础，为农业保险的经营、风险管理和政府补贴提供了法律依据。美国农业保险立法经过多次修改逐步形成完善的法律体系：1980 年修订《联邦作物保险改革法》，1994 年颁布《农作物保险改革法》，2000 年扩大农作物和牲畜保险范围，增加财政补贴，2008 年出台《农场法》，略微下调保险公司经营管理费用的补贴比率，适当提高农场主缴纳巨灾风险保险管理费标准和未保险农作物援助计划的管理费标准，适当调低区域保险计划的保费补贴水平（李传峰，2012）。2014 年美国新农业法案进一步减少对价格和收入方面的直接补贴，扩大间接补贴的比例，出台多种种植业收入保护计划、补充保障选择计划等，拓宽了农业保险风险保障范围。2018 年美国农业法案改革继续关注提高农作物保险风险保障能力和降低农作物保险支出的关键问题。

二是财政支持。美国政府为农业保险提供充足的财政支持，支持资金来源于联邦政府，财政支持的保障程度较高。目前美国政府对农业保险的财政支持大致包括以下几个方面：第一，对参加农业保险的农户提供保费补贴，政府根据农作物保险不同的保障水平，确定保费补贴比例，保障水平越低，政府的补贴比例越高。对于最低保障水平的巨灾保险（CAT）项目，政府全额补贴保费收入。第二，私营保险公司的经营管理费用补贴，经营管理费的补贴减少了保险公司的经营成本，促进企业经营业务的扩大。第三，政府还承担农作物保险推广和教育费用等。第四，减免农业保险的所有税赋。

三是再保险支持。美国主要通过再保险方式分散巨灾风险，建立了以政府提供再保险为主体、私营再保险公司为补充的再保险体系。通过再保险，降低了私营保险公司承担的风险，使私营保险公司在巨灾冲击下能够持续经营。

二　日本农业保险

日本农业灾害补偿制度始于 1947 年，农户通过缴纳一定数额的互助共济保费来建立共同储备基金，弥补农户因自然灾害造成的损失，是一种以农户互助为基础的共济保险制度，是政府与保险主体互相合作的模式。日本农业灾害补偿制度下的农业共济保险体系在转移分散农业风险、弥补农民灾后损失、降低农业生产不确定性、确保农业经营稳定性等方面发挥重要作用。

（一）制度模式

日本农业灾害补偿制度是以相互依存的农业经营者为主体而建立起的互助式风险共担机制，即将未来收益的不确定风险在不同的主体之间进行分散。日本农业灾害补偿制度历史悠久，经过多年发展逐步形成独具特色的"农林水产省—共济联合会—共济组合"的三级组织结构，"共济—保险—再保险"的三重风险保障体系。三级组织机构和三重风险保障体系为日本农业灾害补偿制度的稳定发展提供了坚实的保障（邓道才，郑蓓，2015）。日本农业灾害补偿制度农业共济保险体系如图 2.2 所示。

第一级是市、町、村级的农业共济组合，主要向农户提供保险业务服务。农户向共济组合缴纳共济保费成为组合会员，当农作物受到损失时，共济组合向农户赔偿共济金。农户和共济组合之间是共济关系。

第二级是都道府县级农业共济组合联合会，由基层的共济组合联合而成，在整个体系中起到承上启下的作用。基层共济组合向共济组合联合会缴纳保险费，发生赔付时，共济联合会向共济组合赔付保险金。共济组合和共济联合会之间是保险关系。

第三级中央级农林水产省。农业共济联合会向农林水产省缴纳一定的再保险费，政府设立再保险特别账户为共济组合联合会提供再保险。政府与共济联合会之间是再保险关系。政府为农户提供共济保费补贴，并为共济组合和共济联合会提供经营管理费用补贴。

近年来，由于人口老龄化加剧，日本出现了共济组合之间、共济组合与共济联合会之间合并的现象，造成农业共济组合数量大量减少。2013—2017 年，农业共济联合会从 38 个减少到 17 个，农业共济组合从 241 个减少到 141 个。在农业共济组织发生新变化的背景下，农业共济保险体系也随之发生变化。在原有三级组织机构体系的基础上，产生了图 2.2 右侧的新的二级体系，目前呈现两种体系同时存在的现象。在新的二级体系下，农业共济组合直接向政府购买再保险，并在灾后直接领取赔偿金，省略中间环节，有利于日本农业共济保险体系的有序高效运行（江生忠，费清，2018；穆月英，赵沛如，2019）。

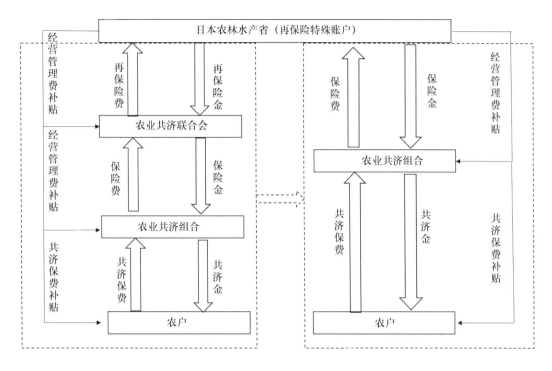

图 2.2 日本农业灾害补偿制度农业共济保险体系

资料来源：日本农林水产省，日本全国农业共济协会（NOSAI），穆月英、赵沛如《日本农业共济制度及农业收入保险的实施》。

（二）支持政策

为提高粮食自给率，日本政府对农业实行保护政策，对农业灾害补偿制度的支持力度极大，本章主要从法律保障、财政补贴、再保险以及强化风险管理四个方面介绍日本农业灾害补偿制度的政府支持政策。

一是法律保障。随着农业产业化的推进，日本政府逐渐认识到农业风险分散与灾后再生产的重要性并且通过立法不断探索完善农业风险管理方式。日本农业共济保险立法发展历程如图 2.2 所示。1947 年的《农业灾害补偿法》标志日本正式确立农业灾害补偿制度，用来保护农民因极端天气事件、病虫害、疫病造成的农作物和家畜损失（Fumihiro，2014）。为适应农业共济保险的发展，日本在 1957 年、1985 年、2003 年对《农业灾害补偿法》中的费率、补贴、参保方式等细则进行多次修订，同时在 1949 年、1951 年、1971 年、1979 年扩大保险险种和承保范围，通过不断修订完善立法为农业共济保险的持续发展提供强有力的制度保障。2014 年 6 月，日本政府首次提出开展农业收入保险，并于 2017 年加入立法，将《农业灾害补偿法》改为《农业保险法》，使农业共济保险的保障范围持续扩大（江生忠，费清，2018；穆月英，2018）。

二是财政补贴。日本自然灾害频繁，农业受灾率比较高，农业共济保险的保险费率远高于其他财产和意外伤害险，大约是其他保险的数十倍甚至数百倍。若完全由个体农户自行承担保费会大大降低参保率（Fumihiro，2014）。日本的农业共济保险以农户需求为出发点，将保险费纳入政府的补贴范围内。2016 年日本农业共济保费及补贴情况如图 2.2 所示，总体而言，日本农户参加农业共济保险仅需要缴纳 50% 左右的保费，剩余部分由政府承担。家畜共济需要缴纳的共济保费最高，其次是农作物共济和田间作物共济。从险种上看，农作物共济和田间作物共济的补贴比例均不低于 50%，政府负担要高于农业负担。而在家畜与园艺设施类共济上，政府补贴比例不到 50%，农户负担略高于财政负担。果树共济的补贴比例为 50%，保费由农户和政府平摊。政府在为农户提供保费补贴的同时，还为农业共济组合和农业共济联合会提供经营管理费用的补贴，以保障农业共济组织和农业共济联合会的正常运行，其中包括组织的运作经费以及勘察定损补贴、农业共济保险推广补贴等。

三是再保险。农业风险所具有的风险单位大、发生频率较高、损失规模较大、区域效应明显等特点，决定了农业共济保险的承保方极有可能面临巨额赔付，一旦发生共济机构就会面临严峻的经营风险。正如图 2.2 所示，政府为共济组织提供多层再保险保障，在三阶段模式中，农业共济联合会对基层农业共济组合进行再保险，中央政府对农业共济联合会进行再保险。在两阶段模式下，政府对农业共济组合直接进行再保险保障。如果发生地区性的较大灾害，例如大规模的传染病和自然灾害，则由政府承担全部赔偿责任（孙炜琳，王瑞波等，2007）。日本政府农业共济保险体系的再保险政策为农业生产灾后恢复及农民生活稳定提供了良好的兜底保障（江生忠，费清，2018）。

四是强化风险管理。农户在农业生产活动过程中，除了受自然灾害影响外，还面临农业经营上的其他各种风险。为了化解和降低这些风险，日本农业共济保险组织开展了作物生长预测、病虫害防治、土壤诊断、家畜防疫等多种风险管理的支持活动。除此之外，日本农林水产省保险经营局负责保险业务的指导和监督，承担统计保险数据、费率厘定、险种研发等技术支持工作（孙炜琳，王瑞波等，2007）。

三　加拿大农业保险

加拿大是农业保险高度发达的国家之一，也是完全公共模式的主要代表。加拿大农业保险由各省政府组建的国有农业保险公司独立运作，私人商业保险公司并不参与其中。农业保险计划作为加拿大农业支持政策——商业风险管理 BRM 计划中四大支柱之一，在政府对农场主的支持中占比超过了 50%，为加拿大农业发展提供了强有力的风险保障（王克，2019）。

（一）发展历程——以曼尼托巴省为例

加拿大农业保险起步于 1959 年，最早在曼尼托巴省开展，是加拿大第一个联邦—

省—地区（FPT）的成本分摊项目。随着时间的推移，加拿大农业保险不断修改，日趋完善。由于加拿大农业保险由各省自主运作，且保险合同是保险最重要的载体，保险合同的演变体现了农业保险的发展和完善过程，所以本节以曼尼托巴省为例，从保险合同的视角来介绍曼尼托巴省农业保险的发展演变。

图 2.3 是 1960 年至今曼尼托巴省农业保险公司（MASC）的农业保险合同要点图，可以看出，MASC 根据农业保险的实践情况，每五年就会对农业保险合同进行一次修改和完善，通过合同制度及时弥补发现的漏洞和不足，使得农业保险合同日益完善和周全。1960 年的 MASC 农业保险合同只有 15 条条款，相对简单，但有 3 点值得注意：（1）和我国现行农业保险条款一样，当时的农业保险合同中有一个分阶段赔付（即根据作物受灾的时期，对保险金额进行调整）的规定，这可能为我国农业保险合同中设置此项规定提供了借鉴；（2）和我国农业保险条款中笼统规定保单的签订日期（在作物播种前）不同，MASC 的保险合同有一个具体到日期的承保截止日，这样的规定方便量化和比较，有效避免了"倒签单"的问题；[1]（3）保险合同中规定，农场主在购买农业保险的同时，要将种植什么作物、种植多少、在哪儿种植等信息提交给保险公司，这样的规定使得保险公司收集和累积了大量农业生产数据，一方面降低了后期的监管成本，另一方面也为后期产品开发和政策条款设计提供了基础数据。

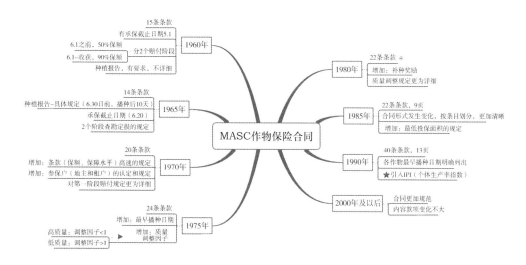

图 2.3　曼尼托巴省农作物保险合同的演变和历年要点

---

① 理论上讲，为了防止一方凭借信息优势而不当得利，农业保险合同应该在作物种植之前签约。但实践中部分地区农业保险出现了"倒签单"的问题，即在作物种植后、灾害发生后才反过来签订农业保险合同，通过协议赔付套取财政补贴资金的现象。

1965 年，MASC 对农业保险合同进行了第一次修改，对种植报告的规定更为详细，承保截止日期向后延迟，对两个阶段赔付的规定也更加详细。1970 年，农业保险合同增加到 20 多条条款，增加了对被保险人身份（土地所有者和租赁者）及相应保险赔偿的认定和规定。在我国土地流转增多的情况下，这一点非常值得我国借鉴。1975 年，农业保险合同增加了对被保险标的质量的规定，实现了"质量好赔付多，质量差赔付低"。质量因素在目前在我国农业保险中还没有考虑，农产品质量和保险赔款还没有挂钩，这应该是我国农业保险下一步精细化发展要解决的问题。1990 年农业保险合同中引入了个体生产效率指数（IPI），首次实现了按照农场来核算并收取保险费，较好地解决了农业保险定价不能精确到户、农民存在逆向选择的问题。2000 年之后是 MASC 农业保险合同的成熟期，这时的农业保险合同已经非常完善和成熟，文字表述更加规范、相关规定也更加详细，但内容变化不是特别大。

（二）制度模式

加拿大农业保险计划受联邦政府和省政府的共同管理，但各省农业保险业务由各省皇家农业保险公司垄断经营。联邦政府的职责是：（1）监督各省农业保险运营；（2）提供保费、经营管理费补贴和再保险支持；（3）对省级保险公司的精算结果进行审核和批准。省政府的职责是：（1）具体监管本省农业保险运营；（2）提供保费补贴和经营管理费补贴；（3）雇用精算团队对农业保险费率厘定方法进行评估和修改；（4）评估本省农业保险的可持续发展能力。需要指出的是，虽然加拿大农业保险是由国有的保险公司具体运营的，但政府，不管是联邦政府还是省政府，并不干预公司的日常经营，只是根据双方的合同协议对农业保险开展情况进行监管，确保农业保险惠民可持续（朱俊生等，2016）。

除上述职责方面分工外，加拿大联邦和省政府在农业保险中的合作主要体现在农业保险再保险的安排和支持上。图 2.4 是加拿大农业保险政府再保险基金的运作示意图，可以看出加拿大农业保险/再保险运作可以分为五步。

第一步，农场主在 3 月 15 日前购买保险（一般在 3 月 15 日保险公司能够确定今年的承保规模），农场主购买保险、缴纳 40% 的保费，省政府补贴 24% 保险费，联邦补贴 36% 保险费。

第二步，保险公司在 3 月 31 日看再保基金（有一个省再保基金，还有一个联邦再保基金）的盈利情况，如果再保基金有亏损，且保险公司的盈利超过当年保费收入的 50%，保险公司就要补缴再保险费，弥补再保险基金的亏损。如果省再保基金和联邦再保基金都为亏损状态，则两个基金各得到补缴费用的 50%，如果只有一个基金亏损则就补一个。

第三步，保险公司在 4 月 1 日看两个再保基金的总盈余情况，如果两个基金合起来还是亏损，则按照规定再次补缴再保费，可以分十五年补缴。补缴数额等于亏损总额的十五分之一。

第四步，保险公司补缴再保险费之后要缴纳当年的再保险费，具体要看两个、三个户头（再保基金和保险公司）的盈利亏损情况，再保费的多少根据盈余的比例不同而不同，盈余多则再保费就少。

第五步，12 月 15 日，保险公司确定了当年的最终赔付额，如果保险公司账户有盈余，首先是公司进行赔偿，只有公司完全赔尽了才可以从这两个再保基金里面领钱，具体数额是省再保基金提供差额的 40%，联邦再保基金提供差额的 60%。

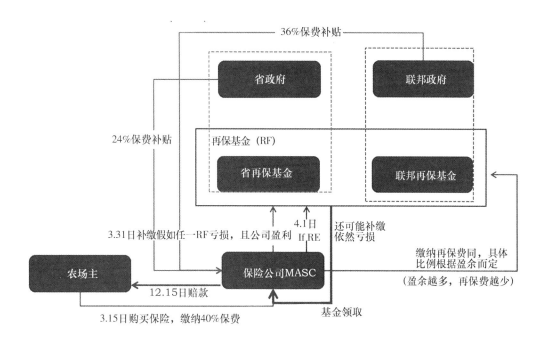

图 2.4　加拿大农业（再）保险运行机制

资料来源：王克（2019）。

（三）支持政策

加拿大联邦政府和各省政府对农业保险提供了强有力的支持。一是法律保障。加拿大早在 1959 年就通过了《加拿大联邦农作物保险法》，同年曼尼托巴省第一个通过了《曼尼托巴省农作物保险法》立法，随后农业保险法律制度不断完善，在 2003 年加拿大推出的商业农场的商业风险管理（Business Risk Management，BRM）框架、以及随后的 Going Forward 和 Going Forward 2 农业政策框架中，农业保险和其他相关政策一道修改完善。目前，加拿大农业支持政策已形成以农业风险管理为核心、非风险管理为补充的农业支持框架（朱满德等，2014），完善的法律体系为加拿大农业保险发展提供了坚实的保障。二是财政支持。加拿大联邦政府和省政府合计提供 60% 的保费补贴，其中联邦政府补贴36%，省政府补贴24%。除保费补贴外，政府还对公司开展的价格保险计划提供经营管理费用补贴。三是再保险支持。加拿大联邦和省政府共建了防范农业保险巨灾风险的大灾分散制度和农业保险再保险体系。通过再保险，降低了私营保险公司承担的风险，使私营保险公司在巨灾冲击下能够持续经营。

第三节　我国农业保险制度模式探索与发展

一　农业保险发展历史回顾

农业保险作为一种有效的市场化风险管理工具，在我国的实践最早出现于1934年由当时金陵大学农学院和上海银行联合开办的安徽和县乌江耕牛会和耕牛保险（张跃华，2006）。新中国成立后，我国农业保险先后走过了新中国成立初的兴起和停办期，改革开放初的恢复和快速发展期，市场经济确立后的萎缩和徘徊期，21世纪之后的新一轮试点和蓬勃发展。

（一）新中国成立初期的农业保险兴起和停办（1949—1958年）

新中国成立后，1949年10月建立了中国人民保险公司。为促进农业生产的复苏，为整个国民经济的恢复和重工业倾斜发展战略的实施开辟道路，刚刚成立的中国人民保险公司于1950年就将农业保险提上了议事日程，最初试办的农业保险主要借鉴了苏联的模式和经验，并与当时的行政中心工作——土改、抗美援朝结合在一起，以政治任务的形式推进。20世纪50年代，中国人保独家试办农业保险，主要经营农作物、林果、畜牧和农民财产等保险业务，农业保险业务覆盖山东、江苏、河南、陕西、四川等地区，1952年底承保的棉田高达30.67万公顷，1953年承保的牲畜超过了1440万头。但由于农业保险经营中出现了经营混乱、强迫参保等现象，人保公司暂停了经营4年的农业保险。在对业务进行整顿后，1956年重新恢复农业保险。但随着大跃进的推进和人民公社的建立，中央政府在1958年底宣布取消国内全部保险业务。农业保险经历了短暂的发展后被暂时终止。

（二）改革开放初农业保险的恢复和快速发展（1982—1992年）

党的十一届三中全会以后，中国开始建立和普遍实行农业家庭承包责任制，最终废除了人民公社体制，同时农业、农村经济制度也逐步完善。1982年，国务院为农业保险在新时期的发展做出了一系列重大决定，1982年2月，国务院批转的中国人民银行《关于国内保险业务恢复情况和今后发展意见的报告》中指出要恢复和发展农村保险。同年，中国人保在全国恢复了农业保险业务。恢复初期，中国人民保险公司将农业保险和其他保险业务混合经营，由于农业保险风险大、经营成本高，出现的亏损要由公司内的其他业务弥补，因此农业保险业务在整个业务中的比例不高。同时农民较低的收入水平和薄弱的风险意识使农业保险发展缓慢。1988 年，农业保险保费收入1.16 亿元，赔付支出9236 万元，农业保险的覆盖率不到10%。在此期间，1986 年新疆生产建设兵团建立了"新疆生产建设兵团农牧业保险公司"，专门经营建设兵团内部的农牧业保险。这一时期的一个重要特点或贡献是：学术界明确提出了"以合作保险为主体，以中国人民保险公司为支持，以国家政府为后盾，以互助合作为宗旨，提供基本保障为目标，以商业保险技术为基础的农业保险"的农业保险发展道路。保险公司开始意识到农业保险和其他财产保险的不同，农业保险发展模式从保险公司商业化单独经营向"政府组织推动，农民互助互济、保险公司经办"的方式转变。中国人民保险公司将农业保险和其他保险业务分离，实行农业保险"单独立账、单独核算、结余留地方、滚动积累、壮大风险基金"的财务核算方法，在基层组织上建立了农民保险互助会，成立了保险服务站。各地也纷纷探索合作制保险，1989 年以后全国各地开展了政府参与的互助合作保险试点。这种合作发展模式激发了保险公司从事农业保险的积极性，使该阶段农业保险的发展进入一个高潮时期，1992 年全国保费收入从 1989 年的1.3 亿元增长到 8.17 亿元，将近增长了5.3 倍，达到了历史峰值，赔付支出从 1989 年的1.07 亿元增长到 8.14 亿元。

（三）市场经济确立后农业保险的萎缩和徘徊（1993—2003 年）

1992 年春，邓小平视察南方重要讲话的发表和中共十四大的召开，明确提出建立社会主义市场经济体制的目标之后，农业和农村经济制度沿市场经济方向变迁的速度加快。随着 1992 年国有企业改革的推进，中国人民保险公司在进行全面市场化经营和体制改革的过程中，逐步缩小了农业保险业务，农业保险的发展进入萎缩阶段。按照保险分业的要求，1996 年中国人民保险公司司拆分为中保财产保险有限公司、中保人寿保险有限公司和中保再保险有限公司，这次体制改革将农业保险视为一般的商业性财产保险，实际上不再为农业保险单独立账、单独核算。在市场化改革和盈利的驱动下，中国人保财产有限公司逐渐压缩了农业保险的发展空间，甚至在 2000 年以后大规模停办农业保险业务，基本撤销了各级公司农业保险机构。农业保险收入占财产保险收入的比重一直呈下降趋势。1992 年底全国农业保险保费收入占当年财产保险保费收入的 2.57%，到 1997 年底仅占 1.18%，2003 年更是进一步滑落到 0.51%。农业保费收入从 1998 年的 7.15 亿元下降到 2001 年的 3.07 亿元。1993 年到 2003 年，我国农业保险由高速增长进入向下滑坡阶段，农业保险的发展规模大幅度下降，农业保险赔付率居高不下，农业保险的发展陷入困境。

（四）21 世纪后农业保险的新一轮试点和蓬勃发展（2004—2012 年）

2004 年以后，党和政府对农业保险工作的重视程度不断加大，政府开始在农业保险中发挥主导作用，并强势推进农业保险的发展。在政府主体的推动下，我国农业保险开始进入迅速恢复阶段。2004 年，响应党的十六届三中全会提出探索建立"政策性农业保险制度"的号召，我国黑龙江、吉林、上海、新疆、内蒙古、湖南、安徽、四川和浙江 9 个省（自治区、直辖市）启动新一轮政策性农业保险试点。2006 年 6 月国务院下发《国务院关于保险业改革发展的若干意见》明确提出，要积极稳妥推进试点，发展多形式、多渠道的农业保险。2007 年中央财政下发了 20.7 亿元，选择了吉林、江苏、湖南、四川、新疆和内蒙古六个省市自治区进行农业保险保费补贴试点。自此以后，我国新一轮农业保险试点实现了快速发展。

1. 农业保险保费收入连创新高，保费规模位居世界第二位

如图 2.5 所示，2004—2019 年，我国农业保险保费收入实现了跨越式发展，2004 年全国农业保险保费收入为 3.77 亿元，在中央财政提供保费补贴的 2007 年我国农业保险保费收入就突破了 50 亿元，同比增长 5.25 倍，2008 年保费收入达到了 110 亿元，2019 年保费收入更是达到了 572.65 亿元的水平，是 2004 年的 151 倍。目前，我国农业保险保费收入规模仅次于美国，成为全球最重要、最活跃的农业保险市场之一（银保监会，2019）。

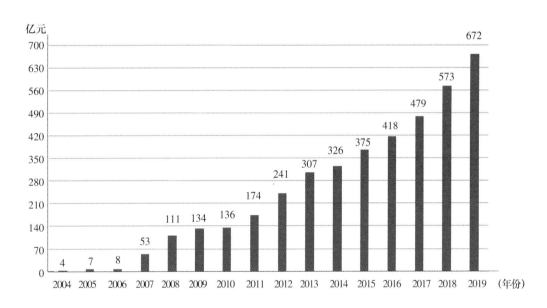

图 2.5 我国农业保险保费收入规模（2004—2019）

2. 实施范围不断扩大，扩展至全国所有省市自治区

2007 年中央财政仅选择了 6 个省市自治区进行保费补贴试点，2008 年试点地区增加到 16 个省市自治区，2009 年又进一步增加到 17 个省市自治区，2010 年扩展到 23 个省市自治区，2011 年增加到 25 个省市自治区，2012[①] 年扩展到全国所有省市自治区

---

① 事实上，在没有中央财政补贴的时候，许多省市自治区如北京、上海就已经在省级财政的支持下开展了政策性农业保险，因此，实际上，我国农业保险的实施区域在 2010 年就已经覆盖了全国所有省市自治区。

（财政部，2012）。

3. 保险产品日益丰富，保障能力大幅提升

在该阶段，我国农业保险承保险种不断丰富，除传统的粮棉油等种植业保险外，能繁母猪保险、奶牛保险、橡胶保险、藏羚羊保险、森林保险和一些当地特色保险大量出现，已经覆盖了农、林、牧、副、渔业的各个方面。此外，除了传统的保险产品外，蔬菜价格指数保险、生猪价格指数保险、天气指数保险、小额信贷保证保险等创新型保险产品也在不断出现和试点。据保监会统计，2011年我国农作物承保主要粮油棉作物7.87亿亩，占全国播种面积的33%，在内蒙古、新疆、江苏、吉林等粮食主产区，基本粮棉油作物的承保覆盖率超过50%，黑龙江农垦、安徽省等地已基本实现了100%全覆盖。承保林木9.2亿亩，牲畜7.3亿头（羽）。

4. 经营组织不断壮大、经营主体日益增多

2004年以后，我国农业保险经营主体不再由中国人民财产保险公司独家经营，许多专业性保险公司应运而生。2004年9月9日，我国第一家专业性农业保险公司——上海安信农业保险公司成立；同年10月国际农业保险经营较为成功的法国安盟保险公司成都分公司获准开业，成为第一家进入中国农业保险领域的外资保险公司；同年12月30日，吉林安华农业保险股份有限公司正式挂牌成立。2005年1月我国第一家相互制保险公司——黑龙江阳光农业相互保险公司正式开业，在黑龙江农垦系统实践了10多年的风险互助合作转变成公司化运作。随后，宜安、江泰、长城等保险经纪公司也纷纷成立，为农业保险经营机构、农民合作社和农户提供业务咨询和风险管理等服务。近年来，许多在业界鼎鼎有名的财产保险公司，如中国平安、中国太保都纷纷申请了农业保险营业资质，开始进入农业保险领域。此外，我国还有许多保险互助组织，如渔业互保协会、谷物、果树协会等风险互助协会提供风险保障服务。

5. 制度体系逐渐完善，运作体系不断健全

在这一时期，我国学者和政府部门对农业保险的制度建设问题开展了大量研究，在农业保险的性质、定位、边界、模式、监管等许多深层次问题上开展了大量讨论。尽管这一时期我国农业保险实践操作中仍然没有一个专门的法律法规作为指导和保障，但实际操作中，财政部、保监会也从各自职责出发就农业保险财政补贴、大灾分散机制建设和承保理赔规范经营等问题下发了多个文件，如财政部关于印发《中央财政农业保险保费补贴试点管理办法》的通知（财金〔2007〕25号）、关于印发《中央财政种植业/养殖业保险保费补贴管理办法》的通知（财金〔2008〕26/27号）、关于进一步加大支持力度做好农业保险保费补贴工作的通知（财金〔2012〕2号），中国保监会关于加强农业保险成本理赔管理工作的通知（保监产险〔2011〕455号）、关于加强农业保险理赔管理工作的通知（保监发〔2012〕6号），以及一年一度下发的《关于做好×××年农业保险工作的通知》等。此外，各省各地政府也制定了本地区的农业

保险制度条例，比较典型的有北京市农业保险领导小组下发的关于北京市政策性农业保险制度汇编，从保险机构资格认定、保费补贴办法、经费使用规定、保险金额和费率设定、巨灾风险分散等方面制定了较为详尽的规则制度。除制度建设外，在该阶段，我国农业保险的具体运作体系也不断完善，在许多省市自治区，从省级政府、县级政府，到乡镇政府和村级都建立了完善的农业保险运作体系，如江苏省从上到下都建立了一套政府支持农业保险运营的支持体系，省、市两级设有农业保险协调小组，乡镇设有农业保险服务站，每个村都设有农业保险协保员。再比如，人保财险常德市分公司创办的常德模式，构建了以市、县、乡、村四级服务网络为支撑，以乡镇农业保险办公室为平台，以乡镇农业保险专（兼）干部和村级协保员队伍为依托的农村保险基础服务体系，有效解决了农业保险承保理赔信息不对称、农户收费难、理赔到户难等问题。

（五）《农业保险条例》出台之后的正规化和大发展时期（2013 年至今）

2013 年是我国农业保险发展历史中具有里程碑意义的一年，因为在这一年，国务院在 2012 年底颁布的首个农业保险的法律法规——《农业保险条例》于 2013 年 3 月 1 日起正式实施了，结束了我国农业保险实践无法可依的局面。如果说 2007 年中央财政开始提供农业保险保费补贴是我国政策性农业保险试验正式起点的话，《农业保险条例》的颁布和实施则是我国农业保险正式结束试点、走向了新的发展阶段的标志。作为中央政府颁布的我国第一部关于农业保险的法规，虽然只有短短 33 条，但它确是数十年农业保险实践和研究的一个总结，《农业保险条例》的出台实现了农业保险制度的新突破，填补了我国农业保险领域的法律空白，明确了我国农业保险的政策性属性，以法规的形式明确了政府支持农业保险发展的义务，明确阐述了政策性农业保险制度的主要要素，为我国农业保险的后续发展扫除了至少是大部分扫除了制度障碍，具有长期而深远的影响。

在《农业保险条例》的带动下，2013 年我国农业保险取得了 2007 年以来又一次大的突破，当年农业保险保费收入达到 306.7 亿元，同比增长 60 多亿元，继续稳居世界第二位，实现了主要农作物承保面积突破 10 亿亩、保险金额突破 1 万亿元、参保农户突破 2 亿户次的"三个突破"。另外，2013 年底财政部出台的《农业保险大灾风险准备金管理办法》也是我国农业保险发展新阶段的一个贡献，该办法对大灾准备金的建立、计提、使用、管理等方面进行了规范和完善，创造性地解决了由于我国农业保险制度设计缺陷带给我们的一些难题（庹国柱，2014），解决了农业保险丰年"利润"过高、歉年有政府补贴的不正常现象，增强了农业保险经营机构的风险抵御能力。

二 现有经营模式

健全的制度模式是明确各方主体责、权、利的制度保障，也是保障农业保险可持续发展的关键。经过多年的探索，在目前的情况下，我国农业保险确立了公私合作制（publicprivatepartnerships，PPP）的发展模式，其中，"公"体现为保费补贴，"私"体现为市场化运作（朱俊生，2009）。

虽然确定了公私合营的制度模式，但我国并没有统一规定农业保险发展的具体模式，而是由各省市自治区确定适合本地区的农业保险经营模式（见《农业保险条例》第3条）。在实践中，中央政府只是规定了农业保险经营的一些基本原则、确定中央财政补贴的农作物和畜产品保险险种，并在农户和地方政府各自承担一定比例的保费补贴后，给予相应比例的保费补贴，具体比例根据不同的险种和补贴地区的不同而不同；各省市自治区根据本地区的具体情况，确定保险经营主体、保障对象、运作方式、巨灾分散机制等方面的内容和做法，形成了多种各具特色的发展模式，如北京模式、上海模式、江苏模式、浙江模式、安徽模式等（见表2.1）。

表2.1　　　　　　　　　　　我国几种典型的农业保险发展模式

名称	制度类型	经营主体	政府支持方式	保险方式	巨灾分散	以险养险	保障对象
北京模式	政府引导、商业保险公司经营	6家保险公司、互保协会	保费补贴、经营管理费补贴、160%赔付率上限	自愿保险	政府大灾准备金+购买再保险	否	无限制
上海模式	政府主导、专业农业保险公司经营	安信农业保险股份有限公司	财政补贴	强制保险+自愿保险	政府特大灾害补偿机制、巨灾准备金+再保险	是	无限制
江苏模式	政府和保险公司联办共保	政府和保险公司（中国人保财险、中华联合）	保费补贴、联合承办、共担风险责任	自愿保险	省、市、县三级大灾准备金	是	无限制
浙江模式	政府支持的共保体	10家保险公司形成的共保体	保费补贴、分摊超赔责任	强制保险+自愿保险	赔付率500%赔付封顶	是	种养大户
安徽模式	政府主导、联合经营	政府和安徽果元农业保险公司	保费补贴、有限责任（85%保费收入）	自愿保险	保费25%作为大灾准备金，基金结余全部作为准备金	是	无限制
黑龙江农垦模式	相互保险	阳光农业相互保险公司	保费补贴	强制保险+自愿保险	巨灾准备金+再保险	否	无限制

注：此表中各省市自治区的巨灾风险分散机制为2013年及之前的具体制度安排。财政部在2013年12月8日印发了关于下发《农业保险大灾风险准备金管理办法》的通知，对全国农业保险的大灾风险准备金做出了保费准备金和利润准备金的统一要求。

这些不同的模式在经营主体、政府支持方式、巨灾风险分散、保障对象等方面存在着差异和不同，反映了不同地区的经济发展水平、政府对农业保险的态度和认知水平。笔者认为，上述不同地区农业保险发展模式的差异中，如果从公私合营 PPP 的视角看，其中最为关键的差异则是公（政府）、私（保险公司）之间的风险分担机制存在的差异。因此，从政府和保险公司风险分摊的视角看，我国农业保险模式可以分为以下三类（朱俊生，2009）。

（1）政府和保险公司联办模式，即政府与保险公司共同承担风险。四川、内蒙古以及江苏的部分地区采取这种模式。联办模式在实践中表现为政府与保险公司共同分摊保费与赔付责任，以及由政府单独或与保险公司共同承担超赔责任。

（2）政府推动、保险公司代办模式，即政府承担风险、保险公司代为经营。江苏省苏州、无锡、常州、扬州和安徽等地采取这种模式。

（3）政府引导、保险公司自营模式，即在政府政策支持下由保险公司自营，承担风险。这种模式下，由政府进行组织推动，各级财政提供保费补贴，由商业保险机构自主经营。我国大部分地区采用这种发展模式。

三 存在问题与建议

（一）法律制度需要进一步完善

《农业保险条例》的颁布和实施改变了我国农业保险无法可依、仅仅依靠政策对农业保险活动进行规范的不利局面，为我国农业保险事业的发展提供了法律保障，具有重要的里程碑意义。尽管，《农业保险条例》明确阐述和规定了政策性农业保险制度的主要框架和要素，但该条例仍然存在定位不准和立法技术上的一些缺陷（张长利，2013）。比如，从国外立法情况看，农业保险法是独立于《保险法》之外的法规，有其特定的调整范围，而从我国《农业保险条例》的规定来看，政策制定者显然更多地是将《农业保险条例》视为《保险法》的实施法规而制定，但却没有在条例中对包括农业保险合同和经营规则在内的具体规则加以详细规定，这就可能给保险机构和政府部门，特别是监管部门带来认识上的混淆和操作上的困惑。再比如，《条例》对农业风险区划与费率分区、农业再保险等问题并未做出明确规定，而这些工作又是农业保险实施必不可少的前提基础和重要保障。

（二）组织管理体系需要健全

坚强的组织领导是确保农业保险顺利开展的重要保障。我国政策性农业保险实施至今，尚未建立有效的农业保险组织管理和服务体系，农业保险管理和服务处于一种临时化、碎片化的状态（农业部农业保险政策法规考察团，2013），在中央层面始终没有一个明确和统一的领导、组织和协调机构，虽然各地基本都成立了由省级人民政府主要领导牵头的政策性农业保险领导小组或协调工作小组，但具体负责的机构不同省市自治区差别很大，有些省市自治区由农委负责牵头，有些省市自治区则是由金融办负责，也有的省市自治区是由财政部门牵头，甚至有的省市自治区根据不同的保险对象和标的规定了不同的牵头负责部门，如种植业保险由农业部门负责牵头，林果类保险由林业部门负责。这种分散决策的组织模式固然可以激发各地政府的积极性、使各地更为因地制宜地制定出农业保险管理制度，但也给日后全国农业保险的统一和协调埋下了隐患，比如农业保险大灾风险的分散机制是农业保险长期发展的重要保障，但各省市自治区农业保险大灾准备机制建设千差万别，由于农业风险的局域性和系统性，如果中央出面组建一个全国统一的大灾准备金则会有效提升大灾风险的分散效率、降低大灾准备金的资金，提升财政资金使用效率，但由于各地大灾风险分散机制建设差别很大，建设全国统一的大灾风险分散机制则会面临很大的协调难题。《农业保险条例》并没有对我国农业保险的组织管理体系做出明确规定，只是根据现有实际情况，笼统地指出财政、保险、农业等部门要分工合作，共同推动农业保险的发展，因此，笔者认为中央层面应尽快组建起一个专门的农业保险组织和协调机构，出台一些与农业保险发展制度息息相关的原则性规定。

（三）大灾分散机制亟待建立和完善

农业保险经营中的大灾风险管理安排是农业保险制度中必不可少的制度要素或者重要组成部分，建立该制度对农业保险的健康和可持续发展有重要意义。从国外情况来看，农业保险巨灾风险分散支持或再保险支持都是各国支持农业保险发展的一个重要手段（Dick，2010），如美国农业部风险管理局 RMA 通过标准再保险协议（SRA）为经营农业保险的保险公司提供优惠的再保险支持，加拿大《农业收入保护法》中也对农作物保险再保险基金进行了专门的规定，当各州保险公司发生超赔损失的时候，可以向联邦政府申请，由联邦政府提供再保险支持（庹国柱，2002）。但在我国，虽然中央一直非常重视农业保险经营中的大灾风险分散问题，自 2007 年至 2014 年中央发布的 8 个一号文件中，七次提到建立财政支持的农业保险大灾风险分散机制的问题，有些省市自治区如北京市通过购买再保险的方式为北京市农业保险建立了较为完善的大灾风险分散机制，赔付率在160%以下的损失由保险公司承担，160%—300%的保险损失由再保险支付和摊回，超过300%的部分由政府建立的大灾风险准备金和政府财政支持。浙江省也制定了多层次的大灾风险分散机制，但更多的省市自治区没有对农业保险的大灾风险分散做出制度安排，全国也未建立起统一的农业保险大灾风险分散体系。农业保险巨灾风险分散体系和制度的或缺，使得目前许多地方农业保险存在"赔付封顶"的不正常现象，违反了保险经营原则，也损害了农民利益，因此，亟须建立和完善农业保险大灾风险分散体系。

（四）风险评估、区划和费率精算工作亟待开展

农业生产风险评估及区划是农业保险准确厘定费率和实现"一致性"及"公平

性"原则的重要基础，是构建农业巨灾风险分散机制和保障农业保险稳定发展的科学依据，是创新农业保险产品和降低农业保险运营成本的技术支撑，是开展农业保险绩效评价和提高政府保费补贴效果的前提条件（张峭，2011）。20 世纪 80 年代，美国农民购买农业保险平均支付 1 美元保费会得到 2 美元赔付，但当时美国农业保险问题成堆、农民参保率并不高，学者们分析之后认为根本原因在于当时美国农业保险定价没有建立在科学严谨的风险评估基础之上（Knight，1997）（Glauber，2004），因此，国外发达国家在推进农业保险发展过程中十分重视农业生产风险评估与区划工作，在设立和示范一些新的保险计划和项目之前都要进行相关标的和区域的风险评估、方案比较和效果模拟，以确保计划或项目科学合理及适用可行。我国在 2007 年启动新一轮政策性农业保险试点以前，并没有开展农业生产风险评估及风险区划这一基础性工作。截至目前，虽然个别地方也开展了农业生产风险评估与区划示范，中国保监会也规划并着手组织对我国种植业省及区县级保险费率区划试点工作，但全面系统的农业生产风险评估及区划工作仍进展缓慢。严重滞后的风险评估、区划工作使我国政策性农业保险仍实施着"一省同一标的一个费率"的不合理保费，定价的粗糙和不合理不仅导致了我国农业保险经营中严重的逆选择和道德风险问题，还致使保险公司和农民怨声载道，由此产生了"协议赔付"等违法违规行为，严重阻碍了我国农业保险的持续健康发展。

从国外经验来看，农业保险的精细化、保费厘定的科学化是降低逆选择和道德风险问题、促进农业保险可持续发展的必要条件和前提，而农业保险的精细化又是建立在科学合理的农业风险评估和区划的基础之上，因此，开展农业生产风险评估、区划和费率精算工作刻不容缓。

（五）保障能力需要得到提升和加强

我国农业保险目前实行着"低保障、广覆盖"的发展原则，无论是种植业还是养殖业，保险金额都是根据该保险标的生长过程中投入的直接物化成本为依据计算而得的，因此，我国农业保险产品又被称为农业保险成本保险。这种仅仅保障物化成本的成本保险保障能力十分有限，有学者以玉米为例做了一个测算，现有玉米保险的保险金额仅为玉米实际产值的 22% 左右（周县华，2012）。而且，目前农业保险的保额是 2007 年确定的，参照的是当时的直接物化成本，近年来随着物价水平的上涨，农业保险保额已经明显低于农民实际成本支出，和实际成本的差距平均在 35% 左右。过低的保障水平降低了农业保险对农民吸引力，如农业部黄延信司长在吉林省调研时就发现，当地镇长反映："当地玉米生产一亩地全部成本约 530 元，但实际保额仅为 200 元，这还是绝收之后能够得到全部赔偿的情况，农民连种子、化肥的成本都收不回来，农业保险（的赔付）根本不顶用"，也有农民反映"现在一亩地保 200 元，出灾后顶多赔 100 元，还不如打一天工挣得多，因此保不保没啥劲"。（黄延信，2013）另外，如表

2.1 所示，我国各地政策性农业保险还设定了 20%、30%，甚至高达 70%（对于干旱导致的作物损失）的免赔规定。在保险合同中设置免赔率的初衷是防范投保人的道德风险，但是过高的免赔率设置进一步降低了农业保险的赔付和风险保障能力。最后，我国农业保险的保险金额还存在过于单一和"一刀切"的问题，全省至少是一个县域范围内所有农民都面对着一个保障水平，农民没有选择的权利，这也是今后发展中需要加以解决的一个方面。

（六）政府财政补贴方式和比例需要改善

从 2007 年政策性农业保险实施至今，我国各级政府投入了巨大的人力财力支持农业保险的发展，可以说，政府的介入和财政补贴是我国农业保险能够取得如此快速发展的根本原因。然而，我国农业保险的政府财政补贴也存在三个方面的问题：第一，分层补贴、地方配套的问题。目前，我国农业保险保费补贴实行的是分层补贴的办法，中央财政提供保费补贴的前提条件是地方政府已经足额支付了其所应承担的保费补贴，省级政府同样采取了类似办法，要求将市县政府保费补贴作为省级财政补贴下发的条件。这种做法的制定初衷可能是防止地方基层政府虚假承保、套取中央财政补贴的行为，但是实践中却产生了许多副作用，因为许多农业大县都是财政穷县，无力进行大规模补贴，只能采取控制参保规模的方法进行限制，由此产生了真正需要农业保险的地方反而得不到农业保险保障的问题，因此，需要改进农业保险补贴方式，减少甚至免除粮食生产大县的补贴资金配套要求。第二，补贴方式单一的问题。从美国情况来看，美国政府除了提供保费补贴以外，也对开展农业保险业务的保险机构提供经营管理费用补贴，保险公司业务质量越高、服务越好、市场规模越大，获得的政府补贴也就越多，因此，经营管理费补贴事实上起到了一个刺激保险公司提供农业保险服务质量的目的。而目前我国各级政府对农业保险的补贴基本上都是保费补贴，只有少数省市自治区如北京市对经营农业保险业务的保险机构提供了经营管理费补贴，保险公司只能在收取的保费中获取保险利润，这就在实践中出现了农业保险出险后部分保险公司惜赔、拒赔的现象。笔者认为可以借鉴国外情况，利用经营管理费补贴激发保险公司提升自身的服务能力和服务质量。第三，补贴比例弹性的问题。在美国农业保险中，政府根据农民选择的保障水平的不同提供了不同的补贴比例，对于基本的巨灾保险，政府提供 100% 的保费补贴，保障水平越高，则政府补贴比例越低。而我国目前实行着基本固定的保费补贴比例（各级政府保费补贴比例基本在 75%—80%，有些地方的个别险种政府补贴比例高达 90%），当然补贴比例单一和保险金额缺乏弹性有关。但笔者认为，在我国农业保险仅保障直接物化成本的低保额情况下，政府保费补贴比例就已经高达 80%，这似乎有所不妥。由于补贴的刚性，即使提高保险金额，降低政府保费补贴比例也可能会受到较大阻力，给政府调整农业保险政策制造了困难。

第三章　农业保险市场需求与供给

第一节　农业保险的需求主体

农业保险的需求主体按照组织形式划分，可以分为小农户、新型农业经营主体、农业社会化服务组织和政府部门。

一　小农户需求主体

小农户是指以家庭为单位的传统农业生产者，采用的是一家一户的自给自足式的生产模式。自改革开放以来，家庭联产承包责任制是农业生产制度的重大变革，以家庭为单位的农业生产一直是我国农业生产的主要组织形式，提高了农业生产的效率，调动了农民生产的积极性，为我国农业生产的发展发挥了巨大作用。

传统的小农户具有以下几个特点：一是耕地面积小，难以形成规模化、专业化经营，因此也难以大规模应用机械化，生产效率偏低；二是主要成本投入低，通常情况下只考虑种子、化肥、农药等物化成本，而对自身所投入的人力成本和土地成本考虑较少，缺乏机会成本的意识；三是抵御灾害的能力较差，基本上是靠天吃饭，且家庭收入来源较为单一，受灾后恢复生产的能力弱；四是受教育程度普遍不高，在学习和应用先进生产技术方面有很大的困难；五是对农产品市场需求和供给了解不够，缺乏对政策和市场的敏锐把握，生产行为通常表现出从众特征，因此往往和市场脱节。

随着城镇化进程的加快和农业供给侧结构性改革的推进，小农户的生产特征也在发生改变。最明显的有以下几个变化，一是城镇化进程导致的家庭收入多元化，使农业生产收入在家庭收入的占比逐渐下降，小农户对农业生产的重视程度明显在降低，甚至在一些地区出现了弃耕现象；二是随着供给侧结构性改革等一系列改革的推进，小农户的农业生产方式也开始逐渐地迈向规模化生产；三是随着城镇化加快和农民工进城务工的普及，小农户的主要劳动力逐渐以妇女和老人为主，同时生产的机械化程度也有所提高。

二 新型农业经营需求主体

新型农业经营主体是指具有规模化、组织化等特征的生产组织，包括专业大户、家庭农场、合作社、产业化龙头企业。新型农业经营主体在提高农业生产技术水平、加快农业生产规模化和标准化、提高农产品品质、解决农产品供需矛盾及增加农业生产效益和提升竞争力方面具有明显优势，在推动农业供给侧结构性改革和发展现代农业方面发挥着重要作用。

新型农业经营主体在生产经营上具有如下特征：一是规模化、组织化程度较高，可以提高农业生产的机械化程度，也有利于新技术和绿色科技手段的应用，同时生产集中也导致风险集中；二是成本投入大，与小农户生产相比，在物化成本之外的土地成本、人力成本占成本投入的很大比重，很多情况下是通过融资来进行的成本投入，因此也对利润预期较高；三是以农业生产作为主要收入来源，而这一特征决定了他们对农业政策变化更加敏感，对政策解读得更到位，同时对农产品市场的供需和价格变化更为敏感，生产行为相比小农户更理性和科学；四是抗风险能力较强，因为成本投入高，因此新型农业经营主体会通过多种方式分散风险，比如完善灌溉、排涝措施，加强病虫害防治，以及通过农业保险等多种手段来分散风险。

三 农业社会化服务组织

农业社会化服务组织指为农业生产者提供生产资料供应、代耕代种、土地托管、收割、灌溉、病虫害防治、销售、运输、加工、技术支持等服务的公益性、经营性组织。农业社会化服务组织是伴随着农村地区目前普遍存在的农业兼业化、农民老龄化、农村空心化的问题应运而生的。农业社会化服务组织与新型经营主体的主要区别有三点：一是农业化社会服务组织的目的不是代替种植，而是带领种植；二是农业社会化服务组织不仅提供农业生产环节的服务，还对资金、销售、科技应用等方面提供全链条的专业化服务；三是农业社会化服务组织并不承担农业生产经营过程的风险，仅提供农业生产相关的服务，当然也包括应对生产经营风险的一些服务措施。

四 非营利的政府组织

政府部门是指与农业生产经营和抗灾救灾相关的非营利性政府组织，比如各级农委、林业部门、渔业部门、畜牧部门、民政部门等。政府部门通过制定政策来引导农业生产向绿色农业发展，为粮食安全、食品安全及环境保护提供了政策依据。比如政府的各种补贴政策在支持农业生产、保障农产品供给、推进农业供给侧结构性改革等方面发挥着重要的作用。政府部门有如下几个特征：一是以宏观的政策引导为主，不进行具体的农业生产和经营活动；二是各种补贴帮扶政策，不以盈利为目的，更多地考虑社会效应，但是这种方式效率不高；三是政府部门对大灾或者巨灾带来的民生和社会影响非常关切，急需风险分散和转移的手段。

第二节　农业保险需求特点

一　小农户需求特点

（1）风险敏感度低。随着城镇化的加快，小农户收入逐渐多元化，本身生产成本投入较低，尤其是物化成本投入更少，因此其对农业风险的敏感性较低。小农户的农业生产，通常不考虑土地成本和人力成本，尤其在耕作面积很小的情况下，成本投入很低，家庭对农业产出的期望往往不高。另外，小农户的家庭收入多以外出务工为主，农业生产带来的收入占比逐渐降低，农业生产的减产对家庭收入影响有限。

（2）农业产业政策重点保护对象。自家庭联产承包责任制以来，以小农户为主的农业生产模式一直是农业生产的主要组织形式。"三农"问题始终是党和政府最关切的问题，十多年以来的中央一号文件都是关于"三农"问题的。取消农业税、增加粮食直补、给予农业保险保费补贴等多项措施都是为了解决好"三农"问题而出台的。而小农户作为我国农业生产的主力军，对于提升"三农"发展水平，保障农业产业的健康持续发展至关重要，自然也成为农业政策重点保护的对象。

（3）对政府推动和政策依赖较强。农业生产收入在小农户的家庭收入中占比有限，其风险损失对家庭收入影响较小，并且随着城镇化的加快，家庭收入将更加多元化，因此农业生产风险对家庭收入的影响会更弱。同时，小农户的家庭收入水平普遍较低，对保费的支付能力也不足。此外，小农户的受教育程度平均偏低，对保险的理解不到位，尤其是对农业保险理解不到位。上述这些因素综合导致了小农户对农业保险需求也较低，在农业保险推动中，往往需要政府的推动，尤其是在保费补贴方面，过度依靠政府补贴，对政策依赖性较强。

二　新型农业经营主体的需求特点

新型农业经营主体、农业社会化服务组织，由于其都具有规模化和组织化的特点，其对保险的需求具有相似的特点。

（1）现代农业发展的代表和载体。现代农业指应用现代科学技术和科学管理方法来实现农业生产的社会化农业。现代农业包括两个方面：一是物质条件和生产技术的现代化；二是农业组织管理的现代化。新型农业经营主体的首要特点是规模化经营，而规模化经营会客观要求在生产方式上实现农业产业化、企业化发展，从而实现组织管理的现代化；同时，规模化的生产，使得资金更加集中，这就为先进技术和先进设备的应用提供了条件，同时提升了标准化生产水平。

（2）风险敏感性高。生产的规模化同时导致了风险的集中程度提高，一旦发生风险，其带来的损失会非常巨大，因此其更加惧怕农业风险；生产的企业化导致了成本投入的增加，包括土地成本、人力成本和机械设备的投入，使得对农业生产的预期回报要求更高，对生产经营的稳定性要求更高；规模化、产业化的农业生产者，其农业生产的收入往往是主要的收入来源，这也导致其对农业灾害风险敏感性较高。

（3）农业保险需求强烈。由于规模化农业生产对风险较为敏感，其对保险的需求也更加强烈。另外，规模化的农业生产，在成本投入中有大量的人力成本、土地成本和机器设备成本，因此对保险保障程度的期望也更高，希望保险能够覆盖其全部成本，甚至能够保障收入。同时，由于规模化农业对资金需求、产品质量等要求较高，在融资担保和产品质量等方面的保险需求也很强烈。

（4）对产品和理赔服务要求高。规模化经营最基本的特点就是种植面积大，生产更加科技化和标准化。这就对产品设计提出了新的要求。包括保险责任的确定、起赔点的确定和赔付方式的确定，都要符合规模化经营的特点。在理赔方面，由于规模化农业经营对资金流动性要求较高，如何及时准确地确定损失，保障生产者持续经营能力，也是对理赔服务水平的考验。

三　政府部门的需求特点

（1）要惠及更多的低收入群体。政府部门对保险的需求，是想发挥保险在资源配置中的作用。为了实现国家精准扶贫和全面小康社会建成的目标，政府急需各种措施和手段来保障低收入群体的利益，在奔小康的路上不让低收入群体掉队。因此多数情况下政府希望的农业保险是雪中送炭，而不是锦上添花。

（2）要比灾害救助更有效率。通过灾害救助方式能够解决一部分灾害的影响，比如农业大灾救助。但是政府的农业灾害救助不够精准，受灾群体对政府的灾害救助基金大多情况下都存在"不患寡而患不均"的想法。另外，政府部门也很难投入大量的人力去实现救助的精准性和公平性。政府想通过保险来提高救助的精准性和公平性，实现多损多赔、少损少赔、不损不赔的目标。

（3）保障程度。政府通过保险来解决灾害救助的问题，多数情况下是为了缓解灾害的影响，使受灾者尽快恢复正常的生产，因财政资金的限制，政府部门主导的保险需求以广覆盖、低保障为主要特征。这和我们目前的政策性农业保险的特征是一致的。

第三节 农业保险产品的供给现状

目前的农业保险产品以中央和地方政策性农业保险为主，同时近几年也陆续推出了大灾保险和全成本保险，部分地区产量保险和收入保险也开展了试点。另外，一些地方特色的保险产品，包括指数类的产品也陆续出现。

（1）目前可供小农户选择的农业保险以低保障、广覆盖为特征的传统中央和地方政策性农险产品为主。这是由于小农户自身的特点，导致其对农业保险的需求较低，农业保险的购买意愿主要靠政府推动和政策支持。中央和地方政策性农业保险，各级财政往往会提供相当高额度的保费补贴，农民一般只需要交付很小比例的保费，这样就变相提高了农民的购买能力。主要的保险品种以大田作物为主，主要有玉米、水稻、大豆、小麦、棉花等，也有个别地区推出了带有政府补贴的杂粮豆、中草药等特色地方性产品，但总体占比不高。这类保险的保额一般很低，只能基本覆盖物化成本投入，起赔点也很低，一般的灾害也会触发赔付。传统的政策性农险产品实质上是以产量作为触发条件的低保额成本保险。

（2）新型农业经营主体和农业社会化服务组织也可以购买传统的政策性农险产品，并享受相应的保费补贴。但是传统的政策性农险产品保额太低，甚至无法完全覆盖物化成本，和新型农业生产主体及农业社会化服务组织的需求不尽匹配，因此国家推出了针对规模种植的大灾保险和全成本保险。大灾保险和全成本保险，其实质是提高了保额的传统成本保险，即在覆盖了物化成本的基础上，增加了对人力成本、土地成本和其他成本的保障。大灾保险和全成本保险的起赔点和补贴方式没有明显变化，保障品类也基本相同，可以认为是加强版的传统政策性农业保险。

（3）产量保险是以保障农作物产量为目的，以实际产量低于约定的产量作为触发条件的保险产品。在产量保险中，保险金额确定时锁定了价格，因此通过产量保险仅转移了产量风险，并不能转移价格风险。目前产量保险仅在部分地区进行了试点，之所以未全面推广，很大程度上还是受小农户保险需求和保费支付能力的限制，小农户对保险的需求很大程度上受政府保费补贴的影响，而各级财政保费补贴的能力是有限的。

（4）收入保险是在产量保险的基础上增加了价格风险这一市场风险的新型农险产品，当实际的收入低于保单载明的收入时，保险公司即须按照约定进行赔付，这种收入损失可以是产量引起的，也可以是价格引起的。收入保险同时承保了产量风险和价格风险，对新型农业经营主体尤其具有吸引力，目前也在一些地区开展了试点。此外，近年来在相关政策的引导下，农机保险等地方政策性产品也在逐步填补相关风险保障领域的空白。

（5）指数型产品，是指保险赔偿不是基于实际损失，而是根据约定的参数是否达到约定值作为触发条件的保险产品。常见的指数型农险产品主要有价格指数类产品和天气指数类，比如北京地区的生猪价格指数保险、山东地区的蔬菜价格指数保险、内蒙古地区的牧羊区天气指数保险等。指数保险产品的理赔非常简单，不需要现场的查勘和定损，简化了工作流程。价格指数类产品给保险公司带来了系统性风险，并且目前并不是所有的产品都能找到相应的期货和期权来对冲价格风险。天气指数类保险的缺点也显而易见，那就是如果找不到一个指数和损失高度相关，那么就会带来基差风险，这也是天气指数保险产品的最大缺陷。

第四节　农险产品的供给改革方向

一　丰富品种

目前的农业保险体系还是以中央政策性为主体，以提高保额为主要变化的产量保险体系。收入保险、价格保险、指数保险等产品形态没有有效地发展。可投保的作物种类也比较有限，更多地集中在主粮作物上，地方性的经济作物保险还有待推广和扩充。因此，未来的农业保险改革，在丰富品种上应该有两个方向的努力。一是要增加被保险品种，在保障主粮作物核心位置、保障粮食安全的基础上，加快推出具有国际竞争力和地区优势的农产品保险；二是要积极推动收入保险，价格保险和指数保险等新型保险产品，满足不同的保险需求。

二　差异化产品设计

按服务对象进行差异化产品设计。由于农业生产经营主体组织形式的不同，对保险产品的需求差异也十分明显，因此需要根据需求对象进行差异化产品设计。对于小农户和规模种植的基础保险需求，应当提供保障程度较低的基础型产品，保障其农业生产在遭受灾害后的恢复能力；对于保障程度需求较高的群体，可以提供保障程度高的补充型产品，以满足这部分群体对保险的需求；对于更高保障程度和个性化的需求，也可以通过定制产品的方式提供。

三　差异化财政补贴支持

针对不同客户不同的保险需求，需要有与之相匹配的保费补贴政策。对于小农户为主和规模种植的基础保险需求，需要提供保障程度低但覆盖面广的保险产品，同时提供较高的财政补贴，以提高投保率，保障粮食生产的基本稳定；对于保障程度需求较高的群体，政府可以对基础保障水平以上部分提供一定的补贴，尽量保证这部分群体的保险购买能力，以保障其生产经营的稳定；对于过高保障程度或者个性化的产品，由于其个性化较强，不具有普遍性，不适合采用政府保费补贴的方式予以支持，可以尝试用纯商业性保险的方式进行推动。

第四章　农业保险承保风险管理

第一节　承保风险

一　农业保险系统性风险

目前我国设施农业占比非常低，只有畜牧养殖业和花卉业具有较高比例。从整体上来看，以露地农业为主。因此，自然灾害成了农业生产损失的主因，进一步递进为农险经营主要考虑的因素。自然灾害的发生，对农业生产的打击经常是全种类的。比如干旱、洪涝、低温，基本上会对种植业、畜牧养殖业、水产养殖业和林业，产生无差别的损毁。

传统保险业务的承保，通过扩大承保数量来实现风险分散。而对于农业保险来说，其保障的自然灾害具有大范围性。即，自然灾害的发生，不单纯是影响一村、一镇，非常有可能影响到一县、一市，甚至一省。同一区域，风险不是分散了，而是聚合了；越多的承保量意味着更大的赔付。故，依据传统的保险风险管理理念，对于同一保险公司来说，应该同一区域零星承保，同时扩大承保区域。但是，农险的管理和查勘成本远高于一般财险，需要同一区域内承保大量业务来分摊成本。由此产生了分摊承保和分散风险的矛盾。

表4.1　　　　　　　　　　　农业保险的系统性风险

	种类	绝收面积或死亡（万亩、万头）	占全国同期存量比例（％）
种植业	油菜	615	6.09
	蔬菜	670	5.16
	小麦	26	0.07
林业	森林（受灾）	—	10
	柑橘	286	10.43

	种类	绝收面积或死亡（万亩、万头）	占全国同期存量比例（%）
畜牧养殖业	生猪	444.7	1.01
	牛	43.5	0.42
	羊	168.3	0.59
	家禽	6738.5	1.34
水产养殖业	水产（吨）	87	3.79

资料来源：魏华林，向飞，洪文婷. 中国南方雪灾损失与保险补偿问题研究［J］. 保险研究，2008（03）：13 – 22.

由文献中的数据可以看到，2008 年的南方雪灾中，种植业、林业、畜牧养殖业和水产养殖业无一幸免。因为柑橘主要种植地为南方，因此雪灾造成的损毁面积占全国同期面积的 10.43%。

农产品的自由流通，现代物流快捷网络、资讯传播迅速，农产品价格的崩盘或者飙升，很容易蔓延至广大范围。农产品间的替代性，又会将价格的波动扩展至其他种类。

因此，农业风险的系统性就体现在了影响范围广和影响种类多上。既不能通过扩大承保数量来分散风险，又不能通过扩展承保种类来分散风险。

二 农业保险周期性风险

小尺度方面，众所周知的周期性厄尔尼诺现象，扰动了我国降雨的时空分布。厄尔尼诺发生在春夏季节，将导致长江流域汛期严峻，北方干旱加重；在秋冬季节出现的明显增暖的厄尔尼诺事件，就会导致长江中下游地区梅雨量减少。短时间内的剧烈天气变化，导致当年的农作物减产、牲口死亡、森林损毁、水产养殖逃逸。

气候周期变化，相对于人的寿命来说，尺度比较大，因此感受上并不强烈。历史记录告诉了我们这种大尺度的变化。周朝时期，文字记录的载体是竹简和绢帛。竹子是亚热带植物，现在的主产区在长江流域以南，是远离当时主活动区域的蛮夷之地。因此，当时使用的竹子应该来自黄河流域。这种大尺度的气候变化，将直接导致诸多物种在某个区域内的消失。

无论是大尺度的气候变化，还是小尺度的天气扰动，都将导致农业种类构成和产出的波动，进一步影响到农产品价格。有利天气的好转，或者有利行情的预判进而扩大生产规模，都将导致产量的提升。而农产品的消费在一定时期内是有限的，则价格无可避免地下降。比如，玉米、猪肉和花卉。

对于畜牧养殖业，除了天气原因外，疾病疫病也是重要的风险因素。疯牛病、口蹄疫、禽流感和非洲猪瘟，似乎每隔几年就会出现一种大范围的高传染性疾病。无论是疾病致死，还是防疫控制的强制捕杀，都会给养殖业以重创。

三　农业保险特殊风险

在"产业扶贫"和"一县一品"号召下，各地产业蓬勃发展。承担保驾护航角色的农业保险，也适时地推出了各种专项产品。但此类产品一般都是非常具有特色性的，换句话说，只有本区域大规模存在，其他区域不成规模或几乎没有。比如青萝卜，集中在天津和潍坊，基本上不存在空间分散风险的可能性。但是对于当地的种植户来说，保险又是其抵御自然风险的有效手段。

对于大田作物，无论是哪儿的农业生产专家，基本上都能够判断出其主要风险是什么，怎样的生态环境容易遭受损失。而对于这种特色农业，其遭受灾害损失的特点并不完全被区域以外的人士掌握。而对此了解较深的专家，因为其内在的身份和利益相关性，并不能完全提供中立和可靠的信息。掌握定价权的当地政府，往往又以他们的经验为基础，结合当地财政状况和生产规模来确定费率。保险公司只能被动接受，并且无法知道潜在的风险大小。

四　农业保险承保查勘风险

设施农业具有高经济密度，而占主流的露地农业经济密度低，因此无可避免地导致标的分散在广大范围内。这给农险的承保和理赔查勘带来了巨大的风险：承保时，标的位置、属性和标识不清，无法准确评估承担的风险；标的损失查不清，无法核准其赔款。

规模化养殖，一般采用了相对严格的防疫控制。出于这方面的考虑，不少养殖户禁止外来人员进入；而中国人记账习惯的缺失、来往票据的漠视，也无法通过台账确定标的数量；耳标的高脱落率，监控设备的低普及和使用率等。导致承保时，无法确认投保人是否充分投保，理赔时无法确认标的是否是被保障对象。

对于面积更大的种植业和林业来说，基本上要等到出险查勘了才知道这些区域是不是自己的承保范围。并且由于面积巨大，给人工查勘带来了巨大的挑战。对于新科技的运用，也不容乐观。无人机查勘，受限于空域管制；卫星遥感，成本高企。新技术风险也是不容乐观的，图4.1来源于安华农险实地查勘。可以注意到，叶片面积、数量、色彩都理想，但是因为授粉期的干旱，导致了植株不结粒。而如果从航拍和遥感的角度来判断，基本上不可能被判定为绝收。

图 4.1 安华农险公司实地查勘状况

注：安华农险提供，拍摄于 2018 年 8 月 29 日 14 点 14 分，纬度 44°38′
43.60″，经度 124°32′24.49″。

另一个明显的承保风险是费率的统一性。当前，基本上是"一省一费率一条款"。除了地域狭小的直辖市外，几乎没有一个省或自治区的风险在全辖范围内是一致的。同时，目前基本上是一县一家保险公司独家经验，3 年、5 年一次招标。全省（市自治区）风险分布的不均匀性，导致高风险区域天然费率不足。即使中风险区域，也有可能因为天气周期与招标周期的不一致，经营主体实现不了跨年间的风险分散。

在某些大灾面前，查勘有可能会成为不可完成的任务。比如，洪水都能把笼箱冲走，大水面养殖损失根本无法厘清；发生雪灾时，牧区被大雪封闭，无法清点死亡牛羊数量；海水升温，海参死亡化水。

五 农业保险基差风险

提到基差风险，大部分人想到的就是天气指数保险。实际上，只要是指数类的保险产品，均存在基差风险。基差风险引发的经营风险有两个：业务可持续性风险和赔付风险。一旦发生保险标的未触发理赔，而农户发生了实际损失，就会打击农户的投保积极性，对业务的可持续性带来风险。此外，指数类保险产品的基石是契约精神。目前国内，契约精神的缺失普遍存在。如果发生上述偏差，并且投保人放弃契约精神，则保险人赔付压力剧增。

天气指数保险产品即使设计完美，但是我国目前缺乏完备的基础设施来支持：官方气象站点稀疏，私人气象公司缺乏。一般情况是，一个旗县一个气象站。同旗县范围内，不要说村级差异，不同乡镇之间的差异也是不小的。在平原种植区，一个旗县使用一个气象站数据，问题并不明显。但是在丘陵或者山区，局部天气差异非常显著，此时一个气象站无法满足需要。同时，平原区域，种植面积大、机械化和规模化程度高，风险诉求偏向产量保险和收入保险。即，当前阶段能支撑天气指数保险的区域，产品不能满足其风险诉求；对产品有诉求的区域，基础设施不能支撑产品。

价格保险和收入保险，都涉及了价格这一标的。对于现货价格，目前能够查到的具有权威性的数据，就是山东价格指数发布平台公布的山东省各个大市场的批发价格。同任何流通商品一样，批发价格只是流通环节中某一环的价格，并不是田间地头价或者是农户出售价。也并无农产品品相相关的信息，离开产品质量谈价格是不合理的。尽管如此，也是能够公开获得的具有权威性的最好数据了。相对于此数据，省级数据或者是国家级数据，后者的颗粒度就非常大了。涉及面更加广泛的就是大田作物了，国家粮油信息中心有公布各市农户出售价。但是公布的单元是市，并且只有若干产粮大区有。故，现货价格存在代表性、权威性和数据颗粒度问题。

期货价格一般代表了市场对现货的未来价格预期，即期货具有价格发现功能。同时，期货是标准化的商品交易的远期合约，因此对商品质量进行了严格的规定和等级换算标准。但是诸多研究均表明：国内农产品期货的价格发行功能有限，价格传递是单项的由期货到现货，价格泡沫明显。数据显示，2018 年大商所农产品期货共成交 4.9 亿手，占国内农产品期货市场的 54%，但是农产品交割量仅为 21.7 万手，交割金额 70 亿元。诸多价格保险（保险 + 期货）和收入保险的标的都是对应的期货价格。农户实际感知的价格是出售价，而出售价与期货价格相去甚远，风险陡增。

可以看到，无论是天气指数保险，还是价格指数保险、价格保险和收入保险，基差风险广泛存在。

第二节　风险管理

系统性的风险，无论是对农业生产者来说，还是农险经营者，都是风险巨大的。政府应该承担大灾风险的主要责任：（1）农产品具有公共属性，这也是为什么各国政府将农险确定为政策性保险，甚至是强制性保险的原因。政府在大灾面前，不能全盘推给保险公司。（2）权责不对等。当地政府，基于其财政能力和潜在的投保数量，制定了费率，其出发点是资金提供方和风险规避者。而对于风险经营的主体，保险公司并无话语权，只能选择接受或者不接受。权利方不承担责任，责任承担方没有决定的权力。

因此，在大灾面前，政府应该承担主要责任。这里可以参照国外做法，采取多种措施（见图4.2）：（1）政府出资向再保人购买赔付率超赔再保险；（2）政府承担再保人角色，承担某段赔付率超赔；（3）当地财政或者政策性银行提供低息甚至无息贷款。对于为当地特色农产品提供保障的险种，政府更加有必要提供类似的措施，只有保险公司"活"下去，才能提供更好的保险服务。

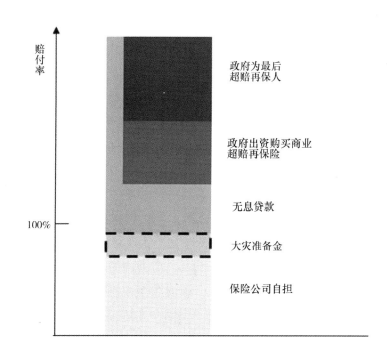

图 4.2 风险层级分散示意图

可以分种、养、林和价格指数保险分别核算，总体框架也可以不一致。假设某地大灾风险准备金的启用条件是赔付率75%，无息贷款的区间为赔付率75%—150%，政府出资购买商业超赔再保险150%—300%，政府财政为赔付率超300%后的最后再保人。同时，为了控制赔付风险，超赔再保险部分的赔付比例为90%，剩余部分由保险公司承担并且可以享受无息贷款。大灾风险准备金能覆盖的赔付，不能享受无息贷款。无息贷款的归还需要设置一定期限和规则，比如规定期限内又触发了无息贷款，尚未归还部分可以顺延一年；甚至触发超赔再保险，尚未归还部分可以顺延两年。为了展示案例，进一步假设某保险公司积累的大灾准备金为10单位，当年收到保费100单位，那么在不同赔付情形下的赔款的承担情况，如表4.2所示。

表4.2　　　　　　　　　　　　　　　　风险层级分散案例

赔款承担	赔款	70	80	140	200	350
第一层	保险公司	70	75	75	75	75
第二层	大灾准备金	0	5	10	10	10
	无息贷款	0	0	55	65	65
第三层	再保公司	0	0	0	45	135
	无息贷款	0	0	0	5	15
第四层	政府	0	0	0	0	45
	无息贷款	0	0	0	0	5
保险公司	全自负	70	80	85	85	85
	无息贷款	0	0	55	70	85
	合计赔款	70	80	140	155	170
	赔付率（％）	70	80	140	155	170

在赔款为350单位的情形下，保险公司合计承担了170单位的赔付，其中有75单位是自由资金（第一层），10单位为往年累积的大灾准备金（第二层），85单位为无息贷款（第二、三和四层分别为65单位、15单位和5单位）。大灾准备金和无息贷款的存在，保险公司实现了风险在年际的分摊；政府介入的超赔再保险（第三层和第四层），实现了在不同主体间的风险分摊。

对于价格风险，本身是否具有可保性具有较大争议，此时政府更应当承担重要角色。受限于世贸规则，政府不能直接兜底农产品价格，因此引入了价格保险。受限于监管规章，不能设置封顶赔付，但是政府还是可以做一些事项来缓解经营主体的赔付压力。

（1）发展价格周期保险，将一个价格周期作为一个保险周期。3年、5年的保险周期，跨越了价格的波动周期，规避养殖户因为逆选择而带来的风险，实现保险公司承保风险在年际的风险分摊，还能稳定业务规模、更加有效地运用资金。

（2）将保险价格划分为强周期价格区间、弱周期价格区间、随机价格区间（通常为极端价格），对强周期价格和弱周期价格区间实行渐次提高的比例赔偿方式，对随机价格区间按可保风险提供完全保险保障；对于价格区间划分，如图4.3所示。对于理赔周期为6个月的保单：在黑色虚框左边开始起保的保单，下行趋势明显（强趋势）；中间段开始保单，震荡趋势明显（弱趋势），随机扰动为主。

因此可以设置分段赔付比例（见图4.3）：①强趋势周期阶段，预期均值为5.74，因趋势性太强，故其均值左右只设置了40%的赔付比例，并且在更小的阶段逐步提升赔付比例；②弱趋势周期阶段，即趋势不明显，震荡走势可能性大，所以在高于预期

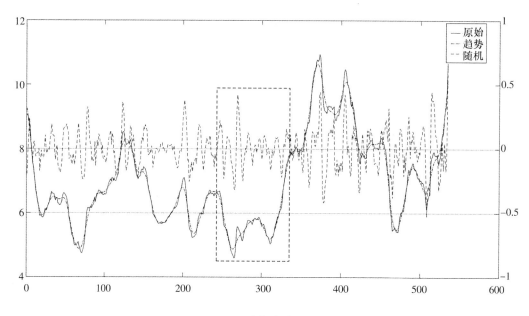

图4.3 价格波动分解图

周期段设置赔付比例为0、低于预期周期段赔付比例100%，这里实质上是一种降低了起赔点的常规生猪价格指数保险。

表4.3 分段赔付比例

分段比例	预期均值	强趋势	弱趋势
区间段		5.74	5.61
6	5.8	20%	0%
5.8	5.6	40%	0%
5.6	5.4	60%	100%
5.4	5.2	80%	100%
5.2	0	100%	100%

（3）采取第三方管理代办或由政府提供超赔补贴的方式合作开办。第三方管理代办，即保险公司大比例成数分保或者是全部分保给政府，保险公司负责承保、理赔和业务管理，并收取管理费。政府提供超赔补贴的方式，就是前面介绍到的大灾风险层级分散架构。价格风险比较特殊，再保人一般是为了配合其他业务，并且是象征性地再保分入。因此，直保公司并不能通过再保险来有效分散风险，又不能通过金融市场来分散风险。故，只能与政府形成利益共同体，由其来分摊风险。

降低招标频率，延长经营期。频繁地招标，给外界一种政策不稳定的印象。而较长的经营周期，能大概率地覆盖小尺度的天气周期和价格波动周期，实现时间上的风险分散；经营主体更加熟悉当地生产状况和经济状况，可以提供农险保险以外的服务，甚至是非保险服务，协助整体的经济发展。放宽一县一主体的限制，下降到一乡镇一主体，但是限制每县的主体数量，实现空间上的风险分散。这方面可以参照吉林省种植险。同一省内的经营主体，在每个旗县都有经营区域，而同一县内风险差异较大的可能性较低，因此不同经营主体间面临的自然风险趋于一致。

目前农村土地确权工作基本完成，因此在种植业和林业承保时，应与国土资源部和林业局的相关系统做交互，核准投保面积是否准确，是否有选择性投保，是否具备了投保条件。与兽医主管部门的相关系统对接，获取强制防疫的实施数据，校准养殖户的投保数量，核准出险数量。对接政府无公害化处理系统，实现小额快速理赔处理，既提高了理赔效率，又减轻了保险公司的小额查勘理赔成本。

对于种植险和林险查勘方面，应以整个农业领域为主体，而不单纯是某个经营主体和保险领域为主导，去获取跨部门的便捷与资源：①针对农业和农险领域，申请放松空域管制；②分享高分4号，甚至高分6号的遥感信息；③分享国家气象局数据和气象分析信息。卫星遥感价格，按照分辨率、面积和次数来计算价格；气象数据按照数据量计算价格（字段×频率×气象站个数），并且定价权并不在气象部门。考虑到农业保险的社会性，保险公司应当可以免费或者是低价使用相关数据，政府对农业保险的支持应该是全方位的，而不仅仅是句口号。

标的不清、出险识别困难，严重影响了畜牧养殖和水产养殖领域内的保险发展。畜牧养殖险标的具有较强的流动性，并且同类标的间的区别度不大，这增加了农险的经营风险。应加强技术研究，来解决投保标的确认和理赔标的核准问题。对于接触式识别的 RFID 标签、特殊色剂着色和耳标，因潜在生物影响不明、牲畜的应激反应和主动破坏导致脱落、投保人抵触等多方面原因，推广率并不高。非接触式识别的猪脸识别技术，有赖于近年人工智能技术的高速发展。但是，养殖场的亮度、摄像机的高度和角度以及生猪的活动性和舔、咬摄像头等，导致该技术在保险管理的核保核赔中，鲜有应用。无论是接触式还是非接触式识别，是未来养殖险标的管理的发展方向，不同的技术适用于不同的标的和情形，需要加大研究力度，提高各类技术的安全性和适用性。研发水下和水上综合监控系统、水下机器人，①在台账和票据的配合下，核算水产养殖的投保数量；②及时准确地识别出灾害死亡、逃逸和偷盗行为，以及清算保险损失。无论是畜牧养殖还是水产养殖，只有在投保和核赔时数量清晰明确、标的可识别，经营风险才具有可控性。

开展费率区划和无赔款优待。细化后的风险分区，实现风险与费率的对等，缓解高风险区域经营主体的赔付压力，降低低风险区域经营主体的超额收益。同时还可以引导高风险区域农户，改种更加适合的作物。无赔款优待能够鼓励农户主动进行防灾减损，正向激励规模化新型农业生产主体，鼓励规模化养殖企业采用更先进的管理设备，提升产业竞争水平。

相对于其他财产险来说，农险的特殊性非常明显，需要有细化的农险和农险精算来支持。浮动费率下财政补贴预算和核算问题，在 WTO 规则下政府的角色，基本风险单元的空间相关性问题，气候和价格的周期性问题，价格和产量间的关联性问题，保险期间标的价值增长的问题，诸多问题，都需要学界和业界投入资源来研究和完善，以便更好地发展。

第五章　农业保险产品设计研究

第一节　农业保险产品的概念与种类

一　农业保险产品的定义

按照通常对产品概念的理解，产品就是向市场提供的，引起注意、获取、使用或者消费，以满足欲望或需要的任何东西。对于保险产品而言，也满足这一基本的含义，但由于保险的特殊性，保险产品是保险公司签订合同、提供服务的基本载体，具体方面来讲，就是指由一个及以上主险条款费率组成，可以附加若干附加险条款费率，保险公司可独立销售的单元。

基于农业保险归属于农业和农村的特点，农业保险有广义和狭义之分，因而农业保险产品也有广义和狭义之分。狭义的农业保险产品，是基于农业的范围，即指传统的农、林、牧、渔领域内相对应的保险产品。广义的农业保险产品，除了上述狭义的农业保险产品范围之外，还包括农村区域内的农机具、房屋等财产保险及农村人身意外、医疗保险等。随着我国农业一、二、三产业的融合发展和农村与城市的协调发展，未来广义上的农业保险产品范围将更广、内涵将更大。

二　农业保险产品的分类

随着我国农业保险的快速发展，带来了本地化农业保险产品的不断丰富，国外成熟保险产品也不断被借鉴，并且由于农业这一母体产业类别千差万别，目前国内农业保险产品种类众多，很难在一个维度上进行分类区别。

（一）按照监管规定划分

自 2010 年 4 月 1 日起施行的《财产保险公司保险条款和保险费率管理办法》（中国保险监督管理委员会令 2010 年第 3 号）规定，保险条款和保险费率分为审批与备案两种类别，其中关系社会公众利益的保险险种、依法实行强制保险的险种的保险条款和保险费率，保险公司应当按照规定报中国保监会审批，在没有批复前，不允许进行经营和销售。报批类之外的其他保险险种的保险条款和保险费率，保险公司应当按照规定报中国保监会备案。2016 年，中国保监会为提高产品管理效率和鼓励创新，就报批类和农业保险产品之外的产品实行自主注册制，在中国保险行业协会注册平台实施注册后，即可经营和销售。目前的农业保险产品管理机制施行报备制度。随着监管制度的改革，化解金融保险行业风险，未来不排除针对不同的农业保险产品种类也施行相应的审批制度。

（二）按照保险经营险类划分

按照经营险类划分是国内从事农业保险经营的公司广泛采取的一种方式，具体可以分为种植业保险产品、养殖业保险产品、林业保险产品、渔业保险产品和其他保险产品。这种划分方法，有利于保险公司进行业务归属和经营绩效的考核。

（三）按照财政补贴类型划分

按照保险费有无财政补贴的区别，可以划分为有财政补贴的政策性农业保险产品和无财政补贴的商业性农业保险产品。同时政策性农业保险产品又可以分为中央财政保费补贴型和地方财政保费补贴型，由中央财政给予一定比例保费补贴的属中央财政保费补贴型，由省内、市（县）财政给予保费补贴的属地方财政保费补贴型。

（四）按照保障对象划分

农业保险产品按照保障对象不同可以分为法人类和自然人类两类产品。自然人类农业保险产品是以自然人为被保险人的，包括普通农户、种养大户和家庭农场（无法人性质）。法人类农业保险产品是以合作社、龙头企业等新型农业法人主体为被保险人的农业保险产品。目前面对两类被保险人的农业保险产品区别不大，甚至相同。但对于未来我国乡村振兴战略的实施，结合我国传统小农经济和发展农业现代化、促进农业新型主体的战略推进，这两类保险产品将会是截然不同的两种保险产品。

（五）按照经营区域划分

按照经营区域，农业保险产品可以分为全国性农业保险产品和地方性农业保险产品，全国性农业保险产品主要是涉及全国性经营的一些主要农作物和单一种类的保险产品，例如：林业火灾、林木综合保险等产品；地方性产品按相应的经营区域又可以分为省级、市级和区县级的农业保险产品，这类产品主要是根据地方产业需要或区域特色而产生的农业保险产品，随着我国"一县一业、一村一品"的产业政策实施，各地优势和特色农业产业的农业保险产品在经营种类上和产品形式上会有比较大的数量突破。

（六）按照致灾因子划分

结合风险需求不同，农业保险产品按照致灾因子可以分为单一致灾因子的保险产品与多元素的致灾因子的保险产品。后者是多风险综合性保障的农业保险产品，是目前国内保险产品的主流方式。前者多为火灾、旱灾、冰冻等单一保险责任，且多为指数型的保险产品，农业气象指数保险是指把一个或几个气候条件对农作物损害程度指数化，每个指数都有对应的农作物产量和损益，保险合同以这种指数为基础，当指数达到一定水平并对农产品造成一定影响时，被保险人就可以获得相应标准的赔偿。但由于目前我国的致灾因子与产量两者相关度上的数据缺失，基差风险大，指数型保险产品还有待完善。

（七）按照保障程度划分

我国传统的农业保险产品主要是成本型保险。成本型农业保险是指以农业生产成本确定保险金额的农业保险，具有"低保费、低保障、保成本、广覆盖"的特点。成本型保险主要涵盖自然风险和意外事故，针对市场风险的价格（指数）类农业保险较少，已经难以满足实际的需要。价格保险是以价格（指数）为赔付依据的一种农业保险产品，保障农业生产经营者因市场价格跌幅造成的经济损失。产量型农业保险是指以农业产品产出量（产出价值）确定保险金额的农业保险。收入保险是以农作物的收入为保险标的，当农作物的产量、价格波动或者二者共同导致被保险人的实际收入水平低于保险合同保障的收入水平时，由保险公司负责进行赔偿。

（八）按照保险价值划分

按照保险价值是否约定可以分为定值农业保险产品和不定值农业保险产品，定值农业保险产品是指保险合同当事人约定保险标的的保险价值并在保险合同中载明的保险产品。不定值农业保险产品是指保险合同当事人在保险合同中未约定保险标的的保险价值的保险产品。由于农业保险标的自身价值会随着生长周期的延长而不断增加，所以在农业保险中一般事先约定保险标的的保险价值确定保险金额，目前主要根据保险标的生产周期中所投入的成本确定其保险价值。

（九）按照营销渠道划分

农业保险按照营销渠道基本划分为线上营销和线下营销。线上营销是指通过互联网进行销售，属于新兴销售渠道，线下营销一般按照有无中间商参与的标准，分为直接营销渠道和间接营销渠道。农业保险直接销售渠道主要包括保险公司自己的保险销售人员上门推销、电话销售渠道。间接营销渠道指保险公司通过中介销售保险产品，主要包括委托基层农业技术推广等机构，保险代理人、保险经纪人、银行保险等。

三 农业保险条款主要要素

农业保险条款由其要素构成，条款要素是构成条款不可缺少的组成部分，每个条款要素按照监管规定和行业产品框架规范，都有各自不同的规定和约束，农业保险条款中主要包括以下要素。

（一）产品名称

按照监管要求，农业保险条款和保险费率名称应当清晰明了，能客观全面反映保险责任的主要内容。产品名称中应包含开办机构、开办区域、保险标的等相关内容。具体规定是：

公司简称＋业务开办区域（××省/直辖市/自治区—××市—××县）＋产品性质（中央财政/地方财政/商业性）＋保险标的名称＋产品类型（种植/养殖/森林/价格/××指数/收入/产量/收益）保险＋（适用于新型农业经营主体/××企业/扶贫/一带一路……）

（二）总则

总则即是对条款总体的规范性阐述，具体报告合同构成、投保人和被保险人范围。

1. 合同构成

一般是原则上确定了保险合同由保险条款、投保单、保险单、保险凭证以及批单等组成。并强调凡涉及本保险合同的约定，均应采用书面形式。

2. 投保人范围

按照《农业保险条例》规定，农业保险的保险合同可以由种植（养殖）户、农业生产经营组织自行投保，也可以由农业生产经营组织、村民委员会等单位组织农民投保。

3. 被保险人范围

被保险人是指其保险利益受保险合同保障，在保险事故发生后，享有保险赔偿金请求权的人，被保险人往往同时就是投保人。在制定农业保险条款时，如对被保险人范围有特殊要求，可参考上述投保人范围进行表述。

（三）保险标的

明确保险标的，有利于判断投保人或者被保险人对保险标的是否具有保险利益。所以，保险合同必须载明保险标的。

1. 保险标的

保险标的部分一般描述为符合保险合同约定条件的××可作为本保险合同的保险标的（简称"保险××"）。

（1）种植业保险中保险标的条件一般包含种植技术要求、种植地块位置要求、种植品种要求等内容。

（2）养殖业保险中保险标的条件一般包含养殖品种要求、养殖规模要求、畜龄要求、管理要求等内容。

2. 非保险标的

在具体制定条款时可将不保标的予以明确，例如，间种或套种、山坡开荒地、盐碱地、林带地、工业污染用地、试验田、房前屋后种植的作物不属于本保险合同的保险标的。

（四）保险责任

保险责任是指在保险合同中载明的对于保险标的在约定的保险事故发生时，保险人应承担的经济赔偿责任。对保险责任、赔偿范围做出明确的定义是保险条款设计的关键。农业保险的保险责任原则上应覆盖保险标的所在区域内的主要风险。属于财政给予保险费补贴的农业保险产品，保险责任应符合财政部门有关规定。这里保险责任是指保险合同主条款的责任，具体如下。

1. 损失原因

条款中需要列明在保险期间内，由于何种原因造成的损失，保险人按照保险合同的约定负责赔偿，一般损失原因有以下几点。

（1）自然灾害。指各种不以人们主观意志为转移的客观自然现象引起的造成保险标的损失的灾害，包括但不限于气象灾害、水文灾害、地质灾害、生物灾害等。

（2）意外事故。指由于不可抗拒或不能预见的原因而在客观上对保险标的所造成的损害结果，包括但不限于火灾、爆炸、建筑物倒塌、空中运行物体坠落。

（3）外来原因。泛指一切可以使保险标的发生毁坏，并来自保险标的本身之外的风险，是被保险人及其相关利益方（如家庭成员）之外其他人所为的风险，如政府扑杀。

2. 损失内容

列明在保险期间内的何种损失，保险人按照保险合同的约定负责赔偿，例如：

（1）数量、产量损失。造成保险××的死亡（或损失）且损失率达到×%以上的。

（2）价格下跌损失。造成保险××的实际价格低于保险合同的约定价格时。

（3）产量下降损失。造成保险标的的实际产量低于保险合同约定的保险产量时。

（4）收入减少损失。造成被保险人的实际收入低于保险合同约定的预期收入时。

（五）责任免除

责任免除是对保险人承担责任的限制，即指保险人不负赔偿责任的范围。责任免除明确的是哪些风险事故的发生造成损失与保险人的赔付责任无关，主要包括法定的和约定的责任免除条件。责任免除可分为以下几类。

（1）原因除外。一般条款中都约定因何种原因造成的损失、费用，保险人不负责赔偿。

（2）损失除外。一般条款中都约定何种损失、费用，保险人不负责赔偿。

（3）情形除外。一般条款中都约定出现何种情形时，保险人不负责赔偿。

（4）其他除外。其他不属于本保险责任范围内的损失、费用和责任，保险人不负责赔偿。

（六）保险金额及保险价值

保险金额是指保险人承担赔偿或者给付保险金责任的最高限额。保险金额一般都依据保险价值来确定。保险价值是指保险合同双方当事人订立保险合同时作为确定保险金额基础的保险标的的价值，即投保人对保险标的所享有的保险利益用货币估计的价值额。在不同的农业保险合同中，保险金额的确定方法有所不同。

（1）种植业保险金额：原则上为保险标的生长期内所发生的直接物化成本（以最近一期价格等相关主管部门发布或认可的数据为准），包括种子、化肥、农药、灌溉、机耕和地膜等成本。

（2）养殖业保险金额：原则上为保险标的的生理价值，包括购买价格和饲养成本。

（3）森林保险金额：原则上为林木损失后的再植成本，包括灾害木清理、整地、种苗处理与施肥、挖坑、栽植、抚育管理到树木成活所需的一次性总费用。

（七）免赔额（率）

为了避免产生经营风险和道德风险，农业保险条款中要科学设定免赔额（率），它是从金额上规定应由被保险人自行承担的部分。例如在种植业保险条款一般使用的是免赔率，免赔率是指不赔金额与损失金额的比率。

（八）保险期间

保险期间是指保险合同的有效期间，即保险人为被保险人提供保险保障的起讫时间。保险责任起讫时间是指保险人承担保险责任的期限。在保险实务中，保险期间与保险责任起讫时间不一致，在这一要素中应予以明示，如养殖业保险合同中大多规定有疾病观察期，保险人承担保险责任的时间是自疾病观察期结束后。

（九）保险人义务

农业保险条款中都列明了保险人的义务，其义务都是法定义务，一般包括：明确说明义务、签发保单义务、补充索赔证明和资料的通知义务，及时核定、赔付义务和先行赔付义务等。

（十）投保人、被保险人义务

农业保险条款中都列明了投保人和被保险人的义务，其义务一般也是法定义务，具体包括：如实告知义务、交付保险费义务、防灾防损义务、投保材料提供义务、保险标的转让通知义务、危险程度增加通知义务、保险事故通知义务和索赔材料提供义务等。

（十一）赔偿处理

农业保险条款中都明确了具体的赔偿处理方式和计算规则。例如在种植业保险条款中，一般都包括以下方面。

1. 保险利益规定

保险合同中规定保险事故发生时，被保险人对保险标的不具有保险利益的，不得向保险人请求赔偿保险金。

2. 标的损失计算

（1）全部损失与部分损失

条款中约定当保险××发生保险责任范围内的损失，保险人按以下方式计算赔偿：

①全部损失：保险××的损失率在80%以上（含）时，视为全部损失，保险人按

照以下方式计算赔偿：

赔偿金额 = 每亩保险金额 × 赔偿比例 × 受损面积

②部分损失：保险××的损失率在80%以下（不含）时，保险人按照以下方式计算赔偿：

赔偿金额 = 每亩保险金额 × 赔偿比例 × 损失程度 × 受损面积

（2）损失程度确定

条款中约定当保险××发生保险责任范围内的损失，保险人按以下方式计算损失程度：

损失程度 = 单位面积 ×× 损失数量（或平均损失产量）/单位面积平均 ×× 数量（或平均正常产量）×100%

在发生损失后难以立即确定损失程度的情况下，实行两次定损。第一次定损先将灾情和初步定损结果记录在案，经一定时间观察期后二次定损，以确定确切损失程度。

（十二）其他方面

农业保险条款中对重复保险、冲减保额、不实索赔处理和代位求偿等方面也做了详细的约定，但一般都是《保险法》的规定，这里不一一描述了。

第二节　农业保险产品的定价要素

保监会的相关规定将期望损失定为基准纯保费，但是按照精算原理，纯保费 = 期望损失 + 风险附加。这里我们同样按照通用的精算原理来讨论：纯保费包含了风险附加。我们认为以下几个因素影响现有的农险产品定价。

一　保险诉求

不同主体具有不同的目标，表现为不同的诉求。在我国现有的农险市场中，农户和政府是最大的需求者。只有切实满足农户与政府的诉求，对方才愿意支付对等的保费。

目前中国农险市场，政府是最大的保费出资方，因此政府的需求具有决定性作用。通常政府希望保险公司完全承担灾后救助责任，而这样会导致保险公司的经营风险增加。因为：

（1）当出现大灾时，政府会做出不利于保险公司的受灾状况判断（指定第三方评估机构，甚至是当地农委评估），从而增加保险公司的赔付。

（2）部分投保人认为赔付不合理而引起司法诉讼或者上访时，政府会向保险公司施压，而不是居中进行双方协调。最终的结果也很可能是保险公司提高赔付，进而加大保险公司自身的经营风险。

农业保险是风险转移的一种手段，但不能完全依靠农业保险来承担灾后救助，如果当地政府不能认可并做到这一点，那么保险公司承担的风险将显著增加。

目前农险补贴中，中央财政补贴对象为涉及面广的农产品，如主粮、生猪等。地方财政补贴对象多为地方特色性产品，这些产品的涉及面较窄，但是涉及地方品牌产品的建立。如肥城桃、西林火姜、苏尼特羊、安溪铁观音和富民杨梅等。对于地方特色产品，地方政府希望扩大产业，但是生产中自然灾害频发，因此需要农业保险来分散部分风险，减少农户损失，甚至稳定收入，以此提高农户生产积极性、扩大产业，护航品牌产品建设。这种情况下，地方政府是希望保险能够覆盖绝大部分生产者的，因此也愿意进行补贴。而从保险公司角度来看，小范围内大量承保，其风险是急剧增加的。因此从经营稳定性的角度考虑，保险公司需要提升风险附加。同时，保费越充足，保险公司越能够承保更多的风险单元，越能够安排再保险分出，转移部分风险至各再保险公司。

二　承受能力

政府与农户对保费的承受能力，影响到保险产品所包含的风险因素和保障水平。保险的实质是风险转移，风险转移的成本就是与之相对应的保费支出。对于保险公司来说，需要保持财务平衡：保费收入与未来预期发生的赔付和相应的费用近似相等。不可能存在既便宜，保障水平又高，保障范围又广的保险产品。政府与农户的保费支付能力越强，农险产品就可以包含越多的风险因素和更高的保障水平。保险定价也可以趋于谨慎一些：提升风险附加的水平。但这并不是说对方承受能力高，保险公司就多收保费。这需要从风险方面来理解：对方承受能力低，采用低水平的风险附加，保险公司亏损可能性增强。为了运营安全，保险公司只能谨慎承保，控制承保数量。反之，高水平的风险附加，保险公司抵御风险能力增强，可以增加承保数量。这也就可以解释为什么市场上很多新型农险产品没有大规模开展业务了。农业风险具有非常强的空间相关性，承保规模的扩大是风险的聚集而不是分散，这有别于其他保险。

三　农业生产风险

明确哪些风险因素会对标的造成影响，造成多大影响，是否具有可保性。明确农业生产过程中的风险点，可以预知保险公司的赔付风险点，以制定可能的风险控制措施。

比如，山药怕涝，容易形成烂种死苗，减产降质。因此，适合土质疏松、排水方便的沙壤土。而黏土极易蓄水，不利于山药生长。对于山药而言，土壤类型的差别天然地导致了不同风险。对于玉米，整个生长期的降雨量充沛，并不能保障产量的稳定。

孕穗期和灌浆期是需水关键期，此阶段的干旱非常容易造成减产，是不可恢复的损伤。非需水期的降雨量充足，并不能弥补需水关键期少雨带来的减产影响，这类似于木桶原理。故，在进行天气指数保险定价时，就不能使用简单加权平均法，应该使用加权几何平均法。

能繁母猪、能繁母牛和奶牛，都是典型具有高产期特征的。超过一定年龄后，产量或者品质就会下降，个体也会逐步进入淘汰期。主动淘汰的存在，会增加道德风险。因此，承保标的如果包含了高年龄个体，那么就应该增加风险附加。保险标的为非一次性产出是普遍现象，比如绵羊、水果树树体和橡胶树树体等。有可能会将这些被正常淘汰的高龄保险标的，伪造成保险事故造成的死亡，获得赔偿金。

四　定价数据

数据的可获得性与准确性，决定了精算模型的选择和保险费率的可靠性。优质、充足的数据是一种理想状态，而数据不足甚至无数据是中国农业保险费率厘定的常态。目前农险产品定价，在数据层面面临以下两种情形。

1. 数据有缺失

有部分数据，但是达不到精算定价的数据充分性要求。对于数据不连续，出现了间断的情况：如果是价格类数据，是可以尝试用数学模型来填补数据；如果有经典或者公认度高的价格驱动模型（经济模型）就直接使用，否则可以考虑时间序列模型，不推荐使用数学插值算法。这种填补方法只适用于少量或零星出现数据缺失，并且已有数据量较大，能够支持模型参数拟合。这种情况下，风险附加方面无须特殊处理。

在数据量少的情况下，可以采用 Bootstrap 法和分位点估计相结合。设置不同的分位点，实施自助法采样计算分位点值。根据标的性质，假设标的分布，然后对自助法确定的分位点实施分布拟合。因为数据量少的天然特性就是可信度低，因此这种方法下需要加大风险附加。

2. 没有数据

此时不单纯是风险附加的问题了，期望损失都无法获得。有两种处理方法。

（1）参考费率。这种方法运用的是风险横向比较：比标的风险高的产品费率高于标的费率，比标的风险低的产品费率低于标的费率。那么标的产品费率处于一个区间范围内，由业务部门进行权衡决定。这里的风险高低，并不需要严格地去寻找同样的保险责任、同样的保险标的，因为这往往是不现实的。之所以这样考虑，是从保险需求角度来考虑的：投保人需要保险来转移风险。比如育肥猪的保险责任包含了自然灾害和疾病，肉牛的保险责任也是包含了自然灾害和疾病。两者的主要风险差别是在疾病方面。在同样自然灾害下，育肥猪的死亡率高于肉牛。对于疾病风险，投保人一般要求覆盖能造成死亡的绝大部分病因，而不是少数几个病因。因此，总体上看，育肥猪的死亡率是要高于肉牛的，因此费率也要高于肉牛。同样，还可以与能繁母猪、肉羊等进行比较。

（2）另一种参照费率就是按照大类或者大区域进行计算，然后依据相对风险高低进行调整得到。虽然我国数据统计比较薄弱，但是大类统计还是有的。某地林木保险的保险责任只包含了病虫鼠害，目前很难收集到当地详细数据，但是可以收集到该省（市、自治区）每年的森林有害生物发生率、成灾率、防治率和检疫率。因此，可以基于分位点拟合法获得风险分布，进一步按照条款计算得到费率。有害生物包含：害虫、病害、鼠（兔）害、有害植物。如果保险责任包含的灾因少于统计数据中的灾因，应适当下调费率。通过走访调研，了解当地的病虫鼠害损失水平相对于全省（市、自治区）来说是高还是低，然后进一步调整费率。类似的还有种植业灾害数据、畜牧业疾病死亡数据等。

（3）最低费率。存在一种情况，新产品标的在市场上完全找不到可以对比的保险产品。一种处理方法就是专家打分法，但是这种方法有很大的问题：几乎没有人既懂标的的生产过程，又懂保险原理。生产专家能对生产风险进行有效的评估，但是很多时候并不是利益中立者，因此有可能会做出不利于保险公司的判断。故，打分表格的设计需要高超的技巧，并且需要在专家打分法得到的费率情况下，采用相对保守一点的风险附加。

（4）最后一种处理方法就是参考分析了。搜集尽可能多的直接资料与间接资料，分析各种可能的损失。这种方法虽然不能给出准确的费率，但是可以知道在某个费率水平的充足性。这种方法还可以处理另一种情形：非精算人员已经给出了保险费率，需要精算人员评估其充足性。比如，政府（一般是根据当地农委和财政部门协商后给出的）、行业协会、大型生产企业等。在此描述比较抽象和空泛，后面会给出一个具体的案例。

五　精算模型

不同的精算模型，适用于不同的风险问题。应当依据风险分析，选择合适的精算模型。

（一）森林

火灾、病虫害和自然灾害是森林保险面临的主要灾害，但是这几种灾害的特征并不相同。火灾的发生具有非常强的空间相关性：一旦发生，相邻区域风险剧增，但是发生频率低。而病虫害和自然灾害，影响的范围相对要小。事故发生频率，通常使用泊松分布刻画。事故损失范围（亩为单位），通常使用长尾分布刻画，gamma、逆高斯等。

（二）养殖业

对于畜牧养殖，无论是家庭农场还是专业化养殖场，除非发生大规模的传染性瘟疫，一般来说每个养殖场所会形成相对独立的区域，可以视为一个风险单元。因此，此风险单元是否出险就可以使用二项分布来描述。每个风险单元，发生事故时死亡数量是不一的，并且饲养总量也不一样。因此，可以使用无量纲的死亡率来统一保险事故描述，因为死亡率介于［0，1］之间，假设其服从 beta 分布。这种模型适用于小牲畜，如鸡鸭等。对于大牲畜，猪牛羊等，一般使用二项分布的极限分布：泊松分布，假设其死亡率是独立同分布于泊松分布。

为什么观察数量多的小牲畜不使用泊松分布？小牲畜的空间密集度高，相对大牲畜来说，个体间的独立性差。另外，小牲畜的数量多，正常死亡的也多，在承保实务中会设置免赔：一次事故的死亡数量。而大牲畜的经济价值高，一次死亡数量也偏低。

水产养殖比较复杂，按照分类有池塘养殖、网箱养殖和围栏养殖，有淡水养殖和海洋养殖，有传统养殖和工业化养殖。如果是封闭水域，可以参照小牲畜定价模式。如果是开放水域（海洋养殖），一旦保险事故发生，影响面积非常宽广，可以参照森林火灾定价模式。

（三）种植业

种植业的保险事故是否发生，具有非常强的空间相关性，并且事故发生频率高。单产是种植业风险刻画的载体，但是单产的分布具有特殊性：

（1）单产处于一个有限区间的；

（2）单产在这个区间的两个端点都会存在非零概率；

（3）在灾害年份和有利气候年份，单产的聚集点不同，形成有偏分布。

例如，某地玉米的平均产量在 800 斤/亩，那么在不变更种子的情形下：①各地块单元的单产在［0，800×1.1］之间波动。区间右端，代表了理想的气候环境和优秀的管理水平。要突破右端只能是使用新种子。②在任何年份，总是会部分地块绝收，部分地块丰收，因此端点存在非零概率。比如，地势低洼区域，正常年份基本上是内涝，而整体干旱的年份，该区域却可能处于有利的生长环境。③随着灾害的加重，各地块单元的单产聚集点向左侧靠，反之则向右侧靠近。

目前普遍使用截断正态分布来刻画单产分布，但是这种模型不能解决第（3）点的有偏分布特性。因此，建议采用截断删失广义极值分布。这是一个三参数分布，通过不同的参数能实现左偏和右偏的变换。

但是，截断删失广义极值分布的参数在不同年份间是不同的。因此还需要考虑复合分布：参数的分布。同时，还要考虑不同参数间的相关性问题，因此再用 vine – copula 来刻画分布参数的相关性。

六 政府因素

政府的不同行政措施，也会影响到费率的厘定。

（一）再保险

比如北京市政府，为农险经营主体购买了事故年度超额赔款再保险。那么经营主体的大灾风险会显著地下降，对应的风险附加也会下降。因为能够获得的历史数据时间区间不够充分长，保险公司并不能有效地估计赔付风险。那么为了运营安全，就会附加比较高的风险保费。而如果当地政府有安排超额赔款再保险或者赔付率超赔再保险，那么纯保费也需要相应降低风险附加部分。

法定再保险是由相关法律规定强制实现的，我国已在 2006 年取消。但是，对于个别影响较大的险种，地方可能会要求保险公司购买超赔再保险。此时，要求可能是口头、非正式的，不指定再保人，但是指定再保险形式，这并不属于法定再保险。支出的再保费一部分需要转移给原保险投保人。

需要解释一下的是，为什么一部分再保费需要原保险投保人承担？原保险公司因为经营区域的分散和业务的多样性，能够承受很大程度的损失。同保费计算原理一样，再保费也包含了各种附加保费。如果没有再保险，这部分附加费用就不会产生（对应的风险原保险公司也能承担），因此需要原保险的投保人来分担部分再保费。

（二）大灾准备金

种植业发生巨灾时，在空间上并不能分散风险，反而会聚集风险。例如，2001 年席卷东北的特大旱灾。因此，需要大灾准备金在时间上进行分散风险。大灾准备金是实现资金的跨时间运用，平滑经营风险。但是，现行的税收制度导致大灾准备金效果减弱。大灾准备金分为保费准备金和利润准备金，前者只允许当年增量税前计提，累积余量还需调增纳税，后者是税后计提。实务中的大灾准备金的计提和纳税都是以实收保费、综合赔付率以及财产险行业承保利润率等为基础进行的，较为复杂。而本部分一直考虑的是纯保费，所以下面给出一个简化版的举例计算，说明税后计提是怎样影响到保费计算的。

假设 1—99 年损失为 1，第 100 年为 41，期望损失为 1.4 = （99 + 41）/100。1—99年每年计提额为 0.4 = 1.4 - 1，假设所得税为 20%，那么实际计提金额为 0.32 = 0.4 × （1 - 20%）。共计提了 31.68 = 0.32 × 99，第 100 年保费收入 1.4，总共可支付额为 33.08 = 31.68 + 1.4。而第 100 年赔付支出为 41，差额为 - 7.92 = 33.08 - 41，即保费不足。为了保证保费充足，需要增加保费。同时可以注意到，不足度会随着企业所得税的增加而增加。而如果是税前计提，则相当于税率为 0，不充足性消失。

第三节　中美农业保险产品比较研究

本节比较分析了中美两国种植业保险产品在保险责任和保障水平两方面的差异。结果表明中国现阶段提供的成本保险本质上是保障产量比较高，而隐含着农民被动选择的保障价格比较低的产量保险。这种产品保障水平比较低，但风险却很高。本节对于中国种植业保险产品的改革具有重要指导意义。

一　问题提出

很多研究都发现农民贫穷与农业风险之间具有高度关联（Mosley & Krishnamurthy，1994；Rosenzweig & Binswanger，1993）。这就给政策制定者们一个启示，即减少农民贫穷可以从降低农业风险入手。因此，很多国家都将农业保险视为一种有效的扶贫手段，如美国、欧盟、加拿大、日本（Barnett & Mahul，2007），以及印度、肯尼亚等（Chantarat et al.，2015）。中国自2004年起开始制订农业保险计划，并在每年中央"一号文件"中强调发展农业保险的重要性，将农业保险视为帮助农民摆脱贫困陷阱的重要工具。2007年，中央财政开始实行农业保险保费补贴政策，农业保险呈现出前所未有的蓬勃发展态势。2012年，中国正式颁布《农业保险条例》，对农业保险的合同、经营规则、利益相关方的法律责任等做出了规定。

政策导向明显促进了中国农业保险的发展。从2007年至2016年，中国农业保险保费年均增长率超过30%，并在2016年达到了417.1亿元。主要农作物承保面积达到17.2亿亩，保险金额突破2.1万亿元，参保农户突破2亿户次。以保费收入衡量，中国已经成为仅次于美国的全球第二大农业保险市场。

与保费规模迅速扩张形成鲜明对比的是，中国农业保险计划实际上还很不完善，具体包括产品设计、补贴结构、政府分工等方面的问题（周县华，2010）。这些问题中，最突出的是政府"第三只手"、补贴系统和产品问题。本节将重点研究最后一个问题——中国的种植业保险产品存在哪些缺陷，以及我们如何将其改进？

本节接下来的结构安排如下：第二部分结合文献描述了中美两国种植业保险的发展历程；第三部分从保险责任和保障水平两个方面比较了中美两国种植业保险产品的差异；第四部分是本节的结论和政策建议。

二　文献评述

1938年美国正式出台《农业调整法》，政府投资2000万美元启动了小麦保险，这标志着政府农作物保险①计划正式运行。启动伊始，农民的投保意愿较低（Chite，1988）。保险产品也多以 NPCI（单一风险保险，例如雹灾保险或者火灾保险）为主。为了提高农作物保险的参保率，政府于 1980 年出台了《联邦农作物保险法》，法案首次提出对农民投保农作物保险给予保费补贴政策。但令人遗憾的是，种植业保险的参与率依旧很低。

于是，1994 年美国国会和克林顿政府又颁布实施《1994 年农作物保险改革法》，通过了著名的三大保险和一个保障计划。② 其中，三大保险也就是很多研究都提到的 CAT（巨灾风险保险）、MPCI（多重风险保险）和 GRP（团体风险保险）。由于法案在当时都将三大产品解释为产量保险，所以在这里有必要澄清一下 MPCI 的概念。2000 年以来，"MPCI" 一词在国内尤其是学术界被广泛使用，但大多数人是把它等同于产量保险的。其实，这样的理解并不准确，虽然 MPCI "家族" 在相当长的时间内主要以产量保险为主，但当收益保险也提供多重风险保障的时候，MPCI 就成为突破产品界限的更大的概念了。而传统的产量保险有了一个更贴切的名字，APHP（实际种植历史项目）（Barnett & Coble，1999）。

随着农民保险需求的进一步提高，《1996 年农场法》决定试点开展既可保障产量风险又能保障价格风险的收益保险。此后市场上陆续出现了五款收益保险产品：CRC（作物收入保险）、IP（利润保护保险）、RA（收入保证保险）、GRIP（团体风险利润保护保险）和 AGR（毛收入调节保险）。与产量保险产品相比，收益保险产品除了保障自然灾害对产量造成的损失以外，还要保障农作物的价格波动风险。③ 而价格（基准价格、收获价格还是计划价格）的选择则成为 CRC、IP 和 RA 之间的主要区别（RMA，1999）。

2000 年，美国国会通过了著名的《农作物风险保障法》，进一步加大农业补贴力度，鼓励购买和研发种植业保险产品。美国种植业保险迎来了发展的黄金期，提供65% 以上保障水平产品的投保率达到了 57%（Joseph，2004）。收益保险更是在 2003 年首次在承保面积上超过了产量保险（Agro，2006），2004 年已经占到了农业保费总收入的 73%（周县华，2010）。

总结一下，美国的保险产品经历了从 NPCI 到 CAT、MPCI、GRP，再到 CRC、IP、RA、GRIP、ARG 的过程。保险责任也从产量损失成功过渡到了收益保障（Kang，2005）。就此说来，一个不能回避的事实是，中国在种植业保险产品发展上已经落后了许多。

---

① 本节所提到的种植业保险与农作物保险概念完全相同，其对应英文皆为 crop insurance。

② 一个计划指的是对不可保农作物实施非保险农作物（NAP）灾害援助计划，以体现公平。

③ 农民可选择的承保价格是基本市场价格或收获市场价格，前者指的是播种前一个月平均期货价格；后者指的是同一期货合同在作物收获前一个月的平均价格。

我国于 1982 年开始启动种植业保险，当时由中国人民保险公司独家经营，发展极其缓慢。1993 年，党的十四届三中全会提出建设社会主义市场经济体制，在一切以"利润为导向"的市场环境下，种植业保险加速萎缩。到 2001 年，种植业保险保费收入只有 3 亿元，占当年财险保费收入的 0.44%。此时的种植业保险产品在美国已经相当成熟，但是在中国，可以用"拍脑门"来形容农险产品的特征，"保什么"拍脑门，"保多少"拍脑门，甚至"收多少"也是拍脑门，种植业保险产品缺乏创新（张卓，刘杰，2005）。

2003 年 10 月 11 日，党的十六届三中全会明确提出要探索建立政策性农业保险制度，连续 14 年的中央 1 号文件都对发展政策性农业保险提出了明确要求。2007 年《中央财政种植业保险保费补贴试点管理办法》文件的出台被视为中国农业保险发展过程中的一个里程碑，该文件首次提出了由国家财政为农民的保费提供补贴。此后，财政部又陆续出台了《农业保险大灾风险准备金管理办法》和《2014 年农业保险大灾风险准备金会计处理规定》。这些文件或法规作为"第三只手"极大地促进了农业保险的发展（周县华，2010）。总体来看，种植业保险的发展态势是喜人的。此时，中国的种植业保险产品已经基本成型，而且还有个响亮又不失理智的口号，即"保成本"（邢鹏等，2007）。

但这个成本损失最终以什么做判断呢？是以农民收入的一定百分比来判断，还是以产量或者价格的一定比例来锁定呢？目前实务中的做法是事先约定以物化成本为基础的保险金额，然后以损失产量的一定百分比来判断，这么说来，我国的成本保险实际上是产量保险的一种特例而已。有鉴于此，我们在后文将主要比较中国的成本保险与美国的产量保险，尤其是 CAT，毕竟 CAT 与中国的"成本保险"一样，都希望提供给农民最基本的保障。通过比较我们期望可以验证，我们的产品真的实现了"保成本"的初衷了吗？或者说，我们是以较低的成本来实现"保成本"的目的了吗？如果没有实现，那么我们该如何设计我们的产品体系，以应付农民不同层次的需求？本节旨在从产品角度切入，为中国农业保险试验过程中的产品改革问题提供一些经验证据。

三 产品比较研究

从精算角度来看，保险责任和保障水平是种植业保险产品开发过程中需要重点关注的两个方面（Babcock & Hartand Hayes，2002），因此，本节也将主要从这两个角度进行比较分析，以期从中找出我国种植业保险产品存在的问题和解决的途径。

（一）保险责任方面

目前美国主要经营的保险产品可以分为产量保险产品和收益保险产品。产量保险产品包括 NPCI（已经渐渐被淘汰）、MPCI 和 GRP。其中 MPCI 的保险责任定义为，由于干旱、洪水、火山爆发、山体滑坡、雹灾、火灾和作物病虫害等原因造成农作物实际产量低于保险产量的损失部分，按照事先确定的保证价格①进行赔偿。与 MPCI 相比，GRP 是专门为大麦、玉米、棉花、花生、小麦、饲料等 8 种作物而开发的。该产品的保险责任与 MPCI 相同，只是保险产量要与所在区域（一般是县级区域）的平均产量挂钩，只有当该区域的实际平均产量低于保险产量时，农民才能获得赔偿。显然，该产品设计的一个重要目的是防范道德风险，因为即使当个别农民的实际产量低于保险产量，而全县的实际平均产量不低于保险产量时，他依然无法得到赔偿（Skees et al.，1997），这会促使农民在灾害发生后仍然积极地进行抗灾减损活动。同时，由于不用像 MPCI 那样建立农民层面的期望产量和理赔计算，因此行政管理成本也大幅降低（Skees et al.，1997；Skees & Barnett，1999；Miranda，1991；Barnaby & Skees，1990）。

目前在中国，主要经营的种植业保险产品实际上也是一种 MPCI 保险产品。保险责任为，因人力无法抗拒的自然灾害，包括暴雨、洪水（政府行蓄洪除外）、内涝、风灾、雹灾、冻灾、旱灾、病虫草鼠害等对投保农作物造成损失，导致农民无法收回的物化成本。

从灾因看，中美之间区别不大，基本上都属于多重灾害造成的损失。但关键的问题是，此责任非彼责任。美国 CAT 产品的保险责任是农作物产量低于期望产量 50% 以下的部分，低多少，赔多少。而中国的保险责任是农民所投入的物化成本，并暗含了一个假设，即所投入的物化成本均匀分布在收获的农作物"颗粒"中。

我们举个有关"玉米粒"的故事，假设保险公司签订了一份期望产量是 100 粒玉米的保险合同，而投入的物化成本假设是 20 粒玉米的价值（价格按上年市场价格估计）。那么 CAT 认为，只要农民的产量达到 50 粒，保险公司就不需要赔偿，只有实际产量低于 50 粒时，保险公司将赔偿"50 粒 – 实际产量粒数"与保障价格的乘积。而中国的"成本保险"则认为，即使农民的产量达到 50 粒，农民也损失了一半的物化成本投入。这种考虑的假设前提是，每一粒玉米当中都包含 20% 的物化成本。因此这个时候，中国的"成本保险"将赔偿保险金额的一半（以物化成本为基础确定的保额 × 损失程度）。显然，保险责任使得两种产品的风险相差巨大。

事实上，在揭示两款产品风险差异之前，我们还需要做两个大胆又不失严谨的假设。第一，我们假设中美两国自然灾害发生的强度和频率相同，这个假设显然与事实不符，但这并不妨碍我们对两个产品的风险差异进行比较，相反，这将使得比较更加直观和形象。第二，我们假设损失程度低的情形概率大，而损失程度高的情形概率小，具体如表 5.1 所示。通过表 5.1 我们发现，中国成本保险的风险几乎是 CAT 的 11.9 倍，是普通的保 70% 产量产品风险的 3.4 倍。概言之，CAT 提及的产量与中国产品标榜的成本，所阐述的保险责任本质绝对不是一个意思。我们甚至可以说，它们根本就

---

① 1996 年，美国农业部设立农业风险管理局，其主要职责是负责农作物保险的险种研究和行政管理工作。

是天壤之别的两个概念。

表5.1　　　　　中美农险产品由于保险责任不同而引起的风险差异（单位:%）

减产成数	CAT赔付占保额比例	美国70/××产品赔付占保额比例	中国成本保险赔付占保额比例	发生概率	CAT风险	美国70/××产品风险	中国成本保险风险
一成	0	0	10	90	0	0	9
二成	0	0	20	80	0	0	16
三成	0	0	30	70	0	0	21
四成	0	14	40	60	0	8	24
五成	0	29	50	30	0	9	15
六成	20	43	60	10	2	4	6
七成	40	57	70	5	2	3	4
八成	60	71	80	3	2	2	2
九成	80	86	100	2	2	2	2
十成	100	100	100	1	1	1	1
累计风险					8	29	100

注：中国成本保险产品一般情况下会在条款里规定损失程度达到九成以上，视为绝产。

（二）保障水平方面

美国的 MPCI 产量保险的赔偿公式如式（5.3.1）所示，

$$INDEMNITY = $$

$$PRICEGUAR \times COVERED.YID \times \frac{Max\{0,(COVERED.YID - ACTUAL.YID)\}}{COVERED.YID}$$

$$(5.3.1)$$

其中：
$$PriceGuar = BasePrice \times PriceElectionPercentage$$
$$Cover.YID = APHYID \times SelectedCoverageLevel$$

由式（5.3.1）可知，MPCI 产量保险的保障水平由两方面决定，一是价格选择百分比，二是产量保障水平。按照这一逻辑，MPCI 产量保险可以分为 CAT 和 BUY – UP（附加保障产量保险）。CAT 提供的是一种巨灾保险，其保障水平为平均产量的50%，赔偿价格为风险管理局公布的基础价格（有时候是市场预测价格）的55%（这也就是我们俗称的50/55产品）。BUY – UP 是在巨灾保险的基础上开展的一种保险，农民可在投保 CAT 的基础上，根据个人种植作物的历史平均产量，购买更高的保障，最高投保产量可达到平均产量的85%，最高投保价格为风险管理局公布的基础价格的100%。

相比而言，我国种植业保险现阶段的开办理念是，在现有国家财力情况下，提供给农民最低保障，以期农民能够在灾后迅速恢复再生产。保险金额原则上为保险标的生长期内所发生的直接物化成本（以国家权威部门公开的数据为标准），具体包括种子成本、化肥成本、农药成本、灌溉成本、机耕成本和地膜成本等。中国成本保险的赔偿公式如式（5.3.2）所示，

$$INDEMNITY =$$

$$COSTMAT. \times COVEREDLEV. \times \frac{Max\{0,(COVERED.\,YID - ACTUAL.\,YID)\}}{COVERED.\,YID}$$

$$(5.3.2)$$

通过式（5.3.1）和式（5.3.2），我们发现二者保险金额确定基础迥然不同。美国 CAT 保险金额是以历史平均产量的 50% 和基础价格的 55% 相乘而得，其约等于农民收益价值的 27.5%（50%×55%）。而中国成本保险的保险金额是事先依据投入的物化成本直接确定金额，以吉林玉米为例，其保险金额为每亩 280 元，实际产值大概 900 元，保障水平大概是 31%。由于保单中规定不能有免赔率（针对产量而言），因此尽管中国条款中没有明确说明所选择的保障价格是多少，但是我们可以计算出来，其隐含的保障价格就是 31%。但是这个比例是被动算出来的，并非像美国那样事先可以由农民主动选择。如果我们利用美国 CAT 产品的逻辑将中国种植业保险产品的保险金额进行分解的话，我们将会更清晰地理解种植业保险产品的本质。由公式（5.3.3）、公式（5.3.4）可知，吉林省所谓的成本保险的本质就是 100/31 的产量保险。即保障以往生产历史的 100% 产量，但隐含的保障价格是市场价格的 31% 左右。

CAT:保险金额 = 保障价格(55%) × 保险产量(50%)　　　　　　　　(5.3.3)
（两者都是可以由农民主动选择的）

中国成本保险:保险金额 = 保障价格(31%) × 保险产量(100%)　　　(5.3.4)
（两者都是农民被动接受的，其中保障价格还是隐性的）

四　本节小结

中国所谓的成本保险的本质就是产量保险，只不过这些产量保险的普遍特征是，保障产量比较高，而隐性的保障价格比较低。因此，与美国产量保险产品相比，我们可以用三句话总结目前中国的成本保险产品：第一，其本质是产量保险；第二，其保障水平很低，只有 31%；第三，其风险很大，一点绝对免赔率也没有，相当于保 100% 的产量，美国最高只保 85% 的产量（言外之意，有 15% 的绝对免赔率）。

第四节　美国农业安全网对我国农业保险的经营启示

美国农业安全网是美国农业法案规定的一系列农业支持援助计划的总称，由联邦农业保险计划、农业商品计划和农业灾害援助计划组成，主要为农户提供风险保护、收入补偿、信贷支持等，以保障农户收入、保障国家粮食安全。研究分析美国农业安全网的模式及特点，对推动我国农业保险发展具有重要指导意义。

一　内容介绍

（一）联邦农业保险计划

联邦农业保险计划是美国农业安全网的核心内容，为约 130 种农产品提供产量保险和收入保险服务。根据联邦农业保险计划：农户为可保农作物选择保障水平，在具有资质的商业保险公司投保并缴纳保费；商业保险公司将保费转交联邦农业保险公司，获得管理费用和运营成本报销；联邦农业保险公司进行保费补贴，在保险事故发生后通过商业保险公司支付赔付金额，并在年度结算时与商业保险公司分摊利润或损失。

联邦农业保险计划分为巨灾保险、加层保险和附加保险三个层次。

1. 巨灾保险

当产量损失比例超过 50% 时，巨灾保险赔付触发，赔付额为（50% × 正常单产 − 实际单产）×55% × 预期市场价格。农户不需为巨灾保险支付保费，但需支付管理费。

2. 加层保险

加层保险比巨灾保险覆盖水平更高，包括产量保险和收入保险。产量保险管理农户的产出风险，分为农户产量保险（以农户单产为保险基础，覆盖水平为价格的55%—100%、单产的 50%—85%）、区域产量保险（以郡平均单产为保险基础，覆盖水平可达郡平均单产的 90%）、美元计划（即成本为保险基础）、指数保险（以指数计算的产量为保险基础）。收入保险同时管理农户的产出风险和价格风险，分为农户收入保险（以农户历史产出和预期市场价格为保险基础，覆盖水平为价格的 100%、单产的50%—75%）、历史收入保险（以农户历史收入水平为保险基础）、地区收入保险（以郡内历史产出和预期市场价格为保险基础）、农场收入保险（以农场全部收入为保险基础）、牲畜保险（以毛利润率为保险基础）。

3. 附加保险

附加保险覆盖免赔额部分的损失，包括补充覆盖选择计划和附加高地棉收入保险计划。补充覆盖选择计划覆盖加层保险免赔额部分的损失，但最大赔付比例不能超过86%，并须与巨灾保险或加层保险同时购买。附加高地棉收入保险计划为高地棉为保险对象，以郡为单位确认收入损失，对超过 10%、小于 30% 的收入损失予以赔付。

2014 年，联邦农业保险计划承保保单约 120 万份，覆盖面积达 2.94 亿公顷，保额超过 1100 亿美元。2014 年保费收入中，产量保险占比约 18%；收入保险占比约 82%；平均保费补贴比例约为 62%、总补贴额约 87 亿美元。美国国会预算办公室于 2015 年 3 月预计，2015—2024 年，联邦农业保险计划每年保费补贴规模约为 88 亿美元。

（二）农业商品计划

农业商品计划曾是美国农业安全网的核心内容，但由于 WTO 对黄箱政策的限制，其地位大幅降低。农业商品计划基于政府制定的参考价格或者最近 5 年的农产品价格和产出确定保证收入水平，对低于保证收入水平的部分进行补贴，实现对农产品的支持。2014 年美国农业法案对农业商品计划进行了修订，包括取消直接补贴、提高参考价格、细化风险单元、取消对高地棉的支持等。

修订后的农业商品计划有效期为 2014 年到 2018 年，由价格支持保障计划、农业风险保障计划和营销援助贷款计划组成。

1. 价格支持保障计划

当全国平均农场价格低于参考价格时，价格支持保障计划对农户进行差价补贴，并按 85% 的基本面积、历史支付单产计算总补贴额。

2. 农业风险保障计划

当实际农作物收入水平低于由历史数据计算的保证收入水平时，农业风险保障计划对农户进行小于限额的收入差额补贴，并按基础面积的一定比例计算总补贴额。农业风险保障计划分为郡农业风险保障计划和农户农业风险保障计划，前者以郡平均收入为基础，后者以农户全部收入为基础。农户可按农作物选择参加价格支持计划或郡农业风险保障计划，也可将所有农作物加入农户农业风险保障计划。

3. 营销援助贷款计划

营销援助贷款计划为农户提供最低保证价格和短期融资支持。根据营销援助贷款计划，农户以农作物为抵押物，获得按贷款率计算的贷款总额。当贷款到期时，如果市场价格高于贷款率，农户偿还贷款本金及利息；但如果市场价格低于贷款率，农户按实际收入偿还贷款，不足部分获得营销援助贷款计划补贴。

根据美国农业部风险管理署的数据，农业商品计划（包括干旱计划和灾害支付）在 1990—2013 年平均每年补贴额约为 50 亿美元。美国国会预算办公室于 2015 年 3 月预计，2015—2024 年，农业商品计划每年补贴规模约为 42 亿美元。

（三）农业灾害援助计划

农业灾害援助计划为联邦农业保险计划和农业商品计划未覆盖的作物和领域提供保障，以补偿农户因干旱、洪水等自然灾害遭受的损失。

农业灾害援助计划包括不可保灾害救助计划、2014 美国农业法案灾害计划、紧急灾害贷款，以及其他援助计划。

1. 不可保灾害救助计划

不可保灾害救助计划为联邦农业保险计划的未覆盖农作物提供风险保护。与联邦农业保险计划类似，农户可通过缴纳管理费获得巨灾保险覆盖，也可缴纳额外的保费获得加层保险覆盖。

2. 2014 美国农业法案灾害计划

2014 美国农业法案灾害计划包括牲畜保障计划，牲畜饲料灾害保障计划，牲畜、蜜蜂、渔业养殖紧急救助计划和果树救助计划，分别为牲畜死亡损失、因干旱或火灾引起的饲养损失、牲畜其他损失和树藤损失提供保障。

3. 紧急灾害贷款

当某郡被美国总统或农业部部长宣布为受灾区域后，该郡农户可以获得低利率的紧急灾害贷款。农户可以以产出损失申请最长期限为 7 年的贷款，也可以以资产损失申请最长期限为 20 年的贷款，但不能超过 50 万美元。

美国国会预算办公室于 2015 年 3 月预计，2015—2024 年，农业灾害援助计划每年补贴规模约为 5 亿美元。

（四）美国农业安全网概览

表 5.2 按农产品类别对美国农业安全网的覆盖关系进行了梳理。

表 5.2　　　　　　　　　　**美国农业安全网的覆盖关系**

农产品	联邦农业保险计划	农业商品计划	灾害救助计划
饲料谷物（玉米、高粱、大麦、燕麦），花生，豆类（干豌豆、扁豆、鹰嘴豆），水稻，大豆，油料作物，小麦	产量保险、收入保险以及针对部分作物的附加保险	价格支持保障计划、农业风险保障计划、营销援助贷款计划	—
高地棉	产量保险、收入保险以及附加高地棉收入保险计划	营销援助贷款计划	—
糖	基于同年度市场价格的产量保险	营销援助贷款计划、进口配额、市场分配	—
水果，蔬菜和苗圃	产量保险、收入保险或农场收入保险	—	果树和葡萄藤树干损失补偿
牲畜和家禽	牲畜价格、利润率、牧场/饲料等保险	—	动物、动物饲料损失补偿
奶制品	牲畜价格、利润率、牧场/饲料等保险	利润保证计划	动物、动物饲料损失补偿
预计平均每年联邦政府支出	88 亿美元	42 亿美元	5 亿美元

二　主要特点

（一）全方位覆盖农业风险

美国农业安全网通过联邦农业保险计划、农业商品计划和农业灾害救助计划对所有地区、所有农户实现农业风险的全覆盖，甚至重复覆盖。联邦农业保险计划管理种植业农户面临的产量损失风险和收入不足风险、养殖业农户面临价格下跌风险；农业商品计划管理农户面临的价格下跌风险和收入不足风险；农业灾害救助计划补充覆盖联邦农业保险计划和农业商品计划未覆盖领域，如牲畜额外死亡风险。所有农产品被两类或三类计划同时覆盖，农产品的风险被一类或两类计划同时管理，实现了对农业的全面保护。

美国安全网中的重复覆盖问题也引起了争论，但2014年美国农业法案中并未制定条款规避重复覆盖问题。重复覆盖的支持者认为，单一计划不足以保证对所有地区、所有农户的覆盖，多重覆盖能够避免政策缺失。

（二）分层次管理农业风险

美国农业安全网对农业风险进行分层保护。联邦农业保险计划中，巨灾保险管理巨灾风险，加层保险管理普通风险，附加保险管理浅层风险。农业商品计划中，营销援助贷款计划解决农户融资问题，并管理价格巨幅下跌风险；价格支持保障计划和农业风险保障计划管理普通风险。农业灾害救助计划中，不可保灾害救助计划与联邦农业保险计划类似，分层管理农业风险。

分层管理特征明确了相关利益主体的权责。以联邦农业保险计划为例，分成管理的最终效果是：风险越大，联邦政府承担的责任份额越大；反之则越小。

（三）具有极大福利性

美国农业安全网中，农业商品计划、农业灾害救助计划（除不可保灾害救助计划）免费为农户提供保障，联邦农业保险计划和不可保灾害救助计划获得联邦政府的保费补贴。大致来看，农户只需缴纳农业保险保费的38%即可获取美国农业安全网的全覆盖。因此，美国农业安全网体现了极大的福利性。

美国农业安全网的福利性源于对粮食安全的重视。根据福利经济学理论，粮食安全对国家安全具有非常显著的正外部性。为了体现正外部性的价值，国家应对粮食生产进行扶持，以保证国家安全。

（四）"双核"向"单核"转变，直接补贴向间接补贴过渡

美国农业安全网处在不断发展过程中，从发展轨迹及2014年美国农业法案主要改革措施看，美国农业安全网正由"双核"向"单核"转变，由直接补贴向间接补贴过渡。

农业商品计划曾是美国农业安全网的主干内容。但由于收入保险的推出、保费补

贴比例的提高、直接补贴规模的缩减等原因，联邦农业保险计划取代农业商品计划，成为美国农业安全网的核心。根据美国国会预算办公室的预测，2015—2024 年，联邦政府对农业安全网每年 135 亿美元的支出中，联邦农业保险计划占 65%，农业商品计划占 31%，农业灾害救助计划占 4%。美国农业安全网的变革顺应了 WTO 关于农业补贴的规定，减少直接补贴、合理安排间接补贴。

三 政策启示

美国农业安全网的实践对我国制定农业扶持政策具有指导意义。

（一）建议推动建立以农业保险为核心的农业扶持政策体系

美国农业安全网中，联邦农业保险计划是核心内容，联邦政府保费补贴支出占总支出的 65% 以上。一方面，农业保险良好的保障效果使其备受政策制定者青睐；另一方面，联邦农业保险计划规避了 WTO 对农业补贴政策的限制，使黄箱政策补贴规模在限额以下。

相比之下，我国农业扶持政策顶层设计有待进一步加强。我国农业扶持政策中，直接补贴政策较多、间接补贴政策较少；成本补贴政策较多、收入补贴政策较少；与粮食产量无关的补贴政策较多，与粮食产量挂钩的补贴政策较少。WTO 约定的农业保护期结束后，我国农业扶持政策将面临重大挑战。如何制定符合 WTO 规则的农业扶持政策成为一项重要议题。

根据美国农业安全网的经验，我国应建立以农业保险支持计划为核心内容的农业扶持政策体系。首先，通过保险的杠杆作用放大农业保障程度；其次，参照 WTO 规则，转直接补贴为间接补贴；最后，直接保证农户收入、保障粮食安全。

（二）建议构建以收入保险为主，产量保险和价格保险为辅的产品结构

美国农业安全网中，收入保险已赚保费占比约 77%，产量保险已赚保费占比约 23%；带有收入保险性质的农业风险保障计划支出占农业商品计划总支出的 43%，带有价格保险性质的价格支持计划支出占农业商品计划总支出的 40%。以收入保险为主、产量保险和价格保险为辅的产品结构有效保障了农户收入水平。

相比美国，我国农业保险产品结构亟须升级。我国现行农业保险产品主要以成本保险为主，保险金额小，保障层次低，不足以实现对农户收入的有效保护。我国可参照美国经验构建农业保险产品体系：第一，种植业农业保险。种植业农业保险应主要管理产量下降风险（价格下跌风险应由其他支持计划管理）。可在我国成本保险基础上，提高保障水平，将成本保险逐步升级为产量保险；在产量保险基础上，制订收入保险的试点和推广计划，以期其担当大任。第二，养殖业农业保险。养殖业农业保险应主要管理价格下跌风险（牲畜额外死亡风险应由其他保障计划管理）。可在我国生猪价格指数保险基础上，开发其他牲畜价格指数保险。

（三）建议根据风险层次，构建多层次的产品体系

美国农业安全网对农业风险建立了分层管理机制，提高了保障水平和补贴效率。由于我国农业保险中大多数保险产品保险金额基本确定，风险分层管理机制尚不健全，随着产量保险、价格保险和收入保险的开发与推广，分层管理机制将尤为重要。

建议我国借鉴美国经验建立多层次的产品体系：第一，开发农业巨灾风险保险产品，管理"十年一遇""百年一遇"的农业风险，以农业保险发展成熟的地区和作物开展试点，如吉林省玉米种植区域；第二，升级农业普通风险保险产品，建立基于投保水平的差异化费率补贴政策；第三，推出农业浅层风险保险产品，以纯商业性质的农业保险附加险保障农户面临的浅层损失。

（四）建议推动构建农业保险覆盖网

美国农业安全网致力于对所有区域、所有农户实现农业风险的全覆盖，以保证粮食安全与政策公平。但由于我国农业保险补贴实行分级财政补贴制度，省（区）际、市际、县际农业保险覆盖范围、补贴规模等差异较大，某些区域、某些作物覆盖缺失。

建议规划农业保险发展纲要，构建农业保险覆盖网。梳理现行农业保险产品的覆盖作物和区域范围，总结经验、确定扩展方向。针对特定覆盖作物，推行县级费率定价制度，增强公平性，扩大覆盖范围；针对特定区域，开发主要作物保险产品，实现区域覆盖。针对老少边穷地区，通过政策扶持实现覆盖，积极发挥农业保险在精准扶贫中的作用。

（五）建议推动建立农业数据库，保障农业保险开发与推广

美国联邦农业保险计划以庞大的数据库为支撑，能够实现农户层级和郡县层级的风险分析和农业保险产品开发。由于我国农村地区以小农经济为主、农业保险发展时间也较晚，我国农业数据十分缺乏，并已成为阻碍农业保险发展的重要因素。

建议设立农业数据库建设计划，收集整理农业风险与产出相关数据。以农业部、各级政府、粮站、各经营农险业务的保险公司为依托，收集农业产出数据；以各级气象局、民政部门为依托，收集农业气象和灾害数据；以物价检测部门为依托，收集农产品价格数据。

第六章　农业保险产品创新研究

第一节　农村合作社最优保险购买方案

我国的"保险＋期货"模式从产生至今已将近三年，该模式为农民管理农作物价格风险提供了新的金融工具——期货价格保险。现阶段，我国的"保险＋期货"模式还不够成熟，期货价格保险的客户一般为农业生产规模较大的农村合作社。农村合作社如何能通过购买期货价格保险获得更大的效用，是发展"保险＋期货"模式过程中一个必须关注的问题。本节通过研究发现，期货价格保险的最优购买量总在农村合作社的投保成本约束线上，结算价格的波动水平和农村合作社的决策行为会对最优购买量的选择策略造成影响。另外，基差风险会减弱期货价格保险的有效性，投保成本的降低会为农村合作社带来利好。

一　问题提出

2015 年 8 月，我国产生了第一个"保险＋期货"试点。保险产品易于推广的特性与期货市场分散价格风险的功能相结合，为解决我国农作物价格风险管理的难题迈出了创新的一步。保险公司与期货公司合作的模式被称为"保险＋期货"模式，保险公司基于期货合约设计的价格保险被称为期货价格保险。随后，试点的成功运行验证了"保险＋期货"的可行性。自 2016 年起，连续三年的中央 1 号文件中都指出要稳步扩大"保险＋期货"试点。跟随政策引领，近几年全国范围内的"保险＋期货"试点不断增多，产品品种逐渐全面，"保险＋期货"模式稳步发展，越来越多的农业合作社在相关机构补贴保费的支持下投保了期货价格保险产品，并在农产品价格下跌时得到赔偿，保障了当年度的收入。据统计，2017 年大商所领头开展的 32 个试点项目已有 28 个实现理赔，理赔金额超过 4000 万元，试点的农村合作社有效地通过商业渠道管理了农作物价格风险。

"保险＋期货"模式主要有四个参加者，分别是农民、保险公司、期货公司和政府（或其他对保费进行补贴的机构）。容易看出，农民参与者，也就是农村合作社，是"保险＋期货"模式的出发点以及该模式所服务的一方，却也是在技术水平和话语权都处于弱势地位的一方。研究农村合作社如何能更好地使用期货价格保险以获得更高的效用,不仅与"保险 + 期货"模式创新的初衷一致,也会为推动该模式发展起到积极的作用。然而,学术界目前还没有针对农村合作社期货价格保险最优购买量问题的文献。因此,本节创新性地选定这个角度对"保险 + 期货"模式下的农作物价格风险管理机制进行研究,以充实对"保险 + 期货"模式的学术解析。

本节旨在研究"保险 + 期货"模式下,农村合作社使用期货价格保险管理农产品价格风险时,为了达到最大的效用而应选择的最优购买量。本节的第二部分将介绍研究参考的主要文献。第三部分将定义期货价格保险购买量,并构建受期货价格保险购买量影响的农村合作社的财富函数和效用函数模型。第四部分将使用历史数据的统计参数,采用随机模拟的方法拟合农村合作社所面临的价格风险,并计算得出历史参数水平下期货价格保险的最优购买量。第五部分将调整随机模拟时所使用的参数值,以观察不同参数对农村合作社最优购买量的影响。第六部分总结研究得到的结论。

二 文献综述及理论基础

目前"保险 + 期货"模式方面的研究还比较少,且主要集中在该模式的运行原理和机制、优点与局限性上。蔡胜勋(2017)详细讲解了"保险 + 期货"模式下,保险公司是如何使农村合作社与农产品期货市场实现对接的。孙蓉等(2016)通过比较农产品价格指数保险和新兴的期货价格保险,肯定了"保险 + 期货"模式中期货价格保单的结算价格与期货市场的对应期货合约价格之间联动机制的科学性和有效性。这一联动机制不仅降低了价格保险的保费造福了农民,还增强了保险公司经营价格保险的财务稳定性。张峭(2016)指出,在"保险 + 期货"模式中,期货市场其实是为价格保险的承保提供了"再保险"的服务。虽然原理上可行,但实施中还存在着一些规范性、制度性的问题。程百川(2017)通过与实际参与试点的相关机构和部门沟通,指出了"保险 + 期货"模式存在的一些现实问题,如:农户选择的目标价格水平一般很低,保费补贴机制尚不健全、补贴资金存在缺口。

本节主要的创新在于,从农村合作社的角度出发研究"保险 + 期货"模式下的农作物价格风险管理问题,为农村合作社提供了投保建议。本节基本研究框架的构建参考了 Golden(2007)对企业最优天气指数保险购买策略的研究,具体参考的内容包括财富函数和效用函数两个部分。财富函数方面,在 Golden 的研究中,企业财富由产量、支出的天气指数保险保费和或有的天气指数保险赔偿三部分构成,其中产量受天气指数影响。本节中农村合作社的财富也由这三部分构成,但基于期货价格保险与天气指数保险不同的产品特点,每部分的具体数学表达与 Golden 的天气指数保险财富模型不尽相同。在效用函数的选择上,本节继续采用了 Golden(2007)所采用的,也是非常常见的均值方差效用函数。实际上,本节还参考了胡祥等(2017)在最优再保险研究中所使用的指数型效用函数、第一类功率效用函数和第二类功率效用函数进行实验，但发现实验结果并不理想，不仅与定性分析不符，也没有很大的参考价值。经过分析，本节找到了这些效用函数形式不适用的原因。即以上不适用的效用函数都是单一时间点效用函数，忽略了长时间中效用波动的方差。然而，对于财富状况较为贫困、对财富的波动承受力很低的农户而言，效用的方差至关重要。因此，这些效用函数不能很好地描述农户的效用特征，并进一步产生了偏离定性分析的实验结果。基于这一情况，本节最后还是选取了研究最佳投资组合问题时所采用的经典的均值方差型效用函数。

本节还创新性地把再保险定价法引入了期货价格保险的研究中，采用了胡祥等（2017）在讨论最优再保险的文章中给出的再保险的定价公式。即假定保险公司按照最大可能损失保费原则收取保费。采用这种方法主要是考虑到农作物价格的波动性大，并且具有系统性，保险公司难以按照传统的非寿险精算原理中赔付次数乘赔付强度的方法厘定保费。本节采用的定价方法形式上是在净保费的基础上按承保意愿附加一部分保费，这样的形式不仅在现实中是合理的，也方便了本节的实验研究。

（一）期货价格保险的产品介绍

在"保险＋期货"模式下，农村合作社所购买的价格保险与特定的期货合约连接，因此这种价格保险产品被特定地称为期货价格保险。

1. 赔付金额的结算方法

期货价格保险保单与价格保险保单有相同的结算方法。当单位产品的目标价格小于或等于单位产品的结算价格时，单位产品可获得的赔付为0；当单位产品的目标价格高于单位产品的结算价格时，单位产品可获得的赔付为目标价格和结算价格的差值。总赔付金额是投保量与单位产品可获得赔付的乘积。

其中，目标价格是被保险人投保价格保险时确定的最低保障价格水平。结算价格是在保险期间终了时，单位产品的市场价格水平。结算价格在投保时是不可预测的。为了保证结算价格的公平性，期货价格保险不会采用农户出售价作为结算价格。

由赔付金额的结算方法可见，目标价格和结算价格决定了理赔金额的值。因此，目标价格和结算价格的计算方法尤为重要，是期货价格保险产品设计的核心。

我国现行试点的期货价格保险保单中，目标价格并无特定的标准，是在一定范围内任意可选的。于是，结算价格的计算方法就成了期货价格保险产品设计的关键。

2. 结算价格的计算方法

按照我国现行"保险＋期货"试点的实际操作方法，结算价格是保单参照的期货合约在收获期的收盘价的均值。其中，参照的期货合约理论上应是投保的农作物在其收获期之后最先到期的期货合约。但由于我国的期货市场并不发达，玉米期货市场轮流充当主力合约的是1月、5月、9月到期的期货合约，所以在确定参照的期货合约时，应在1月、5月、9月到期的期货合约中选择收获期后最先到期的期货合约。收获期是投保的农作物主要收获月份前后分别延长半个月的日期区间。

以人保财险在辽宁的首个玉米"保险＋期货"试点为例（保单的主要内容如表6.1 所示），玉米的收获期是 10 月左右，10 月之后最先到期的，并且曾经作为主力合约的期货合约是次年 1 月到期的玉米期货合约。因此，2015 年投保的玉米期货价格保险保单参照的玉米期货合约是 1601 合约（2016 年 1 月到期的期货合约）。结算价格就是 1601 合约在收获期 9 月 16 日到 11 月 16 日之内所有收盘价的均值。

表 6.1   人保财险首单玉米期货价格保险的主要内容

投保时间	2015 年 5—8 月
目标价格	2060—2360 元/吨
结算价格	2015 年 9 月 16 日到 2015 年 11 月 16 日大连商品交易所玉米 1601 合约收盘价的算术平均值
理赔金额	承保吨数 × Max［（目标价格－结算价格），0］

（二）期货价格保险的投保成本及风险管理范围

1. 期货价格保险的投保成本

农村合作社投保期货价格保险的成本是保费减去政府补贴的部分。保费等于投保的产量乘以单位保费。

本节没有找到保险公司为期货价格保险厘定保费的现行方法，因此查阅了一些保险定价相关的文献，找到了替代方法以完成研究。

依据保险公司的经营原理可知，保险公司收取的保费包括覆盖赔偿费用的净保费和覆盖经营费用等其他费用的附加保费两部分。即，净保费等于未来赔付随机变量的期望，总保费是在这个期望上再附加大于零的数值以覆盖其他费用。附加保费会受保险公司的经营策略等因素的影响而在理论值的基础上左右调整。

在文献综述部分中本节提到，再保险中的最大可能损失原则定价法在本节的研究中是适用且可行的。这个定价法的数学表达式如公式（6.1.1）所示：

$$\pi(X) = E(X) + \beta \times [\sup(X) - E(X)] \tag{6.1.1}$$

其中 $\pi(X)$ 是再保险保费，X 是赔付随机变量，$E(X)$ 是赔付随机变量的期望，$\sup(X)$ 是赔付随机变量的最大值，β 代表了承保意愿，并有 $0 < \beta < 1$。显而易见，这种定价方法确定的保费在赔付随机变量的期望与最大可能赔付之间。

现实中，$\sup(X)$ 是很难确定的，因此在使用最大可能损失保费原则厘定保费时有指数保费原理、分位数保费原理、绝对偏差保费原理及王氏保费原理等方法来为 $\sup(X)$ 取值。而本节的研究使用了随机模拟的方法，对于赔付随机变量的模拟实验将会进行 20000 次。由于实验频率很高，本节将直接采用模拟样本数据的最大值作为赔付随机变量的上边界。保险公司在一定的目标价格下对单位产量的赔付随机变量 X 的具体表达将在下文中给出。

2. 期货价格保险的风险管理范围

由于保险公司没有选择农户出售价作为期货价格保险的结算价格，农户出售价与结算价格之间总会产生不同程度的偏离，因此农村合作社只能通过期货价格保险转移一部分农作物价格风险。可以被转移的这部分与结算价格完全相关的农作物价格风险就是期货价格风险的作用范围。剩余的无法被转移的价格风险被称为基差风险。

为了对基差风险进行量化分析，可以把基差定义为农户出售价与结算价格之间的差值，即，基差 = 农户出售价 – 结算价格。农户出售价和结算价格受相同的供求关系、经济形势影响，应有相同的变动趋势。此时基差风险相当于一个随机扰动项，根据地区的不同，在不同的期望水平附近上下波动。

三　农村合作社情况介绍

农村合作社的生产周期与期货价格保险的运转周期基本重合。农村合作社在期初投入生产成本和期货价格保险的保费，在期末根据价格水平的高低获得生产收入，并按保单规则结算保险赔付。因为生产成本对农村合作社的投保决策影响较小，所以在下一步研究时被剔出。

（一）农村合作社的生产收入

农村合作社在期末获得的生产收入由农作物产量与实际出售价相乘计算而得。

1. 农作物产量

本节把农作物产量设定为一个常数。很多对我国农业的实证研究指出，随着生产力发展，农作物风险已超过产量风险成为我国农业经营中所面临的第一大风险。为了突出农作物价格对农村合作社财富的影响，本节在研究中把产量简化为一个常数，用 q 表示。

2. 农作物实际出售价

农作物的实际出售价被设定为结算价格与附加的基差之和。研究中用 I_m 表示期货价格保险的结算价格，用 δ 表示基差。

（1）结算价格的分布假设

现有文献指出农作物价格受供求关系影响有明显的周期性。结算价格作为农作物的公允价格，也应在年度间具有周期性。

在传统的价格随机过程研究中，尤其是在经典的 Black – Scholes 定价假设中，价格通常被认为服从对数布朗运动过程。本节借鉴了这一假设，并认为相对于股票价格来讲，农作物年度平均价格的运动相对稳定，周期性更明显，因此本节直接假设结算价格服从对数正态分布而非对数布朗运动过程。

为了验证这一假设的合理性，本节在对历史数据进行参数估计后，使用对数正态分布对结算价格进行随机模拟，取得了接近历史数据的拟合效果。由此可证明采用结算价格服从对数正态分布的假设基本合理。具体模拟过程将在本节的第三章中演示。

（2）基差的分布假设

为了描述结算价格与农作物的实际出售价有相同变动趋势的特点，本节把基差看作农作物出售价围绕结算价格变动的一个随机扰动项，并假设基差服从正态分布。

在使用历史数据进行参数估计后，本节尝试用服从对数正态分布的结算价格与服从正态分布的基差相加模拟农作物的实际出售价，发现拟合结果良好。由此可证明采用基差服从正态分布的假设基本合理。具体模拟过程将在本节的第三章中演示。

3. 生产收入

于是，农村合作社的生产收入可表达为：$q(I_m + \delta)$。

（二）农村合作社支付的保费

农业保险是受到相关部门或机构的补贴的，服务农民的期货价格保险也不例外。因此，农村分布。

在使用历史数据进行参数估计后，本节尝试用服从对数正态分布的结算价格与服从正态分布的基差相加模拟农作物的实际出售价，发现拟合结果良好。由此可证明采用基差服从正态分布的假设基本合理。具体模拟过程将在本节的第三章中演示。

于是，农村合作社的生产收入可表达为：$q(I_m + \delta)$。

与期货价格保险的保费相对应，农村合作社获得的保险赔付是投保产量与单位产量赔付结算值的乘积。

当单位产量的目标价格小于或等于单位产量的结算价格时，单位产量赔付结算值为0；当单位产量的目标价格高于单位产量的结算价格时，单位产量赔付结算值为目标价格和结算价格的差值。

用 I_t 表示期货价格保险的目标价格，那么 $\mathrm{Max}(I_t - I_m, 0)$ 是单位产量保险赔付的结算值。

那么，农村合作社获得的赔偿为：$h \times q \times \mathrm{Max}(I_t - I_m, 0)$。

（三）农村合作社的财富过程模型

由上述分析可得农村合作社的财富表达式如下所示。其中，财富值 W 的单位为万元。

合作社实际支付的保费等于保费乘以自行承担保费的比例。

期货价格保险的全额保费由投保产量与单位保费相乘而得。单位保费包括覆盖赔偿费用的净保费和覆盖经营费用等其他费用的附加保费两部分。附加保费会受保险公司的经营策略等因素的影响而在理论值的基础上左右调整。

用 c 表示政府补贴后，农户需要自行承担的保费的比例。用 p 表示期货价格保险的单位保费。用 h 表示期货价格保险的投保比例。农村合作社支付的保费为：$h \times q \times c \times p$。

单位保费的确定参考上文中提到的再保险最大损失原则保费定价方法。具体在期货价格指数保险上，单位保费的表达式如下所示：

$$p = E(\mathrm{Max}(I_t - I_m, 0)) + \beta \times [\sup(\mathrm{Max}(I_t - I_m, 0)) - E(\mathrm{Max}(I_t - I_m, 0))]$$

$$(6.1.2)$$

其中 $0 < \beta < 1$，代表了保险公司的承保意愿，也可以理解为保险公司的附加费用因子。

（四）农村合作社获得的赔偿

与期货价格保险的保费相对应，农村合作社获得的保险赔付是投保产量与单位产量赔付结算值的乘积。

当单位产量的目标价格小于或等于单位产量的结算价格时，单位产量赔付结算值为 0；当单位产量的目标价格高于单位产量的结算价格时，单位产量赔付结算值为目标价格和结算价格的差值。

用 I_t 表示期货价格保险的目标价格，那么 $\mathrm{Max}(I_t - I_m, 0)$ 是单位产量保险赔付的结算值。

那么，农村合作社获得的赔偿为：$h \times q \times \mathrm{Max}(I_t - I_m, 0)$。

（五）农村合作社的财富过程模型

由上述分析可得农村合作社的财富表达式如下所示。其中，财富值 W 的单位为万元。

$$W = q \times (I_m + \delta) - h \times q \times c \times p + h \times q \times \mathrm{Max}(I_t - I_m, 0) \qquad (6.1.3)$$

四 保险购买决策模型

（一）期货价格保险购买量的含义

农村合作社在投保期货价格保险时，可以选择两项内容，分别是投保产量和投保的目标价格。这两项内容均影响着保费的高低以及保障的水平。研究最优购买量的问题，就是研究最优投保策略的问题。本节中期货价格保险的购买量，即是包含投保产量和投保的目标价格两个维度的投保策略。

为了使投保产量的决策具有一般性，本节把对投保产量的决策转化为对投保比例的决策。其中，投保比例指投保产量占总产量的比例。因此，研究中农村合作社决策的期货价格保险购买量是投保比例和目标价格的二维向量 (h, I_t)。

（二）期货价格保险投保成本的限制条件

投保成本是农村合作社考虑是否投保期货价格保险的一个重要因素。农村合作社保费支出的上限被设定为目标农作物收入的一定比例。目标农作物收入是农作物产量与目标收入的乘积。

用 γ 表示农村合作社可承受实际支出保费占目标收入的比例，理论上应有 $0 < \gamma < 1$。那么投保成本限制可被表示为：

$$h \times q \times c \times p \leqslant \gamma \times q \times I_t \tag{6.1.4}$$

投保时目标价格是可知的，投保成本在期初决策时就会被确定。因此，这种投保成本上限计算法在现实中也有合理性和可行性。

（三）农村合作社效用函数的形式

本节选用了均值方差效用函数作为农村合作社的财富效用函数，表达式如下所示：

$$u(W) = E(W) - \alpha \times Var(W) \tag{6.1.5}$$

其中，α 是风险厌恶系数，应有 $\alpha > 0$。α 越大，代表农村合作社的风险厌恶程度越高，承受风险的能力越低。

由于农民的经济水平较低，可承受的财富波动低，财富值波动的方差在很大程度上影响了其效用。再有，农村合作社投保期货价格保险是为了降低农作物价格风险，达到保障当年农业收入、稳定年度间农业收入水平的作用，而非出于投机目的。因此，本节选择了更强调财富的方差对长期效用影响的均值方差效用函数来描述农村合作社的长期效用。

（四）农村合作社的最优决策模型

1. 财富函数模型

由（6.1.3）式可得，农村合作社的财富 W 可被如下函数表示。

$$W = q \times (I_m + \delta) - h \times q \times c \times p + h \times q \times \text{Max}(I_t - I_m, 0)$$

其中：

（1）q 是农民的产量，假设为常数。

（2）h 是期货价格保险的投保比例，是常数产量 q 的一个比例值。

（3）I_m 是期货价格保险的结算价格，假设 I_m 服从对数正态分布，即

$$I_m \sim \log N(\mu, \sigma^2)$$

（4）I_t 是期货价格保险的目标价格。$\text{Max}(I_t - I_m, 0)$ 是单位产量保险赔付的结算值。

（5）δ 是基差，即农作物出售价减去结算价得到的差值。$(I_m + \delta)$ 代表农户的实际出售价。本节假设 δ 服从正态分布，即 $\delta \sim N(\mu', \sigma^2)$。

（6）p 是期货价格保险的单位保费。单位保费的表达式由（6.1.2）式给出，即

$$p = E(\text{Max}(I_t - I_m, 0)) + \beta \times [\sup(\text{Max}(I_t - I_m, 0)) - E(\text{Max}(I_t - I_m, 0))]$$

其中 $0 < \beta < 1$，代表了保险公司的承保意愿，也可以理解为保险公司的附加费用因子。

（7）c 是政府补贴后，农户需要自行承担的保费的比例。

2. 效用最大化决策模型

记可选目标价格的集合为 Q，本节的研究问题可以表述为：

$$(h^*, I_t^*) = arc\text{Max}_{(h, I_t)} u(W) \quad (h \in [0, 1], I_t \in Q) \qquad (6.1.6)$$

$$u(W) = E(W) - \alpha \times Var(W)$$

保费成本限制的数学表达由（6.1.4）式给出，即

$$h \times q \times c \times p \leq \gamma \times q \times I_t$$

其中，γ 是农村合作社可承受实际支出保费占目标收入的比例，理论上应有 $0 < \gamma < 1$。

通过最大化目标函数，最终得到农村合作社最优期货价格购买量 (h^*, I_t^*)。

（五）最优购买量的求解步骤

样本数据的随机模拟和计算在 R 软件中进行，绘图在 Excel 中产生。在 R 软件中运行的主要程序在附录中给出。

具体的操作步骤如下：

第一步，采用结算价格 I_m 服从对数正态分布、基差风险 δ 服从正态分布的假设，模拟产生 20000 组市场价格和基差的组合的 (I_m, δ) 模拟数据。

本节认为结算价格 I_m 和基差 δ 是相互独立的，因此分别进行模拟，组成 20000 对随机数样本，而非笛卡尔积等其他形式。

第二步，在闭区间 $[0, 1]$ 内为投保比例 h 按 0.01 的步长产生实验序列，即为投保比例 h 设置 $(0, 0.01, 0.02, 0.03, \cdots, 0.97, 0.98, 0.99, 1)$ 的实验序列。

在闭区间 $[\bar{I_t} - 100, \bar{I_t} + 500]$ 内为目标价格 I_t 按 10 的步长产生实验序列（$\bar{I_m}$ 是 I_m 的均值参数）。

把可行目标价格的集合 Q 的下界和上界分别设定为 $\bar{I_m} - 100$ 和 $\bar{I_m} + 500$ 的理由如下所述。一方面，如果保险公司提供的目标价格远低于结算价格的期望（在现实中对应历史结算价格的平均值），那么农村合作社将没有动力为期货价格保险支付保费。所以本节把可行目标价格的集合 Q 的下界定在了一个稍低于结算价格的期望的水平：$\bar{I_m} - 100$。另一方面，目标价格水平较高的期货价格保险虽然有吸引力，但保费也会随目标价格水平的增高而增高。为了能明晰保障水平与保费成本的正向关系，本节把可行目标价格的集合 Q 的上界定在了一个较高的水平：$\bar{I_m} + 500$。

另外，由于步长既要小到能产生足够密集的实验组合 (h, I_t)，使网格三维图足够光滑，又要足够大，以控制实验的运算时长，因此，本节折中选择了 101×61 组实验组合的实验密度，并由此确定了实验序列的步长。

第三步，做投保比例 h 的实验序列和目标价格 I_t 的实验序列的笛卡尔积，产生了

101×61 组 (h,I_t) 实验组合。

第四步，定义财富函数。因有 20000 组 (I_m,δ) 模拟数据，所以应有 20000 个模拟农村合作社生产收入样本，对每个目标价格 I_t 应有 20000 个模拟赔付样本。对每个目标价格 I_t，把 20000 个模拟赔付的均值作为赔付随机变量的期望，把 20000 个模拟赔付的最大值作为赔付随机变量的上界，由此可计算每个目标价格 I_t 唯一对应的保费。进一步，可计算每个实验组合 (h,I_t) 唯一对应的实际支付的保费值和 20000 个模拟财富值样本。

第五步，设置投保成本限制原则。当实验组合 (h,I_t) 计算出实际支付的保费超过农村合作社设置的保费上限时，农村合作社将选择不投保，该实验组合 (h,I_t) 无效，对应的财富值定义为空值。

第六步，定义效用函数。每个实验组合 (h,I_t) 在 20000 组 (I_m,δ) 模拟数据下对应 20000 个财富值，把这些财富值的均值和方差分别作为效用函数中的期望和方差，计算实验组合 (h,I_t) 对应的效用值。

第七步，求出 101×61 组实验组合 (h,I_t) 各自唯一对应的实际支付的保费值和效用值，得到两张 101×61 的表格，一个是实际支付的保费表，一个是效用表。

第八步，基于效用表，绘制以 (h,I_t) 为横纵坐标的效用图，观察效用的变化。

第九步，选择对应效用值最大的 (h,I_t) 为最优期货价格保险购买量。

值得注意的是，这是随机模拟实验产生的结果，具有一定的随机性。也就是说，研究中会出现完全相同的参数水平下，两次模拟实验产生的最优实验组合有微小数值偏差的现象。

（六）历史参数水平的设定

1. 结算价格参数

结算价格参数是其服从的对数正态分布中的两个参数 μ 和 σ。

本节首先收集了 2006 年至 2017 年各年度的次年 1 月到期的期货合约在结算期（当年 9 月 16 日到 11 月 16 日）的收盘价作为每年的样本数据。例如，2006 年的样本数据是 0701 期货合约在 2006 年 9 月 16 日到 2006 年 11 月 16 日之间每个交易日的收盘价。然后，本节计算各年度样本数据的平均值作为结算价格，同时计算了各年度样本数据的标准差作为参考。接下来，本节汇总了计算结果，将 2006 年到 2017 年历年的结算价格与结算期参考期货合约收盘价的标准差整理为表 6.2。其中，标准差的汇总行计算的是历年结算价格的标准差。为了展示历年结算价格所表现出的周期性，笔者把表 6.2 中小于历年结算价格平均值的结算价格标 " $*$ "。

观察表 6.2，可见结算价格显著的周期性，并有历史结算价格均值为 1892.942、标准差为 53.865。基于这一数据，本节设定市场结算价格 I_m 服从均值 $(\bar{I}_m)$ 为 1900，标准差为 50 的对数正态分布。经过转换计算，市场结算价格 I_m 应服从 μ 为 7.549、σ 为 0.0263 的对数正态分布。

按照设定的结算价格参数组合进行 20000 次模拟，可见结算价格围绕 1900 上下波动，最大值为 2132.205，最小值为 1695.063，波动范围合理，拟合程度较好。

表 6.2　　　　　　　　　2006 年至 2017 年玉米期货价格保险的结算价格①

合约名称	结算期收盘价均值/结算价格（单位：元/吨）	结算期收盘价标准差
c0701	1372.923 ＊（最小值）	33.873
c0801	1582.250 ＊	27.290
c0901	1626.385 ＊	35.575
c1001	1698.868 ＊	14.346
c1101	2077.250	51.737
c1201	2257.846	39.979
c1301	2335.175	14.354
c1401	2326.079	10.317
c1501	2353.077（最大值）	8.988
c1601	1918.923	24.323
c1701	1490.842 ＊	73.335
c1801	1682.308 ＊	16.620
总体均值	1892.942	53.865

2. 基差风险参数

基差风险参数是基差服从的正态分布中的两个参数 μ' 和 σ'。

本节首先汇总了 2010 年到 2017 年佳木斯、哈尔滨、齐齐哈尔、长春、白城、四平、通辽七个地区的玉米的实际出售价均值如表 6.3 所示。然后分别减去对应的当年度的结算价格计算基差，汇总结果如表 6.4 所示。笔者在表 6.3 中将各地区历年出售价的最大值和最小值后标"＊"；在表 6.4 中将基差为负的值标"＊"。

---

① 玉米期货合约价格原始数据来源于大连商品交易所官网。

表 6.3   2010 年至 2017 年七个地区的玉米出售价①

年份	佳木斯	哈尔滨	齐齐哈尔	长春	白城	四平	通辽
2010	1630. 000	1646. 667	1646. 667	1695. 000	1695. 000	1697. 778	1736. 111
2011	2028. 205	2063. 077	2052. 308	2097. 949	2097. 949	2111. 282	2151. 282
2012	2086. 500 *	2132. 000 *	2126. 500 *	2174. 500 *	2171. 500 *	2193. 500 *	2168. 500 *
2013	2000. 000	2050. 000	2020. 000	2092. 105	2074. 737	2074. 737	2087. 368
2014	1946. 286	1999. 143	1974. 857	2065. 714	2058. 857	2079. 143	2090. 000
2015	1745. 641	1799. 744	1785. 641	1850. 513	1837. 692	1864. 872	1868. 718
2016	1320. 526	1361. 316	1340. 000	1409. 474	1405. 000	1414. 474	1439. 211 *
2017	1306. 538 *	1330. 769 *	1316. 923 *	1394. 615 *	1381. 538 *	1393. 462 *	1467. 692
均值	1778. 660	1819. 278	1804. 330	1868. 076	1861. 100	1874. 639	1894. 639

表 6.4   2010 年至 2017 年七个地区玉米的基差

年份	佳木斯	哈尔滨	齐齐哈尔	长春	白城	四平	通辽
2010	- 407. 454 *	- 383. 781 *	- 383. 781 *	- 351. 264 *	- 351. 264 *	- 350. 515 *	- 307. 590 *
2011	- 316. 142 *	- 281. 550 *	- 283. 607 *	- 236. 447 *	- 236. 447 *	- 232. 126 *	- 193. 813 *
2012	- 299. 225 *	- 245. 588 *	- 248. 357 *	- 199. 142 *	- 208. 977 *	- 183. 357 *	- 175. 960 *
2013	- 364. 476 *	- 309. 328 *	- 327. 598 *	- 239. 497 *	- 249. 876 *	- 246. 037 *	- 258. 400 *
2014	- 378. 160 *	- 319. 577 *	- 345. 619 *	- 274. 869 *	- 275. 869 *	- 260. 244 *	- 267. 744 *
2015	16. 715	57. 661	35. 192	112. 353	108. 525	131. 447	134. 246
2016	67. 805	114. 732	107. 805	147. 723	146. 453	149. 158	154. 568
2017	- 420. 108 *	- 391. 908 *	- 407. 808 *	- 353. 058 *	- 368. 208 *	- 348. 558 *	- 300. 908 *
均值	- 262. 381 *	- 219. 917 *	- 231. 721 *	- 174. 275 *	- 179. 458 *	- 167. 529 *	- 151. 950 *
标准差	180. 5223	182. 9807	182. 2716	183. 0243	184. 6175	185. 4439	176. 5439

由表 6.4 可观察出玉米的出售价一般在低于结算价格的水平上波动。七个地区历史基差的均值从 - 262. 381 到 - 151. 950 不等，标准差从 176. 544 到 185. 444 不等。基于这些数据，本节设定基差 δ 服从均值（μ'）为 - 200，标准差（σ'）为 180 的正态分布。

按照这个参数组合进行 20000 次模拟，随机样本中玉米出售价（$I_m + \delta$）的均值为

---

① 玉米出售价原始数据来源于 Wind 资讯。

1700.982，最小值为932.506，最大值为2412.205。参考实际的玉米出售价（表6.3）可得，玉米出售价模拟值的波动均值合理，波动范围非常不合理。因此，本节保持 μ' 不变，反复调整 σ' 的大小至80，得到玉米出售价模拟样本的均值为1698.631，最小值为1321.088，最大值为2091.288，波动范围合理，拟合程度较好。于是本节设定基差 δ 服从均值（μ'）为 -200，标准差（σ'）为80的正态分布。

3. 保费成本参数

（1）附加保费系数

保守起见，本节选择了一个较高的附加费用比例：$\beta = 0.5$。此时期货价格保险的保费是净保费和最高可能赔付的算术平均值。

（2）保费补贴参数

按农业保险的一般情况，农民实际承担的保费比例不会超过50%，一般为20%—30%。但为了保守起见，本节设定农村合作社实际承担的保费比例 c 为50%（即0.5）。

4. 决策行为参数

（1）风险厌恶系数

风险厌恶系数是 α，应有 $\alpha > 0$。α 越大，代表农村合作社的风险厌恶程度越高，承受风险的能力越低。本节认为农村合作社有较高的风险厌恶系数，因此设定 α 为1。

（2）成本限制参数

依据现实中的投保心理，本节认为农村合作社愿意为期货价格保险支付的保费不会超过目标收入的10%。因此设定农村合作社实际承担的保费比例 γ 为10%（即0.1）。

5. 参数汇总整理

在模型搭建中已经说明过，产量对效用值只有量级的影响，不影响最优策略的选择，因此本节简单地把产量 q 设定为一个普通农业合作社的产量规模：1500吨。

综合以上说明，本节将历史水平的参数设定整理为表6.5。

表6.5 历史参数水平汇总

参数	μ	σ	μ'	σ'	β	α	c	γ	q
值	7.549	0.0263	-200	80	0.5	1	50%（0.5）	10%（0.1）	1500

五 情景模拟与结果分析

（一）情景模拟与结果分析

1. 最优购买量的求解结果

（1）效用值随投保比例和目标价格变化的关系

在历史水平的参数组下，按照上述实验步骤，本节得到了 101×61 组实验组合（h，

I_t)对应的101×61个效用函数值，做成三维图，如图6.1所示。

在图1中，横坐标是投保比例，纵坐标是目标价格，竖坐标是效用值。在投保比例和目标价格都处于较高水平的水平面的右上部分，出现了不连续的断面。断面外侧这部分效用为0的实验组合即是实际支付的保费超过投保成本上限的购买量，是无效的实验区域。

在有效的实验区域中可以看到：一方面，效用值$u(W)$随投保比例h的增高而增高，并且目标价格I_t越高，这一趋势越明显；另一方面，效用值$u(W)$随目标价格I_t投保比例h的增高而增高，并且投保比例h越高，这一趋势越明显。由此我们可以得到，在投保成本限制下，较高的投保比例和目标价格可以带来较高的效用，并且有效实验区域与无效实验区域的交界线（下文简称有效边缘）上的购买量的效用最高。

由于投保比例和目标价格均与保费呈正向关系，所以有效边缘上的购买量都是投保成本恰达到上限时的购买量。因此有效边缘也是农村合作社的投保成本约束线。于是有，实际支出的保费达到投保成本上限时，可以达到较高的效用值。本节将在下文中具体说明最优购买量的解。

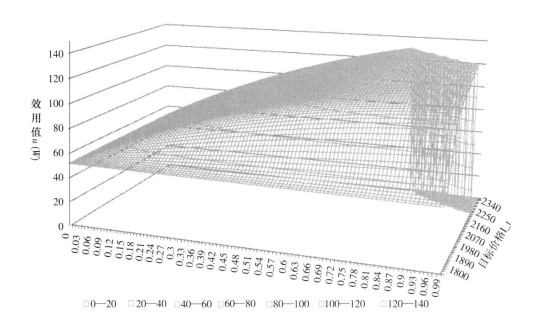

图6.1 效用函数随投保比例和目标价格变化的三维关系图

为了进一步比较有效边缘上购买量的优劣，并求解最优购买量，本节汇总了有效边缘附近购买量对应的效用值，取整后如表6.6所示。表6.6的第一行标示了购买量中目标价格的水平，第一列标示了购买量中投保比例的水平。最优购买量对应的效用值已加粗并加下划线强调表示。由表 6.6 可见，在有效边缘上，目标价格越高，对应的效用值越高：当目标价格被设定为可选目标价格中的最大值（即 2400 元/吨）时，在投保成本限制下，选择最高的投保比例 0.79（即 79%）可得到最大的效用。

表 6.6　　　　　　　　　　有效边缘附近购买量对应的效用值

	2230	2240	2250	2260	2270	2280	2290	2300	2310	2320	2330	2340	2350	2360	2370	2380	2390	2400
0.78	120	121	121	122	122	123	124	124	125	125	126	126	127	128	128	129	129	130
0.79	120	121	122	122	123	123	124	125	125	126	126	127	128	128	129	129	130	131
0.8	121	121	122	123	123	124	124	125	126	126	127	127	128	129	129	130	130	—
0.81	121	122	122	123	124	124	125	126	126	127	127	128	129	129	130	130	—	—
0.82	122	122	123	123	124	125	125	126	127	127	128	128	129	130	130	—	—	—
0.83	122	123	123	124	125	125	126	126	127	128	128	129	129	130	—	—	—	—
0.84	122	123	124	124	125	126	126	127	127	128	129	129	130	—	—	—	—	—
0.85	123	123	124	125	125	126	127	127	128	128	129	130	—	—	—	—	—	—
0.86	123	124	124	125	126	126	127	128	128	129	130	130	—	—	—	—	—	—
0.87	123	124	125	125	126	127	127	128	129	129	130	—	—	—	—	—	—	—
0.88	124	124	125	126	126	127	128	128	129	130	—	—	—	—	—	—	—	—
0.89	124	125	125	126	127	127	128	129	129									
0.9	124	125	126	126	127	128	128	129	130	—	—	—	—	—	—	—	—	—
0.91	125	125	126	127	127	128	129	129	—	—	—	—	—	—	—	—	—	—
0.92	125	126	126	127	128	128	129	—	—	—	—	—	—	—	—	—	—	—
0.93	125	126	127	127	128	129	—	—	—	—	—	—	—	—	—	—	—	—
0.94	125	126	127	128	128	129	—	—	—	—	—	—	—	—	—	—	—	—
0.95	126	126	127	128	129	—	—	—	—	—	—	—	—	—	—	—	—	—
0.96	126	127	127	128	—	—	—	—	—	—	—	—	—	—	—	—	—	—
0.97	126	127	128	128	—	—	—	—	—	—	—	—	—	—	—	—	—	—
0.98	126	127	128	—	—	—	—	—	—	—	—	—	—	—	—	—	—	—
0.99	127	127	128	—	—	—	—	—	—	—	—	—	—	—	—	—	—	—
1	127	127	—	—	—	—	—	—	—	—	—	—	—	—	—	—	—	—

（2）保费支出随目标价格和投保比例变化的关系

由于投保成本上限是目标收入的比例，因此目标价格越高，目标收入越高，投保成本上限也就越高。可以参考有效边缘附近购买量对应的保费支出汇总表（见表6.7）来观察这一事实。表6.7的第一行标示了购买量中目标价格的水平，第一列标示了购买量中投保比例的水平。有效边缘上购买量对应的保费已加粗表示，最优购买量加下划线强调。表格中每个购买量对应的保费支出的单位是万元。由表6.7可见，最优购买量对应的保费支出在有效边缘上也是最高的，为35.7万元。

表6.7　　　　有效边缘附近购买量对应的保费支出（单位：万元）

	2220	2230	2240	2250	2260	2270	2280	2290	2300	2310	2320	2330	2340	2350	2360	2370	2380	2390	2400
0.77	24.4	25.0	25.6	26.2	26.7	27.3	27.9	28.5	29.1	29.6	30.2	30.8	31.4	31.9	32.5	33.1	33.7	34.3	34.8
0.78	24.8	25.3	25.9	26.5	27.1	27.7	28.3	28.9	29.4	30.0	30.6	31.2	31.8	32.4	32.9	33.5	36.1	34.7	35.3
0.79	25.1	25.7	26.3	26.9	27.4	28.0	28.6	29.2	29.8	30.4	31.0	31.6	32.2	32.8	33.4	34.0	34.6	35.1	35.7
0.8	25.4	26.0	26.6	27.2	27.8	28.4	29.0	29.6	30.2	30.8	31.4	32.0	32.6	33.2	33.8	34.4	35.0	35.6	0.0
0.81	25.7	26.3	26.9	27.5	28.1	28.7	29.4	30.0	30.6	31.2	31.8	32.4	33.0	33.6	34.2	34.8	35.4	0.0	0.0
0.82	26.0	26.6	27.3	27.9	28.5	29.1	29.7	30.3	30.9	31.6	32.2	32.8	33.4	34.0	34.6	35.3	0.0	0.0	0.0
0.83	26.3	27.0	27.6	28.2	28.8	29.5	30.1	30.7	31.3	31.9	32.6	33.2	33.8	34.4	35.1	0.0	0.0	0.0	0.0
0.84	26.7	27.3	27.9	28.6	29.2	29.8	30.4	31.1	31.7	32.3	33.0	33.6	34.2	34.9	0.0	0.0	0.0	0.0	0.0
0.85	27.0	27.6	28.3	28.9	29.5	30.2	30.8	31.4	32.1	32.7	33.4	34.0	34.6	0.0	0.0	0.0	0.0	0.0	0.0
0.86	27.3	27.9	28.6	29.2	29.9	30.5	31.2	31.8	32.5	33.1	33.7	34.4	35.0	0.0	0.0	0.0	0.0	0.0	0.0
0.87	27.6	28.3	28.9	29.6	30.2	30.9	31.5	32.2	32.8	33.5	36.1	34.8	0.0	0.0	0.0	0.0	0.0	0.0	0.0
0.88	27.9	28.6	29.3	29.9	30.6	31.2	31.9	32.6	33.2	33.9	34.5	0.0	0.0	0.0	0.0	0.0	0.0	0.0	0.0
0.89	28.2	28.9	29.6	30.3	30.9	31.6	32.3	32.9	33.6	34.3	0.0	0.0	0.0	0.0	0.0	0.0	0.0	0.0	0.0
0.9	28.6	29.2	29.9	30.6	31.3	31.9	32.6	33.3	34.0	34.6	0.0	0.0	0.0	0.0	0.0	0.0	0.0	0.0	0.0
0.91	28.9	29.6	30.2	30.9	31.6	32.3	33.0	33.7	34.3	0.0	0.0	0.0	0.0	0.0	0.0	0.0	0.0	0.0	0.0
0.92	29.2	29.9	30.6	31.3	32.0	32.6	33.3	34.0	0.0	0.0	0.0	0.0	0.0	0.0	0.0	0.0	0.0	0.0	0.0
0.93	29.5	30.2	30.9	31.6	32.3	33.0	33.7	0.0	0.0	0.0	0.0	0.0	0.0	0.0	0.0	0.0	0.0	0.0	0.0
0.94	29.8	30.5	31.2	31.9	32.7	33.4	36.1	0.0	0.0	0.0	0.0	0.0	0.0	0.0	0.0	0.0	0.0	0.0	0.0
0.95	30.2	30.9	31.6	32.3	33.0	33.7	0.0	0.0	0.0	0.0	0.0	0.0	0.0	0.0	0.0	0.0	0.0	0.0	0.0
0.96	30.5	31.2	31.9	32.6	33.3	0.0	0.0	0.0	0.0	0.0	0.0	0.0	0.0	0.0	0.0	0.0	0.0	0.0	0.0
0.97	30.8	31.5	32.2	33.0	33.7	0.0	0.0	0.0	0.0	0.0	0.0	0.0	0.0	0.0	0.0	0.0	0.0	0.0	0.0
0.98	31.1	31.8	32.6	33.3	0.0	0.0	0.0	0.0	0.0	0.0	0.0	0.0	0.0	0.0	0.0	0.0	0.0	0.0	0.0
0.99	31.4	32.2	32.9	33.6	0.0	0.0	0.0	0.0	0.0	0.0	0.0	0.0	0.0	0.0	0.0	0.0	0.0	0.0	0.0
1	31.7	32.5	33.2	0.0	0.0	0.0	0.0	0.0	0.0	0.0	0.0	0.0	0.0	0.0	0.0	0.0	0.0	0.0	0.0

2. 初步结论与分析

从以上结果可以得到的结论主要有以下几点。

（1）当投保的目标价格大于农作物价格的波动均值时，投保期货价格保险的效用总是大于不投保期货价格保险的效用。并且有，对于每一个固定的目标价格，农村合作社的效用值随着投保期货价格保险时选择的投保比例增高而增高，并在投保成本限制下最高的投保比例处达到最大值。同样地，对于每一个固定的投保比例，农村合作社的效用值随着投保期货价格保险时选择的目标价格增高而增高，并在投保成本限制下最高的目标价格处达到最大值。

因此，可以认为投保成本约束线上的购买量相对优于其内部的购买量。

（2）保费支出与其可获得的效用值成正向关系。

（3）在历史参数水平下，期货价格保险最优购买量的确定方法是：选择可选的最高目标价格，在此基础上计算投保成本上限，并由此计算出最大的投保比例，最终得到的投保比例和目标价格的组合即是期货价格保险的最优购买量。

（二）敏感性测试：结算价格对最优购买量的影响

1. 情景测试的参数设置

本节在第四章中设定市场结算价格 I_m 服从均值为1900，标准差为50 的对数正态分布，即有市场结算价格 I_m 服从 μ 为7.549、σ 为0.0263 的对数正态分布。对结算价格的情景测试中，本节以第四章历史水平的参数为基础，设置了21 个参数组，整理后如表6.8 所示。即设置了3 个结算价格 I_m 均值水平（$\bar{I}_m$）：1800 元/吨、1900 元/吨、2000 元/吨，以及7 个结算价格标准差水平：35、40、45、50、55、60、65。除了结算价格参数（μ 和 σ）外，其他参数与基准实验参数设定保持一致。

表6.8　　　　　　　　　结算价格情景测试中的参数设置

均值（$\bar{I}_m$）	标准差	方差	μ	σ
1800	35	1225	7.495	0.0194
1800	40	1600	7.495	0.0222
1800	45	2025	7.495	0.0250
1800	50	2500	7.495	0.0278
1800	55	3025	7.495	0.0305
1800	60	3600	7.495	0.0333
1800	65	4225	7.495	0.0361
1900	35	1225	7.549	0.0184
1900	40	1600	7.549	0.0211

均值（$\bar{I}_m$）	标准差	方差	μ	σ
1900	45	2025	7.549	0.0237
1900	50	2500	7.549	0.0263
1900	55	3025	7.549	0.0289
1900	60	3600	7.549	0.0316
1900	65	4225	7.549	0.0342
2000	35	1225	7.601	0.0175
2000	40	1600	7.601	0.0200
2000	45	2025	7.601	0.0225
2000	50	2500	7.601	0.0250
2000	55	3025	7.601	0.0275
2000	60	3600	7.600	0.0300
2000	65	4225	7.600	0.0325

2. 情景测试的结果

为了方便对比，本节把对照实验组的实验结果汇总成了如表6.9所示的格式：三组结算价格均值水平的最优购买量并列在一起，按标准差水平从低到高的顺序分别列出来。h^*是期货价格保险最优购买量中的投保比例，I_t^*是期货价格保险最优购买量中的目标价格，$\mu(W)$是每个情景中最优购买量对应的效用值。将最优购买量中目标价格是最高可选目标价格的购买量用下划线标出，这些情景中的最优购买量的选择是与第四章中选择最优购买量的方法一致的。

表6.9 不同结算价格情景下的最优购买量

均值	1800			1900			2000		
标准差	h^*	I_t^*	$\mu(W)$	h^*	I_t^*	$\mu(W)$	h^*	I_t^*	$\mu(W)$
35	0.81	2300	124	0.84	2400	139	0.88	2500	154
40	0.78	2300	118	0.83	2400	133	0.87	2500	154
45	0.78	2300	119	0.81	2400	134	0.85	2490	151
50	0.78	2300	118	0.79	2400	131	0.84	2500	150
55	0.77	2280	116	0.80	2400	131	0.84	2500	151
60	0.79	2240	111	0.80	2370	131	0.81	2500	147
65	0.83	2210	108	0.82	2360	130	0.81	2460	144

观察结算价格情景测试结果可以发现，每个结算价格均值水平下都有：一方面，当标准差相对于均值较大，并达到某个临界值的时候，最优购买量中的目标价格开始从最大可选目标价格下降、最优购买量中的投保比例开始从降低转为升高。另一方面，随着均值水平增加，在相同的标准差水平下，最优购买量中的投保比例逐渐升高。

观察最优购买量对应的效用值的变化可以发现，结算价格波动越大效用越低的现象仍然存在。但期货价格保险把效用稳定在了一个较高的水平上，非常有效地提高了农村合作社的效用水平。

3. 情景测试的结果分析

综合上述情景测试可以得到以下结论。

（1）固定结算价格的均值水平不变，当结算价格波动的标准差相对于均值水平较低时，期货价格保险最优购买量是有效边缘上目标价格最高的购买量。随着标准差增高，最优购买量中的投保比例下降。当结算价格波动的标准差相对于均值水平较高时，最优购买量仍在有效边缘上，但目标价格下降，投保比例上升。

（2）进一步，可以把最优购买量在有效边缘上移动的结算价格标准差水平定义为临界标准差。那么，对于某个固定的结算价格均值水平，小于临界标准差的标准差水平就是较低的标准差水平，大于临界标准差的标准差水平就是较高的标准差水平。

随着结算价格的均值水平升高，临界标准差也升高，即临界标准差与结算价格均值水平成正比例关系。

（3）结算价格均值水平越高，农村合作社可以达到的最大效用越高；结算价格波动的标准差越高，农村合作社可以达到的最大效用越低。

（4）在结算价格的所有情景测试中，有效边缘上的购买量的效用值总是高于有效边缘内的购买量的效用值。当然地，在有效边缘上的购买量的效用值远大于不投保的效用值。

结合参数的现实意义，我们可以得到如下投保决策建议。第一，如果历史粮食结算价格相对于均值波动不太大，仍可以按照第四章中的方法决策期货价格保险的最优购买量；而如果粮食结算价格相对于均值波动较大，则要适当降低购买量中的目标价格水平，提高投保比例。第二，历史价格均值越高，越适合采用较高的投保比例。第三，不变的最优决策原则是：期货价格保险的最优购买量一定在投保成本约束线上，且投保成本约束线上的购买量都有很高的效用水平。

（三）敏感性测试：基础风险对最优购买量的影响

1. 情景测试的参数设置

本节在第四章中设定基差 δ 服从均值（μ'）为 -200，标准差（σ'）为 80 的正态分布。在基差风险的情景测试中，本节以历史参数水平为基础，设置了 15 个参数组，整理后如表 6.10 所示。即设置了 5 个基差 δ 的均值水平（μ'）：100 元/吨、0 元/吨、

−100 元/吨、−200 元/吨、−300 元/吨，以及 3 个基差 δ 的标准差水平（σ'）：50、80、110。除了基差风险参数（μ' 和 σ'）外，其他参数与历史水平的参数设定保持一致。

表 6.10 基差风险情景测试中的参数设置

均值（μ'）	100	100	100	0	0	0	−100	−100	−100	−200	−200	−200	−300	−300	−300
标准差（σ'）	50	80	110	50	80	110	50	80	110	50	80	110	50	80	110

2. 情景测试的结果

为了方便对比，本节把实验结果汇总成了如表 6.11 所示的格式：三组基差风险标准差水平的期货价格保险的最优购买量并列在一起，按均值水平从高到低的顺序分别列出。h^* 是最优购买量中的投保比例，I_t^* 是最优购买量中的目标价格，$\mu(W)$ 是每个基差风险情景下最优购买量对应的效用值。选择最高可选目标价格的最优购买量用下划线标出。

表 6.11 不同基差风险情景下的最优购买量

标准差	50			80			110		
均值	h^*	I_t^*	$\mu(W)$	h^*	I_t^*	$\mu(W)$	h^*	I_t^*	$\mu(W)$
100	0.79	2400	265	0.80	2400	179	0.79	2400	52
0	0.83	2380	251	0.81	2400	161	0.80	2400	35
−100	0.83	2370	235	0.84	2370	147	0.81	2400	18
−200	0.78	2400	219	0.80	2400	136	0.79	2400	3
−300	0.79	2400	206	0.80	2400	120	0.78	2400	−13

观察表 6.11 可以发现，在不同的基差风险情景下，期货价格保险最优购买量的决策方法与第四章中得到的方法基本保持不变：都是选择最高可选的目标价格，再在投保成本限制下选择最大的投保比例。进一步可以推测，基差风险不影响期货价格保险最优购买量的选择。

另外值得注意的是，不同基差风险情景下最大效用水平的变化。我们可以发现，随着基差风险的标准差增大，基差的波动增大，与结算价格的相关性减弱。投保期货价格保险虽然比不投保效用高，但仍然无法充分有效地保障农村合作社的收入水平，效用值相对于基差风险较低时大幅下降。农村合作社的农作物价格风险并未通过期货价格保险得到良好的转移。

3. 情景测试的结果分析

（1）测试的所有基差风险情景下，都有有效边缘上目标价格最高的购买量就是最优购买量；并且有，最优购买量中的投保比例基本不变。

（2）在同一均值水平下，基差风险的标准差水平越高，农村合作社可以达到的最大效用值越低。

（3）在有效边缘上的购买量的效用值总是高于有效边缘内的购买量的效用值。当然地，在有效边缘上的购买量的效用值远大于不投保的效用值。

结合参数的现实意义，我们可以得到：在一般情形下，基差风险都不影响最优购买量的决策，只影响农村合作社的效用。期货价格保险影响基差风险与农村合作社效用值之间关系的机制可以这样解释，一方面，在结算价格参数特征不变的条件下，基差风险波动的标准差越大，说明农村合作社的实际的农作物出售价波动越大。如果选择不投保期货价格保险，农村合作社的效用会快速下降。选择投保期货价格保险并不能抵挡住这种下降趋势，但会使农村合作社的效用相对于不投保的情况有大幅提高。由此可以认为只要实际收购价和结算价格相关，期货价格保险就总是有效的。另一方面，基差风险波动的标准差越大，说明农作物出售价与结算价格的相关性越低，那么以结算价格为理赔标准的期货价格保险对农村合作社的价格风险的保障效果也就越差。

（四）敏感性测试：保费成本对最优购买量的影响

1. 附加费用对最优购买量的影响

（1）情景测试的参数设置

在第四章中，附加费用比例 β 被设置为 0.5。在情景测试中，本节另外为 β 设置了 5 个对照参数：0.1、0.2、0.3、0.4、0.6。除了附加费用比例 β 外，其他参数与历史参数水平保持一致。

（2）情景测试的结果

情景测试结果汇总如表 6.12 所示。h^* 是最优购买量中的投保比例，I_t^* 是最优购买量中的目标价格，$u(W)$ 是每个附加费用情景中最优购买量对应的效用值。选择最高可选目标价格的最优购买量用下划线标出。

可见附加费用比例 β 对最优购买量的决策方法没有太大影响，都是先选择最大的可选目标价格作为目标价格，再计算最大可投保比例以得出最优购买量。另外，在都选择最高可选目标价格的情形下，附加费用比率 β 越低，可购买的期货价格保险越多，最优购买量中对应的投保比例越高。

关于最优购买量对应的效用水平，很自然地有附加费用水平越低，农村合作社可达到的最大效用越高。

表 6.12 不同附加费用情景下的最优购买量

β	h^*	I_t^*	$\mu(W)$
0.1	0.92	2400	143
0.2	0.88	2400	142
0.3	0.89	2380	139
0.4	0.83	2400	134
0.5	0.79	2400	132
0.6	0.78	2400	131

（3）情景测试的结果分析

①对情景测试中的每一个附加费用水平都有，有效边缘上目标价格最高的购买量就是最优购买量。随着附加费用水平提高，最优购买量中的投保比例反向下降。

②附加费用的水平越低，农村合作社可达到的最大效用值越大。

③按最优购买量投保期货价格保险的效用值都远大于不投保的效用值。

结合参数的现实意义，我们可以得到：附加费用水平不影响最优购买量的选择方法。即在结算价格标准差水平较低时，都可以采用先确定用最大可选目标价格投保，再计算保费限制下最大可投保比例的方法。另外，保费水平降低确实会对农村合作社产生利好。

2. 保费补贴对最优购买量的影响

（1）情景测试的参数设置

在本节第四部分中，农村合作社实际承担的保费比例 c 被设置为 0.5。在保费补贴情景测试中，本节为 c 另外设置了 5 个对照参数：0.1、0.2、0.3、0.4、1。除了农村合作社实际承担的保费比例 c 外，其他参数与历史参数水平设定保持一致。

（2）情景测试的结果

情景测试结果汇总如表 6.13 所示，h^* 是最优购买量中的投保比例，I_t^* 是最优购买量中的目标价格，$u(W)$ 是每个保费补贴情景中最优购买量对应的效用值。选择最高可选目标价格的购买量组合用下划线标出。

分析可得，在农村合作社实际承担的保费比例 c 较低时，农村合作社购买期货价格保险的成本降低，因此可以直接选择最高的目标价格和最高的投保比例以达到更高的效用值。在保费补贴不存在的情形下，受投保成本限制，农村合作社的有效边缘向内收缩，可达到的最大效用值降低，但最优购买量仍在有效边缘上。

表6.13　　　　　　　　　不同保费补贴情景下的最优购买量

c	h^*	I_t^*	$u(W)$
0.1	1	2400	176
0.2	1	2400	166
0.3	1	2400	158
0.4	1	2400	150
0.5	0.81	2400	136
1	0.88	2030	96

情景测试亦可说明保费补贴的力度对农村合作社投保期货价格保险的积极性有很大影响。

（3）情景测试的结果分析

①保费补贴水平较高时，即农村合作社有能力以最高保障水平投保时，以最大可选目标价格全比例投保可获得最大的效用。保费无任何补贴的情形下，最优购买量在有效边缘上向内侧移动。

②保费补贴的水平越高，农村合作社可达到的最大效用值越大。

③在所有保费补贴情景下，按最优购买量投保期货价格保险的效用值都远大于不投保的效用值。

结合参数的现实意义，我们可以得到，保费补贴机制对支持农村合作社投保有很大作用，可以确实地为农村合作社带来利好。

（五）敏感性测试：决策行为对最优购买量的影响

1. 风险偏好对最优购买量的影响

（1）情景测试的参数设置

在上述部分，风险厌恶系数 α 被设置为1。在风险偏好情景测试中，本节另外为 α 设置了6个对照参数：0.5、0.75、1.25、1.5、1.75、2。除了风险厌恶系数 α 外，其他参数与历史参数水平保持一致。

（2）情景测试的结果

情景测试汇总如表6.14所示，h^* 是最优购买量中的投保比例，I_t^* 是最优购买量中的目标价格，$u(W)$ 是每个风险偏好情景下最优购买量对应的效用值。选择最高可选目标价格的最优购买量用下划线标出。

由表6.14可以看出，风险厌恶系数 α 对最优购买量的选择方法有很大影响：当投保人非常厌恶风险时，选择更高的投保比例将获得相对更高的效用值。此时，受投保成本限制影响，最优购买量中的目标价格会下降。

表6.14 不同风险偏好情景下的最优购买量

α	h^*	$I_t{}^*$	$u(W)$
0.5	0.8	2400	205
0.75	0.8	2400	170
1	0.79	2400	130
1.25	0.85	2360	96
1.5	0.88	2340	62
1.75	0.91	2310	25
2	0.91	2320	-11

（3）情景测试的结果分析

风险厌恶水平较低时，农村合作社的最优购买量仍是有效边缘上目标价格最高的购买量。当风险厌恶水平较高时，农村合作社最优购买量中的投保比例随风险厌恶水平增大而增大，同时，最优购买量中的目标价格逐渐下降。但是，在所有风险偏好情景下，按最优购买量投保期货价格保险的效用值都远大于不投保的效用值。

结合参数的现实意义，我们可以得到：当农村合作社足够厌恶风险时，受投保成本限制，较高的投保比例相对于较高的目标价格更有利于提升农村合作社的效用。可见，农村合作社的风险偏好对期货价格保险最优购买量的选择有很大影响。

2. 成本约束对最优购买量的影响

（1）情景测试的参数设置

在第四章中，农村合作社实际支付的保费上限在目标收入中的比例 γ 被设置为10%。在成本约束的情景测试中，本节另外为 γ 设置了2个对照参数：5%、7.5%。除了农村合作社实际承担的保费比例 c 外，其他参数与基准实验参数设定保持一致。

（2）情景测试的结果

情景测试结果汇总如表6.15所示，h^* 是最优购买量中的投保比例，$I_t{}^*$ 是最优购买量中的目标价格，$u(W)$ 是每个成本约束情形下最优购买量对应的效用值。选择最高可选目标价格的最优购买量用下划线标出。对比情景测试结果可得，随着成本限制增高，农村合作社可用于保费支出的资金量下降，投保的有效边缘向内收缩，但最优购买量仍在有效边缘上。

（3）情景测试的结果分析

不同的投保成本水平会使最优购买量在有效边缘上移动。农村合作社可为期货价格保险投入的保费越高，农村合作社可达到的最大效用值越大。

结合参数的现实意义，我们可以得到，农村合作社给期货价格保险设置的投保成本影响着最优购买量的选择方法。保费支出与效用的正向关系从一个侧面说明了期货

表 6.15　　　　　　　　　　不同投保成本情景下的最优购买量

γ	h^*	I_t^*	$u(W)$
5%	0.89	2040	116
7.50%	0.80	2220	121
10%	0.78	2400	133

价格保险在农村合作社农作物价格风险管理中的有效性。

六　本节小结

"三农"问题是国家的基本问题，如何使农民摆脱贫困、实现更高的收入水平是我国长期面临的重点问题。在年复一年大力推进农村金融改革、用新型的金融工具造福农民的同时，我们不能忽略农民的相关金融知识水平能否跟上的问题。具体在推广"保险 + 期货"试点的过程中，我们不仅要使农民了解期货价格保险的优点和原理，还要使农民掌握最优的投保策略。

本节研究发现，农村合作社按投保成本上限购买期货价格保险时可获得高水平的长期效用。并且，在一般情形下，选择最高的目标价格再计算可投保的最高投保比例即可得到最优的购买量。这样的结论也说明了期货价格保险保障农作物价格风险时的有效性。

另外，本节通过研究还发现，在结算价格波动幅度较大时，按最优购买量投保期货价格保险的农村合作社能很好地稳定各年收入，并且比不投保的农村合作社有更高的长期效用值。这一结果也说明了期货价格保险在管理农作物价格风险时的有效性。然而，期货价格保险不总是那么有效的。当基差风险很高时，具有场内期权性质的标准化的保单合同使农村合作社难以完全转移农作物的价格风险。

本节还证明了一个符合情理的推断：单位保费水平下降、保费补贴幅度提高都有利于农村合作社选择更大的期货价格保险购买量，也使农村合作社可以达到更高的长期效用值。除此之外，农村合作社设定的投保成本上限以及农村合作社的风险厌恶水平也影响着最优购买量的选择。自然地，投保成本上限与最优购买量有正向关系，风险厌恶水平更多地影响着最优购买量中的投保比例的选择。

第二节　玉米价格保险新模式"保险 + 期货"的实践探索

本节从"市场定价、价补分离"和"保障农民合理收益"两个核心原则分析了玉米收储制度改革与农作物期货价格保险的一致性，通过"保险＋期货"农作物价格保险产品创新，建立小规模分散农户与期货市场的风险转移机制，稳定农户预期收益，发挥财政资金的杠杆效应，这是推动农作物价格市场化形成机制的重要保障。进一步，本节结合农作物价格保险的作用机制和初步实践，梳理了当前新产品研发过程中蕴含的风险隐患及主要问题，并从保险期间、保险价格、保障水平、有效市场风险转移机制、巨灾风险准备金管理和监督、建立多部门协作监管规范与创新财务制度等角度给出了农作物价格保险新产品的设计方案。

一 问题提出

自 2008 年我国在玉米主产区实施临储价收购政策以来，临储价格连续 7 年上调，玉米产量也逐年刷新，与此同时，国际市场玉米价格却不断走低。一方面，使得国内企业采购玉米成本居高不下，降低了产品的国际竞争力；另一方面，为了缓解仓储和财政压力，政府不断调高收储玉米的质量标准，容易造成有价无市，种植农户玉米销售不出去，由于投入成本高，经常出现增产不增收的现象，收储政策造成了玉米产业链的扭曲，引发了玉米市场供求无序的局面。

为解决玉米市场供需两难的困境，2016 年国家发改委等多个部门公布了玉米收储制度的改革内容，将玉米主产区实施了 9 年的临时收储政策调整为"市场化收购"加"补贴"的新机制，这意味着玉米作物价格将由"政策价"逐步走向"市场价"。如图 6.2 所示，在我国玉米高库存现状和市场化定价改革趋势的背景下，玉米价格呈现巨大波动。① 尽管收储政策改革有利于引导农户根据市场需求调整种植结构，适当减少玉米种植面积，但是玉米价格的剧烈波动，不利于促进玉米种植结构的平稳调整，不利于稳定农户预期合理收益。

值得注意的是，随着农业现代化水平的提高，应运而生的具有中等规模的家庭新农场，将逐渐成为中国种植农作物的主力军，专业化、规模化种植方式将会增加它们对价格风险的厌恶程度，由于主要农作物"政策价"的逐步取消已形成共识，农作物价格的剧烈波动势必将会影响家庭新农场发展速度，阻碍农业生产效率的发挥，进而影响农业领域中供给侧改革的推进。为了实现农户种植的预期收益，政府应尽快出台有关农作物生产的补贴政策，这也是国际上的通行做法。政府补贴的"新机制"既要不影响玉米价格的市场化形成机制，又能够有利于实现农户种植预期合理收益，保持农作物的供需结构平衡，这将是设计农业补贴政策的基本原则和重点研究内容。

近年来，我国农业保险取得了长足的发展，2015 年保费规模达到 374.7 亿元。在

---

① 图 6.2 中，2014 年主力合约日度结算价格最为平稳。由于 2015 年首次下调了临储价格，造成了该年结算价格的波动和一定下调；2016 年取消了临储收购政策，造成该年结算价的剧烈波动。

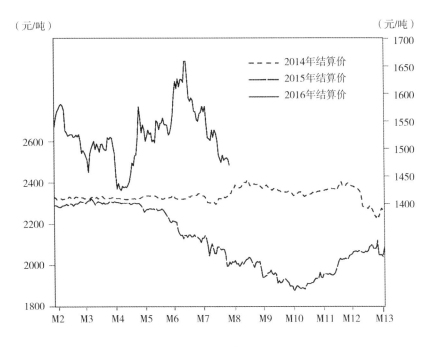

图 6.2　玉米期货次年 1 月份主力合约日度结算价的走势情况

我国农作物生产过程中，农业保险对遭受自然灾害造成的经济损失提供补偿，在应对自然风险方面发挥了重要作用，并在市场风险方面不断探索。2014 年中央一号文件中首次提出要在粮食主产区探索农产品目标价格保险；2015 年中央一号文件要求完善农产品价格形成机制，积极开展农产品价格保险试点；2016 年中央一号文件将农业保险作为支持农业的重要手段，这与 2014 年美国农场法案中将农业保险作为农业安全网的核心内容保持高度一致（周县华，廖朴，2016）。文件还提出应建立农产品期货和农业保险联动机制，探索重要农产品价格保险的创新模式，首次明确指出稳定扩大"保险＋期货"试点。至此，有关"保险＋期货"新模式下农作物价格保险可行性分析及产品方案设计成为当前学界和业界的热点研究问题。

　　有些学者认为由于玉米作物收储政策的取消，在缺少"政策价"托底的情况下，玉米价格必然将大幅下跌，如果对玉米价格进行承保，将会对保险公司带来巨大损失，不建议研发玉米价格保险产品。其实，这些学者混淆了保险价格与临储价格的关系。临储价格的取消，其目的是使得玉米价格回归到与当前经济周期一致的供需均衡的价格上来。由于我国多年来一直实施的是高于市场均衡价格的"政策价"，因此价格回归到均衡水平是一种必然趋势，而不是一种可能发生的风险。保险价格是建立在种植时期的预期价格基础上的，种植农户根据预期价格水平已经对当前的种植规模和结构进行了调整。由于农作物种植与收获的时差性，对于这一期间发生的各种不确定因素进而导致农户无法在收获时期实现预期价格（收益）的风险进行承保。显然保险价格的确定方式是农作物价格保险产品研发的关键环节。否则，保险价格将会变成临储价的替代品，干扰玉米市场价格的形成机制，也就违背了收储政策改革的初衷。

还有一些学者认为在费率公平的前提下，保险公司将价格风险完全在期货市场上进行转移，使得保险公司经营该类产品的意义将不复存在。先从风险是否能够完全转移的角度上来看，在目前中国还没有期权市场的情况下，保险公司是很难做到完全的风险转移的。保险公司与期货公司协作，通过研发场外复式期权产品将大部分价格风险在市场中转移。实际上，更为深层次的风险是无法转移的。譬如期货\期货公司的破产风险等。当然，"保险＋期货"模式中农作物价格保险产品更为重要的意义在于，解决了实务中我国农户无法直接参与期货交易的现实问题。一方面，在缺乏相关知识和专业化操作的背景下，种植农户缺乏动机和能力直接参与期货市场转移价格风险；另一方面，由于保险公司搭建了种植农户与期货市场之间联系的桥梁，使得政策性财政补贴有据可依，发挥了财政补贴资金在种植农户支付期权费中的杠杆作用。总体来说，在农作物收储政策改革的背景下，保险公司专业的议价权以及政策性财政补贴的杠杆效应，将保险公司推上了"保险＋期货"创新模式的历史舞台，具有非常重要的阶段性作用。[①]

实际上，"保险＋期货"模式下的农作物价格保险产品在研发过程中，碰到了诸多问题，譬如期货市场容量有限、期权费太高、保险公司支付期权费用的财务列支难题等。大部分学者都是从理论上对农作物价格保险的可行性进行研究，很少有从实务问题出发研究"保险＋期货"新模式的解决方案。本节将对"保险＋期货"新模式进行实践探索，设计符合当前实际的产品方案，以推动农作物价格保险的健康发展，稳定种植农户的预期合理收益。

本节的结构安排如下：第二部分通过对农作物价格结构分解、划分风险等级等方式进行价格保险的作用机制研究；第三部分梳理和总结"保险＋期货"产品研发实务进展、意义及蕴含着的各种潜在风险；第四部分对"保险＋期货"模式下农作物价格保险产品进行方案设计，既能符合当前阶段产品的现实需求，又能够促进产品的长远发展；第五部分是总结及建议。

二 作用机制研究

农业风险主要包括两种类型，分别是自然风险和市场风险。随着我国农村基础设

[①] 随着农村土地流转程度的提高，规模化农场的不断发展，新型农业经营主体对期货或期权逐渐了解和专业化知识的提升，政府支农财政补贴形式和机制不断创新，甚至还需要期货和期权市场的不断发展和产品的不断创新的前提下，保险公司在"新型农业经营主体"和"期货或期权公司"之间的"桥梁"作用将逐渐消失，回归到由"产量保险"到"收入\收益保险"的传统"主业"上来。显然，上述诸多主体角色的变化，需要经历一段较长时间。

施的逐步完善和涉农科技的不断提高，农业应对自然风险的能力日益增强。尤其在经济贸易全球化以及影响经济周期的不确定性因素增加的背景下，市场风险已逐渐成为影响农业生产经营的主要因素。"谷贱伤农""菜贱伤农"等指的就是市场风险，容易导致种植农户陷入"增产不增收"的困境。2016年，按照"市场定价、价补分离"的原则，中央要求稳妥推进玉米收储制度改革。一方面要保持玉米价格反映供需关系的原则，另一方面要保障农户预期合理收益的原则。显然，农作物价格保险产品研发的关键机制也必须体现这两个原则。接下来，本节将从分析农作物价格组成结构与风险特征等角度，研究农作物价格保险的作用机制，以满足两个原则的要求。

（一）识别农作物价格风险

在农作物播种时期，根据当前农作物市场的供需关系，种植农户当年及时调整种植结构和种植规模，在可接受的预期价格上进行农作物生产。农作物价格保险产品的保险起点选取为播种时期，并设定保险价格为市场预期价格，使得保险行为不会影响市场玉米的供求关系，使得玉米价格由供需关系而定。在农作物收获时期，由于农作物具有不易储存等特点，大量农作物集中上市销售，种植农户的收益主要与这一时期的实际市场价格有关。当实际价格低于保险价格时，根据约定对种植农户造成的收益损失给予经济补偿的一种制度安排（王克等，2014）。此后，市场供应的玉米价格主要是流通和储备环节中产生的，与种植农户的收益关系不大，因此，农作物价格保险的终点选取为农作物的收获时期。在一个完整年度内，保险期间是一个较为固定的时间段，这与我国运行多年的生猪价格指数保险不同。这主要是因为农作物生长条件需要依赖自然节气，而养殖业的养殖周期更具有不确定性（张峭等，2015）。

（二）农作物价格结构分解

基于上述分析，农作物收货时期的实际价格与种植农户的收益息息相关，这一时期的实际价格也是农作物价格保险产品是否触发理赔机制的关键要素。图6.3中，本节给出了全球玉米现货价格在每年10月的走势情况。我们将该价格序列采用HP滤波技术进行了结构分解，分为长期供需变化趋势和周期性波动序列。其中长期趋势反映的是全球市场当年玉米的供需关系，而周期性波动序列反映了实际经济周期波动及其他各种随机性因素对同年玉米价格的影响。

当实际价格高于长期趋势性价格时，表明当年玉米实际需求高于预期值，使得价格上升，农户获取超预期收益；当实际价格低于长期趋势性价格时，表明当年玉米实际需求低于预期值，使得价格下跌，农户无法获取预期收益，在这一情况下，农作物价格保险产品针对农户的预期收益损失进行一定的经济补偿，有利于保障农户的预期收益，保持农户的生产积极性。玉米的长期趋势价格即为价格保险产品的保险价格。在现实经济中，玉米的长期趋势价格一般采用在玉米播种时期期货市场的价格替代。

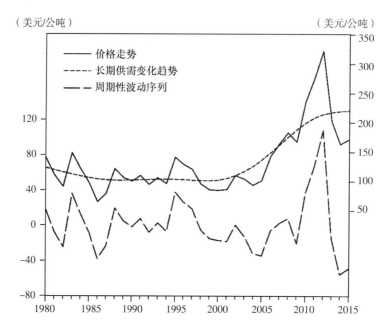

图 6.3　全球玉米每年 10 月现货价格走势情况

（三）不同保障水平下的保费补贴结构

张峭（2016）根据农作物价格波动风险程度，分为三个层次，如图 6.4 所示。P2 为预期价格，是种植农户在农作物播种时期，根据该价格水平，调整当年度的种植规模。当价格处于［P1，P2）时，风险发生频率较高，价格经常落入这一区间，农户预期收益损失程度较低，称为正常风险；当价格处于［P0，P1）时，风险发生频率较低，价格一旦进入这一区间，农户预期收益损失较大，农户具有强烈的保险需求，称为保险风险；当价格处于（0，P0）时，风险发生频率极低，此时农户预期收益损失巨大，称为巨灾风险。

基于美国产量保险依据不同保障程度设定的政府补贴率的做法，我们对农作物价格保险同样也采取这一补贴方式（CRS，2015）。如果价格落在正常风险区间内，农户保险需求不高，一方面，农户的预期收益损失不大，农户具备再生产能力；另一方面，由于出险频度非常高，单位价格的风险费率也就是最高的。[①] 由于农户对正常风险的保险需求不足，政府支付财政补贴的必要性也不高；如果价格落在保险风险区间内，此时价格下跌幅度较大，已经开始严重影响农户的预期收益，尽管单位价格的风险保费与正常风险区间相比下降幅度较大，但是对农户而言仍然比较昂贵。在这一情况下，政府基于自身的财力情况，对农户进行一定程度的保费补贴。从图 6.4 中，我们不难

---

① 图 6.4 中，不同保障程度下的价格区间×概率区间 = 该保障水平下的风险保费。

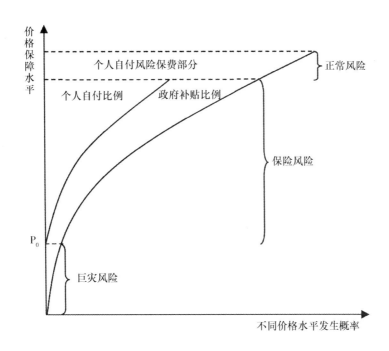

图 6.4　不同保障水平下政府补贴占总保费的比重

发现，随着价格下跌程度的增加，政府补贴占总保费的比重越来越大。[1] 这表明，随着价格下跌对农户预期收益的影响越来越大，政府进行财政补贴的力度也在加大，以激励农户购买政策性保险，保障农户自身的预期收益，这与我国玉米收储政策改革的方向是一致的。当价格落入巨灾风险区间内时，视为巨灾风险发生。由于该区间发生的概率极小，种植农户缺少实际经历，尽管风险极大，但是农户缺乏有效的保险需求。基于美国 CAT 产品的做法（Coble et al.，2013），建议由政府出资购买全部保费，并建立巨灾风险准备金，设立专项账户独立运营，并进行管理和监督。

三　"保险 + 期货"模式介绍

自 2016 年中央公布明确支持稳定扩大"保险 + 期货"试点的政策以来，有关农作物价格保险通过期货市场转移风险的产品创新就成了研究的热点问题。据不完全统计，有 12 家期货公司与 8 家的保险公司开始研发"保险 + 期货"模式下的农作物价格保险产品，[2] 多家期货公司与保险公司在产品研发中有关保险价格、保险期间、

---

[1]　图 6.4 中，随着价格的下跌，尽管单位保障价格中政府补贴在总保费的比重越来越大，由于风险概率在下降，使得单位保障价格的风险保费也在大幅度下降，相应地，政府补贴的财政资金金额也在下降。

[2]　12 家期货公司包括：南华期货、永安期货、浙商期货、新湖瑞丰、鲁证期货、海航期货、华信万达、国元期货、中粮期货、华泰期货、九州期货和申银万国；8 家保险公司包括：人保财险、太平洋保险、中华联合、安华农险、阳光农险、中原农险、国元保险和中航安盟。

赔偿方式等方面也达成了共识，农作物品种主要涉及玉米和大豆作物。为落实中央新的支农政策，地方政府与期货交易所也积极参与其中，提供资金、政策和技术等方面的支持。

（一）"保险＋期货"价格保险产品创新的实践价值

通过"保险＋期货"的保险产品创新，拓宽了农作物价格风险转移的渠道，落实了支农的财政补贴政策，为推行农作物价格市场形成机制提供了风险保障等，具有重要的实践价值，主要体现在如下三个方面。

1. "保险＋期货"的保险产品促进了农作物"市场定价"改革

价格保险产品的保险价格以农作物播种时期主力合约期货价格为基础进行设定（张峭，2016），使得保险行为不会影响农户的种植决策，不会干扰市场的价格形成机制，符合国家收储政策改革坚持"市场定价"的原则。以期货价格为基础的保险价格，有利于纠正农户以往依赖"政策托底价"的行为，在承保时期通过对保险价格的宣传，有利于促进农户根据市场供需及时调整种植结构。在主要农作物价格由"政策价"走向"市场价"的过程中，有效保障农户的合理收益，弥补政府支农政策换挡期的空位，促进了农作物"市场定价"改革的顺利开展。

2. "保险＋期货"的保险产品发挥了政府财政补贴的杠杆效应

政府对农作物价格支持的最低收购价政策，需要建立新的财政补贴政策。政府通过对农作物价格保险产品保费的补贴，一方面促进了农户积极购买价格保险产品，提高了保险公司产品研发的积极性，发挥财政补贴资金的杠杆效应，撬动社会资本保障农户预期合理收益。同时，由于社会风险资本的参与，减轻了政府财政补贴的压力。另一方面顺应 WTO 关于农业补贴的相关要求，减少直接补贴，合理安排间接补贴。总体来看，农作物价格保险产品保费补贴政策符合国家收储政策改革坚持"价补分离"的原则，既考虑了农户的合理收益，又兼顾了政府的财政承受能力。

3. "保险＋期货"的保险产品拓宽了新型农业经营主体的风险管理渠道

由于农作物价格波动较大，既不利于农户种植取得预期收益，也不利于以农作物为原材料的企业预估生产成本，双方都有防范价格波动风险的需求，农作物一直是期货市场的主要交易品种，这也是美国规模化农场规避价格风险的主要途径。美国农场主直接或是间接参与期货市场进行价格风险管理的比重高达80％以上，美国农业部和商品期货交易委员会通过政策支持和组织开展多种活动帮助农场主了解期货、期权的运行机制。然而，我国农作物种植农户直接参与期货交易进行风险规避的情况并不多见。主要是因为中国农户种植规模小、对期货市场的认识不足，无法直接在期货市场中规避风险。

农作物价格保险产品通过保险公司收取一定保费，并以购买期权费的形式将价格风险转移到期货公司，实现了种植农户通过期货市场进行价格下跌风险规避的目的。

保险公司构建了"种植农户"与"期货公司"之间的桥梁关系，其作用主要体现在两个方面：一是作为众多、分散的种植农户的代表，保险公司组织专业化团队研发价格保险产品，提高了与期货公司的议价能力；二是保险公司具有政策性保险的经营执照和管理经验，可以通过申请保费的财政补贴，充分利用资金杠杆，提高种植农户参与价格保险的积极性。尤其，随着我国规模化农业新型经营主体的出现，它们对于价格风险的厌恶程度将会更高。农作物价格保险产品的推出，解决了新家庭农场对价格风险的顾虑，有利于农业的规模化发展。

（二）"保险＋期货"价格保险产品推行的实践问题

"保险＋期货"模式在拓宽农作物价格风险分散渠道的同时，也蕴含着新的风险隐患，带来了诸多的实务问题。譬如我国当前期货市场容量太小、期权费太贵、有效监管机制不足、现货与期货价格有差距、再保险风险转移无效和财务处理的实务难题。接下来，本节针对这些问题将展开详细阐述。

1. 期货市场容量"太小"

我国期货市场容量太小，无法承担起农作物价格保险产品风险转移的重任。据统计，玉米期货主力合约（1701 合约，统计数据日期截至 2016 年 7 月底）最大持仓量为 193 万手，日平均交易量不足 60 万手。2014 年河南省玉米产量 1732 万吨（约 173 万手），同年全国玉米产量达到 2 亿吨（2000 万手）。如果农作物价格保险在全国范围或是一个主产省（市、自治区）开展，期货市场都是无法进行有效的风险规避的。甚至河南省许昌市玉米产量都高达 100 万吨（10 万手），尽管低于主力合约的日平均交易量，但从不影响期货市场价格角度出发，许昌地区的玉米价格风险也都无法在我国当前期货市场中进行风险规避。

2. 期权费"太贵"

期货公司提供看空期权产品的费用太高。2016 年 5 月是保险公司与期货公司研发价格保险产品的主要时期，这一期间玉米主力合约平均结算价为 1540 元/吨。据此，期货公司出售的看跌期权费率平均约为 8％，行权价大都集中在 1500 元/吨，折算到每亩的纯保费约为 72 元，在不考虑保险公司附件的经营管理费用的情况下，这已经是传统农业保险保费的 3 倍左右。无论是从政府支付保费补贴还是从农户自身的缴费能力来看，期权费都算是比较昂贵的，如果农户望而却步，政府无法进行实质性财政补贴支出，那么农作物价格保险产品也仅起到"望梅止渴"的作用。

3. 监管机制"不足"

由于我国还没有期权市场，保险公司仅能通过购买期货公司的场外复式期权进行农作物的价格风险转移。那么，保监会和证监会的联合监管就显得尤为重要。在当前"保险＋期货"价格保险产品的研发中，期货公司表现出极大的热情，然而保险公司将不得不对其资质进行全面考察。如果从监管层面出具期货公司相关的经营资质，将减少保险公司的重复性审查，产生正外部性。同时，各监管部门针对新产品的审批流程和实施监管的规范文件还未出台。

4. 现货与期货价格有"差距"

由于实物交割存在运费、库存等方面的费用，现货与期货之间会存在一定差距。保险公司一般倾向于选择期货价格作为保险价格选取的基准，采用保险期间内期货价格的波动作为保险理赔的依据，一方面，期货价格更为客观、统一等特点更具有信服力，能减少实务谈判中不必要的争执；另一方面，以期货价格波动设计保险产品，可以为下一环节的市场风险规避做好准备（李华，2016）。然而，农户对于现货价格及其波动情况更为了解，使得保险人与被保险人在选择价格基准上不一致。

5. 再保险风险转移"无效"

由于期货市场转移风险的规模限制，农作物价格保险产品同样采取购买再保险方式在"空间"上进行风险转移。由于价格风险具有系统性，从空间层面来看，不服从大数法则，再保险市场对价格保险的接受程度不高。例如，近年来我国推出的生猪价格保险，在进行再报询价中，多家国际再保险机构望而却步。因此，通过传统购买再保险方式，价格保险产品无法进行风险转移。

6. 财务处理"跟不上"

农作物价格保险通过购买期权进行市场风险转移，这不同于保险公司以往的再保险风险转移方式。保险公司支付的期权费，实质上是进行风险转移的再保险费用。然而，实际上基于当前的财务编制规制，保险公司无法将期权费列入再保险支出科目，甚至从期货公司获得的价格下跌赔款也只能列入收益科目（张峭，2016）。不同的财务科目将会导致税费征收差异，也不利于财务审计和偿付能力监管。

四　"保险＋期货"模式设计

通过研究农作物价格的作用机制以及针对保险产品出现的各种问题的梳理和分析，本节将从保险期间、保险价格、保障水平、有效的市场风险转移、巨灾风险管理、完善监管流程与创新财务制度等要素针对"保险＋期货"模式下农作物价格保险产品进行方案设计，以推动当前阶段价格保险产品的健康发展。

（一）保险期间与保险价格的确定

农作物价格保险主要针对农作物生长过程中的市场价格波动的不确定性进行承保。保险期间选取为农作物播种时期到收获时期之间的时间段，以满足种植农户规避价格风险的需求，减少对非种植农户投保人的识别工作，譬如在流通环节中运营商也对规避价格风险有需求，然而运营商是通过流转或存储赚取利差，是一种商业化行为，不属于种植农户的范畴。

理论上，保险价格是根据农作物播种时期的预期价格加以确定，实际价格是根据农作物收获时期的市场价格加以确定。实际上，基于价格的科学性和可信度以及进一步与市场风险转移环节对接的准备，预期价格和实际价格分别选取农作物主力合约在播种时期和收获时期的期货价格。在农作物生产的期间内，尽管现货价格与期货价格的波动是高度相关的，然而现实价格与期货价格必定会存在一定的"基差风险"。在农作物价格保险的推广时期，要做好解释和宣传工作，以避免农户产生误解。

（二）保障水平的选择

由于期货公司提供的期权费比较昂贵，势必会影响农作物价格保险产品的推广，其中期权费指的是行权价以下的所有价格下跌风险。为了能够降低期权费，使得农户可接受和财政可负担，基于上文中针对不同价格风险层的保险需求进行的分析，本节采取"掐头去尾、中间分成"的方式降低通过市场转移风险的期权费。具体来讲，对于正常风险区域，由于对农户的预期合理收益影响不大，同时这一部分单位价格的期权费是最高的，应通过绝对免赔率的方式，由农户自身承担这一层次的价格风险；对于保险风险区域，价格下跌至这一区域将会对农户预期收益产生一定损失，应列入政策性保险的范畴，并依据保障程度设定不同的政府保费补贴率，使得在保障程度低时农户有保险需求，保障程度高时农户有补贴激励；对于巨灾风险区域，由政府出纳全部保费，并建议将这一部分风险保留在保险公司，因为巨灾风险需将其保费作为巨灾准备金，如果以期权费形式缴纳给期货公司，不便于该项资金的管理与监督。通过设定不同的价格保障程度，期权费将会有很大程度的下降，各方都更为容易接受。

（三）有效的市场风险转移机制

由于当前中国期货市场规模有限，无法承担农作物价格风险市场转移的重任，尽管保险公司规避价格风险的需求，可以增加期货市场的交易量，但是这一"看空"的交易量缺乏有效对手，可能会导致市场无效。从保险公司和期货公司的角度出发，要结合自身经营专长，积极寻找"看多"的潜在交易客户。2016年中央一号文件要求完善农作物产地初加工补助政策，要充分利用好财政资金的杠杆效应，将农作物产地初加工企业作为潜在客户进行培养，以增加期货市场的有效交易量，使得农作物价格保险产品市场转移风险的平台越来越大。

（四）巨灾风险准备金管理和监督

在期货市场容量有限以及再保险"空间"风险转移渠道不畅的前提下，应建立价格保险巨灾风险准备金，通过"时间"维度分散巨灾风险。保险公司将其巨灾风险的纯保费部分逐渐加入巨灾风险准备金账户。由于巨灾风险的系统性，巨灾风险准备金应由保监会组织行业力量设立专项账户，进行独立运营，并建立相关的资金管理和监督制度。

（五）建立协作监管规范与创新财务制度

监管部门应积极推行"保险＋期货"新产品试点，及时总结运营经验，并逐步完善新产品的审批和监管流程，在风险管理和转移方面要与相关部门充分沟通协作，做好风险监管和防范工作。对于期权费及其相关收益的财务处理实务，要遵循"实质大于形式"的会计准则，从行业层面规范财务处理流程，保障农作物价格保险产品的顺利开展。

五 本节小结

本节分析了"市场化收购"加"补贴"的玉米收储制度改革与农作物期货价格保险在"市场定价、价补分离"和"保障农民合理收益"两个核心原则上的高度一致性，阐述了稳步扩大"保险＋期货"试点的可行性与重要性，依托"保险＋期货"价格保险产品，建立小规模分散农户与期货市场的风险转移机制，稳定农户合理预期收益，发挥财政资金的杠杆效应，这是推动农作物价格市场化形成机制的重要保障。结合农作物价格保险的作用机制和初步实践，本节梳理了当前新产品研发蕴含的风险隐患及主要问题，并从保险期间、保险价格、保障水平、有效市场风险转移机制、巨灾风险准备金管理和监督、建立协作监管规范与创新财务制度等角度给出了新产品的设计方案。基于上述分析，为推进"保险＋期货"模式下农作物期货价格保险产品健康发展，给出如下建议。

一是先试点运行，再全面推广。尽管本节对依托"保险＋期货"的农作物价格保险产品面临的各种风险隐患进行了全面分析，但为防范和有限地控制风险，结合当前玉米收储制度改革的紧迫性，应由专业化保险公司与期货公司共同研发玉米价格保险，进行试点运营，及时总结经验，形成标准化模式和规范操作流程，在考虑期货市场有效容量和各种农作物收储制度改革进程的前提下，逐步实现多品种全区域的推广。

二是优化补贴结构，扩大补贴领域。在兼顾农户保险需求和政府财政支出压力的前提下，以新农作物价格保险产品推出为契机，改变传统农业保险单一化的补贴结构，根据价格保障程度，优化保费补贴率，有效提高农户的保险需求和保费支付意愿。此外，扩大对农作物初加工企业的财政补贴，增加有效的期货交易量，充分发挥财政资金的杠杆效应。

三是加强联合监管，完善运行机制。"保险＋期货"新产品推行涉及不同的监管机构，应加强风险防范协作和行业资质审核的沟通工作，应建立联合监管的规范性制度，应尽快推出农作物期权交易市场，应尽快出台新产品的报备审批流程及相关政策规范。

第三节　草原牧区降水量天气指数保险设计

随着农业保险在我国的进一步发展，指数保险受到了越来越多的关注。结合内蒙古实际情况，选取夏季局部地区降水距平百分率月时数据作为主要指数构建来源，借鉴已经付诸实践的肯尼亚北部指数保险设计过程构建模型。并在全数据和投保人数据层面检验指数构建的准确性，确保在宏观和微观两个层面的合理性。本节的研究成果可作为相关牲畜指数保险在中国特定地区开展提供参考。

一　问题提出

中国是农业大国，依赖于自然，但同时由于气候变化带来的巨大的产出风险在很长一段时间中不能通过有效的风险管理措施进行分散。中国于1978年恢复农业保险，并且在大力推动下，中国农业保险总量位居世界第二位，仅次于美国。但是即便政府对投保农户和保险公司进行补贴，农业保险的推广依然受到了阻力。究其原因，农业保险具有公共产品特征。为了分散本已承受风险能力薄弱的农业经济将会面对的灾害风险，农业保险具有巨大的社会价值。然而保险公司要花费大量的资金进行核保以及勘验损失。尤其在一些偏远地区，成本尤其高昂。因此即使许多国家通过立法、补贴等形式鼓励农业市场的发展、帮助投保人投保，农业保险依然很难在深度和广度上取得更大进展。

随着越来越多的天气指数保险在中国的展开，这一保险形式弥补了传统农业保险展业和理赔成本高的特点，从而具有极大的发展空间。与传统农业保险相比，天气指数保险是将被保险人具体的微观损失转换为宏观可见的标准化指数序列，这一变革大大减少了传统农业保险中纷繁复杂的查勘、定损等人工工作量，提升了保险产品的科学性，同时对农业保险承保流程是巨大的变革（王文静，2011）。具体而言，诸多研究者指出了天气指数保险与传统农业保险相比主要有以下优势。

减少了道德风险的发生（孙朋，2012；王文静，2011；张宪强，2010；丁宁宁，2009）。道德风险指的是投保人在投保时未按照最大诚信原则向保险人充分说明保险标的的风险状态，甚至故意隐瞒、编造虚假的保险标的状态以图顺利承保或谋求更低的保费，或编造保险事故，虚报损失以图获取更高额度的赔偿给付，这是传统农业保险中所面临的重要信息不对称问题，即保险公司势必不如投保农户了解投保农作物的历史产量、对各种气象气候外在环境及人力投入敏感性、土地质量变化等种种信息，而难以或需要付出极大成本核实投保人提供的种种信息。而天气指数保险的出现，最重要的变化之一便是将微观层面基于每个被保险人来核定费率、核定损失转为依据宏观层面的指数变动来核定费率、核定损失，这种指数变动具有客观性、稳定性等特征，以现有技术手段，农户个体基本无法影响天气指数的变动，同时农户对指数的了解程度不会优于保险公司，因此在指数保险中，保险公司将成为具有信息优势的一方，这能够有效减少道德风险的发生。

减少逆选择现象的发生（孙朋，2012；王文静，2011；张宪强，2010；丁宁宁，2009）。逆选择现象指的是保险过程中投保人对保险公司进行选择的过程，这一选择最终所造成的结果是低风险标的退出保险市场，留在保险市场中的尽是赔付成本较高的高风险标的。在传统农业保险中就表现为农户集中将高风险农作物或农田进行投保，而不对低风险农作物或农田进行投保，造成保险公司实际承保的风险远高于平均风险水平。而天气指数保险的引入能够有效解决这一问题，主要是由于保险公司在天气指数保险中所承担的风险是气象气候变化风险而非传统农业保险中农作物产量变动的风险，这种风险并不因具体农作物、农田情况而改变。同时，由于气象气候影响范围较广，无关农作物、农田基本条件，农户逆选择的动机也部分消除了，保险公司也不会为了抑制逆选择而设计免责、共保等一系列风险控制举措。

有效降低经营成本（王文静，2011；丁宁宁，2009）。相比传统农业保险，天气指数保险最大的优势之一便在于能够有效地减少人力成本的支出，这种人力成本在传统农业保险的经营中占到了相当份额，核保、核赔、查勘、定损这些环节都需要专业人员去实地考察、计算，虽然现在随着技术发展已经可以运用卫星遥感、无人机拍照等技术手段进行辅助，但一则还是无法完全依靠这些技术手段，二则成本支出同样很高。但天气指数保险则不需要这许多人力成本，只要保险公司拿到的指数发生变动，达到了触发点，即可进行赔付，大大减少了运营阶段的成本支出。

易于再保险安排，且可以与其他金融工具结合（孙朋，2012；王文静，2011；张宪强，2010；丁宁宁，2009）。由于天气指数保险具有指数透明、稳定、合同标准化程度高的特点，相比传统农业保险更为清晰，更易被国际大型再保险公司所理解和接纳，因此可以借助全球新兴气象风险和再保险市场进行分保安排。同时这种标准化程度较高的合同还能够与银行信贷、金融衍生品等其他金融工具相结合，开发新型金融产品，更好地借助资本市场资源分散农户风险。同时，即使不进入标准化资本市场，天气指数保险由于其基于透明、稳定的指数而设计，也易于在相关参与者之间进行抵押、流通等运作，农户、农业贷款者、农产品加工者、农业工人、土地承包人、农产品消费者、农产品经营者等都可以参与到保单交易市场中，更好地动员全社会力量应对农业气象气候风险。

除了研究指数保险风险的优势之外，研究者们更将目光聚焦在我国发展指数保险所需要解决的种种挑战上，并针对不同的问题提出了相应的应对之策。

基差风险的存在（王文静，2011；丁宁宁，2009）。基差风险可谓天气指数保险的固有风险，主要是指数变动与实际损失二者之间差异所产生的风险。产生这一风险主要有两个原因。一是造成农作物损失的风险因素十分复杂多元，天气指数保险所承保的风险可能并非造成农作物损失的主要风险源，即二者关联度有限，在选取指数与建立精算模型时存在一定问题。因此解决这一问题需要对农作物和气象气候风险源之间的关系深入研究，完善模型构建。二是气象气候条件对不同农田影响大小有自然差异，"十里不同风，百里不同雨"，损失程度不可能相同，但指数保险按照指数变动的赔付是统一、固定的，二者之间自然会产生差异。这一问题的解决需要基础设施完善，指数保险的大范围推广有赖于气象基础设施的建设，一般认为一个气象站大概能够覆盖20公里范围内的农田，这需要较大的成本支出。

处于发展初期，开办成本较高（丁宁宁，2009；王文静，2011）。由于天气指数保险属于新兴事物，还未被社会所了解与认可，无论是保险公司、农户、金融机构还是政府部门都有一定的观望心态，除了上文提到的需要大量气象基础设施的成本投入之外，还有其他种种门槛限制。虽然指数保险在运营阶段成本较低，但在前期保险标的选择、指数设计、数据收集等阶段都需要大量的成本支出，由于农业与精算复合型人才的稀缺，人力资源成本也比较高。同时，为了使得保险公司、政府、农户、其他金融机构等天气指数保险的各方主体之间形成合力，还要花费一定的成本来进行沟通协调，增强各方对指数保险的了解程度与信心，促使更多力量支持天气指数保险的发展。而解决这一问题其实别无善法，只有政府政策支持，前期大力投入资金，包括政府补贴、吸引社会资本参与等多种形式，任何新事物在发展初期都需要大量人力物力资源的投入，这是事物发展的客观规律，正如农作物生长一样，经过长达大半年的播种、耕耘、浇灌，最终才能实现开花，结果，享受丰收后的喜悦。

数据积累问题（丁宁宁，2009；陈盛伟，2010）。气象气候资料的完善是天气指数保险发展所必需的基础工作，而我国自1949年以来建立了相对完善的气象气候资料体系，但相对指数保险发展所需的要求而言，还是比较粗的。上文介绍了天气指数保险在数据收集中一个气象站大概能够覆盖20公里的范围，但我国历史上气象资料的收集远没有达到这么细致的程度，因此在历史资料这方面不如发达国家发展天气指数保险的条件好，这也是诸多发展中国家发展指数保险所面临的问题所在。同时，在农作物产量方面的数据也存在一定问题。由于农作物品种处于不断更新中，因此特定作物品种的产量数据持续时间不长，当一个农作物品种的数据比较丰富之时可能也是作物品种更新迭代之时。要应对这一方面的挑战主要还是加大基础设施建设的力度，同时可以考虑在推广天气指数保险时优先选择数据比较丰富、条件比较好的地区进行试点推广，待其他地区数据逐步完善后再进一步扩大范围，其实试点实施经营的过程也是数据收集的过程，这种数据相比历史数据更完善、更有针对性，能够进一步对模型进行完善调整。

气象因素变动（丁宁宁，2009）。天气指数保险的发展基于一个前提假设，即气象气候是稳定的，通过历史资料的长期收集与建立模型进行整理可以找出天气变动的规律性，但是基于此设置的指数能否应对极端气象变动还有待观察。如小气候、气候变迁这些因素都难以纳入指数设计中，但确实会对农作物的产量产生一定的影响。同时，随着近年来极端气象事件频发，地球气候是否进入了一段不稳定期也引起了诸多争论，诸如全球变暖对天气的影响等，都对指数的设计带来了一定挑战。实际上，对于极端气象事件，虽然难以用天气指数保险进行处理，但或许可以纳入巨灾保险范畴中，这一问题还有待进一步研究。

二 指数设计

（一）指数选取与危害机制分析

气候变化对内蒙古畜牧业造成无法回避的影响。无论是人类的活动还是气候自身的改变，全球气候变暖都已变成人类所需要面对的最重要的问题之一。首先应该确定的是，全球气候正在变暖，而变暖的气候会对森林、海洋、草原以及湿地带来完全不同的影响。气候变暖在人们的印象中对于人类的生活环境产生负面的影响，但是对于草原而言则恰恰相反。更温暖的气候减少了旱灾和白灾的发生率和严重程度。更高的温度有利于牧草的返青。并且在牧草返青过后，温度对牧草产量形成起到的作用越来越低，而降水的作用日趋增加。更温暖的气候给草原带来更多的降雨，因此有利于牧草物质积累，从而对整个草原生态系统起到积极作用。另外，气候变暖会导致融雪量显著增多，随着气温的升高，融雪量更是呈现指数式的增加。数据显示，20世纪90年代内蒙古草原的积雪日数相比于50—80年代有了15天左右的减少。因此白灾发生的可能性大大减少。

从鄂尔多斯到呼伦贝尔地区，气候发生渐变。温度逐渐降低，而降水量则是递增。对于鄂尔多斯和呼伦贝尔两个地区而言，会产生完全不同的气候风险。更高的温度使得较多地发生在冬季的呼伦贝尔地区的白灾在鄂尔多斯地区较少发生，取而代之的是旱灾。牧草是整个草原生态系统的关键，牧草通过日照吸收能量，并且将能量转移到生存在其上的所有生物。因此牧草当年的产量以及最近几年的产量都会造成对赖以为生的牲畜的健康和生存状况的影响。在这里提及几个非常关键的时间阶段，而这些阶段的降水量将成为指数构建的关键依据。

4月是草原牧草返青的阶段，在这一阶段的牧草虽然更多依赖于温度，但是干旱的程度如果较为严重仍然会对整个返青过程造成负面影响。研究表明，4月降水量减少30%—50%，会使荒漠草原返青时间推迟5—15天；而4月降水量减少50%以上时，不仅会对荒漠草原的返青时间推迟15天以上，同时会使得典型草原和草甸草原的返青期推迟10天以上。4月之后，牧草进入积极生长期，在这个时期降雨量以及降雨时间是否及时都会对于牧草的高度和产量造成重要影响。对于干草原，5 月下旬到 8 月上旬的总降水量以 200 毫米和 160 毫米为分界线，分为好年、中年和差年。对于荒漠草原，相同时期的总降水量以 65 毫米、35 毫米和 20 毫米为分界线，分为丰年、平年、灾年和重灾年。5 月下旬到 8 月上旬的降水量之和会对草原的产量造成巨大的影响。我们以干草原为例，歉年的产量在 300 千克/公顷以下，丰年的产量在 800 千克/公顷以上，这是两倍以上的产量差距。再以荒漠草原为例，歉年的产量低于 150 千克/公顷，而丰年的产量超过 600 千克/公顷，更产生了 4 倍以上的产量。因此水热条件会显著影响牧草产量。

（二）指数设计与构建

1. 设计及优化

指数保险的设计往往试图获取以及分析由一个指标所带来的数据，我们通常将表示相关地区和实践的指标标记为 θ_{ls}。最为常见的例子就是降雨量以及其他一些气象信息。为了使得构建的指数保险更可行，指标数据的取得必须满足易得性以及独立性（即指标的数值与投保人的行为无关）。

传统的指数保险的构建都是对不可变形的指数的线性的模拟。举例来说，如果因为当季的降雨量在 120 千克以下而导致的作物的减产，保险赔付往往简单地设计成从 120 千克降水量开始线性的赔付。虽然这样做合乎逻辑，但是这样的设计却有两个缺陷。第一，它将作物的减产与降雨量的关系固化（比如降雨量）。第二，简单的线性模拟可能是对于宝贵的指标数据使用上的浪费。

因此为了解决上述两个问题，我们选择使用退化模型去模拟个体损失。我们假设居住在 l 地的投保人 i 在时间 s 的牲畜死亡率 M_{ils}，并且：

$$M_{ils} = \overline{M_{il}} + \beta_i (M_{ls} - \overline{M_l}) + \varepsilon i_{ls} \tag{6.3.1}$$

其中 $\overline{M_{il}}$ 表示投保人 i 的牲畜长期平均死亡率，M_{ls} 表示 l 地区在 s 时的平均牲畜死亡率，ε_{ils} 表示投保人 i 因个人原因、意外等造成的损失。参数 β_i 表示投保人 i 的牲畜损失与当地平均牲畜损失的相关性。$\beta_i = 1$ 表示投保人 i 与当地情况紧密相关；$\beta_i = 0$ 表示二者没有统计学上的相关性。

当地平均死亡率可以分解为由观测指标 θ_{ls} 和其他因素所引起的部分：

$$M_{ls} = M(X(\theta_{ls})) + \varphi_{ls} \tag{6.3.2}$$

其中 $X(\theta_{ls})$ 表示指标 θ_{ls} 的变形形式，$M(X(\theta_{ls}))$ 表示 $X(\theta_{ls})$ 与 m 的统计学拟合关系，φ_{ls} 表示除了 $X(\theta_{ls})$ 以外导致的平均死亡率的变化。也因此通过指标 θ_{ls} 可以预测当地平均死亡率：$M_{ls} = M(X(\theta_{ls}))$。式（6.3.1）（6.3.2）向我们展示了两种潜在风险：第一，个人的损失与当地的平均损失有区别；第二，存在指标不能引起的损失使得预测存在偏差。

由于存在于草原气候和牲畜死亡率的相关关系因降雨量而不同，因此构建降雨量为变量的降水和死亡的条件数据模型：

$$M_{ls} = M_1(X(sig_{ls})) + \varepsilon_{1ls} \ if \ C_{zsig\_pre_{ls}} \geq \gamma \ (good \ climate \ regine)$$
$$M_{ls} = M_2(X(sig_{ls})) + \varepsilon_{1ls} \ if \ C_{zsig\_pre_{ls}} < \gamma \ (bad \ climate \ regine)$$

(6.3.3)

$C_{zsig\_pos_{ls}}$（定义稍后给出）用于表示承保年份应归入气候条件好的还是气候条件差的保险合同。其中 γ 为人为设定的阈值。这样的区分可以依据干旱程度找到两个变量精确的关系。

$$zsig = \frac{sig_{pdt} - E_{pd}(sig_{pdt})}{S_{pd}(sig_{pdt})}$$

(6.3.4)

图 6.5 表示数据标准化后的图像。

不同于农作物，牲畜的死亡率除了与当年的气象条件有关，它同时包括多年的积累效果。而且为了经营，保险公司要预防跨期的逆向选择问题。为了平衡逆向选择和不停改变的保险价格，我们选择将可能的最短的之后效应纳入考量，即考虑前一年的干旱程度。与此同时，我们给出四个定义

$$C_{zsig\_pos_{ls}} = \sum_{d \in T_{pos,s}} zsig_{lds}$$

(6.3.5)

$T_{pos,s}$ 覆盖了从上年度 4 月到 7 月以及本年度 4 月到 7 月的标准化降水量之和。如果 $C_{zsig\_pos_{ls}} < 0$，则表示一个比正常年份更干旱的年份。

$$C_{zsig\_pre_{ls}} = \sum_{d \in T_{pre,s}} zsig_{lds}$$

(6.3.6)

$C_{zsig\_pre_{ls}}$ 反映了上年度 4 月到 7 月草原降水情况。这一变量将会对牲畜死亡率造成正向的影响。虽然每次定价都会发生在投保人投保之前，会存在一定的逆向选择，但是大部分的消息对于双方都是公开的。因此逆向选择的影响并不大。

类似的定义还有：

$$C_{zsig\_n_{ls}} = \sum_{d \in T_s} | \min(zsig_{lds}, 0) |$$

(6.3.7)

$$C_{zsig\_p_{ls}} = \sum_{d \in T_s} \max(zsig_{lds}, 0)$$

(6.3.8)

这两个变量反映了当期降水量对于当期损失的正面和负面积累效应。严重的旱灾往往会产生持续的负面效应，因此 $C_{zsig\_n_{ls}}$ 数值相应较大。而 $C_{zsig\_n_{ls}}$ 也会对牲畜死亡率产生正向的影响。与此相似的是，$C_{zsig\_p_{ls}}$ 反映了降水的补偿作用。

2. 数据描述

为了保证指标能够反映相关地区的降水量以及其波动情况，本节选择采用中国气象数据网提供的中国地面国际交换站气候资料月值数据集。本节收集到 2001—2014 年鄂托克旗的降水距平百分率数据。降水距平百分率忽略了在不同时期降水的季节性变化，其值可以客观地反映该时刻降水量与该时刻历史平均降水量的差距的程度，从而

可以客观地反映该时刻降水量的历史波动情况。

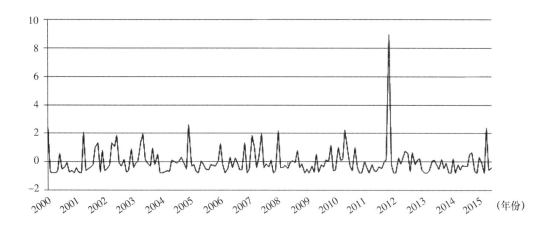

图6.5　标准化后降水距平百分比

本研究使用《鄂尔多斯统计年鉴》所提供的 2001—2013 鄂尔多斯市多类牲畜年末和年中成活仔畜率和成幼畜死亡率数据，数据特征如下（见表 6.16）。

表 6.16　《鄂尔多斯统计年鉴》中多种牲畜成活仔畜率及成幼畜死亡率特征

时间、种类	牛		羊		绵羊		山羊	
	均值	标准差	均值	标准差	均值	标准差	均值	标准差
年末								
成活仔畜率	1.56	0.99	1.58	0.49	1.37	0.49	1.71	0.63
成幼畜死亡率	0.30	0.11	0.92	0.35	1.03	0.39	0.87	0.41
年中								
成活仔畜率	0.99	0.43	1.90	0.38	1.90	0.58	1.91	0.45
成幼畜死亡率	0.25	0.10	0.94	0.39	1.02	0.38	0.91	0.42

三　估计结果和样本内预测

（一）全样本预测

通过线性回归，条件数据模型的拟合结果明显优于全数据结果。结果显示牛年中成活仔畜率数据恶劣天气部分的显著性最高，调整 R^2 达到 65.5%；优良天气部分的调整 R^2 也同样达到 49.2%，显然该模型可以接受。相比较而言，条件数据模型中恶劣天气部分的调整 R^2 均显著高于优良天气调整 R^2。结果可以较为直观地理解为更多的降水使得干旱在死亡率的贡献上重要性降低。

表6.17 年中牛成活仔畜率估计结果

模型	条件数据模型		全数据模型
	$Czsig\_pre < 0$	$Czsig\_pre \geqslant 0$	
$Czsig\_pre$	−0.006	−0.001	
	(0.05)	(0.121)	
$Czsig\_n$	0.875	0.22	−0.279
	(0.052)	(0.386)	(0.366)
$Czsig\_p$	−0.3	−0.004	−0.064
	(0.117)	(0.782)	(0.599)
调整 R^2	0.655	0.492	0.143

在恶劣天气部分，我们看到了 C_{zsig_pre} 和 C_{zsig_n} 有非常显著的拟合效果。并且拟合结果显示当前一期的气候恶劣的情况会对当期的牛幼畜的成活率带来负面的影响，因此，我们发现降水量对于牲畜的死亡率影响会产生跨期效应，这种跨期效应在拟合过程中主要体现在对于第二年的牛幼畜的影响，对于成年的牛影响不大。由于干旱对于牧草的不良影响会进一步影响成年牛的健康并且带来疾病，而这些对于刚刚出生的幼牛是十分致命的。因此会影响到次年幼牛的存活率。（见表6.17）

从结果中可以看出，第一年的负面影响 C_{zsig_n} 在第二年促进幼牛死亡率增加，而第一年的补偿性天气 C_{zsig_p} 会使得第二年幼牛缓和一系列由于干旱所带来的不良后果。虽然恶劣天气部分和优良天气部分三个变量都表现出了相同的影响效果，但是恶劣天气部分 C_{zsig_n} 和 C_{zsig_p} 展现出了完全不同的程度。第一年的恶劣天气会使得第二年出现较为严重的幼牛死亡率的上升，而正面效应 C_{zsig_n} 比较微弱。另外，第一年的优良天气会对第二年造成的正面效应远远高于恶劣天气改变所带来的正面影响，对第二年的负面影响也比恶劣天气缓和。

线性回归的结果并不是最重要的，最重要的是能否用估计得到的参数去预测在同一地区因为降水量的波动而造成的死亡率的变化。从结果来看，模型并不能完美地拟合出包括牛、绵羊和山羊成年以及年幼牲畜的死亡率，原因可能是多方面的。每一种牲畜的死亡率受环境影响的因素是不同的，幼牛相对于其他牲畜而言对于降水的变化造成的环境的改变依赖要更深。所以类似的模型是可以进行推广的，只是所选取的指标的种类要灵活地变化。（见图6.6）

根据已经得到的模型对恶劣天气部分进行样本内预测，结果显示预测数据的概率分布函数与经验数据的分布函数死亡率在0.7—1.6的分布完全相同，只是在死亡率在0.4—0.7以及1.6—2.2的区间段出现了偏差，总体而言拟合度较好。对于保险产品的

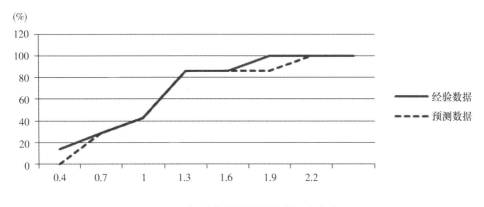

图 6.6　经验数据和预测数据概率分布

设计而言，最关心的情况还是检验两种错误的发生：一种是投保人没有达到规定的损失但保险公司对投保人进行赔偿（错误1），另一种是投保人应该被赔偿而保险公司没有赔偿（错误2）。（见表6.18）

表6.18　　　　　　　　　　　　基于预测结果决策准确情况

承保水平	决策正确	决策错误1	决策错误2
0.4	0.83	0.17	0.00
0.5	1.00	0.00	0.00
0.6	0.83	0.17	0.00
0.7	1.00	0.00	0.00
0.8	0.83	0.17	0.00
0.9	0.83	0.17	0.00
1.0	0.60	0.20	0.20
1.1	0.25	0.00	0.75
1.2	0.60	0.00	0.40
1.3	1.00	0.00	0.00
1.4	1.00	0.00	0.00
1.5	1.00	0.00	0.00
1.6	1.00	0.00	0.00
1.7	1.00	0.00	0.00
1.8	1.00	0.00	0.00
1.9	0.83	0.17	0.00

通过对恶劣天气模型部分进行样本内预测，结果显示模型基本能够向保险公司提

供令人满意的决策帮助。起赔点 1.3%—1.8% 能够 100% 提供正确信息。最低值在起赔点 1.1% 时出现，而且 0.9%—1.2% 的起赔点均只能提供最多 60% 的正确信息。因此可以发现在死亡率为 1.1% 左右时，指数估计与真实牲畜死亡率有较大幅度的偏离。这也说明在巨灾风险和因为干旱造成的轻微损失之间存在一个部分，这个部分的牲畜死亡率很难由指数判断，该部分所带来的死亡率上升是由于除了降水量之外的其他因素所造成的。而且具体到起赔点 1.1% 和 1.2%，主要发生的是决策错误 2，保险公司在这两个起赔点上拒赔的概率很高。在巨灾风险和这一段错误率极高的起赔点之外是由于少量降水量不足而导致的死亡率，及起赔点 0.4%—0.9%。这一部分可以提供较高的决策政策率。较少出现的决策错误是错误 1，保险公司赔付了不应该赔付的投保人。也就是说，在这一段起赔点内，指数的预测会出现高于真实牲畜死亡率的情况。

（二）个体水平估计和检验

根据方程（6.3.1）和（6.3.2），我们可以检验出指数保险的设计在个体投保人水平的准确性。

$$M_{ils} = \mu_{il} + \beta_{il}[M(X(sig_{ls})) - E(M(sig_{ls}))] + \varepsilon_{ils} \tag{6.3.8}$$

通过对大量投保人数据的估计，我们可以得到每一个投保人的参数向量 $\{\mu_{il}, \beta_{il}, \varepsilon_{ils}\}$。以大量的投保人参数向量为预测依据，可以预测潜在投保人牲畜死亡率与当地平均水平的关系和无法从当地平均死亡率解释的部分。

按照预测出来的投保人水平与原数据进行比较。样本内预测可以很好地观察模型在个体投保人层面的准确度。

$$M_{ils} - M_k^* = b_k[M(X(sig_{ls})) - M_k^*] + v_{ils} \tag{6.3.9}$$

其中 M_k^* 为起赔点，b_k 为每一个起赔点所对应的真实损失能被指数保险覆盖的比例。b_k 的值能够通过线性回归得到。

最终可以通过四个结果评估在个体投保人层面的准确性：真实牲畜死亡率超过起赔点的概率 $\Pr(M_{ils} > M^*)$、真实牲畜死亡率超过起赔点的情况下预测死亡率超过起赔点的概率 $\Pr(M(X(sig_{ls})) > M^* \mid M_{ils} > M^*)$、在真实牲畜死亡率和预测牲畜死亡率都超过起赔点时指数保险能够覆盖的实际损失的百分比 b_k 以及真实牲畜死亡率超过起赔点时指数保险能够覆盖的百分比为：

$$b_k \times \Pr(M(X(sig_{ls})) > M^* \mid M_{ils} > M^*)。$$

四 本节小结

本节通过参考 Chantarat 设计的肯尼亚北部植被指数保险，分析并且检验了该模型在内蒙古鄂尔多斯地区的应用情况。证明该模型能够在内蒙古较为精确地应用，达到降低成本的目的。

虽然指数保险能够带来传统保险不具备的优点，但是仍然有几点只能在之后改进。

第一，本节中介绍的个体投保人层面的准确度检验随着时间的推移可以积累足够的投保人参数向量，这为之后对于投保人的选择起到了非常重要的作用。保险公司可以对投保人进行基本的了解，对于那些以为自身原因经常造成损失的投保人，保险公司可以有选择性地承保。

第二，本节提及的指数保险是一个复杂的险种，并不能得到所有投保人的认可。但是随着销售队伍的逐渐成长以及知识水平的提升，可以促进指数保险在没有保险覆盖的地区或者保险产品很难销售的地区推广。

第三，指数保险产品虽然能够显著降低展业和核保成本，但是为了提高指数保险的精度，适当的基础设施建设是必须要做的，因此，如何在精度和投入成本之间找到平衡点需要保险公司更多的智慧。

第四，随着指数保险的推广，由于气候恶劣地区导致的指数保险价格偏高的问题可以结合气候温和地区。将更多的地区纳入同一个保险设计中可以将保险费率维持在一个相对合理的水平。

第四节　生猪价格指数保险的定价研究

近年来，关系百姓民生的猪肉价格风险已成为生猪养殖的一个主要风险因素。而传统的农业保险由于逆选择风险较高、道德风险较高、核保核赔复杂等原因，已经不能有效应对价格风险。生猪价格指数保险随即应运而生。生猪价格指数保险起源于美国，2000 年，美国国会批准了具有里程碑意义的《农业风险防范法案》。两种牲畜保险产品在 2002 年被美国联邦农业保险公司（FCIC）批准，它们分别是畜牧价格保险（Livestock Risk Protection，LRP），该款产品仅仅保牲畜价格；畜牧收益保险（Livestock Gross Margin，LGM），该款产品保牲畜养殖毛利润。这标志着牲畜价格指数保险产品的正式诞生。保险产品设计以这个指数为基础，当指数达到一定水平（也就是触发值）时，就认为市场价格对生猪养殖毛利润造成了一定影响，保单持有人就可以按合同中确定的数额或公式获得赔偿。生猪价格指数保险引入我国较晚，北京于 2013 年 5 月第一个在全国试点了生猪价格指数保险，四川和重庆等地之后也开始了类似的试点项目。由于我国尚未开发生猪期货品种，故我国对生猪养殖的利润保障水平以国家发改委发布的猪粮比为准，本节对其特点和定价进行研究，旨在为实务提供参考和借鉴。

本节首先对国内外关于此类保险的研究现状进行梳理，并将其与国外文献中常见的乳牛养殖收益保险进行了类比。以市场上某款生猪价格指数保险为例，本节随之介绍了该险种的重要条款和险种特征。其次，本节详细介绍了国内产险公司经常使用的精算定价法，并由公布的毛费率倒推出几组较为合理的定价假设。最后，本节着重介绍了期权定价方法以解决养殖户在投保时间点上的逆选择问题。

　　本节创新点包括以下几点：第一，本节选取了期权定价方法。本节创新性地将资产互换性质的亚式期权定价模型应用于生猪价格指数保险定价中，是对现有的精算定价法的有效补充；第二，期权定价模型为精算师提供了检验原有精算定价费率充足性的方法；第三，期权定价模型的运用为保险公司与期货公司签订场外期权合约对冲该部分系统性风险提供了定价依据。

一　问题提出

　　在党的十八大三中全会中，我党明确提出要完善农产品的价格机制，要市场而非政府在资源的配置中发挥决定性的作用。但是，若农产品的价格是由市场完全来决定的，到底该怎么保障农产品提供者的切身利益呢？由于农产品需求弹性较小的特点，农产品的供给又怎么能稳定呢？在 2014 年的中央一号文件中，党中央为我们提供了清晰的答案：逐步建立农产品目标价格制度，探索农产品目标价格补贴和目标价格保险制度。所以，我们可以准确地做出判断，那就是农产品目标价格保险将会在未来的一段时间内变成中国农产品市场调控的主要方式和工具。但是，我们应该怎样展开农产品目标价格保险，在落地的过程中要注意一些什么细节呢？海外发展了多年的目标价格保险国外农产品价格保险发展中有哪些经验和教训可供我们参考？我们对这些问题了解很少，思考也不足，学界对这些问题更是关注甚少。

　　猪肉是中国汉民族最主要的肉类品种，也是纳入物价指数监测的重要品种之一。然而，在最近的几年里，我国的猪肉价格变动剧烈，猪周期[①]不仅给人民的生活带来了巨大的负面影响，对生猪养殖行业和猪肉生产的整个产业链更是影响深刻。北京于 2013 年上半年在全国首推生猪价格指数保险试点，四川和重庆之后也开展了类似的险种。诚然，生猪价格指数保险的试点方案存在着或多或少的问题。可是，这些试点积累了一些用保险手段转移农产品价格风险的经验，为日后生猪价格指数保险的运行打下了坚实的基础。

二　文献综述

　　王克和张峭（2014）以风险的管理与分散作为出发点，从理论上对农产品价格指数保险的可行性做了分析和探讨，首先论证了农产品价格风险的可保性，之后又介绍了农产品价格指数保险几种潜在的风险分散方式，且对每种方式的可行性逐一进行了研究，最后介绍了海外承保类似风险的经验。

　　价格指数保险主要基于农产品的期货市场价格与现货市场价格，可以最大限度地

---

　　① 猪周期是一种经济现象，指"价高伤民，价贱伤农"的周期性猪肉价格变化怪圈。

缩小保险市场的基本风险，在市场条件下具有必要性和可行性。王建国（2014）总结了价格指数保险的几大优点，它的优点主要表现在以下四个方面：一是不依赖于农业生产的初始记录，即自然灾害何时发生、发生了何种灾害以及灾害损失到底多么严重等数据材料对产险定价的限制；二是保险人无须了解被保险人标的物的损失程度，这样保险人就无须挨家挨户查勘定损，大幅减少了估损成本；三是价格指数保险建立了一些标的变量，这些随机变量与牲畜养殖业的损失具有高度相关性，容易观测，能够有效避免人为干预，使投保人与保险人双方信息更加对称，能有效防范道德风险和逆向选择；四是指数保险的购买者不仅仅局限于农民，其他任何人都可以购买，购买群体的多元化有助于在更大的时空范围内分散市场价格风险，使农业保险的经营建立在大数定律的基础上。

王克和张峭（2014）认为，在运行机制上，农产品价格指数保险可以看作一种看跌期权。在学术界，海内外的众多学者也将价格指数保险视为一种"看跌期权"等价物的风险管理工具，价格指数保险的保费与期权的权利金类似。

但是期货期权的每手交易量太大，普通农业生产者不能达到期货交易需要的量，对于发展中国家而言，农民直接利用期货期权市场更是不太可能，而农业生产者可以很容易购买农产品价格保险。

Babcock, B. A.（2014）认为期货和期权这类衍生产品具有较高的专业性，普通的农业生产者对这类知识不甚了解，不愿意从事期货交易。即便是美国这样的发达国家，农民都不愿意从事该类交易，遑论中国这样的发展中国家。然而通常情况下，农险公司与农户的关系较为紧密，而且会建立其他超出价格保险领域之外的合作关系，所以更利于达成合作。

价格或收益保险的原理虽然和看跌期权很相似，可是成本不高于期权。相反，收益保险的成本相较于期权更低一些。除此之外，有学者进行了数值模拟测算，发现价格保险的效果与期权相比没有显著差异（Feuz, D. M., 2009），甚至优于期权（Hart, C. et al., 2001）。

经过对美国农业保险市场的一番观察，王克和张峭（2014）对美国运用收入保险（LGM）而非价格保险（LRP）承保绝大部分农产品的市场价格风险的背后原因给出了两点解释：（1）美国的市场经济非常发达，农产品流通便利，同种农产品在不同地区的价格走势基本上一致，价格保险因为标的物的系统性而存在着巨灾赔付风险；（2）从理论上来看，农产品的产量和价格存在反向变动关系，所以，开展收入保险（LGM），同时对作物的产量风险和价格风险进行承保，实际上会对赔付风险起到平滑和降低的效果。

但是，美国实际上是实施价格保险而非收入保险承保牲畜价格风险，原因并非排斥收入保险，而是有以下两点原因：（1）被保险人很容易左右牲畜的生产和产量，牲畜的死亡率和出栏重量极易受到防疫水平、养殖技术等因素的影响，所以，保险人难以预估牲畜的产量，比较严重的道德风险问题会因此而产生（Babcock, B. A., 2004）；（2）从牲畜生产者的角度出发，相较于牲畜的生产风险来说，市场价格风险对他们的影响更为深远（Hart, C. et al., 2001）。

美国农业部风险管理局选择使用价格保险（LRP）和收益保险（LGM）这两种保险产品承保牲畜的价格风险，可是该机构对使用此类保险产品所面临的潜在的系统性风险有着非常透彻的认识。美国农业部风险管理局在保险条款中约定：当发生疯牛病等巨灾，或者标的物的期货市场价格发生显著性的波动时停售这两款保险产品（Kang, M. G；FAO, 2005），显著性的波动定义为在连续的 2 个交易日内，期货市场中的 4 种相关期货合约的日价格发生涨跌停。

Hart 等（2001）以生猪和牛肉为例系统介绍了牲畜收益保险的概念。牲畜收益保险被设计为一种亚式一篮子看跌保护期权。通过这种产品设计方式，乳牛毛利润保险（LGM – Dairy）的保费实质上是看跌期权的买家为了在保险期间届满，已实现收益（毛利润）低于预期收益（行权价）时能够获得差额不足而向看跌期权卖家所支付的对价。毛利润被定义为预期毛收入减去预期饲料成本的差值。

Marin Bozic 等（2012）指出，Hart 等（2001）的文中有三条重要假设：（1）保险合同期满时投入品和产出品的边际分布服从对数正态分布；（2）在保险合同销售时，标的期货价格是保险合同期满时标的期货价格有效且无偏的估计；（3）Iman – Conover 法和 van der Waerden 评分的使用，是一种在保险合同关键变量间刻画相关性建立模型的合理方法。未来可实现毛利润作为随机变量的分布是可以通过数值模拟的，保险合同的赔付变量则被定义为预期毛利润与未来可实现毛利润随机变量的差值。最终，精算公平意义上的保费则被定义为上述保险合同的赔付变量的期望值。

Hart 等（2006）认为，牲畜毛利润保险可以从"农场整体"层面来理解。作者认为该保险的设计应该考虑一个农场的分散效应，即农场可以同时种植饲养牲畜的饲料来饲养牲畜。与分别承保饲料的产量风险或牲畜毛利润风险相比，同时对饲料产量风险和牲畜毛利润风险进行承保可以降低保单的价格。

Wisconsin – Madison 大学的乳业科学家和经济学家（Gould et al., 2008；Cabrera et al., 2010）分别对乳牛毛利润保险（LGM – Dairy）的运作机制进行了阐述，对运行效果进行了评估。Valvekar 等（2010）提出了一种基于非线性程序模型用于进行决策的工具，乳品生产者可以在实现既定预期的毛利润的前提下实现保费最优化。

Valvekar 等（2011）研究了风险厌恶水平和保费补贴比例对于乳牛毛利润保险（LGM – Dairy）承保意愿的影响。Thraen（2012）提出，乳牛毛利润保险（LGM – Dairy）的保额设定应该要实现一个目标，使得养殖户的财务杠杆率低于一个合理的临界值，不会因为保额过低而影响其财务安全。

Marin Bozic 等（2012）介绍了乳牛毛利润保险（LGM－Dairy）的保障机制，强调其在生鲜乳生产环节中对养殖户高于饲料成本部分的利润的保障作用。在这篇文献中，作者对乳牛毛利润保险（LGM－Dairy）的保费定价方法背后的定价假设做了一系列检验。首先，作者对标的期货价格是否服从对数正态分布进行了检验。使用以生鲜乳、玉米和豆粕为标的的期货和期权的高频数据，作者估计出了更加灵活的高阶矩。模拟数据也表明基于标的期货价格的对数正态假设并不会对乳牛毛利润保险（LGM－Dairy）的保费定价产生偏差。文献的剩余部分旨在检验生鲜乳和饲料价格的边际分布是否具有相关性。乳牛毛利润保险（LGM－Dairy）的定价中预设了生鲜乳和玉米期货价格的条件不相关以及生鲜乳和豆粕期货价格的条件不相关。运用 1998—2011 年期间的期货数据，作者发现若考虑生鲜乳和饲料的相关性，则乳牛毛利润保险（LGM－Dairy）将会因减少对饲料期货的对冲而降低保费。进一步研究生鲜乳和饲料期货的价格相关性的本质，作者发现斯皮尔曼相关性系数很大程度上反映的是尾部相关性。若运用经验 copula 方法，作者发现，相比于仅仅考虑线性相关性，使用非参数方法对生鲜乳和饲料期货价格的相关性进行建模能够降低乳牛毛利润保险（LGM－Dairy）的保费。在组合风险的测度中，尾部极值相关性一般会增加风险。与之不同的是，在农业风险中，投入品和产出品的尾部相关性实际上降低了保险风险，继而降低了精算公平意义层面的保费。

鉴于目前市场上开发和设计生猪价格指数保险的公司主要基于传统的产险定价方法，即损失成本等于损失频率与损失程度之积。然而鉴于价格指数保险的期权属性，传统的产险定价方法可能会存在定价不充足的问题。

国外的牲畜价格指数保险分为两种类型，即牲畜价格保险（LRP）和牲畜收益保险（LGM）。前者可以视为牲畜价格的看跌期权，后者则可以视为牲畜价格的看跌期权和饲料价格的看涨期权的组合。目前国内市面上的生猪价格指数保险主要由安华农险、人保财险和中航安盟提供，均为畜牧收益保险（LGM）类型。

理论告诉我们，一般情况下，保险风险属于不可对冲风险，期权产品所属的金融衍生品所蕴含的金融风险属于可对冲风险。基于价格指数保险的期权属性，我们可以尝试新的方法来对其进行产品定价，来克服传统定价方法的缺陷。期权定价中常用的是经典的 B－S 公式，这类公式主要适用于欧式期权等形式较为简单的期权，但由于目前市面上安华农险和人保财险的生猪价格指数保险的标的指数是国家发改委在中国政府网上每周发布的猪粮比，且赔付额是保险期间内的猪粮比的算术平均值与固定比例 6∶1 的差值，类似于算术平均型结算价格的亚式看跌期权，故生猪价格指数保险没有解析解可以用来定价。在实务中，对于以在一段时间内的算术平均数作为期权的结算价格的亚式期权，我们可以用蒙特卡洛模拟来对其进行数值模拟，随着模拟次数的增加逐渐收敛到一个区间内，进而给出一个稳定的值作为定价依据。

三　产品设计

（一）保险责任

以市场上××保险公司的生猪价格指数保险为例，该保险以中国政府网每周发布的猪粮比为标的指数。在保险期间内，当出现保险合同免责以外的原因，导致保险合同中约定周期内的猪粮比算术平均值小于临界值6∶1时，视为保险事故发生，保险人按本保险合同的约定负责赔偿。约定周期指的是在保险期间内，计算是否发生保险事故所经过的时间，具体划分为半年和一年，由投保人自主选择，最终以保险单列明的为准。

（二）保险责任投保人的资质

生猪价格指数保险的投保人须满足以下四项条件：（1）在当地从事1年以上时间的生猪养殖；（2）在保险期间内不间断地从事生猪养殖；（3）饲养生猪的品种需要在当地饲养2年及以上；（4）禁止从事生猪的订单和期货交易。其中，前三项是对投保人养殖户身份的要求。鉴于生猪价格指数保险系政府补贴的政策性农业保险，故该险种的投保人必须是持续经营生猪养殖的主体。同时，最后一项的要求是为了体现出生猪价格指数保险对于养殖户来说是唯一的风险转移方式，政府才需要对其进行补贴。订单和期货交易均是一种提前锁定价格风险的方式，若生猪养殖户同时选择了两种风险转移方式且获得了一种风险转移方式的补贴，则有套利的嫌疑，有损生猪价格指数保险的政策性补贴的合理性。在现阶段，我国的期货市场仅存在玉米期货品种，即生猪养殖户只能对冲生猪养殖的投入品玉米饲料的价格风险，未来随着我国期货市场的发展会出现生猪养殖户得以同时在投入品和产出品两方面通过期货合约避险的情况，即购入生猪期货空单和玉米期货多单。

（三）保险金额的定义

保险金额为各个约定周期保险金额之和，具体按照下列公式计算：

保险金额 = $\sum$ 约定周期保险金额

约定周期保险金额 =（猪粮比6∶1）×约定玉米批发价格（元/公斤）×承保单猪平均重量（公斤/头）×约定周期保险数量（头）

$$约定周期保险数量 = \frac{保险期间内生猪出栏数量（头）}{约定周期数}$$

其中：

（1）约定的玉米批发价格可以为全国玉米批发价格的平均价或平均价乘以一定的系数。

（2）单猪平均重量上限为300斤。

（3）保险期间内生猪出栏数量的上限为被保险人年计划出栏生猪的总头数。

上述的约定玉米批发价格、单猪平均重量和保险期间内生猪出栏头数可以由投保人和保险人协商约定，具体以保险合同列明的事项为准。目前市场上在售的此类险种以 2 元/公斤为约定的玉米批发价格，接近全国玉米批发价格的平均价。对单猪平均重量和保险期间内生猪出栏数量的限制可以理解为财产险中常见的不足额保险，是产险公司避免过高的风险敞口的一种保护措施。

四 精算定价研究

（一）数据选取

首先我们对产险公司常用的经验定价法予以介绍，这是一种传统的精算定价方法。我们选取中国政府网从 2009 年 1 月 7 日到 2014 年 4 月 16 日的周度猪粮比数据，假设历史期间每周承保 1 张保单，则可观测的历史期间共承保 276 张保单，其中保险期间结束可测算赔付情况保单 225 张。其中 51 张保单由于不存在完整的保险期间（一年）作为观测期而不作为经验定价的样本点。该假设是对经营生猪价格指数保险的农险公司的销售状况的一种近似假设，即认为保险公司每周售出的保单数量在一年中近似服从均匀分布。更进一步地，由于猪粮比可以视为以全国玉米批发价格为计价单位的生猪价格，故该比值有较好的抗通胀性，不必像一般的产险定价中设置一个通货膨胀因子，225 个样本点的经验数据可以不经过通货膨胀因子的调整而直接作为精算定价中的风险敞口。

由于保单条款中有半年和一年两个约定周期的规定，故分别考虑以上两种情况。第一种情况较为简单，当约定周期为一年时，保险公司只需于年底赔付一次；第二种情况略为复杂，当约定周期为半年时，保险公司可能在保险期间的半年末和年末分别对投保人进行赔付。理论上来讲，保险公司可以设置更为精细的约定周期以实现产品的灵活性，但是鉴于保险期间内多次赔付产生的较高的理赔成本以及由此产生的较高费率所引起的投保人可负担性的降低、政府财政负担的加重，保险期间内最多赔付两次的设计不失为一种合理的选择。

（二）定价的基本逻辑

经验定价法的基本逻辑为损失成本 = 损失频率 × 损失强度。

首先考虑损失频率。在赔付一次保险责任下，发生损失的样本数量总计 46 个，损失频率估计为 20.44%。在赔付两次保险责任下，由于保险期间的半年末或年末发生任意一次赔付即视为损失发生，故发生损失的样本数量达到 124 个，损失频率估计为 55.11%。损失频率本质上服从于二项分布，在样本数量超过 30 个后即可以用正态分布来近似。考虑到该经验定价中的大样本性质，故考虑用正态分布来拟合损失频率。运用极大似然估计法可以得出，在赔付一次的模式下，损失频率近似服从于 N（20.44%，2.69%）；在赔付两次的模式下，损失频率近似服从于 N（55.11%，

3.32%）。由于在具体定价中需要预留一定的安全边际，故可以选择损失频率分布的分位数而非均值作为定价依据，若我们选择75%分位数作为损失频率的估计值，则赔付一次模式下为22.26%，赔付两次模式下为57.35%。为了给出损失频率估计值的一个合理范围，我们可以得出赔付一次模式下的损失频率90%置信区间为（16.11%，25.37%），赔付两次模式下的损失频率90%置信区间为（49.41%，60.71%）。（见表6.19）

表6.19   损失频率

分位数	赔付 1 次	赔付 2 次
50%	20.44%	55.11%
55%	20.78%	55.53%
60%	21.13%	55.95%
65%	21.48%	56.39%
70%	21.85%	56.85%
75%	22.26%	57.35%
80%	22.71%	57.90%
85%	23.23%	58.55%
90%	23.89%	59.36%
95%	24.87%	60.57%

其次我们考虑损失强度。损失强度定义为以玉米作为计价单位的赔付值与约定猪粮比6的比值，若赔付一次模式下某张保单对应的猪粮比均值为5，则以玉米作为计价单位的赔付值为1（6-5），损失强度为1/6。赔付两次模式下，若某张保单对应的前半年的猪粮比均值为5，后半年的猪粮比均值为4，则以玉米作为计价单位的赔付值为 $3 \times [(6-5) + (6-4)]$，损失强度为1/4（3/12）。

我们依然选取分位数作为对损失强度的估计值以体现定价中的安全边际。与对损失强度的分析不同，由于损失分布的分位数对参数估计值的敏感性较强，故我们运用非参数估计法来估计损失分布的分位数，该方法可以明显降低求解损失分布分位数估计值的模型参数风险。同时，非参数估计法可以最大限度地利用样本的数据信息，不像参数估计法那样容易失去对一些数据信息的利用。由表6.20可知，在使用经验分位数作为损失分布的估计时，在赔付一次模式下的75%分位数为2.87%，赔付两次模式下的75%分位数为3.97%。

表 6.20　　　　　　　　　　　　　　损失强度

分位数	赔付 1 次	赔付 2 次
50%	2.52%	1.62%
55%	2.59%	1.82%
60%	2.60%	2.09%
65%	2.62%	3.02%
70%	2.73%	3.30%
75%	2.87%	3.97%
80%	3.02%	4.75%
85%	3.15%	5.36%
90%	3.24%	5.77%
95%	3.26%	6.02%

　　最后，在得出了损失频率和损失强度的相关信息后，我们可以对损失成本的经验分布有一个初步的认识。由表 6.21、表 6.22 可知，在损失频率和损失程度两个不同维度下分别选取不同的分位数水平，我们可以得到不同的损失成本估计。在赔付一次模式下，若损失频率和损失强度均选取 75% 分位数作为估计值，则损失成本在 0.64% 左右。在赔付两次模式下，若损失频率和损失强度均选取 75% 分位数作为估计值，则损失成本在 2.28% 左右。可见，赔付两次模式的损失成本要远远高于赔付一次模式下损失成本的 2 倍，说明所取猪粮比均值的时间区间长度显著影响损失成本水平，较长时间间隔的选取得以非线性地降低损失成本，这主要源于损失的分散效应。

表 6.21　　　　　　　　　　　　赔付一次模式损失成本

损失频率		损失程度									
		50%	55%	60%	65%	70%	75%	80%	85%	90%	95%
		2.52%	2.59%	2.60%	2.62%	2.73%	2.87%	3.02%	3.15%	3.24%	3.26%
50%	20.44%	0.52%	0.53%	0.53%	0.54%	0.56%	0.59%	0.62%	0.64%	0.66%	0.67%
55%	20.78%	0.52%	0.54%	0.54%	0.54%	0.57%	0.60%	0.63%	0.65%	0.67%	0.68%
60%	21.12%	0.53%	0.55%	0.55%	0.55%	0.58%	0.61%	0.64%	0.67%	0.68%	0.69%
65%	21.48%	0.54%	0.56%	0.56%	0.56%	0.59%	0.62%	0.65%	0.68%	0.70%	0.70%
70%	21.85%	0.55%	0.57%	0.57%	0.57%	0.60%	0.63%	0.66%	0.69%	0.71%	0.71%

续表

损失频率		损失程度									
		50%	55%	60%	65%	70%	75%	80%	85%	90%	95%
		2.52%	2.59%	2.60%	2.62%	2.73%	2.87%	3.02%	3.15%	3.24%	3.26%
75%	22.25%	0.56%	0.58%	0.58%	0.58%	0.61%	0.64%	0.67%	0.70%	0.72%	0.73%
80%	22.70%	0.57%	0.59%	0.59%	0.59%	0.62%	0.65%	0.69%	0.72%	0.74%	0.74%
85%	23.23%	0.59%	0.60%	0.60%	0.61%	0.63%	0.67%	0.70%	0.73%	0.75%	0.76%
90%	23.89%	0.60%	0.62%	0.62%	0.63%	0.65%	0.69%	0.72%	0.75%	0.77%	0.78%
95%	24.86%	0.63%	0.64%	0.65%	0.65%	0.68%	0.71%	0.75%	0.78%	0.81%	0.81%
上界	25.37%	0.64%	0.66%	0.66%	0.66%	0.69%	0.73%	0.77%	0.80%	0.82%	0.83%

表 6.22 赔付两次模式损失成本

出险赔率		损失程度									
		50%	55%	60%	65%	70%	75%	80%	85%	90%	95%
		1.62%	1.82%	2.09%	3.02%	3.30%	3.97%	4.75%	5.36%	5.77%	6.02%
50%	55.11%	0.89%	1.00%	1.15%	1.66%	1.82%	2.19%	2.62%	2.95%	3.18%	3.32%
55%	55.53%	0.90%	1.01%	1.16%	1.68%	1.83%	2.20%	2.64%	2.98%	3.20%	3.34%
60%	55.95%	0.91%	1.02%	1.17%	1.69%	1.85%	2.22%	2.66%	3.00%	3.23%	3.37%
65%	56.39%	0.91%	1.03%	1.18%	1.70%	1.86%	2.24%	2.68%	3.02%	3.25%	3.39%
70%	56.85%	0.92%	1.03%	1.19%	1.72%	1.88%	2.26%	2.70%	3.05%	3.28%	3.42%
75%	57.35%	0.93%	1.04%	1.20%	1.73%	1.89%	2.28%	2.72%	3.07%	3.31%	3.45%
80%	57.90%	0.94%	1.05%	1.21%	1.75%	1.91%	2.30%	2.75%	3.10%	3.34%	3.49%
85%	58.55%	0.95%	1.07%	1.22%	1.77%	1.93%	2.32%	2.78%	3.14%	3.38%	3.52%
90%	59.36%	0.96%	1.08%	1.24%	1.79%	1.96%	2.36%	2.82%	3.18%	3.43%	3.57%
95%	60.56%	0.98%	1.10%	1.27%	1.83%	2.00%	2.40%	2.88%	3.25%	3.49%	3.65%
上界	60.71%	0.98%	1.10%	1.27%	1.83%	2.00%	2.41%	2.88%	3.25%	3.50%	3.65%

（三）不同的约定猪粮比对损失成本的影响

生猪价格指数保险合同中的约定猪粮比可以理解为看跌期权的行权价，我们可以探究在不同的约定猪粮比下损失成本是如何变化的。表 6.23 和表 6.24 分别是赔付一次和赔付两次模式下不同的约定猪粮比和不同的损失成本分位数下损失成本的估计值，损失成本也可以称为纯费率，其中横轴代表分位数水平，纵轴代表纯费率。

表6.23　　　　　　　　赔付一次模式下不同约定猪粮比对应的纯费率

	50%	55%	60%	65%	70%	75%	80%	85%	90%
5.9	0.14%	0.16%	0.17%	0.19%	0.22%	0.24%	0.25%	0.27%	0.29%
5.95	0.29%	0.30%	0.32%	0.34%	0.37%	0.40%	0.43%	0.46%	0.48%
6	0.52%	0.54%	0.55%	0.56%	0.60%	0.64%	0.69%	0.73%	0.77%
6.05	0.71%	0.88%	0.95%	1.02%	1.07%	1.09%	1.15%	1.25%	1.33%
6.1	0.67%	0.99%	1.27%	1.42%	1.52%	1.60%	1.63%	1.74%	1.88%
6.15	1.00%	1.06%	1.36%	1.76%	2.01%	2.13%	2.22%	2.30%	2.47%
6.2	1.39%	1.50%	1.59%	1.95%	2.47%	2.72%	2.87%	2.94%	3.14%
6.25	1.90%	2.03%	2.18%	2.32%	2.69%	3.39%	3.71%	3.89%	4.05%
6.3	2.36%	2.55%	2.70%	2.87%	3.06%	3.85%	4.33%	4.56%	4.70%
6.35	2.83%	3.09%	3.23%	3.40%	3.55%	4.33%	4.92%	5.17%	5.33%
6.4	3.33%	3.59%	3.74%	3.94%	4.11%	4.81%	5.49%	5.78%	5.94%
6.45	3.87%	4.11%	4.33%	4.53%	4.72%	5.30%	6.12%	6.46%	6.60%
6.5	4.36%	4.62%	4.86%	5.07%	5.26%	5.78%	6.67%	7.01%	7.17%
6.55	4.87%	5.17%	5.46%	5.65%	5.86%	6.29%	7.24%	7.65%	7.83%
6.6	5.40%	5.71%	6.03%	6.23%	6.46%	6.83%	7.80%	8.26%	8.46%
6.65	5.93%	6.26%	6.55%	6.78%	7.01%	7.33%	8.37%	8.84%	9.05%
6.7	6.45%	6.85%	7.14%	7.37%	7.60%	7.86%	8.97%	9.47%	9.70%
6.75	7.00%	7.40%	7.71%	7.95%	8.23%	8.44%	9.51%	10.11%	10.36%
6.8	7.58%	7.98%	8.30%	8.58%	8.83%	9.07%	10.11%	10.76%	11.02%
6.85	8.11%	8.54%	8.89%	9.16%	9.42%	9.66%	10.70%	11.36%	11.64%
6.9	8.70%	9.08%	9.48%	9.80%	10.07%	10.30%	11.28%	12.03%	12.32%
6.95	9.23%	9.67%	10.04%	10.40%	10.66%	10.91%	11.81%	12.64%	12.95%
7	9.77%	10.29%	10.67%	11.06%	11.29%	11.58%	12.43%	13.32%	13.64%

表6.24　　　　　　　　赔付两次模式下不同约定猪粮比对应的纯费率

	50%	55%	60%	65%	70%	75%	80%	85%	90%
5.9	0.59%	0.73%	0.99%	1.23%	1.62%	1.83%	2.08%	2.27%	2.43%
5.95	0.66%	0.75%	1.15%	1.31%	1.65%	2.14%	2.47%	2.75%	3.00%
6	0.89%	1.01%	1.17%	1.70%	1.87%	2.28%	2.75%	3.14%	3.42%
6.05	1.15%	1.25%	1.35%	1.87%	2.35%	2.60%	2.99%	3.43%	3.87%

	50%	55%	60%	65%	70%	75%	80%	85%	90%
6.1	1.44%	1.50%	1.64%	1.83%	2.76%	3.08%	3.38%	3.84%	4.24%
6.15	1.73%	1.79%	1.90%	2.02%	3.00%	3.59%	3.82%	4.17%	4.63%
6.2	2.11%	2.16%	2.25%	2.36%	3.03%	4.12%	4.46%	4.60%	5.05%
6.25	2.48%	2.58%	2.68%	2.82%	3.17%	4.53%	4.95%	5.25%	5.40%
6.3	2.87%	2.98%	3.12%	3.35%	3.56%	4.78%	5.42%	5.78%	5.96%
6.35	3.27%	3.44%	3.68%	3.92%	4.12%	4.95%	6.01%	6.23%	6.46%
6.4	3.61%	3.95%	4.26%	4.49%	4.71%	5.28%	6.39%	6.72%	6.89%
6.45	4.12%	4.55%	4.89%	5.15%	5.40%	5.69%	6.82%	7.37%	7.61%
6.5	4.69%	5.10%	5.51%	5.84%	6.13%	6.35%	7.27%	8.15%	8.46%
6.55	5.17%	5.72%	6.11%	6.48%	6.75%	7.02%	7.76%	8.84%	9.17%
6.6	5.74%	6.22%	6.72%	7.09%	7.38%	7.63%	8.34%	9.49%	9.84%
6.65	6.33%	6.77%	7.27%	7.66%	7.99%	8.29%	8.94%	10.14%	10.51%
6.7	6.85%	7.41%	7.93%	8.32%	8.63%	8.97%	9.56%	10.82%	11.24%
6.75	7.45%	8.02%	8.50%	9.01%	9.33%	9.65%	10.20%	11.52%	11.97%
6.8	8.14%	8.61%	9.23%	9.69%	10.08%	10.41%	10.86%	12.29%	12.76%
6.85	8.73%	9.28%	9.91%	10.37%	10.79%	11.10%	11.48%	13.02%	13.51%
6.9	9.42%	9.95%	10.50%	11.07%	11.51%	11.82%	12.16%	13.69%	14.25%
6.95	10.04%	10.61%	11.18%	11.75%	12.20%	12.51%	12.82%	14.32%	14.93%
7	10.68%	11.26%	11.85%	12.42%	12.88%	13.19%	13.49%	14.97%	15.62%

首先，我们选取赔付一次模式下在75%分位数水平时研究不同的约定猪粮比下的纯费率，由图6.7可知，当生猪价格指数保险的保障水平（约定猪粮比）从5.9到7线性增长时，纯费率（损失成本）最开始（5.9—6.2）呈指数增长态势，之后呈线性增长态势，验证了数值为6的猪粮比是生猪养殖行业的盈亏平衡点，在该值附近的纯费率对于变化的约定猪粮比敏感性较高。在实务中，这意味着当市场上该险种的价格存在激烈的竞争时，保险公司可选择小幅降低保障水平（约定猪粮比）来实现损失成本（纯费率）的显著下降，当保障水平由6降低至5.95（降幅0.83%）时，损失成本由0.64%降至0.40%（降幅37.35%）。不利的一面是，当政府要求小幅提高保障水平时，保险公司的调价压力过大，政府可能会对显著提升的费率水平表示不满。而且，

可以预期的是，随着养殖户人工成本的提高，生猪养殖的盈亏平衡点（猪粮比为6的平衡点）可能会在未来小幅提高，届时养殖户可能会向保险公司和政府施压以寻求较高的保障水平。

其次，我们选取赔付两次模式下在75%分位数水平时研究不同的约定猪粮比下的纯费率，由图6.7可知，与赔付一次模式相同，当生猪价格指数保险的保障水平（约定猪粮比）从5.9到7线性增长时，纯费率（损失成本）最开始（5.9—6.2）呈指数增长态势。与赔付一次模式不同，约定猪粮比从6.2到6.5线性变化时，纯费率（损失成本）以一个显著低于前段的增长率指数增长，从而在约定猪粮比5.9—6.2的区间段呈现一个S形的曲线，之后同赔付一次模式一样继续线性增长。

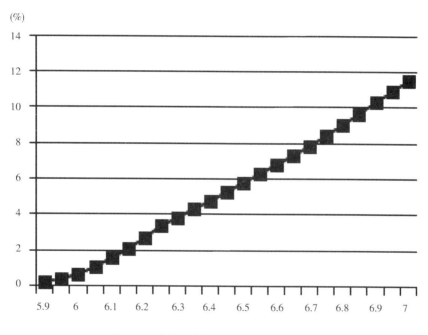

图6.7　赔付一次模式下75%分位数纯费率

（四）毛费率的确定过程

最终的费率水平（毛费率）是基于损失成本确定的，同时需要考虑直接理赔费用、间接理赔费用和利润边际。由安华农险在其生猪价格指数条款中所列示的保险费率可知，赔付一次模式下的毛费率为1.24%，赔付两次模式下的毛费率为4.94%，我们可以根据毛费率的定价公式反推出几组定价假设。（见表6.25、表6.26）

毛费率的定价公式如下：

$$G = \frac{F + P\ (1 + Direct\_\ \exp)}{1 - \Pr ofit\_\ margin - Indirect\_\ \exp}$$

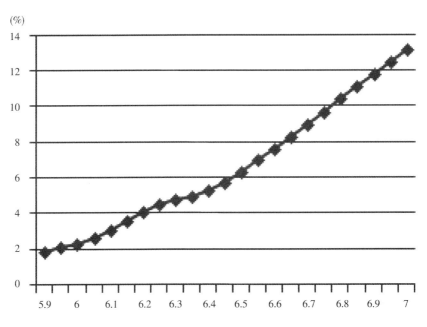

图 6.8 赔付两次模式下 75% 分位数纯费率

表 6.25   赔付一次模式定价假设

序号	毛费率	固定费用	直接理赔费用附加率	变动费用附加率	利润边际	纯费率
1	1.24%	0.10%	1%	30%	10%	0.64%
2	1.24%	0.10%	1%	32%	8%	0.64%
3	1.24%	0.10%	1%	34%	6%	0.64%
4	1.24%	0.10%	1%	35%	5%	0.64%
5	1.24%	0.10%	1%	37%	3%	0.64%
6	1.24%	0.07%	5%	30%	10%	0.64%
7	1.24%	0.07%	5%	32%	8%	0.64%
8	1.24%	0.07%	5%	34%	6%	0.64%
9	1.24%	0.07%	5%	35%	5%	0.64%
10	1.24%	0.07%	5%	37%	3%	0.64%

G 代表毛费率，P 代表纯费率，F 代表平摊到单位保费的固定费用（固定费用率），Direct_ exp 代表与理赔支出有关的费用（直接理赔费用率），Indirect_ exp 代表间接理赔费用，Profit_ margin 代表该险种的利润边际。由于生猪价格指数保险属于政策性险种，故利润边际可以在小于 10% 的范围内设定以体现政策性险种的微利性。

表6.26　　　　　　　　　　赔付两次模式定价假设

序号	毛费率	固定费用	直接理赔费用附加率	变动费用附加率	利润边际	纯费率
1	4.94%	0.55%	6%	30%	10%	2.28%
2	4.94%	0.55%	6%	32%	8%	2.28%
3	4.94%	0.55%	6%	34%	6%	2.28%
4	4.94%	0.55%	6%	35%	5%	2.28%
5	4.94%	0.55%	6%	37%	3%	2.28%
6	4.93%	0.45%	10%	30%	10%	2.28%
7	4.93%	0.45%	10%	32%	8%	2.28%
8	4.93%	0.45%	10%	34%	6%	2.28%
9	4.93%	0.45%	10%	35%	5%	2.28%
10	4.93%	0.45%	10%	37%	3%	2.28%

（五）期权定价

由于生猪价格指数保险具有看跌期权的性质，故考虑运用期权定价方法来对其进行定价。与欧式看跌期权不同的是，生猪价格指数保险的标的是约定周期内猪粮比的算术平均值，故该保险实际上是一种亚式期权。同时，该期权还涉及计价单位转换，故需要一些预备知识。

1. 风险的市场价格

我们先考虑仅仅依赖于一个变量的衍生品性质，假设 θ 服从如下的过程

$$\frac{d\theta}{\theta} = m\mathrm{dt} + sdz \tag{6.4.1}$$

中 dz 是个维纳过程，参数 m 和 s 分别表示的增长率的期望和波动率。我们假定这些参数只依赖于 θ 和 t。变量 θ 不一定是标准化金融资产的价格，可以是某个指数，甚至可以与金融市场无关。

假定 f_1 和 f_2 是两个仅仅依赖于 θ 和 t 的衍生品价格。它们可以是期权，或者是在以后某个时间以 θ 和 t 的函数形式提供收益的产品价格。我们暂时假设 f_1 和 f_2 不提供收入。假设 f_1 和 f_2 所服从的过程为

$$\frac{df_1}{f_1} = \mu_1 dt + \sigma_1 dz \tag{6.4.2}$$

$$与 \frac{df_2}{f_2} = \mu_2 dt + \sigma_2 dz \tag{6.4.3}$$

式中 μ_1、μ_2、σ_1 和 σ_2 都是 θ 和 t 的函数，其中的"dz"必须与（6.4.1）中的 dz 一致，它们代表 f_1 和 f_2 确定性的唯一来源。

我们现在将 f_1 和 f_2 的过程离散化，得到 $\dfrac{\Delta f_1}{f_1} = \mu_1 \Delta t + \sigma_1 \Delta z$ (6.4.4)

$$\frac{\Delta f_2}{f_2} = \mu_2 \Delta t + \sigma_2 \Delta z \qquad\qquad (6.4.5)$$

我们可以利用 $\sigma_2 f_2$ 个单位的第一个衍生品和 $-\sigma_1 f_1$ 个单位的第二个衍生品建立一个瞬时无风险的组合，以消去 Δz 项。若使用 Π 来表示这个组合的价值，

$$\Pi = (\sigma_2 f_2) f_1 - (\sigma_1 f_1) f_2 \qquad\qquad (6.4.6)$$

和 $\Delta \Pi = (\sigma_2 f_2) \Delta f_1 - (\sigma_1 f_1) \Delta f_2$ (6.4.7)

将（6.4.4）和（6.4.5）代入，这个式子变成了

$$\Delta \Pi = (\mu_1 \sigma_2 f_1 f_2 - \mu_2 \sigma_1 f_1 f_2) \Delta t \qquad\qquad (6.4.10)$$

由于这个组合是瞬时无风险的，它只能挣得无风险利率。因此，

$$\Delta \Pi = r \Pi \Delta t \qquad\qquad (6.4.11)$$

将（6.4.6）和（6.4.8）代入上式可以得到

$$\mu_1 \sigma_2 - \mu_2 \sigma_1 = r\sigma_2 - r\sigma_1 \qquad\qquad (6.4.14)$$

或 $\dfrac{\mu_1 - r}{\sigma_1} = \dfrac{\mu_2 - r}{\sigma_2}$ (6.4.15)

注意到（6.4.11）的左边只依赖于 f_1 过程中的参数，右端只依赖于 f_2 过程中的参数。我们定义 λ 为式两边的值，那么

$$\frac{\mu_1 - r}{\sigma_1} = \frac{\mu_2 - r}{\sigma_2} = \lambda \qquad\qquad (6.4.17)$$

去掉下标，我们最终证明出如果 f 是一个只依赖于 θ 和 t 的衍生产品价格，并且服从

$$\frac{df}{f} = \mu dt + \sigma dz \qquad\qquad (6.4.18)$$

那么

$$\frac{\mu - r}{\sigma} = \lambda \qquad\qquad (6.4.19)$$

参数 λ 称为 θ 的风险市场价格（market price of risk）。它可能依赖于 θ 和 t，但却不依赖于衍生产品 f 的特征。我们以上的分析证明，若不存在套利机会，那么在任何时间上如果衍生产品只依赖于 θ 和 t，$\dfrac{\mu - r}{\sigma}$ 的值都必须是一样的。

值得一提的是，我们将 σ 称作 f 的波动率，它是式（6.4.13）中 dz 的系数，它既可能是正也可能是负。若 θ 的波动率 s 是正的，而且 f 与 θ 有正相关性（这意味着 $\dfrac{\partial f}{\partial \theta}$ 是正的），那么 σ 是正的。但当 f 与 θ 有负相关性，那么 σ 会是负的。在这种情形下，我们一般称 $|\sigma|$ 为波动率。

变量 θ 的风险市场价格对于依赖于 θ 的证券在其风险与收益之间的平衡关系起着一个度量的作用。式（6.4.14）可以写作

$$\mu - r = \lambda\sigma \tag{6.4.22}$$

我们可以从直观上来理解这个方程。注意变量 σ 可以不被严格地理解成在 f 中的 θ 风险。在方程的右边，我们将 θ 风险的数量乘上 σ 风险的市场价格。表达式的左边是衍生产品在所得收益里高于无风险利率的部分，这部分可以理解成对风险的补偿。式（6.4.15）与资本资产定价模型有些相似，它们都将高于无风险利率的部分和它的风险联系了起来。

在一个风险市场价格为 0 的世界里，λ 等于 0。从式（6.4.15）可以得到 $\mu = r$，于是 f 服从

$$\frac{df}{f} = rdt + \sigma dz \tag{6.4.25}$$

我们将称此为传统风险中性世界（traditional risk – neutral world）。

在对风险市场价格 λ 做了一些其他假设后，我们还可以定义其他内在一致的世界。一般来说，由式（6.4.15）我们可以得出

$$\mu = r + \lambda\sigma \tag{6.4.27}$$

于是

$$\frac{df}{f} = (r + \lambda\sigma)dt + \sigma dz \tag{6.4.28}$$

一个变量的风险市场价格决定了所有依赖于这个变量的证券的增长率。当我们从一个风险市场价格换成另外一个时，证券价格增长率的期望值会改变，但它的波动率却不会改变。这是一个服从扩散过程的变量的一般性质。选择一个风险市场价格也被称为是定义了一个概率测度（probability measure）。对于某个特殊风险市场价格，我们可以得到一个"现实世界"及其在实际中所观察到的证券价格增长率。

2. 鞅的确定过程

鞅是一个没有漂移的随机过程。如果一个变量 θ 的过程具有以下形式：

$$d\theta = \sigma dz \tag{6.4.29}$$

那么该变量就是一个鞅，式中 dz 是个维纳过程。变量 θ 本身也可以是随机的，它可以依赖于 θ 和其他的随机变量。鞅具有一个很方便的性质：它在将来任何时间的期望值都等于它今天的取值。这意味着

$$E(\theta_T) = \theta_0 \tag{6.4.30}$$

式中，θ_T 和 θ_0 分别表示 θ 在时间 0 和 T 的取值。为了理解这个结果，我们注意在一个很小的时间区间上 θ 的变化服从均值为 0 的正态分布，因而 θ 在一个很小的时间区间内变化的期望值为零。θ 在时间区间 0—T 之间的变化是由它在许多很小时间区间上变化

的和组成的，因此 θ 在时间区间 0—T 之间变化的期望值必须是零。

等价鞅测度结果

假设 f 和 g 是两个只依赖于一个不确定因素的可交易衍生产品的价格。我们假设这些证券在我们考虑的时间区间内不提供任何收入。定义

$$\Phi = \frac{f}{g} \tag{6.4.31}$$

变量 Φ 是 f 关于 g 的相对价格。这可以理解成把 f 的价格基于 g（而不是人民币）来做单位。例如，在生猪价格指数保险中，标的指数生猪价格并非以人民币为计价单位，而是以全国玉米批发价格为计价单位。证券价格的 g 叫作计价单位（numeraire）。

等价鞅测度结果说明了在没有套利机会时，对于某个市场风险价格的选择，Φ 是个鞅。不但如此，对一个给定的计价单位证券 g，在同一个市场风险价格的选择下，所有的证券价格 f 都会使 Φ 成为鞅，而且所选择的风险市场价格正好是 g 的波动率。换句话说，当风险市场价格等于 g 的波动率时，对所有的证券价格 f，比值 f/g 都是鞅。

为了证明这个结果，我们假设 f 和 g 的波动率分别是 σ_f 和 σ_g。当一个世界里的风险市场价格是 σ_g 时，从式（6.4.18）中我们可以得到

$$\frac{df}{f} = (r + \sigma_g \sigma_f)dt + \sigma_f dz \tag{6.4.33}$$

$$\frac{dg}{g} = (r + \sigma_g{}^2)\,dt + \sigma_g dz \tag{6.4.34}$$

利用伊藤引理，可以得到

$$d\ln f = \left(r + \sigma g \sigma f - \frac{\sigma_f{}^2}{2}\right)dt + \sigma_f dz \tag{6.4.35}$$

$$d\ln g = \left(r + \frac{\sigma_g{}^2}{2}\right)dt + \sigma_g dz \tag{6.4.36}$$

$$d(\ln f - \ln g) = \left(\sigma_g \sigma_f - \frac{\sigma_f{}^2}{2} - \frac{\sigma_g{}^2}{2}\right)dt + (\sigma_f - \sigma_g)dz \tag{6.4.37}$$

$$d\left(\ln\frac{f}{g}\right) = -\frac{(\sigma_f - \sigma_g)^2}{2}dt + (\sigma_f - \sigma_g)dz \tag{6.4.38}$$

利用伊藤引理，可以从 $\ln\dfrac{f}{g}$ 得出 f/g

$$d\left(\frac{f}{g}\right) = (\sigma_f - \sigma_g)\frac{f}{g}dz \tag{6.4.39}$$

这说明 f/g 是个鞅，并证明等价鞅测度结果，我们把以 g 的波动率 σ_g 作为风险市场价格的世界叫作基于 g 作为计价单位的远期风险中性（forward risk neutral）世界。

由于在一个关于 g 是远期风险中性世界里 f/g 是个鞅，由本节开始时的结果，我们有

$$\frac{f_0}{g_0} = E_g\left(\frac{f_T}{g_T}\right) \tag{6.4.40}$$

其中 E_g 表示在一个关于 g 为远期中性世界里的期望。

3. 计价单位的选择

作为应用等价鞅测度结果的例子，我们现在给出货币市场账户作为计价单位的模型。假设人民币货币市场账户是一个证券，它在时间零的价值是 1，并且在任何时刻都挣取瞬时无风险利率 r。变量 r 可以是随机的。如果我们令 g 表示货币市场账户，那么它以 r 的速度增长，于是

$$\frac{dg}{g} = rdt \tag{6.4.41}$$

g 的漂移项是随机的，但它的波动率是零。

由上节结论可知，在风险市场价格为零的世界里，f/g 是个鞅，这正是我们以前定义的传统风险中性世界。从式（6.4.29）可以得到

$$f_0 = g_0\hat{E}\left(\frac{f_T}{g_T}\right) \tag{6.4.42}$$

其中 $\hat{E}$ 表示在传统风险中性世界里的期望。

在这个情况下，$g_0 = 1$，而且

$$g_T = e^{\int_0^T rdt} \tag{6.4.43}$$

于是式（6.4.31）变成了

$$f_0 = \hat{E}(e^{-\int_0^T rdt}f_T) \tag{6.4.45}$$

或

$$f_0 = \hat{E}(e^{-\bar{r}t}f_T) \tag{6.4.46}$$

其中 $\bar{r}$ 是在时间 0—T 之间的平均值。

当我们假设短期利率 r 是常数时，式（6.4.34）被简化成了

$$f_0 = e^{-\bar{r}t}\hat{E}(f_T) \tag{6.4.48}$$

这正是我们常见的衍生产品定价公式。

4. 资产互换期权

下面我们考虑将一个价值为 U 的投资资产转换成一个价值为 V 的投资资产的期权。考虑一欧式资产交换期权，期权持有者有权在 T 时刻以资产 U 的价格 U_T 来交换 T 时刻资产 V 的价格 V_T，期权收益为

$$\max(V_T - U_T) \tag{6.4.49}$$

假设 U 和 V 的波动率分别是 σ_U 和 σ_V，它们之间的相关系数是 ρ。

首先假定这两个资产不提供收入。将计价单位 g 选成 U，而且在式（6.4.51）中令 $f = V$，我们有

$$V_0 = U_0 E_U\left(\frac{V_T}{U_T}\right) \tag{6.4.50}$$

式中 E_U 表示在一个关于 U 为风险中性世界里的期望值。

然后我们在式（6.4.36）中令 f 为所考虑期权的价值。于是 $f_T = \max(V_T - U_T, 0)$，这样会得到

$$f_0 = U_0 E_U\left(\frac{\max(V_T - U_T, 0)}{U_T}\right) \tag{6.4.52}$$

即

$$f_0 = U_0 E_U\left(\max\left(\frac{V_T}{U_T} - 1, 0\right)\right) \tag{6.4.53}$$

而 V/U 的波动率 $\hat\sigma$ 满足

$$\hat\sigma^2 = \sigma_U^2 + \sigma_V^2 - 2\rho\sigma_U\sigma_V \tag{6.4.54}$$

由 B－S 公式的推导过程可知，式（6.4.39）可以写成

$$f_0 = U_0\left[E_U\left(\frac{V_T}{U_T}\right)N(d_1) - N(d_2)\right] \tag{6.4.55}$$

其中，

$$d_1 = \frac{\ln\left(\dfrac{V_0}{U_0}\right) + \dfrac{\hat\sigma^2 T}{2}}{\hat\sigma\sqrt{T}} \tag{6.4.56}$$

$$d_2 = d_1 - \hat\sigma\sqrt{T} \tag{6.4.57}$$

由式（6.4.41）我们得到

$$f_0 = V_0 N(d_1) - U_0 N(d_2) \tag{6.4.59}$$

现在我们回到生猪价格指数保险，由于标的指数是猪粮比，故我们选取猪粮比的分母全国玉米批发价格作为计价单位 U，令字母 V 代表猪粮比的分子全国生猪批发价格。同时，我们暂时先假定生猪价格指数保险的保障责任为约定周期末的猪粮比低于6时，保险公司对于差额部分予以赔付，而不是约定周期内的算术平均值作为标的。这样的假定是对保障责任形式的简化，使之接近于欧式期权的形式，得以先利用上述资产互换期权的公式对其做一个初步的定价。鉴于当期权的参数相同时，欧式期权的价值高于亚式期权的价值，故我们可以将简化的保障责任模式下的欧式期权价值作为生猪价格指数保险定价的上界。

上述资产互换期权公式是资产 V 的看涨期权公式，含义是以在 T 时刻以一单位资

产 U 换入一单位资产 V。在生猪价格指数保险模型中，我们要做如下修正。首先，生猪价格指数保险是以 6 单位玉米换入 1 单位生猪，故在定价公式中需将 U_0 替换为 $6U_0$。其次，生猪价格指数保险是生猪（资产 V）的看跌期权，需要运用欧式看跌期权的平价公式（put - call parity）来求得对应看跌期权的价值。最后，需要注意的是，生猪价格指数保险的费率本身并未使用货币计价单位，而是使用全国玉米批发价格作为计价单位。定价仅仅涉及猪粮比，可以理解为换入资产 V/（6U），亦有文献称其为商期权（ratio option），赔付模式可以写为

$$\max\left(6 - \frac{V_T}{U_T}, 0\right) \tag{6.4.60}$$

即

$$f_0 = E_U\left[\max\left(6 - \frac{V_T}{U_T}, 0\right)\right] \tag{6.4.61}$$

$$f_0 = N(-d_2) - E_U\left(\frac{V_T}{U_T}\right)6N(-d_1) \tag{6.4.62}$$

$$f_0 = N(-d_2) - 6N(-d_1) \tag{6.4.63}$$

$$d_1 = \frac{\ln\left(\frac{V_0}{6U_0}\right) + \frac{\hat{\sigma}^2 T}{2}}{\hat{\sigma}\sqrt{T}} \tag{6.4.64}$$

$$d_2 = d_1 - \hat{\sigma}\sqrt{T} \tag{6.4.65}$$

同使用传统精算定价方法一样，我们仍然选取中国政府网从 2009 年 1 月 7 日到 2014 年 4 月 16 日的周度猪粮比数据作为期权定价过程中参数估计的依据，我们通过选取不同的初始值和不同的执行价格来获取生猪价格指数保险纯费率的上界，尽管暂时看来该上界显得不够精确。我们分别研究赔付一次模式和赔付两次模式下纯费率的上界，其中赔付一次模式对应的期权期限为一年，赔付两次模式下对应的期权期限为半年。为了简化处理，我们在研究赔付两次模式下的期权时假定零时刻和半年末时点上的猪粮比初始值相同。如表 6.27 和表 6.28 所示，横行代表猪粮比初始值，纵列代表行权价（保障水平）：

表 6.27　　　　　　　　　　赔付一次模式对应期权费率上界

	6	6.1	6.2	6.3	6.4	6.5	6.6	6.7	6.8
5.9	4.74%	4.07%	3.48%	2.95%	2.49%	2.09%	1.75%	1.45%	1.20%
5.95	5.15%	4.44%	3.81%	3.25%	2.75%	2.32%	1.95%	1.62%	1.35%
6	5.58%	4.83%	4.16%	3.56%	3.03%	2.57%	2.16%	1.81%	1.51%

	6	6.1	6.2	6.3	6.4	6.5	6.6	6.7	6.8
6.05	6.03%	5.24%	4.53%	3.90%	3.33%	2.83%	2.40%	2.02%	1.69%
6.1	6.50%	5.67%	4.93%	4.25%	3.65%	3.12%	2.65%	2.24%	1.88%
6.15	6.99%	6.12%	5.34%	4.63%	3.99%	3.42%	2.92%	2.47%	2.09%
6.2	7.49%	6.59%	5.77%	5.02%	4.34%	3.74%	3.20%	2.73%	2.31%
6.25	8.02%	7.08%	6.22%	5.43%	4.72%	4.08%	3.51%	3.00%	2.55%
6.3	8.56%	7.59%	6.68%	5.86%	5.11%	4.43%	3.83%	3.29%	2.81%
6.35	9.12%	8.11%	7.17%	6.31%	5.52%	4.81%	4.17%	3.59%	3.08%
6.4	9.70%	8.65%	7.68%	6.78%	5.95%	5.20%	4.52%	3.91%	3.37%
6.45	10.29%	9.21%	8.20%	7.26%	6.40%	5.61%	4.90%	4.26%	3.68%
6.5	10.90%	9.78%	8.74%	7.77%	6.87%	6.05%	5.29%	4.62%	4.00%
6.55	11.53%	10.38%	9.30%	8.29%	7.35%	6.49%	5.71%	4.99%	4.35%
6.6	12.16%	10.98%	9.87%	8.83%	7.86%	6.96%	6.14%	5.39%	4.71%
6.65	12.82%	11.60%	10.46%	9.38%	8.38%	7.45%	6.59%	5.80%	5.08%
6.7	13.48%	12.24%	11.06%	9.95%	8.91%	7.95%	7.05%	6.23%	5.48%
6.75	14.16%	12.89%	11.68%	10.54%	9.47%	8.47%	7.54%	6.68%	5.89%
6.8	14.84%	13.55%	12.31%	11.14%	10.04%	9.00%	8.04%	7.15%	6.32%
6.85	15.54%	14.22%	12.96%	11.76%	10.62%	9.55%	8.56%	7.63%	6.77%
6.9	16.25%	14.91%	13.62%	12.39%	11.22%	10.12%	9.09%	8.13%	7.24%
6.95	16.97%	15.60%	14.29%	13.03%	11.84%	10.71%	9.64%	8.65%	7.72%
7	17.70%	16.31%	14.97%	13.69%	12.46%	11.30%	10.21%	9.18%	8.22%

表6.28　　　　　　　　　　　　赔付两次模式对应期权费率上界

	6	6.1	6.2	6.3	6.4	6.5	6.6	6.7	6.8
5.9	3.14%	2.50%	1.97%	1.53%	1.17%	0.89%	0.66%	0.49%	0.36%
5.95	3.53%	2.84%	2.25%	1.77%	1.37%	1.04%	0.79%	0.58%	0.43%
6	3.95%	3.20%	2.56%	2.03%	1.58%	1.22%	0.93%	0.70%	0.52%
6.05	4.39%	3.59%	2.90%	2.31%	1.82%	1.42%	1.09%	0.82%	0.62%
6.1	4.87%	4.01%	3.27%	2.63%	2.09%	1.64%	1.27%	0.97%	0.73%
6.15	5.37%	4.46%	3.66%	2.97%	2.37%	1.88%	1.47%	1.13%	0.86%
6.2	5.90%	4.93%	4.08%	3.33%	2.69%	2.14%	1.69%	1.32%	1.01%
6.25	6.45%	5.43%	4.53%	3.73%	3.03%	2.44%	1.93%	1.52%	1.18%
6.3	7.03%	5.96%	5.00%	4.15%	3.40%	2.75%	2.20%	1.74%	1.36%
6.35	7.63%	6.51%	5.50%	4.59%	3.79%	3.09%	2.50%	1.99%	1.57%

续表

	6	6.1	6.2	6.3	6.4	6.5	6.6	6.7	6.8
6.4	8.25%	7.09%	6.02%	5.06%	4.21%	3.46%	2.81%	2.26%	1.80%
6.45	8.89%	7.68%	6.57%	5.56%	4.66%	3.86%	3.16%	2.56%	2.05%
6.5	9.55%	8.30%	7.14%	6.09%	5.13%	4.28%	3.53%	2.88%	2.32%
6.55	10.23%	8.94%	7.74%	6.63%	5.63%	4.72%	3.92%	3.22%	2.62%
6.6	10.93%	9.60%	8.36%	7.20%	6.15%	5.19%	4.34%	3.59%	2.94%
6.65	11.64%	10.28%	8.99%	7.80%	6.69%	5.69%	4.79%	3.99%	3.29%
6.7	12.36%	10.97%	9.65%	8.41%	7.26%	6.21%	5.26%	4.41%	3.66%
6.75	13.10%	11.68%	10.32%	9.04%	7.85%	6.75%	5.75%	4.85%	4.05%
6.8	13.85%	12.40%	11.01%	9.70%	8.46%	7.32%	6.27%	5.32%	4.47%
6.85	14.61%	13.13%	11.72%	10.37%	9.10%	7.91%	6.82%	5.82%	4.92%
6.9	15.38%	13.88%	12.44%	11.05%	9.75%	8.52%	7.38%	6.34%	5.39%
6.95	16.16%	14.64%	13.17%	11.76%	10.41%	9.15%	7.97%	6.88%	5.88%
7	16.94%	15.40%	13.91%	12.47%	11.10%	9.80%	8.57%	7.44%	6.40%

在比较传统的精算定价方法和期权定价方法时，我们需要注意到期权定价方法考虑了猪粮比初始值这一因素，不同的猪粮比初始值对应着不同的期权费率水平，而传统的精算定价方法由于选取了一年内不同时间点上的猪粮比并给予每一个初始值相同的权重，故在进行费率的比较时需要将期权初始值设置为满足平值期权（at - the - money option）的条件，即设置初始值等于行权价。这样的设计不仅增强了两种定价方法的可比性，而且假设生猪养殖户在期权购买时间点没有套利的机会。

由表6.27、表6.28可以看出，无论是在赔付一次模式下还是赔付两次模式下，欧式期权定价方法的费率都显著地高于对应赔付模式下的传统精算定价费率。其中，在传统精算定价方法下，赔付一次模式的纯费率为0.64%，毛费率为1.24%，分别为平值期权定价费率（5.58%）的11.44%和22.22%；赔付两次模式的纯费率为2.28%，毛费率为4.94%，分别为平值期权定价费率（3.95%）的57.72%和125.06%。由此可以看出，欧式期权定价方法作为一种估计生猪价格指数保险费率上界的方法，对于赔付一次模式是较为粗糙的，对于赔付两次模式则较为合理，介于纯费率和毛费率之间。

由图6.9、图6.10可知，在两种赔付模式下，欧式看跌期权在初始值显著小于行权价时费率较高，且期权的$\Delta\left(\Delta=\dfrac{\partial p}{\partial s}\right)$值较高（期权费率对初始值较为敏感）。在初始值接近于行权价时，期权费率对初始值的敏感性下降。例如，在赔付一次模式下，当初始值等于行权价时，$\Delta=-0.4720968$；当初始值偏离行权价的1/6时，

$\Delta = -0.8910808$；当初始值偏离行权价的 1/3 时，$\Delta = -0.9976446$。由此可见，传统精算定价方法可能没有充分意识到不同的投保时间点（对应不同的猪粮比初始值）可能会对费率的充足性产生深刻的影响。

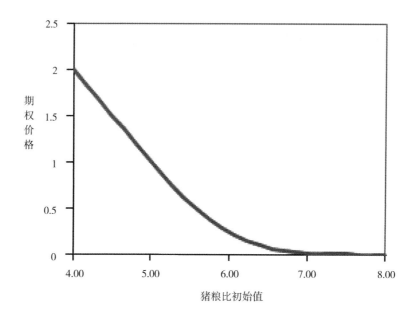

图 6.9　赔付一次模式

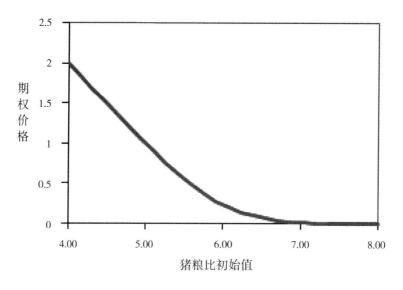

图 6.10　赔付两次模式

（六）亚式期权定价

1. 亚式期权解析法定价

鉴于欧式期权定价法只能为传统的精算定价方法提供一个不足够精确的上界，故考虑使用亚式期权定价法对精算定价方法作为补充。首先我们对亚式期权做简单介绍。

亚式期权不仅和标的资产的最终价格有关，还依赖于标的资产的价格路径。亚式期权关于平均有两种，一种是对于行权价是不确定的，是某段时间内价格的平均，对于这种亚式看涨期权其收益是 $\max(S_T - K_{avg}, 0)$；而另一种是其到期结算价格并不是最终的 S_T，而是某段时间内的价格平均，对于这种亚式期权，其看涨期权的收益是 $\max(S_{avg} - K, 0)$。

上述对亚式期权的描述中，涉及一个价格平均的概念。一般在亚式期权中，平均分为算术平均、几何平均两种。算术平均用公式表示为：$S_{avg} = \sum_{i=1}^{n} S_i / n$，几何平均用公式表示为 $S_{avg} = \sqrt[n]{\prod_{i=1}^{n} S_i}$。

对于亚式期权，并不是在所有的情况下都会有解析解的，在某些情况下，其解会有很好的解析性质。一般来说，其解析解是不存在的，需要在某种近似下进行分析。如果假设标的资产的价格 S 遵循的是对数正态分布，则对于其几何平均 $S_{avg} = \sqrt[n]{\prod_{i=1}^{n} S_i}$ 来说，S_{avg} 遵循的也同样是对数正态分布。在这种情况下，欧式亚式期权是存在解析解的。但是，对于具有提前执行权的美式亚式期权，即使在资产价格服从对数正态分布的假设下，仍然是没有解析解的。注意到这里所提到的 S_{avg} 并不是执行价格，而是指到期结算价格，即其执行价格 K 是确定的。

假设存在这样的一个亚式期权，其定义如上所示，其收益是基于标的资产价格在某段时间内的几何平均的。在风险中性的世界中，如果将资产的期望增长率设定为 $(r - q - \sigma^2/6)/2$，而不是通常情况下的 $r - q$，其波动率设定为 $\dfrac{\sigma}{\sqrt{3}}$，而不是 σ。在这样的假设下，此亚式期权可以被看作一个普通的期权，其波动率是 $\dfrac{\sigma}{\sqrt{3}}$，其派息率设定为：$r - (r - q - \sigma^2/6)/2 = (r + q + \sigma^2/6)/2$。在如上的假设下，可以将这个亚式期权按照新设定的参数，作为一个普通的欧式期权进行定价。

首先，生猪价格指数保险的责任模式对应的是上面提及的第二种亚式期权，即到期结算价格并不是最终的 S_T，而是某段时间内的价格平均，对于这种亚式期权，其看跌期权的收益是 $\max(K - S_{avg}, 0)$，$S_{avg} = \sum_{i=1}^{n} S_i / n$。由保险条款可知，$K = 6$，赔付一次模式下结算价格基于 52 周猪粮比的算术平均值，赔付两次模式下结算价格基于 26 周猪粮比的算术平均值。由上节对资产互换期权的介绍，在这里应用定价模型时需注意

令 $r = 0$。然而，由于生猪价格指数保险实质上是一种结算价格是期间内算术平均的标的指数的亚式期权，我们暂时适用几何平均法来近似为其定价。由不等式

$$\left(K - \sum_{i=1}^{n} S_i / n, 0\right) \leqslant \max\left(K - \sqrt[n]{\prod S_i}, 0\right)$$

可知，对于欧式亚式看跌期权来说，

$$\left(K - \sum_{i=1}^{n} \frac{S_i}{n}\right) \leqslant \max\left(K - \sqrt[n]{\prod S_i}, 0\right),$$

故相同参数下的几何平均型亚式期权的价格是算术平均型亚式期权的上界。由此，在上节的基础上，我们获得了生猪价格指数保险更加精确的费率上界。对应不同的初始值和行权价，运用几何平均的亚式期权 B－S 公式近似定价的期权费率如表 6.29、表 6.30 所示：

表 6.29　　　　　　　　　　　　赔付一次模式几何平均近似

	6	6.1	6.2	6.3	6.4	6.5	6.6	6.7	6.8
5.9	2.50%	1.88%	1.39%	1.00%	0.71%	0.49%	0.33%	0.22%	0.14%
5.95	2.88%	2.20%	1.64%	1.20%	0.86%	0.60%	0.42%	0.28%	0.18%
6	3.30%	2.55%	1.93%	1.43%	1.04%	0.74%	0.52%	0.35%	0.24%
6.05	3.76%	2.94%	2.25%	1.69%	1.25%	0.90%	0.64%	0.44%	0.30%
6.1	4.24%	3.36%	2.61%	1.98%	1.48%	1.08%	0.78%	0.54%	0.37%
6.15	4.76%	3.81%	2.99%	2.31%	1.74%	1.29%	0.94%	0.67%	0.47%
6.2	5.32%	4.30%	3.41%	2.66%	2.03%	1.53%	1.12%	0.81%	0.57%
6.25	5.90%	4.82%	3.87%	3.05%	2.36%	1.79%	1.33%	0.97%	0.70%
6.3	6.51%	5.37%	4.35%	3.47%	2.71%	2.09%	1.57%	1.16%	0.85%
6.35	7.14%	5.95%	4.87%	3.92%	3.10%	2.41%	1.84%	1.38%	1.01%
6.4	7.80%	6.55%	5.42%	4.41%	3.52%	2.77%	2.14%	1.62%	1.21%
6.45	8.48%	7.18%	5.99%	4.92%	3.98%	3.16%	2.46%	1.89%	1.42%
6.5	9.18%	7.84%	6.60%	5.47%	4.46%	3.58%	2.82%	2.19%	1.67%
6.55	9.90%	8.52%	7.23%	6.04%	4.98%	4.03%	3.21%	2.52%	1.94%
6.6	10.64%	9.22%	7.88%	6.64%	5.52%	4.51%	3.63%	2.88%	2.24%
6.65	11.39%	9.93%	8.56%	7.27%	6.09%	5.03%	4.09%	3.27%	2.57%
6.7	12.15%	10.67%	9.25%	7.92%	6.69%	5.57%	4.57%	3.69%	2.93%
6.75	12.93%	11.42%	9.97%	8.60%	7.32%	6.14%	5.08%	4.14%	3.32%
6.8	13.71%	12.18%	10.70%	9.29%	7.96%	6.74%	5.62%	4.62%	3.74%
6.85	14.50%	12.95%	11.44%	10.00%	8.63%	7.36%	6.19%	5.13%	4.20%
6.9	15.30%	13.73%	12.20%	10.73%	9.32%	8.01%	6.79%	5.67%	4.68%

续表

	6	6.1	6.2	6.3	6.4	6.5	6.6	6.7	6.8
6.95	16.11%	14.52%	12.97%	11.47%	10.03%	8.67%	7.41%	6.24%	5.19%
7	16.92%	15.32%	13.75%	12.22%	10.76%	9.36%	8.05%	6.83%	5.73%

表6.30　　　　　　　　　　　　赔付两次模式几何平均近似

	6	6.1	6.2	6.3	6.4	6.5	6.6	6.7	6.8%
5.9	1.56%	1.01%	0.63%	0.37%	0.21%	0.11%	0.06%	0.03%	0.01%
5.95	1.91%	1.28%	0.82%	0.50%	0.29%	0.16%	0.09%	0.04%	0.02%
6	2.32%	1.59%	1.05%	0.66%	0.39%	0.22%	0.12%	0.06%	0.03%
6.05	2.77%	1.95%	1.32%	0.85%	0.52%	0.31%	0.17%	0.09%	0.05%
6.1	3.28%	2.36%	1.63%	1.08%	0.68%	0.41%	0.24%	0.13%	0.07%
6.15	3.82%	2.81%	1.99%	1.35%	0.88%	0.55%	0.33%	0.19%	0.10%
6.2	4.41%	3.31%	2.40%	1.67%	1.11%	0.71%	0.43%	0.25%	0.14%
6.25	5.04%	3.86%	2.85%	2.03%	1.39%	0.91%	0.57%	0.34%	0.20%
6.3	5.70%	4.45%	3.35%	2.44%	1.70%	1.14%	0.74%	0.46%	0.27%
6.35	6.40%	5.07%	3.90%	2.89%	2.07%	1.42%	0.94%	0.60%	0.36%
6.4	7.12%	5.73%	4.48%	3.39%	2.47%	1.74%	1.18%	0.77%	0.48%
6.45	7.86%	6.42%	5.10%	3.93%	2.93%	2.10%	1.46%	0.97%	0.62%
6.5	8.63%	7.14%	5.76%	4.51%	3.43%	2.51%	1.78%	1.21%	0.79%
6.55	9.40%	7.88%	6.45%	5.13%	3.97%	2.97%	2.14%	1.49%	1.00%
6.6	10.20%	8.64%	7.16%	5.79%	4.55%	3.46%	2.55%	1.82%	1.25%
6.65	11.00%	9.42%	7.90%	6.47%	5.16%	4.00%	3.00%	2.18%	1.53%
6.7	11.81%	10.21%	8.66%	7.18%	5.82%	4.58%	3.50%	2.59%	1.85%
6.75	12.62%	11.01%	9.43%	7.92%	6.50%	5.20%	4.04%	3.04%	2.22%
6.8	13.44%	11.81%	10.22%	8.67%	7.21%	5.84%	4.61%	3.54%	2.63%
6.85	14.27%	12.63%	11.02%	9.44%	7.94%	6.52%	5.23%	4.07%	3.08%
6.9	15.10%	13.45%	11.82%	10.23%	8.69%	7.23%	5.87%	4.65%	3.58%
6.95	15.92%	14.27%	12.64%	11.03%	9.46%	7.96%	6.55%	5.26%	4.11%
7	16.75%	15.10%	13.45%	11.83%	10.24%	8.71%	7.25%	5.90%	4.68

由表 6.29 和表 6.30 可以看出，无论是在赔付一次模式下还是在赔付两次模式下，亚式期权定价方法的费率都高于对应赔付模式下的传统精算定价纯费率。在赔付一次模式下，亚式期权定价方法的费率高于传统精算定价毛费率；在赔付两次模式下，亚式期权定价方法的费率低于传统精算定价毛费率。由于毛费率考虑了直接理赔费用和间接理赔费用，故毛费率也可以作为一个比较的维度。但考虑到毛费率包含了利润边际，而我们对利润边际的推测仅仅代表几种可能性，故难以较大把握推测出扣除利润边际部分的毛费率水平。因此，毛费率只能作为一个参考维度，而不作为判断费率充足性的主要决定依据。其中，在传统精算定价方法下，赔付一次模式的纯费率为0.64%，毛费率为 1.24%，分别为平值期权定价费率（3.30%）的 19.33% 和37.54%；赔付两次模式的纯费率为2.28%，毛费率为4.94%，分别为平值期权定价费率（2.32%）的 98.28% 和212.93%。由此，我们可以看出，无论是在赔付一次模式下还是在赔付两次模式下，传统的精算定价方法都存在着费率不充足的情况，赔付一次模式下的纯费率不充足的情况尤甚。

为了增强两种定价方法的可比性，我们在平值期权费率的基础上更加细化。同传统定价方法一样，我们选取从 2009 年 1 月 7 日到 2014 年 4 月 16 日的周度猪粮比数据，提取 224 个可测样本点，我们对每一个样本点根据其初始猪粮比计算出对应期权费率并加以算术平均。由此可得，赔付一次模式下的费率为 3.14%，赔付两次模式下的费率为 2.81%，与基于平值期权假设下计算的费率相差不大，更加印证了传统精算定价方法下纯费率不充足的情况。

2. 蒙特卡洛模拟法为算术平均型亚式期权定价

鉴于算术型亚式期权不存在解析解，我们可使用常用的数值方法蒙特卡洛模拟法对期权进行数值模拟。蒙特卡洛模拟法基于风险中性理论来计算期权的到期价格。在风险中性世界中，首先，我们随机地生成多组标的资产的价格路径，然后借此得到收益（pay－off）的期望值，最终我们用无风险利率对期望值进行贴现。假设存在一个基于市场变量 S 的衍生品，此衍生品在时刻 T 产生收益。在假设利率为常数的前提下，我们得以进行以下流程来为衍生品定价。

（1）在风险中性世界中随机生成变量 S 的一条样本路径；

（2）计算衍生品到期日的回收值（pay－off）；

（3）重复第一步和第二步，获得多条样本路径下该衍生品的回收值（pay－off）；

（4）计算回收值（pay－off）的均值，我们可以将其视为衍生品在风险中性世界中的回收（pay－off）期望值的近似替代；

（5）用无风险利率贴现衍生品的回收期望值，可以得到衍生品价格的近似值，且该近似值与真实值的误差在合理的区间内。

假定在风险中性世界，标的市场变量服从以下过程

$$\frac{dS}{S} = \mu dt + \sigma dz \tag{6.4.66}$$

式中 dz 是一个维纳过程，μ 为标的变量在风险中性世界里的收益率期望，σ 为波动率。为了生成变量 S 的样本路径，我们把期权的期限分割成 N 个小区间，其中每个区间的长度为 Δt，并采用下式来对式（6.4.51）进行近似

$$S(t + \Delta t) - S(t) = \mu S(t)\varepsilon + \sigma S(t)\varepsilon \sqrt{\Delta t} \tag{6.4.67}$$

式中 $S(t)$ 是 S 在时刻 t 的值，ε 是从标准正态分布中随机抽取的样本。这种前向的递推方法帮助我们依靠 S 的初始值得出 S 在时刻 Δt 的值。然后，从时刻 Δt 的值得出 S 在时刻 $2\Delta t$ 值，以此类推，一直进行到期权期限的末尾。每条路径的完整模拟都需要在标准正态分布中进行 N 次的抽样。

在实际操作的过程中，对 $\ln S$ 进行抽样通常比对 S 进行抽样要更为精准。由伊藤引理，$\ln S$ 服从的过程为

$$d\ln S = \left(\mu - \frac{\sigma^2}{2}\right)dt + \sigma dz \tag{6.4.68}$$

因此

$$\ln S(t + \Delta t) - \ln S(t) = \left(\mu - \frac{\sigma^2}{2}\right)\Delta t + \sigma\varepsilon \sqrt{\Delta t} \tag{6.4.69}$$

其等价形式为：

$$S(t + \Delta t) = S(t)\exp\left[\left(\mu - \frac{\sigma^2}{2}\right)\Delta t + \sigma\varepsilon \sqrt{\Delta t}\right] \tag{6.4.70}$$

以上方程可用于产生 S 的路径。

对 $\ln S$ 而不是对 S 进行模拟给出了更精确的估计。而且如果 μ 和 σ 是常数，那么对于所有的期限 T，

$$\ln S(t) - \ln S(0) = \left(\mu - \frac{\sigma^2}{2}\right)T + \sigma\varepsilon \sqrt{T} \tag{6.4.71}$$

因此

$$S(T) = S(0)\exp\left[\left(\mu - \frac{\sigma^2}{2}\right)T + \sigma\varepsilon \sqrt{T}\right] \tag{6.4.72}$$

上式可以用来计算在时刻 T 产生路径依赖型收益的衍生品。

蒙特卡洛法的主要优点是该方法可以用来计算路径依赖型期权（例如，该方法可以适用于亚式期权）。衍生品的收益可以发生在衍生品期限内的任何一段时间，而不限于期间的末端节点。任何关于 S 的随机过程均可以运用该方法。蒙特卡洛法的主要缺点是该方法的空间复杂度较高，当期权属于美式期权这类可以提前执行的衍生品时，这一方法需要较大幅度的修改才能被应用。

蒙特卡洛法的计算结果的精度依赖于模拟的次数，在蒙特卡洛模拟法中，我们不仅需要计算将收益贴现后的期望值，更需要计算期权收益的标准差。令期望值和标准差为 μ 和 w。变量 μ 代表衍生品的价格点估计，该估计值的标准误差为 $\dfrac{w}{\sqrt{H}}$。上式中 H 代表模拟次数。衍生产价格 f 的 95% 置信区间为

$$\mu - 1.96\,\frac{w}{\sqrt{H}} < f < \mu + 1.96\,\frac{w}{\sqrt{H}} \tag{6.4.73}$$

式（6.4.74）表现出衍生品价格的不确定性与模拟次数 H 的平方根是负相关的。欲将计算的精度提高 3 倍，我们需要把模拟次数提高 9 倍；欲将计算的精度提高 10 倍，我们必须将模拟次数提高 100 倍。

我们使用 MATLAB 软件来对算术平均型亚式期权进行数值模拟，我们仍然假设看跌期权的初始值等于执行价（平值期权），令模拟的时间间隔为一周，模拟次数为百万次以提高模拟精确度。通过数值模拟，我们可以得出：给定 95% 的置信水平时，在赔付一次模式下，期权费率均值为 3.27%，绝对偏差不超过 0.009%，相对偏差不超过 0.272%；在赔付两次模式下，期权费率均值为 3.48%，绝对偏差不超过 0.017%，相对偏差不超过 0.502%。与使用 B－S 模型的几何平均近似方法相比，在赔付一次模式下，数值模拟结果（3.27%）略低于解析法近似结果（3.30%）；在赔付两次模式下，数值模拟结果（3.48%）显著高于解析法近似结果（2.32%）。由此可以看出，赔付一次模式的数值模拟结果与直觉相符，因为参数相同情况下，算术平均型亚式看跌期权的价格略低于几何平均型亚式看跌期权。赔付两次模式的数值模拟结果与直觉不符的原因可能是先前我们在解析法求解期权费率时假设两个半年期期权的初始值相同，没有考虑到价格路径的相关性。至此，我们利用算术平均型亚式期权的数值模拟结果得到了生猪价格指数保险的期权费率，并以此为标准对传统的精算定价方法做比较。其中，在传统精算定价方法下，赔付一次模式的纯费率为 0.64%，毛费率为 1.24%，分别为数值模拟平值期权定价费率（3.27%）的 19.51% 和 37.88%；赔付两次模式的纯费率为 2.28%，毛费率为 4.94%，分别为平值期权定价费率（3.48%）的 65.58% 和 142.09%。如表 6.31、表 6.32 所示，横行代表猪粮比初始值，纵行代表行权价（保障水平）：

表 6.31　　　　　　　　　　　　赔付一次模式蒙特卡洛模拟法费率

	6	6.1	6.2	6.3	6.4	6.5	6.6	6.7	6.8
5.95	2.86%	2.18%	1.63%	1.19%	0.85%	0.60%	0.41%	0.27%	0.18%
6	3.27%	2.53%	1.91%	1.42%	1.03%	0.73%	0.51%	0.35%	0.23%

续表

	6	6.1	6.2	6.3	6.4	6.5	6.6	6.7	6.8
6.05	3.72%	2.90%	2.23%	1.67%	1.24%	0.89%	0.63%	0.44%	0.29%
6.1	4.21%	3.32%	2.57%	1.96%	1.46%	1.07%	0.77%	0.54%	0.37%
6.15	4.72%	3.77%	2.97%	2.28%	1.72%	1.28%	0.93%	0.66%	0.46%
6.2	5.25%	4.25%	3.38%	2.64%	2.01%	1.51%	1.11%	0.80%	0.56%
6.25	5.84%	4.76%	3.84%	3.01%	2.34%	1.77%	1.32%	0.96%	0.69%
6.3	6.45%	5.31%	4.31%	3.43%	2.69%	2.06%	1.56%	1.15%	0.83%
6.35	7.08%	5.88%	4.83%	3.88%	3.08%	2.39%	1.83%	1.36%	1.00%
6.4	7.72%	6.49%	5.37%	4.36%	3.48%	2.74%	2.12%	1.61%	1.19%
6.45	8.40%	7.11%	5.93%	4.87%	3.94%	3.13%	2.44%	1.87%	1.41%
6.5	9.09%	7.76%	6.54%	5.41%	4.41%	3.55%	2.79%	2.17%	1.65%
6.55	9.80%	8.44%	7.16%	5.98%	4.92%	4.00%	3.18%	2.49%	1.91%
6.6	10.53%	9.12%	7.81%	6.58%	5.47%	4.47%	3.60%	2.85%	2.21%
6.65	11.27%	9.83%	8.47%	7.20%	6.04%	4.98%	4.04%	3.23%	2.55%
6.7	12.03%	10.56%	9.16%	7.84%	6.62%	5.52%	4.53%	3.65%	2.91%
6.75	12.81%	11.31%	9.86%	8.50%	7.23%	6.06%	5.02%	4.10%	3.28%
6.8	13.56%	12.06%	10.59%	9.19%	7.88%	6.67%	5.58%	4.59%	3.71%
6.85	14.37%	12.82%	11.34%	9.89%	8.56%	7.29%	6.13%	5.09%	4.16%
6.9	15.17%	13.60%	12.08%	10.62%	9.23%	7.92%	6.70%	5.62%	4.63%
6.95	15.96%	14.39%	12.85%	11.36%	9.92%	8.58%	7.33%	6.18%	5.13%
7	16.78%	15.18%	13.62%	12.11%	10.65%	9.27%	7.98%	6.77%	5.66%

表 6.32　　　　　　　　　　赔付两次模式蒙特卡洛模拟法费率

	6	6.1	6.2	6.3	6.4	6.5	6.6	6.7	6.8
5.95	3.06%	2.39%	1.85%	1.43%	1.10%	0.85%	0.65%	0.50%	0.38%
6	3.48%	2.74%	2.14%	1.66%	1.28%	0.99%	0.76%	0.58%	0.45%
6.05	3.92%	3.10%	2.44%	1.90%	1.48%	1.15%	0.89%	0.68%	0.53%
6.1	4.41%	3.53%	2.78%	2.19%	1.70%	1.32%	1.02%	0.79%	0.61%
6.15	4.92%	3.97%	3.18%	2.50%	1.95%	1.53%	1.18%	0.92%	0.71%

	6	6.1	6.2	6.3	6.4	6.5	6.6	6.7	6.8
6.2	5.46%	4.45%	3.58%	2.85%	2.24%	1.75%	1.36%	1.06%	0.82%
6.25	6.05%	4.97%	4.04%	3.22%	2.56%	2.01%	1.57%	1.22%	0.95%
6.3	6.67%	5.53%	4.52%	3.64%	2.90%	2.29%	1.80%	1.41%	1.10%
6.35	7.30%	6.10%	5.04%	4.09%	3.29%	2.61%	2.07%	1.62%	1.27%
6.4	7.95%	6.71%	5.58%	4.57%	3.69%	2.96%	2.35%	1.86%	1.45%
6.45	8.62%	7.33%	6.15%	5.09%	4.15%	3.35%	2.67%	2.11%	1.67%
6.5	9.32%	7.99%	6.76%	5.63%	4.62%	3.76%	3.02%	2.40%	1.90%
6.55	10.03%	8.67%	7.39%	6.20%	5.14%	4.21%	3.40%	2.72%	2.16%
6.6	10.76%	9.36%	8.04%	6.80%	5.69%	4.69%	3.81%	3.07%	2.45%
6.65	11.49%	10.06%	8.71%	7.43%	6.26%	5.20%	4.26%	3.46%	2.78%
6.7	12.25%	10.79%	9.40%	8.08%	6.85%	5.74%	4.75%	3.87%	3.14%
6.75	13.02%	11.53%	10.09%	8.74%	7.47%	6.29%	5.25%	4.32%	3.50%
6.8	13.76%	12.28%	10.83%	9.43%	8.12%	6.91%	5.80%	4.81%	3.93%
6.85	14.56%	13.04%	11.57%	10.13%	8.80%	7.53%	6.36%	5.31%	4.38%
6.9	15.35%	13.80%	12.31%	10.86%	9.48%	8.16%	6.94%	5.85%	4.85%
6.95	16.13%	14.58%	13.07%	11.59%	10.16%	8.83%	7.57%	6.41%	5.36%
7	16.93%	15.36%	13.83%	12.34%	10.89%	9.52%	8.22%	7.01%	5.89%

3. 二叉树法为算术平均型亚式期权定价

亚式期权的收益依赖于标的资产的价格路径，属于强路径依赖型期权。从理论上来说，我们需要记录下到达某点的全部路径数据 N（i，j）。根据二叉树的特性，在下一个阶段上的点 N（i+1，j），其路径的数目等于 N（i+1，j）= N（i，j）+ N（i，j-1）。这样，随着时间的推移，节点的路径数目增长的速度是非常快的。一般情况下，按照记录所有路径值的方法，当二叉树取 50 步时，计算所需的资源就会超出普通计算机所能提供的资源。为此，我们需要用新的方法来解决这类强路径依赖期权的数值解问题，用以降低强路径依赖金融产品定价计算的复杂度。

该方法的核心是插值，我们认为当平均价格在某个区间时，认为期权的价格都可以以一个代表值来计算，在实际操作中是确定平均价格极值，然后线性均分，为此我们需要引入下面的路径函数 F。

路径函数是将路径转化成特定值的函数，在亚式期权中，是采用路径转化成均值。由于标的资产价格在某个二叉树节点的均值，不仅和此节点上的标的资产价格相关，而且和达到这个节点的路径也是相关的。

但正像前面讨论的，由于计算复杂度的约束，不可能针对所有的路径都计算平均值，因此采用了首先求出路径函数 F 的最大值和最小值，然后取出有代表性的点，计算对应的期权价格。

如果平均价格不在取出的代表性点上，则采用线性插值的方法进行计算。首先应找到路径函数 F 的最大值和最小值，即对于任何一个节点，找到到达这个节点的所有路径中的最大值和最小值。在一个典型的二叉树中，如图 6.11 所示的平行四边形。实现所代表的路径是到达 A 点所有的路径平均价格最大的点，虚线所代表的路径是到达 A 点所有的路径中平均价格最小的点。明确此点之后，A 点的极值将会非常简单。

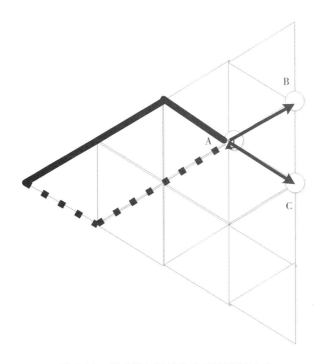

图 6.11　亚式期权标的资产价格路径演示

在求得极大值和极小值之后，根据需要将此区间均分，每一个代表点的值就是这些均分点上的平均价格，求出对应于此平均价格的极大值和极小值就可以了。

假设在每个节点，将均值区间分成四个区间，即 $[A_{avg}^1, A_{avg}^2, A_{avg}^3, A_{avg}^4, A_{avg}^5]$ 代表节点 A 处的代表性点。其中 A_{avg}^1 代表的是最小的平均值，A_{avg}^5 代表的是最大的平均值。$[A_{opt}^1, A_{opt}^2, A_{opt}^3, A_{opt}^4, A_{opt}^5]$ 代表与上述代表性均值对应的期权价格。

即当到达 A 点时，如果平均价格是 A_{avg}^2 ，则对应的期权价格是 A_{opt}^2 。但是也有一种可能性就是均值并不落在上述五个代表性均值中，而是落在均值之间，则采用线性插值的方法得到对应的均值。

如图 6.11 所示，同理对应的 B 点和 C 点有相同的均值和期权价格，分别为

$[B_{avg}^1, B_{avg}^2, B_{avg}^3, B_{avg}^4, B_{avg}^5]$ 、 $[C_{avg}^1, C_{avg}^2, C_{avg}^3, C_{avg}^4, C_{avg}^5]$

和 $[B_{opt}^1, B_{opt}^2, B_{opt}^3, B_{opt}^4, B_{opt}^5]$ 、 $[C_{opt}^1, C_{opt}^2, C_{opt}^3, C_{opt}^4, C_{opt}^5]$ 。

在采用回溯法计算 A 点的不同的平均价格对应的期权价格时，B 点和 C 点的平均价格和期权价格应该是已知的，即

$[B_{avg}^1, B_{avg}^2, B_{avg}^3, B_{avg}^4, B_{avg}^5]$ 、 $[C_{avg}^1, C_{avg}^2, C_{avg}^3, C_{avg}^4, C_{avg}^5]$

和 $[B_{opt}^1, B_{opt}^2, B_{opt}^3, B_{opt}^4, B_{opt}^5]$ 、 $[C_{opt}^1, C_{opt}^2, C_{opt}^3, C_{opt}^4, C_{opt}^5]$ 。

已知的情况下，求 $[A_{opt}^1, A_{opt}^2, A_{opt}^3, A_{opt}^4, A_{opt}^5]$ 。

当在 A 点的平均价格是 A_{avg}^i ，利用风险中性定价法求其对应的期权价格 A_{opt}^i 。假设我们将期权期限 T = 1 分成了 120 个时间间隔，则每个月含有 10 个时间间隔。当亚式期权的最终结算价格只依赖于最近一个月标的资产价格的算术平均数时，S_{avg} 就应当是当前价格和历史路径上最近的 9 个价格的加权平均。

$$A_{avg}^{up} = \frac{9A_{avg}^i + S_B}{10} \qquad (6.4.74)$$

$$A_{avg}^{down} = \frac{9A_{avg}^i + S_C}{10} \qquad (6.4.75)$$

值得注意的是，以上的分析仅仅是一种近似表示，我们不能简单地将 A 点的平均价格和 B 点的价格加权平均就得到 B 点的平均价格。然而，当时间间隔足够小的时候，数值解可以达到我们期望的精度。

在得到了平均价格之后，我们并不能直接得到对应的期权价格，即 A_{avg}^{up} 并不一定落在 $[B_{avg}^1, B_{avg}^2, B_{avg}^3, B_{avg}^4, B_{avg}^5]$ 五个值当中，我们需要进行线性插值才能得到对应的期权价格。假设 A_{avg}^{up} 是落在了 B_{avg}^j 和 B_{avg}^k 之间，其中 $B_{avg}^j < B_{avg}^k$ ，k = j+1，则有如下公式：

$$A_{opt}^{down} = \frac{C_{opt}^k - C_{opt}^j}{C_{avg}^k - C_{avg}^j}(A_{avg}^{down} - C_{avg}^j) + C_{opt}^j \qquad (6.4.76)$$

$$A_{opt}^{up} = \frac{B_{opt}^k - B_{opt}^j}{B_{avg}^k - B_{avg}^j}(A_{avg}^{up} - B_{avg}^j) + B_{opt}^j \qquad (6.4.77)$$

在上述计算的基础上，根据风险中性定价法有如下结果：在节点 A 对应于平均价格 A_{avg}^i 的期权价格 $A_{opt}^i = e^{-r * \Delta t}[p * A_{opt}^{up} + q * A_{opt}^{down}]$ 。这样不断进行回溯，就可以得到亚式期权的价格。

此时，我们需要计算每个节点上对应的标的资产价格路径的最大平均值 F_{max} 和最小平均值 F_{min} 。对于一个节点（i，j）来说，有如下极值的计算公式：

$$F_{\max}(i,j) = \frac{\sum_{k=0}^{j-1} S(i-k,j-k) + \sum_{k=j}^{N_{avg}-1} S(i-k,1)}{N_{avg}}, \ (j < N_{avg}) \quad (6.4.78)$$

$$F_{\max}(i,j) = \frac{\sum_{k=0}^{N_{avg}-1} S(i-k,j-k)}{N_{avg}}, (j \geqslant N_{avg}) \quad (6.4.79)$$

$$F_{\min}(i,j) = \frac{\sum_{k=0}^{i-j-1} S(i-k,j) + \sum_{k=i-j}^{N_{avg}-1} S(i-k,j-k)}{N_{avg}}, \ (j > i - N_{avg})$$

$$(6.4.80)$$

$$F_{\min}(i,j) = \frac{\sum_{k=0}^{N_{avg}-1} S(i-k,j)}{N_{avg}}, \ (j \leqslant i - N_{avg}) \quad (6.4.81)$$

其中 N_{avg} 是在价格平均的时间内的样本点数目。

按照前面的分析，将 $F_{\max}(i,j)$ 和 $F_{\min}(i,j)$ 之间的区间以平均的方式分成四个区间，分别为：

$$A_h(i,j) = F_{\min}(i,j) + \frac{h}{4}(F_{\max}(i,j) - F_{\min}(i,j)), \ (h = 0,1,2,3,4) \ d \quad (6.4.82)$$

当 (i,j) 点的平均价格是 $A_k(i,j)$ 时，有：

$$A_k^{up}(i,j) = \frac{N_{avg} \cdot A_k(i,j) + S(i+1,j)}{N_{avg} + 1} \quad (6.4.83)$$

$$A_k^{down}(i,j) = \frac{N_{avg} \cdot A_k(i,j) + S(i+1,j+1)}{N_{avg} + 1} \quad (6.4.84)$$

所以根据线性插值法得到：

$$O_k^{up}(i,j) = \frac{O_m(i+1,j) - O_{m+1}(i+1,j)}{A_m(i+1,j) - A_{m+1}(i+1,j)}(A_k^{up}(i,j) - A_m(i+1,j)) + O_m(i+1,j)$$

$$(6.4.85)$$

$$O_k^{down}(i,j) = \frac{O_m(i+1,j+1) - O_{m+1}(i+1,j+1)}{A_m(i+1,j+1) - A_{m+1}(i+1,j+1)}(A_k^{up}(i,j) - A_m(i+1,j+1))$$
$$+ O_m(i+1,j+1)$$

$$(6.4.86)$$

其中 $A_{m+1}(i+1,j)$ 是节点 $(i+1,j)$ 处代表性均值中小于 $A_k^{up}(i,j)$ 中的最大值。同时需要注意的是，对 $A_k^{up}(i,j)$ 的插值并不一定是内插，由于 $A_k^{up}(i,j)$ 可能在下一个节点的最大平均值和最小平均值之外，因此，在计算的时候需要注意到存在插值点在插值区间之外的情况。

对应的期权的价格分别为：

$$O_k(i,j) = e^{-r\Delta t}[p \times O_k^{up}(i,j) + q \times O_k^{down}(i,j)], (k = 1,2,3,4,5) \quad (6.4.87)$$

与使用蒙特卡洛法的数值模拟相比，在赔付一次模式下，二叉树法的数值模拟结果（3.25%）略低于蒙特卡洛法的数值模拟结果（3.27%）；在赔付两次模式下，数值模拟结果（3.33%）与解析法近似结果（3.48%）有一定偏差。说明二叉树法对于赔付一次模式的期权费率模拟效果较好，可以作为蒙特卡洛法的补充方法。

五　本节小结

本节首先使用传统的精算定价法对市面上在售的某款生猪价格指数保险做了费率测算，并倒推出几组可能的定价假设。为了检验传统的精算定价方法的费率充足性，我们运用了蒙特卡洛（MCMC）数值模拟的亚式期权定价模型对不同赔付模式下的费率做了测算。最终，我们得出传统的精算定价法存在费率不充足的结论。同时，我们给出了 B – S 模型解析法和二叉树线性插值数值模拟法对亚式期权进行近似的方法，测算结果显示出这两种方法取得了较好的近似效果，可以作为蒙特卡洛（MCMC）数值模拟法的有效补充。

传统的精算定价模型费率不充足的主要原因是精算费率与购买生猪价格指数保险时点的猪粮比初始值不挂钩，而期权定价模型的费率测算显示其与初始值高度相关且费率对初始值的变化非常敏感。同时，精算费率与猪粮比初始值无关也是导致保险购买出现逆选择的一个原因，生猪养殖户在猪粮比数值处于低点时更有意愿购买看跌期权性质的生猪价格指数保险。因此，建议保险公司将猪粮比初始值作为一个新字段加入定价模型中。

考虑到生猪价格指数保险对保障水平（约定猪粮比）这一参数高度敏感，且政策性农业保险的险种存在费率上涨压力，故保险公司最好不轻易提高保障水平以保证费率充足性。

为了将生猪价格的市场风险转移到证券市场，保险公司可以与期货公司签订场外期权合约以降低自己的风险敞口。以亚式期权定价法的费率为依据，保险公司可以合理地确定自己的报价区间，对生猪价格指数风险进行对冲，从而实现保险市场与资本市场的联动，提升自己的风险管理水平。

第五节　生猪价格指数保险与猪周期

在我国生猪期货市场未建立且中小规模养殖户较多的背景下，生猪价格指数保险是利用保险方式抑制"猪周期"的有益探索。本节基于对生猪市场供需关系的实证分析，结合蛛网理论和 ARMA 模型对生猪价格周期进行预测，并评估了生猪价格指数保险对"猪周期"的抑制效果。结果显示，模型预测的生猪价格波动趋势呈现出收敛型的蛛网特征，其中大周期为 4—6 年，小周期为 5—14 个月。在本节的研究框架下，生猪价格指数保险对"猪周期"产生了明显的抑制作用，并且在合理区间内，约定猪粮比越高，抑制效果越好；同时生猪价格偏离均衡价格越远，生猪价格指数保险对价格波动的抑制效果越明显。

一　问题提出

我国是农业大国，具有悠久的生猪养殖历史。猪肉作为我国居民的主要消费肉类之一，[①] 其价格与交易量一直是国民经济发展的重要参考指标，与国计民生息息相关。自 1985 年我国取消生猪派购、放开购销市场、实行多渠道经营以来，生猪价格在市场规律作用下呈现出周期性波动的特征。生猪价格剧烈波动使生猪养殖户和消费者的利益随之大幅起落，影响了养殖户生产的积极性和生猪市场的稳定，也无法满足居民日常生活所需；同时，猪肉价格是物价指数（CPI）的重要组成部分，生猪价格剧烈波动使 CPI 也巨幅波动，进而对资本市场和宏观经济造成不良影响。因此，当前急需制定切实可行的调控措施，减缓猪肉市场价格波幅、保障生猪养殖户和消费者利益。

价格波动是一种不可保的系统性风险，其管控具有特殊性。期货往往被认为是实现价格风险对冲的最佳方法。但我国的生猪期货品种还未正式上市交易；即使生猪期货品种上市，其较高的数量门槛与操作专业性也很难适应我国中小规模生猪养殖户众多的情形，进而削弱其对生猪价格波动的对冲效果。自 2013 年生猪价格指数保险试点以来，指数保险已成为我国管理生猪价格波动风险、抑制"猪周期"的一种新思路。生猪价格指数保险是以生猪为保险标的，以生猪价格指数为保险责任的一种保险，当保险期间内生猪平均价格指数低于保险责任约定价格指数时，视为保险事故发生，保险公司按保险合同的约定给予赔偿。因此，生猪价格指数保险本质上是一种"看跌期权"，即在保险期间内生猪实际价格指数（通常为猪粮比）低于约定价格指数时，视为保险事故发生，保险公司对差额进行赔偿。因此，在生猪价格指数保险的保障下，生猪养殖户可以获得最低价格保证，因此不会在市场价格下跌时减少生猪饲养，从而维持了生猪供给稳定和生猪价格稳定。[②]

但是从试点以来的实际效果上看，尽管各地均有养殖户购买了生猪价格指数保险，但生猪指数保险的承保规模与生猪年出栏量相比可以忽略不计。生猪价格指数保险推广程度不足主要是产品价格过高造成，而产品价格过高的原因主要来自两方面：一方面，由于生猪价格风险是系统性风险，保险公司对生猪价格指数保险定价时的附加安全边际高，造成产品昂贵，超出了养殖户接受范围；另一方面，生猪价格指数保险尚

---

① 猪肉占居民肉类消费比重的 60%—70%，数据来源于 2017 年《中国统计年鉴》。
② 保险公司积聚了生猪价格风险后，可以采用多种方式实现风险管理，包括在期货市场上对冲、转移给再保险公司、在时间维度上进行风险对冲等。目前我国生猪期货已批准立项，为我国生猪价格指数保险的后续推广提供了一定的金融市场基础。

未纳入中央财政补贴的农业保险范围，其保费补贴主要源自地方财政补贴，补贴的空间范围和力度不足。由于参保规模有限，生猪价格指数保险对当前我国生猪市场供给的影响微乎其微，对调控生猪价格波动的作用同样未得到经验证实。

生猪价格指数保险能否抑制"猪周期"？抑制作用有多大？这一系列问题关乎生猪价格指数保险是否应该进一步推广，是否应该纳入中央财政补贴的农业保险范围，意义重大。本节从理论上建立生猪价格波动模型，运用计量方法估计参数，模拟生猪价格的未来变动；然后引入生猪价格指数保险，重点探讨生猪价格指数保险对于生猪市场供需关系的影响，以及对于生猪价格波动的抑制作用，为生猪价格指数保险的财政支持政策提供理论依据。

二　文献综述

生猪价格呈周期性波动已经成为生猪养殖行业的共识，大量学者对此现象的产生机制展开了深入的研究。Dean、Heady（1958）是研究猪周期的先驱文章，他们运用1924—1937 年和 1938—1956 年美国生猪市场数据，估计生猪的供给弹性和需求弹性，并考察了弹性随时间变化的趋势。运用估计的结果，他们基于经典的蛛网模型讨论了生猪价格的周期性变动过程。Breimyer（1959）认为生猪供给不呈周期性变动，而是与玉米的供给有关，因此研究了生猪—玉米价格比（猪粮比）的周期性波动。Chavas、Holt（1991）运用非线性动态过程对猪粮比进行了拟合，认为存在呈非线性波动的猪周期。Streips（1995）认为提高传统蛛网模型和非线性模型的预测精度可以降低反周期成本，进而可以抑制甚至消除周期。他进一步建立了一个混沌动态模型来拟合猪粮比过程，具有很好的预测效果。Miller、Hayenga（2001）利用恩格尔谱回归检验猪肉价格中高频和低频周期的对称性。研究结果表明，批发价格的变化以相对较低的频率周期不对称地传导到零售价格。Holt、Craig（2006）在非线性动态过程中引入机制转换设定，运用非时齐 STAR 模型对美国 1910—2014 年猪粮比月度数据进行了经验分析，表明猪周期呈非线性、状态依赖性和非时齐性。Berg、Huffaker（2015）采用"诊断"模型方法研究了德国生猪价格周期波动，表明需求的低价格弹性、投资不可逆性和德国农民的流动性驱动投资行为是猪周期的三个重要形成因素。

生猪价格波动分析也是国内的热点研究问题。辛贤和谭向勇（1999）对市场经济条件下中国生猪和猪肉价格波动进行研究，从供求两方面建模，并实证分析影响生猪和猪肉价格波动的原因。李秉龙和何秋红（2007）以中国 2000 年 1 月到 2007年 4 月猪肉月度价格为数据样本，分析了猪肉价格短期波动的总体趋势、特点与波动的周期，从政府宏观调控、猪肉供给和需求三个方面解析了中国猪肉价格波动的原因。毛学峰和曾寅初（2008）使用 1995—2008 年月度价格数据，采用时间序列分解方法对中国生猪价格周期进行了度量，表明中国生猪价格存在显著的周期波动，周期为 35—45 个月。潘方卉（2016）采用"三阶段"马尔科夫区制转移模型方法，分析中国生猪价格周期波动的非对称性和持续性特征，表明生猪价格时间序列存在三种区制状态。蔡勋和陶建平（2017）基于有向无环图技术的同期因果关系结果构建 SVAR 模型，探讨了中国货币因素、猪肉供给、消费需求对猪肉价格波动的影响，认为货币流动性是猪肉价格波动的主要原因，但具有时滞性。苗珊珊（2018）运用 TARCH 模型实证分析了突发事件信息对猪肉价格波动的冲击效应及其影响特征，表明信息冲击对猪肉零售价格波动产生杠杆效应。罗千峰和张利庠（2018）分析了生猪价格和猪肉价格波动特征和影响因素，表明价格剧烈波动的形势可分为 6 个周期，外部冲击的影响具有持续性。

在生猪价格呈周期性波动的客观背景下，如何管理生猪价格风险成为一个重要问题。期货是生猪价格风险的有效对冲工具。但是在存在完善的期货市场的情形下，价格保险仍然是一种重要的价格管理工具，如美国的牲畜风险保险计划（Livestock Risk Protection，LRP）和牲畜毛利率保险计划（Livestock Gross Margin，LGM）、加拿大的西部牲畜价格保险计划（Western Livestock Price Insurance Program）。由于牲畜期货价格是国外牲畜价格保险的重要依据，因此，国外学者更多的是研究期货以及期权对牲畜供给和价格的影响，例如 Maynard 等（2014）认为对冲能够降低 50%—60% 的价格波动，远期合约和价格保险能使更多的中小养殖户对冲价格风险。Burdine 等（2014）认为美国奶牛 LGM 计划显著降低了农场的经济下行风险（24%—41%），并且认为如果该计划得以推广，供给最多将增加 3%。自我国开始试点生猪价格保险以来，国内一些学者针对产品实施的效果进行了探讨。张峭等（2015）从赔付标准、保障期限等要素对生猪保险方案进行了设计，并指出其对于价格风险管理具有相对优势。鞠光伟等（2016）基于对生猪目标价格保险试点地区的调研数据，评价了生猪目标价格保险的实践效果，认为生猪目标价格保险在一定程度上可以减少市场风险损失、稳定养殖户生产行为。王克等（2016）认为生猪价格指数保险以固定猪粮比价作为价格保险"目标价格"的做法忽视或违背了我国生猪市场价格的周期性波动规律，将影响其发挥稳定供给和价格的作用。张政伟等（20）尝试利用集合经验模式分解（EEMD）来识别出生猪价格序列在不同周期下的波动特征，并考察不同价格周期背后的驱动力，研究发现生猪价格趋势项由生猪产业内部决定，这为生猪价格指数保险设计提供科学参考。

已有文献对"猪周期"的形成、生猪价格风险管理进行了深入讨论，对我国当前生猪价格调控政策的完善具有重要借鉴意义。但是仍有问题有待讨论：（1）我国"猪周期"的理论解释有待深入。国外学者通常使用蛛网解释和拟合"猪周期"，但国内鲜有学者对此进行了深入分析。（2）由于试点地区和经验有限，生猪价格指数保险对"猪周期"的抑制作用讨论不够充分，不足以为进一步的扶持政策提供依据。本节前四篇参考文献，针对我国生猪市场数据建立蛛网模型，模拟未来生猪价格波动过程；然后引入生猪价格指数保险，讨论其对生猪价格波动的抑制效果，为生猪价格指数保险的相关政策提供理论建议。

三 周期性波动模型

为更直观地展现生猪价格波动规律，本节采用自《防止生猪价格过度下跌调控预案（暂行）》实施以来的生猪出厂价以及猪粮比数据，在趋势图中展示如下（见图6.12）：

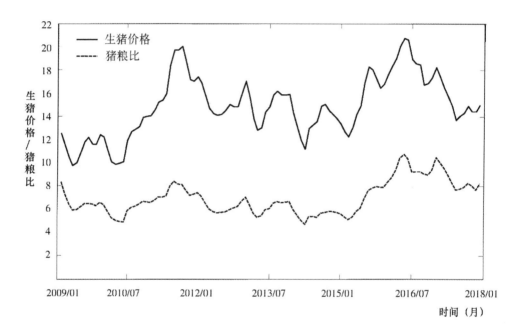

图 6.12　生猪价格与猪粮比波动

从图 6.12 中可以大致看出，生猪价格呈大周期和小周期波动。其中大周期通常为 4—6 年，例如从 2011 年 10 月至 2016 年 6 月为期 4.8 年的波动；小周期通常为 5—14 个月，例如从 2013 年 5 月至 2016 年 5 月为期 12 个月的波动。许多已有文献，如毛学峰和曾寅初（2008）等也验证了这一现象的存在。

在市场经济条件下，供求关系变化通常是导致生猪价格周期性波动的原因。来自供给侧或需求侧的随机冲击都可能造成生猪价格偏离其市场均衡价格，从而导致在市场规律作用下，后续的生猪价格将围绕市场均衡价格上下波动。以生猪病疫为例，图 6.13 展示了在外在冲击下生猪价格周期性波动的过程。

由于我国生猪养殖户众多，我国生猪市场属于比较典型的完全性竞争市场，加上生猪成长周期较长，以及其他大量肉类替代品的存在，导致了生猪的供给弹性小、需求弹性大，因此在没有外部反方向干扰的情况下，生猪价格波动往往呈现出收敛型蛛网特征。基于该生猪价格波动的逻辑，前四篇参照文献所建立的蛛网模型，本节将在确定环境与随机环境下分别建立起生猪价格周期性波动的模型。[①]

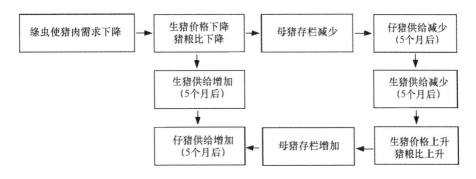

图 6.13　生猪价格周期性波动过程

（一）确定环境下的生猪价格过程

1. 生猪供给建模

由于生猪养殖户大都采用自繁自养的养殖模式[②]，因此本节仅针对自繁自养养殖模式建模。设第 t 时刻第 i（ $i = 1,2,\cdots,H$ ）位生猪养殖户的母猪存栏量为 $M_{i,t}$，根据事实与经验，母猪存栏量依赖于第 $t-1$ 时刻的母猪存栏量 $M_{i,t-1}$、未来预期生猪价格 p_t^d、未来预期玉米价格 q_t^d、第 i 位生猪养殖户的个体特征 $\bar{X}_i$ 以及其在第 t 时刻的财富水平 W_{it}。即

$$M_{i,t} = f^m\left(M_{i,t-1}, p_t^\varepsilon, q_t^\varepsilon, \bar{X}_i, W_{it} \right) \tag{6.5.1}$$

由于未来预期生猪价格和未来预期玉米价格都具有不确定性，本节用无偏估计予以代替，则上式变为：

$$M_{i,t} = f^m\left(M_{i,t-1}, p_t, q_t, \bar{X}_i, W_{it} \right) \tag{6.5.2}$$

以 K_1 表示母猪怀孕产仔时长。假设母猪存栏数量决定了第 i 位养殖户在第 $t + K_1$ 期的新生仔猪数量，即 $N_{it} = f^n\left(M_{i,t-K_1} \right)$，则第 t 期的生猪总供给量为：

---

①　本部分模型忽略了一些宏微观经济因素对生猪供给和需求的影响。原因是：本部分的研究目的是建立生猪价格波动过程，然后分析生猪价格指数保险对生猪价格波动过程的影响。如果加入宏观经济因素，本部分就需要去建立宏观因素的变动过程，才可以建立生猪价格波动过程。该任务几乎不可能完成，因为单一宏观因素已很难准确预测。但是这并不会影响本部分的研究结论。因为生猪价格指数保险只与生猪价格有关，而与其他因素无直接关系。忽略其他宏微观因素不会改变生猪价格指数保险对生猪价格的影响。

②　孙建明（2013）认为生猪出栏量与生猪价格之间不存在显著关系，而 10 个月前的能繁母猪存栏量是生猪价格的格兰杰原因，这也证实了自繁自养模式的普遍存在。

$$N_t = \sum N_{i,t-k} = \sum f^n(M_{i,t-K_1}) \tag{6.5.3}$$

其中，K_2 表示生猪喂养时长；$K = K_1 + K_2$。

2. 生猪需求建模

在市场环境其他因素，如消费者收入水平、替代品价格等均保持不变的情况下，生猪总需求可表示为生猪价格的函数，即

$$Q_t = f^Q(p_t) \tag{6.5.4}$$

3. 生猪价格过程

联立市场均衡条件，根据 （6.5.3） 式和 （6.5.4） 式，可求出第 t 期的生猪价格如下：

$$p_t = invf^Q \mid \sum f^n(M_{i,t-K}) \mid \tag{6.5.5}$$

其中，$invf^Q(\cdot)$ 表示 $f^Q(\cdot)$ 的反函数。结合 （6.5.2） 式，生猪价格周期性过程可表示为：

$$p_t = invf^Q \mid \sum f^n(f^m(M_{i,t-K-1}, p_{t-K}, q_{t-K}, \bar{X}_i, W_{it-K})) \mid \tag{6.5.6}$$

（二） 随机环境下的生猪价格过程

确定环境下的生猪价格过程未考虑随机冲击的影响。但是，在本节的研究框架下，需求和供给两方面因素的随机冲击会导致价格的波动。一是需求方面。生猪总需求可能会受随机冲击的影响，例如猪肉绦虫事件使猪肉需求减少、疯牛病和禽流感事件使猪肉的需求增加等。因此随机环境下生猪总需求可表示为：

$$Q_t = (1 + Z_1)f^Q(p_t) \tag{6.5.7}$$

其中，Z_1 表示需求变动比例，是一个时间齐性、取值在 （-1，1） 区间内的随机变量。由于该类事件是或然的，本节假设风险冲击以 α 的概率不发生，则 $Z_1 = 0$；以 $1 - \alpha$ 的概率发生，此时 $Z_1 = \theta_1$，θ_1 为冲击发生条件下的随机变量。

二是供给方面。母猪和生猪在饲养过程中往往面临病害、灾害和意外事故等风险。假设在每期期末风险发生，则母猪面临的风险表示为：

$$M_{i,t} = f^m((1 - Z_{2i})M_{i,t-1}, p_t, q_t, \bar{X}_i, W_{it}) \tag{6.5.8}$$

其中，Z_{2i} 表示母猪和生猪的单期死亡风险，假设 $Z_{2i} \sim Gamma(\alpha', \beta)$，$\alpha'$ 与 β 为待估参数。因此，第 t 期生猪总供给为：

$$N_t = \sum_i (1 \cdot Z_{2i})^K N_{i,t-K} = (1 \cdot Z_{2i})^K \sum_i f^n(M_{i,t-K}) \tag{6.5.9}$$

根据 （6.5.7） 到 （6.5.9） 式，随机环境下的生猪价格过程可表示为：

$$p_t = invf^Q \left[\frac{1}{1 - Z_i} \sum_i (1 - Z_{2i})^K f^n(f^m((1 - Z_{2i})M_{i,t-K-1}, p_{t-K}, q_{t-K}, \bar{X}_i, W_{it-K})) \right]$$

$$\tag{6.5.10}$$

（三）引入生猪价格指数保险后的生猪价格过程

根据市场上现有生猪价格指数保险条款，养殖户按预期出栏头数购买该保险，当期出栏时的猪粮比（生猪价格／粮食价格）低于约定猪粮比时，保险公司予以补偿。则在确定环境下引入生猪价格指数保险后，养殖户的饲养决策表示为：

$$M_{i,t} = f^m(M_{i,t-1}, p_t, q_t, (p/q)^I, \bar{X}_i, W_{it} - \pi_{it}) \tag{6.5.11}$$

其中，$(p/q)^I$ 表示生猪价格指数保险中约定猪粮比；π_{it} 表示第 i 位养殖户在第 t 期缴纳的保费，即 $\pi_{it} = \tau E[N_{i,t}]$，$\tau$ 表示每头猪的单位费率。此时生猪价格过程为：

$$p_t = invf^Q\left[\sum f^n(f^m(M_{i,t-K-1}, p_{t-K}, q_{t-K}, (p/q)^I, \bar{X}_i, W_{it-K}))\right] \tag{6.5.12}$$

而在随机环境下引入生猪价格指数保险后，养殖户的饲养决策表示为：

$$M_{i,t} = f^m((1 - Z_{2i})M_{i,t-1}, p_t, q_t, (p/q)^I, \bar{X}_i, W_{it-K} - \pi_{it}) \tag{6.5.13}$$

此时第 i 位养殖户在第 t 期缴纳的保费为 $\pi_{it} = \tau E[((1 - Z_{2i})^K N_{i,t}]$，则生猪价格过程可表示为：

$$p_t = invf^Q\left[\frac{1}{1 - Z_i}\sum_i (1 - Z_{2i})^K f^n(f^m((1 - Z_{2i})M_{i,t-K-1}, p_{t-K}, q_{t-K}, (p/q)^I, \bar{X}_i, W_{it-K}))\right]$$

$$\tag{6.5.14}$$

四　参数估计

在根据中国政府网公布的 2009 年 2 月至 2018 年 5 月的生猪存栏量、能繁母猪存栏量、生猪出场价格、玉米批发价格[①]、生猪疫情数据等月度数据，生猪价格周期模型拟合与参数估计过程如下。

（一）生猪总供给函数估计[②]

由图 6.13 的价格波动机制可得出，母猪存栏量减少会导致 10 个月后生猪供给量减少，进而导致生猪价格的上涨。同时，历史数据统计显示，生猪供给与 10 个月前的母猪存栏量存在稳定的比例关系，比例 $l = 9.117 : 1$。因此，生猪价格与当期母猪存栏量的历史关系能反映出随后生猪的供给关系。由于暂无养殖户个体数据，本节仅对母猪存栏总量函数进行估计，母猪存栏量函数的回归结果如表 6.33 所示。为清晰起见，参照主流计量文献的做法，采用逐步增加解释变量的"从简单到复杂"的建模过程。

[①] 本部分讨论了玉米批发价格对生猪供给的影响，没有考虑玉米期货价格的影响。原因是：第一，中国生猪养殖产业以中小规模养殖户为主，他们很难明白和使用玉米期货市场所释放的信息，而更多地根据玉米现货市场的价格信息作为判断依据。第二，生猪养殖是提前备料、协议供料，备料成本是现货市场价格，对期货价格不敏感。第三，玉米期货市场的影响因素众多、波动较大、存在突变，例如国际供求、金融市场波动等，而生猪供给是渐变过程，两者统计上不显著。

[②] 不同养殖户的供给曲线存在差异，但对总供给曲线无影响。

表 6.33　　　　　　　　　　　　　　　　　母猪存栏量的回归结果

解释变量	母猪存栏量 M_t				
	模型 1	模型 2	模型 3	模型 4	模型 5
当期生猪价格 p_t	−4.332 *** (3.981)	5.422 (3.960)	27.686 * (16.305)	16.293 * (9.099)	5.310 *** (1.609)
当期玉米批发价格 q_t		−115.795 * (67.601)	−298.748 ** (145.899)	−91.572 (71.153)	
当期猪粮比 p_t/q_t			−45.876 (32.611)	−17.895 (19.169)	
上一期母猪存栏量 M_{t-1}				1.009 *** (0.012)	1.004 *** (0.007)
Director					−26.002 ** (8.073)
截距项	2421.352 *** (193.719)	2433.830 *** (224.370)	2752.604 *** (344.407)	−6.487 (150.261)	−122.226 *** (39.945)
R^2	0.023	0.077	0.113	0.997	0.998

注：（1）*、**和***分别表示系数在10%、5%和1%的置信水平上显著；（2）回归系数括号内为对应的参数标准差值；（3）Director 为指示变量，当猪粮比小于盈亏平衡点时取值1。

根据表 6.33 的回归结果，模型 6.5.1、模型 6.5.2 违背了供给函数的基本逻辑，即供给量与价格之间呈明显的正相关关系。模型 6.5.3、模型 6.5.4 和模型 6.5.5 均具有良好的解释效果，通过对比 AIC 和 BIC，本节选择模型 6.5.5 作为母猪存栏量函数。模型 6.5.5 表明，母猪存栏量存在着显著的一阶自回归过程，此处不难理解，由于母猪的培育过程漫长，养殖户在短期内很难做出大幅改变母猪存栏量的决策。此外，母猪存栏量与当期玉米批发价格不存在显著的正相关关系，但指示变量（Director）对母猪存栏量有较显著的正影响（5% 的置信水平上），这表明相对于养殖成本，养殖户更加关注是否发生亏损。根据模型 6.5.5，有：

$$M_t = -122.226 + 5.310 p_t + 1.004 M_{t-1} - 26.002 director_t \qquad (6.5.15)$$

在回归模型中，随机误差项代表供给侧的随机冲击。当养殖户购买生猪价格指数保险时，其母猪存栏量函数变为：

$$M_t = -122.226 + 5.310 \max\{p_t, q_t \cdot (p/q)^I\} + 1.004 M_{t-1} - 26.002 director_t$$

$$\qquad (6.5.16)$$

此时生猪供给函数为：

$$M_{t+10}/l = -122.226 + 5.310\max\{p_t, q_t \cdot (p/q)^l\} + 1.004M_{t-1} - 26.002director_t$$

$$(6.5.17)$$

（二）生猪总需求函数估计

根据生猪养殖规律，一旦母猪存栏量确定，那么一段时间后的生猪供应量也基本确定。因此，过去母猪存栏量与生猪价格的历史关系决定了生猪的总需求曲线，生猪总需求函数回归结果如表6.34所示。

表6.34　　　　　　　　　　总需求函数的回归结果

解释变量	生猪价格 p_t			
	模型6	模型7	模型8	模型9
上一期生猪价格 p_{t-1}	0.926*** （0.060）	0.746** （0.093）	0.495*** （0.090）	0.465*** （0.100）
上一期猪粮比 p_{t-1}/q_{t-1}		0.282** （0.123）	1.009*** （0.230）	1.032*** （0.227）
10月前母猪存栏量 M_{t-10}			-0.001*** （0.000）	-0.001*** （0.000）
定点屠宰企业屠宰量 K_t				-0.001*** （0.001）
截距项	1.179 （0.950）	1.900*** （0.846）	6.671*** （2.190）	6.950** （2.532）
R^2	0.858	0.874	0.901	0.905

注：*、**和***分别表示系数在10%、5%和1%的置信水平上显著。

回归结果表明，10个月前母猪存栏量对生猪价格有显著的负影响，即生猪供给量会刺激消费者对生猪的需求；当期猪粮比跟生猪价格存在显著的正相关，这表明生猪相对粮食的价格会改变消费者的需求；另外，定点屠宰企业屠宰量能间接反映生猪需求情况，生猪价格表现出明显的价格黏性。通过对比各个模型的AIC和BIC，本节选择模型6.5.9作为生猪总需求函数。随机误差项代表需求侧的随机冲击，那么生猪总需求函数可以表示为：

$$p_t = 6.590 + 0.465p_{t-1}/q_{t-1} - 0.001N_t/l - 0.001K_t \qquad (6.5.18)$$

（三）随机变量的估计

在现实情况中，生猪价格会因为供给侧和需求侧的随机冲击（如疾病、替代品价格等）而偏离市场均衡价格。

供给侧方面，根据2009年2月至2017年12月的生猪疫情月份数据，生猪及母猪

死亡率可以用 $Z_2 \sim Gamma$（$1.908, 1.7872 \times 10^{-6}$）分布拟合，如图6.14所示。

需求侧方面，由于季节、替代品价格等因素，生猪价格会随机波动。根据2009年2月以来的生猪价格数据，对生猪价格的波动百分比进行统计，如图6.15所示。本节将大于5%的价格变动定义为需求侧的随机冲击，并将其出现的频率作为发生概率 α 的估计值，即 $\hat{\alpha} = 38/88 = 43.18\%$ ；并且假设度量冲击大小的随机变量 θ_1 分别以0.5的概率等于5%或-5%。

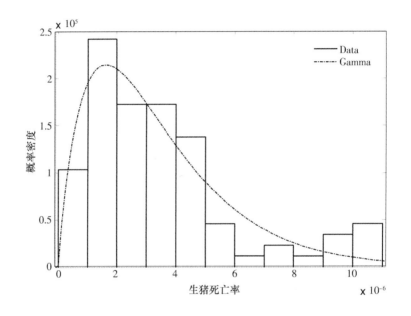

图6.14　生猪死亡率拟合图

（四）其他参数设置

除以上参数外，本节将2009年2月至2017年12月的月平均玉米批发价格作为未来玉米价格，即 $q_t = \bar{q} = 2.23$ 元/公斤；根据《缓解生猪市场价格周期性波动调控预案》，设定盈亏平衡点为5.5。本节旨在评估生猪价格指数保险对猪周期的抑制效果，因此本节假设所有生猪均投保。

五　产品效果评估

（一）生猪价格指数保险对大周期的抑制效果

运用生猪市场数据建立起的生猪总供给和总需求函数的回归模型，较为准确地反映了生猪的供求关系，因此在蛛网理论下能用来解释生猪价格的大周期波动。

1. 确定环境下生猪价格指数保险的抑制效果

在确定情况下，不同约定猪粮比下生猪价格指数保险对生猪价格的影响如图6.16

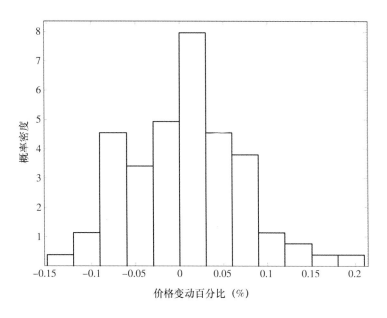

图 6.15　月生猪价格变动百分比

所示，实线展示了无生猪价格指数保险时的生猪价格波动过程。正如前文分析所得，由于生猪的供给弹性小于需求弹性，生猪价格呈现收敛型蛛网特征，波动幅度越来越小。同时，能发现生猪价格收敛速度缓慢，当价格偏离均衡状态时，约需要25年才能恢复到均衡点所代表的水平。在没有随机冲击的情景下，生猪价格波动的周期为4—6年，与现实情况吻合。图6.16中其他三条虚线依次展示了有生猪价格指数保险且约定猪粮比分别为5、5.5和6时的生猪价格波动过程。[①] 结果显示：第一，生猪价格指数保险会抑制生猪价格周期波动。第二，约定猪粮比越高，抑制效果越好；但过高约定猪粮比会产生套利机会，致使价格系统崩溃。[②] 第三，生猪价格指数保险产生抑制效果需要临界条件，即当生猪价格下行到低于约定价格指数时，能够保护生猪养殖户利益，使养殖户不减少养殖规模，从而抑制生猪价格的长期波动。[③] 为更加精确地反映生猪价格指数保险对生猪价格周期波动有多大的抑制作用，本节通过计算生猪价格的方差波动来进行衡量，具体公式如下：

---

①　根据2014年经济日报《什么是生猪价格指数保险》，北京市生猪价格指数保险约定的猪粮比为6，由此本部分分别讨论了约定猪粮比分别为5、5.5和6时的情况。

②　当约定猪粮比所示保证收益超过饲养成本和保费支出时，养殖户将无限扩大养殖规模。此时，生猪供给趋于无穷大，生猪价格体系崩溃。在确定环境下，当约定猪粮比超过8.71时，供给趋于无穷大。

③　生猪价格指数保险的本质是为养殖户提供了一个最低价格保证。只有当最低价格保证能使养殖户养殖行为不因为猪价下降而发生改变时，生猪价格指数保险才会产生抑制效果。从数值结果上看，在确定性环境下，当约定猪粮比低于4.15时，生猪价格指数保险无效。

$$e_{q'} = \frac{\mathrm{var}(p^0) - \mathrm{var}(p^{q'})}{\mathrm{var}(p^0)} \tag{6.5.19}$$

其中，$q' = (p/q)^l$ 表示生猪价格指数保险的约定猪粮比；$e_{q'}$ 表示当约定猪粮比为 q' 时，生猪价格指数保险减少生猪价格波动的幅度；$\mathrm{var}(p^0)$ 表示无生猪价格指数保险时，生猪价格的方差；$\mathrm{var}(p^q)$ 表示生猪价格指数保险的约定猪粮比为 q 时，生猪价格的方差。

由计算结果可知：在确定性环境下，当约定猪粮比分别为 5、5.5 和 6 时，生猪价格指数保险分别能减少生猪价格 9.68%、28.13% 和 34.15% 的波动幅度。

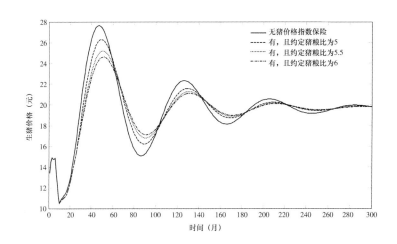

图 6.16 确定环境下生猪价格指数保险抑制猪周期的效果评估

2. 随机环境下生猪价格指数保险的抑制效果评估

现实环境包含众多不确定性，本节进一步在确定模型中供给侧和需求侧的随机冲击，以评估生猪价格指数保险对生猪价格波动的一直效果。在不失一般性的情况下，随机生成 1 个情景予以说明，如图 6.17 和图 6.18 所示。

图 6.17 显示，生猪价格指数保险会在一定程度上抑制生猪价格周期波动，但是抑制作用呈现出以下特征：第一，生猪价格指数保险产生抑制效果同样需要临界条件，即当价格低于约定指数时才能发挥其作用，使生猪养殖户不减少养殖规模，从而抑制生猪价格长期波动。第二，原有的生猪价格波动幅度越小，生猪价格指数保险的抑制效果越弱；此时由于随机因素的冲击，使得引入生猪价格指数保险后的价格过程也可能出现大幅波动。而原有的生猪价格波动越大时，生猪价格指数保险的抑制作用越明显。此外，在随机环境下通过计算生猪价格的方差波动，可知当约定猪粮比分别为 5、5.5 和 6 时，生猪价格指数保险分别能减少生猪价格 5.62%、10.64% 和 22.01% 的波动幅度。

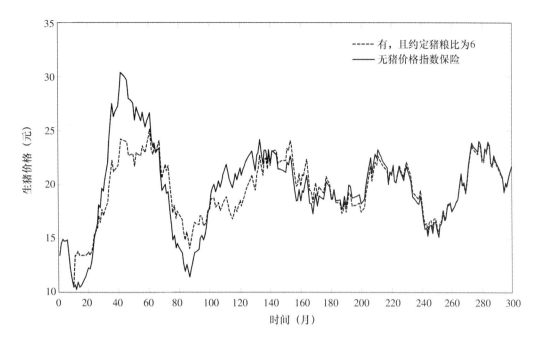

图 6.17 生猪价格指数保险在约定猪粮比为 6 时的抑制效果

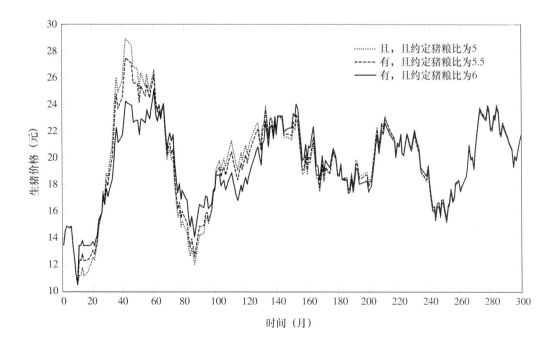

图 6.18 不同生猪价格指数保险的抑制效果对比

图 6.18 显示，通常情况下，生猪价格指数保险的约定猪粮比越高，抑制效果越

好。而在随机因素的冲击下，高约定猪粮比下生猪价格指数保险的抑制效果并不绝对好于低约定猪粮比的保险。其原因是：随机因素的冲击和生猪价格指数保险共同作用可能使生猪价格的原有周期发生移动，而冲击也可能发生在生猪周期的峰值，从而改变生猪价格周期的拐点，使得随机情形下保险对于猪周期的抑制效果与约定猪粮比的高低不存在必然关系。

（二） 生猪价格指数保险对小周期的抑制效果

由于在生猪总供给函数和总需求函数的回归模型中未能很好地考虑到本身具有周期性的冲击，如季节交替、节假日等，因此不能精确地反映生猪价格的小周期波动。考虑到上述不足之处，为刻画生猪价格波动的小周期，本节将结合 ARMA 模型模拟生猪价格的短期波动。在回归模型中，由前文分析知道生猪价格具有黏性，并且会呈现 4—6 年的大周期波动，因此需要对历史数据进行周期差分变换和消除趋势性的差分运算，分别消除大周期和价格黏性的影响。本部分以 2009 年 2 月到 2015 年 12 月的数据为基础，估计 ARMA 模型的参数，再模拟 2016 年 1 月至 2017 年 12 月生猪价格的月份数据，然后分析生猪价格指数保险对生猪价格的影响。关于 ARMA 模型的实证结果如表 6.35 所示。

表 6.35 生猪价格 ARMA （4，5） 模型参数估计结果

变量	估计值	标准误	T 统计量	P 值
AR （1）	0.411	0.061	6.689	0.000
AR （2）	0.342	0.080	4.280	0.000
AR （3）	0.411	0.051	8.204	0.000
AR （4）	− 0.824	0.041	− 20.291	0.000
MA （1）	− 0.136	0.153	− 0.890	0.268
MA （2）	− 0.951	0.234	− 4.060	0.000
MA （3）	− 0.971	0.220	− 4.430	0.000
MA （4）	0.662	0.216	3.067	0.002
MA （5）	0.518	0.167	3.106	0.002

根据表 6.35，通过对回归残差的自相关检验和信息准则的比较，ARMA （4，5）对 2009 年 2 月到 2015 年 12 月的历史数据具有最佳的拟合效果，但由于 MA （1） 的系数不显著，考虑更为简洁的模型，将 ARMA （4，5） 模型中的一阶移动平均项略去。即

$$\Delta p_t = 0.411\Delta p_{t-1} + 0.342\Delta p_{t-2} + 0.411\Delta p_{t-3} - 0.824\Delta p_{t-4} - 0.951\varepsilon_{t-2}$$
$$- 0.971\varepsilon_{t-3} - 0.662\varepsilon_{t-4} - 0.518\varepsilon_{t-5} \tag{6.5.20}$$

其中，$\Delta p_t = p_t - p_{t-T}$ 表示对生猪价格进行周期差分；T 表示大周期。

根据（6.5.20）式，以 2009 年 2 月到 2015 年 12 月的数据为基础，ARMA（4，5）模型对 2016 年 1 月至 2017 年 12 月的生猪价格的模拟结果如图 6.19 所示。

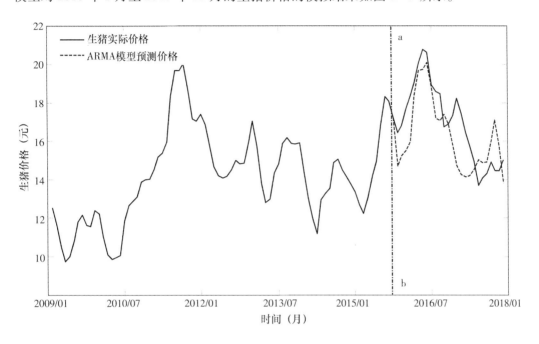

图 6.19　生猪实际价格与 ARMA 模型模拟价格对比

在（6.5.20）式的基础上，如果加入生猪价格指数保险，生猪价格过程将发生改变，如（6.5.21）式所示。

$$\Delta p_t = 0.411(p_{t-1} - p_{t-1}^{'}) + 0.342\Delta p_{t-2} + 0.411\Delta p_{t-3} - 0.824\Delta p_{t-4} - 0.951\varepsilon_{t-2}$$
$$- 0.971\varepsilon_{t-3} - 0.662\varepsilon_{t-4} - 0.518\varepsilon_{t-5}$$

$$\tag{6.5.21}$$

其中，$p_{t-1}^{'} = \max\{p_{t-1}, q_{t-1} \cdot (p/q)^I\}$。

根据（6.5.21）式，以 ARMA（4，5）对 2016 年 1 月至 2017 年 12 月生猪价格的月份数据的模拟结果为基础，生猪价格指数保险对生猪价格的影响如图 6.20 所示。

图 6.20 展示了生猪价格指数保险对生猪价格小周期的影响。第一，生猪价格指数保险在发生赔付后，对随后的一个生猪价格小周期波动存在一定程度上的抑制作用；第二，在一定合理区间内，约定猪粮比越高，抑制效果越好。此外，当生猪价格指数保险的约定猪粮比分别为 5、5.5 和 6 时，生猪价格指数保险分别能减小生猪价格

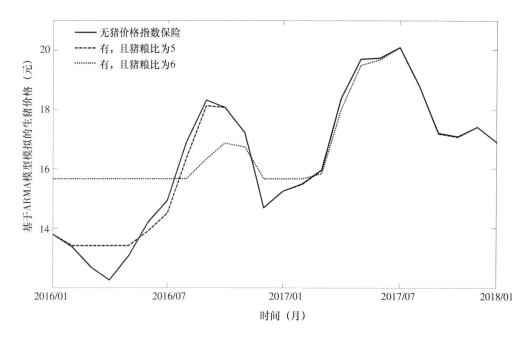

图 6.20 保险对生猪价格短期变动的影响

1.97%、2.28% 和 12.88% 的短期波动幅度。

六　本节小结

建立长效机制减缓猪肉市场价格波幅是一项重要的研究课题。生猪价格指数保险是在我国生猪期货市场未建立、中小规模养殖户较多的背景下利用保险手段抑制猪周期的有益探索。本节基于对生猪价格波动成因的实证分析，结合蛛网理论和 ARMA 模型对生猪价格的预测，分别评估了生猪价格指数保险对生猪价格大周期与小周期的抑制效果。

结果显示，模型很好地拟合了生猪价格的大周期与小周期波动，且预测的生猪价格波动呈现出收敛型蛛网特征，其中大周期为 4—6 年，小周期为 5—14 个月。生猪价格指数保险对猪周期的抑制作用表现为如下特点：第一，生猪价格指数保险都对生猪价格的大周期有明显的抑制作用。在确定情形下，约定猪粮比在合理区间内越高，对于猪周期价格波动的抑制效果越好；而在随机冲击下，生猪价格指数保险对于猪周期的抑制效果随原有猪周期的波动幅度增加而有所增强。第二，生猪价格指数保险会对赔付后的下一个小周期波动产生抑制作用，同样在合理区间内，该抑制效果与约定猪粮比存在着显著的正向关系。

本节就生猪价格指数保险对猪周期抑制效果进行了初步评估，结论对于完善我国目前的生猪价格调控政策有一定的理论价值。同时相关问题也有待进一步研究：一是对于养殖决策（供给曲线）的进一步研究。本节仅根据公开数据对总供给曲线进行了估计，但是不同养殖规模的养殖户的供给曲线存在差异，对供给曲线的进一步研究将使研究内容和结论更丰富。二是对于生猪价格指数保险的保费分担机制的研究。本节尚未考虑生猪价格指数保险的保费负担问题，其结果是本节建立的生猪价格循环系统会因约定猪粮比过高而崩溃。因此，保费分担机制以及养殖户财富过程的研究将是另外一个方向。三是对于生猪价格指数保险合同设计与保费补贴规模的研究。基于生猪价格指数保险的抑制效果和政策预期，生猪价格指数保险合同设计与保费补贴比例研究将能够为政策提供更多的依据。

第七章　农业保险与精准扶贫研究

第一节　研究背景

扶贫攻坚是我国政府面临的重大问题。基于不同财富个体采取不同效率生产技术的事实，本节建立一系列多重均衡模型讨论了一个帮助贫困农民摆脱贫困陷阱的方法。我们发现：农民没有参保时，资本水平低于 6.166（全年收入 2675 元/人）的个体一定陷入贫困陷阱，而资本水平略高于 6.166 的个体可能陷入贫困陷阱，且随着资本水平的提高，破产概率降低。农民参保后（以 50% 补贴为例），则只有资本水平低于 5.787（全年收入 2511 元/人）的个体陷入贫困陷阱。参保帮助资本水平介于 5.787 和 6.166 的贫困农民"爬出"了贫困陷阱。这部分贫困农民约 802 万人，占所有贫困人口的 10.03%。另外，参保还确保资本水平略高于 6.166 的个体由"可能陷入贫困陷阱"变为"一定不会陷入贫困陷阱"，这部分贫困农民约 1493 万人，占 18.67%。

一　问题提出

贫困是经济发展中一个不容忽视的问题，帮助穷人摆脱贫困是许多国家的战略目标之一。1978 年以来，中国在减少贫困人口、提高居民生活质量方面取得了重大的进步。按照人均纯收入低于 2300 元即为贫困的标准（2010 年价格），我国贫困人口从 1978 年的 7.7 亿人减少到 2015 年的 5575 万人，减少了 92.8%。[1] 在取得巨大成就的同时，我国脱贫攻坚形势依然严峻，剩下的贫困人口贫困程度更深，减贫成本更高，脱贫难度更大。如何在 2020 年实现让这些贫困人口摆脱贫困的既定目标，是一个重大课题。

围绕脱贫攻坚纲领性文件《中共中央国务院关于打赢脱贫攻坚战的决定》（中发〔2015〕34 号，下称《决定》），各个部委和各级政府 2016 年先后发布 10 个配套文件、出台 101 个政策文件或实施方案开展扶贫工作。"保险扶贫"是《决定》的重要内容，《关于做好保险业助推脱贫攻坚工作的意见》（保监发〔2016〕44 号）对此制定了具体

---

① 数据来源：《中国扶贫开发报告 2016》。

实施方案。由于贫困人口大都处于以农业经济为主的老、少、边、穷地区，保险成为"保险扶贫"的重要工具之一。但是，保险作为一种风险管理工具，其"输血""造血"功能并不明显，且保险保费对于穷人来说可能成为一种负担进而加剧贫困。

因此，保险真的有助于穷人摆脱贫困陷阱吗？本节以农业保险为例对此展开研究。基于不同财富水平个体可能采取不同效率的生产技术这一事实，本节首先在风险环境下建立多重均衡模型描述农村经济，其低水平均衡状态即是贫困陷阱。然后在该模型中引入管理农业风险的强制性农业保险，分析农业保险的扶贫效果。再基于基本结论，进一步讨论市场性农业保险（相对于强制性农业保险而言）的需求和扶贫效果，以及补贴政策对农业保险扶贫效果的影响。我们的研究结果表明：如果没有保费补贴，农业保险可能并不是一个很好的扶贫政策工具。但是当政府为农民提供保费补贴以后，农业保险的扶贫效果大幅提升。农民没有参保时，资本水平在 6.166（全年收入 2675元/人）以下的个体一定会陷入贫困陷阱，而资本水平略高于 6.166 的个体可能会陷入贫困陷阱，并且随着资本水平的提高，破产概率相应降低。农民参保后，以 50% 的市场性农业保险保费补贴为例，则只有资本水平低于 5.787（全年收入 2511 元/人）的个体才会陷入贫困陷阱。农业保险相当于帮助那些资本水平略高于 6.166 的农民由"可能陷入贫困陷阱"变为"一定不会陷入贫困陷阱"。在我们的研究框架里，这部分贫困农民约有 1493 万人，占所有贫困人口的比例为 18.67%。更重要的是，农业保险能够帮助那些资本水平介于 5.787 和 6.166 的贫困农民由"原来一定会陷入贫困陷阱"变为"一定不会陷入贫困陷阱"。这部分贫困农民约有 802 万人，占所有贫困人口的比例为 10.03%。以此角度看，我们似乎可以说，农业保险能够帮助约 1/3（18.67% + 10.03%）的农民爬出"贫困陷阱"。

本节以下部分的安排如下：第二部分回顾已有文献并总结本节创新点；第三部分在风险环境下建立多重均衡模型，刻画农村经济中的贫困陷阱；第四部分引入强制性农业保险，分析农业保险扶贫效果，并讨论市场性农业保险、保费补贴对扶贫效果的影响；第五部分总结全文。

二　文献综述

贫困陷阱被定义为一种贫困自我持续机制（Azariadis & Stachurski，2005）。在没有外部帮助的情况下，陷于贫困陷阱的个体不能自我摆脱贫困（Kovacevic & Pflug，2011）。作为发展经济学的重要研究领域，大量学者对贫困陷阱进行了理论和实证方面的研究，Kraay、Raddatz（2007），Barrett、Carter（2013），Janzen、Carter 和 Ikegami（2016）等对这些文献进行了详细回顾。

学者通常用多重均衡模型刻画贫困陷阱，即模型中至少存在一个低于贫困标准的均衡（Barrett et al.，2013），低于临界值的个体长期都会收敛至该均衡。一些学者认为技术差异导致经济出现多重均衡。基于 Buera（2009）建立的含两种生产方式的资产积累模型，一些学者假设拥有低水平资本的个体采用低效率生产技术，拥有高水平资本的个体付出额外成本采用高效率生产技术，由此建立多重均衡模型，用以讨论贫困陷阱问题（Carter et al.，2007；Carter & Lybbert，2012；Barrett et al.，2013；Barrett & Carter，2013）。事实上，生产方式的研究角度也经常不同，Agénor 和 Aizenman（2010）从更宏观的视野定义了两种生产方式，仅需要劳动力的传统生产方式，和既需要劳动力又需要政府投入（以基础设施投资度量）的现代生产方式，并在此基础上建立了包含贫困陷阱的多重均衡模型。Janzen 等（2016）则假设经济中有两种生产技术可供选择，一是高固定产出、低变动产出，二是低固定产出、高变动产出，个体根据拥有的资本水平选择总产出较大的生产技术，由此建立一个多重均衡模型。一项关于埃塞俄比亚养殖牧民的研究似乎更加有趣，Santos 和 Barrett（2011）认为牧群规模是上一期牧群规模的多项式函数，并受天气因素影响，由此建立了一个多重均衡模型。另一些学者认为分段储蓄行为或者消费行为导致经济出现多重均衡。Kraay 和 Raddatz（2007）、Ghatak（2015）通过设置分段储蓄行为，即高资本水平个体采用高储蓄率，低资本水平个体采用低储蓄率，建立了刻画贫困陷阱的简单模型。类似地，Kovacevic 和 Pflug（2011）通过设定分段消费行为，达到了相同效果。关于贫困陷阱产生的原因，学者们也从不同视角尝试了有益的探讨。Chantarat 等（2009，2017）认为由于最低消费约束，牧群规模过程呈现多重均衡，由此产生了贫困陷阱。扩展到更一般的情形，Laajaj（2017）认为经济同时包含长视和短视的个体，长视个体制定长期决策增强效用，短视个体减少未来消费导致人为的贫困陷阱。然而，Baland 和 Francois（1996）认为经济体的产业结构通过影响利润分配影响新技术的发展，垄断结构导致创新机制的恶性循环，这些才是造成贫困陷阱的根本原因。

上述文献讨论了多重均衡和贫困陷阱产生的原因。那么，如果在涉及贫困陷阱的多重均衡中嵌入保险，又会产生怎样的效果呢？一些学者在建立的多重均衡模型中假设资产存量面临损失风险，讨论了资产损失保险对摆脱贫困的作用。Kovacevic 和 Pflug（2011）在多重均衡模型中引入了破产理论，将确定性增长与随机损失模型相结合，分析了资产损失保险对拥有不同资产的群体产生的作用。文章认为，保险降低了生活水平略高于贫困线的那部分群体陷入贫困的可能性，但对于贫困线以下的群体，保险只会成为他们的负担。这似乎表明保险并不是一个非常好的扶贫工具，然而其他学者的研究似乎又倾向相反的结论。Chantarat 等（2009，2017）基于丰富的家庭层面的截面数据，建立多重均衡动态模型分析肯尼亚牲畜指数保险（IBLI）的风险管理效果。文章表明，家庭初始的群体规模是影响 IBLI 风险管理效果的关键因素。IBLI 不能帮助最贫困的穷人摆脱贫困，但能帮助在贫困线附近的弱势群体承担一定的风险冲击，防止其跌入贫困陷阱。那么保险帮助穷人摆脱贫困的机制是什么呢？Barrett、Carter 和 Ikegami（2013）认为保险具有事后脆弱性减少效应和事前投资激励效应，从而使得使穷人摆脱贫困，并认为以关键资产阈值为目标的社会安全网的扶贫效果更好。然而，保险发挥扶贫效果十分缓慢，Janzen、Carter 和 Ikegami（2016）认为保费补贴有助于加快保险扶贫进程。另一些学者运用数据进行了实证检验。Hamid、Roberts 和 Mosley（2011）分析了小额医疗保险对孟加拉国农村贫困人口的影响。结果表明，小额健康保险与家庭收入、家庭收入的稳定、非土地资产所有权，以及处于贫困线以上的可能性这些指标都有很大的关系。其中，小额健康保险能增加家庭的固定收入，减少家庭贫困。Sood 等（2014）以印度为例，得出为贫困家庭提供有效但昂贵的健康保险极大地改善了印度人口健康状况。同样地，Philip、Kannan 和 Sarma（2012）也研究了印度的问题。利用多元回归广义估计方程和曼恩—惠特尼方法，他们发现投保健康保险的家庭，其住院所支付的自付费用远远低于未投保的家庭。一项更系统的研究来自 Aryeetey 和 Westeneng（2016）对医疗保险的分析。2009 年和 2011 年，他们在加纳两个地区进行了两次家庭调查，采用 Probit 模型和工具变量，分析健康保险对家庭资费支出（OOPE）、灾难性支出（CE）和贫困的影响。他们的研究表明，健康保险降低了家庭资费支出和灾难性支出，从而大大减少了由于健康原因对家庭造成贫困的现象。

与以往文献相比，本研究贡献如下：首先，已有文献主要针对资产损失保险（Barrett, Carter and Ikegami, 2013；Janzen, Carter and Ikegami, 2016）、牲畜指数保险（Chantarat et al., 2009；2017）、健康保险（Hamid et al., 2011）等金融工具的扶贫效果展开研究，尚未有学者专门针对农业保险展开研究。但由于我国贫困人口和扶贫工作都集中在农村，对农业保险扶贫效果的评估尤为重要。其次，本节是国内首篇运用多重均衡模型研究保险扶贫的文献。多重均衡模型能够刻画贫困的形成机制以及自我持续机制。本节基于 Barrett、Carter、Ikegami 等学者建立的多重均衡模型，讨论农业保险的扶贫效果。最后，本节初次强调了农业保险扶贫的机制和内在逻辑，农业保险并非适用于所有贫困人群，但是对于那些在临界资本附近的贫困户而言，有补贴的农业保险能起到非常好的扶贫效果。

三 无农业保险的多重均衡模型

本节修改 Barrett、Carter、Ikegami 等学者建立的多重均衡模型，引入农业产出风险。假设经济中包含众多个体，每个个体都具有无限生命，追求终身效用最大化。经济中只有一种产品，个体的投入、产出以及消费均以此衡量。个体采用传统农业生产模式，即将拥有的全部劳动力投入到农业产出中，并依照终身效用最大化进行再生产决策。个体面临的问题可以表示为

$$\max_{\{c_t\}_{t=0}^{\infty}} E\left\{ \sum_{t=0}^{\infty} \beta^t u(c_t) \right\} \tag{7.1.1}$$

$s.t\ c_t + k_{t+1} = f(A_t, K_t) + (1-\delta)k_t, \forall\ t = 0,1,2\cdots$

其中，β 表示效用贴现因子，$u(\cdot)$ 表示效用函数，c_t 表示第 t 期的消费，k_t 表示第 t 期的资本投入，k_0 表示初始资本水平，$f(\cdot)$ 表示生产函数，$f(\cdot)$ 表示资本折旧因子。上式的含义是，个体根据折旧后的资本存量和当期产出水平制定消费决策和生产再投入决策，以追求终身效用最大化。

参照 Barrett，Carter and Ikegami（2013），假设生产函数 $f(\cdot)$ 具有如下形式，

$$f(A_t, k_t) = f^H(A_t, k_t) = \alpha A_t k_t{}^{\gamma H} - \underline{f}\ k_t > \tilde{k}$$

$$ \tag{7.1.2}$$

$$f(A_t, k_t) = f^L(A_t, k_t) = \alpha A_t k_t{}^{\gamma L}\ k_t \leqslant \tilde{k}$$

其中 α 表示全技术水平；A_t 衡量农业生产风险，且 $\{A_t\}_{t=0}^{\infty}$ 是独立同分布的，以概率 p 不发生风险，即 $A_t = A^1 = 1$，以概率 $1-p$ 发生风险，即 $A_t = A^2 < 1$；个体按照无风险时的产出水平选择生产技术，即 $\tilde{k} = \{k \mid f^H(A^1, k) = f^L(A^1, k)\}$，$\gamma_L, \gamma_H$ 表示边际产出弹性且 $0 < \gamma_L < \gamma_H < 1$；$\underline{f}$ 表示固定成本。上式的含义是，个体根据拥有的资本水平选择采用两种生产技术，拥有低资本水平的个体采用低效率生产技术（边际产出弹性小），拥有高资本水平的个体以付出固定成本为代价采用高效率生产技术（边际产出弹性大）。同时，农业生产面临风险，实际产出具有随机性，是最优产出的一定比例 A_t。

基于（7.1.1）式和（7.1.2）式，个体终身效用最大化问题的贝尔曼方程可以表示为

$$V(k_t, A_t) = \max_{c_t}\{u(c_t) + \beta E[V(k_{t+1}, A_{t+1} \mid c_t, A_t)]\} \tag{7.1.3}$$

根据（7.1.3）式，设定相关参数、编写 MATLAB 程序，个体资本决策的动态路径如图 7.1 所示。

图 7.1 展示了在技术分层、产出面临风险情况下个体终身效用最大化时的资本动态变化。图 7.1 显示，在上述假设下，不考虑农业风险，个体长期资本水平将出现两个均衡状态：如果个体的初始资本水平 k_0 低于临界资本水平（图中 B 点所示资本水平），个体的资本水平将收敛至 A 点；反之，如果个体的初始资本水平高于临界资本水平，个体的资本水平将收敛至 C 点。基于研究主题，本节约定低均衡资本水平（如图 7.1 中的 A 点）低于贫困线标准，则收敛至低均衡资本水平的个体为贫困人群，资本水平低于临界资本水平的个体将跌入贫困陷阱。

但是由于农业生产面临风险，并不是初始资本高于临界值的个体一定收敛至高水平均衡，他们也可能因为农业风险而跌入贫困陷阱，如图 7.2 所示。

对低于临界资本水平的个体，图 7.2 与图 7.1 显示的结果一致，即低于临界资本水平的个体一定跌入贫困陷阱。根据图 7.1 和图 7.2，只要个体的资本水平小于临界资本

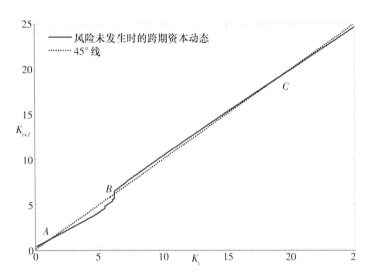

图 7.1 农业风险未发生时的跨期资本动态

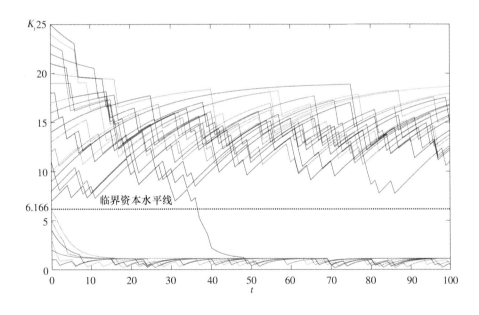

图 7.2 含农业风险时的资本动态过程

水平，个体一定会跌入贫困陷阱，因此定义 T 期内初始资本水平为 k_0 的个体跌入贫困陷阱的概率是任意时间资本水平小于临界资本水平的概率，即

$$P_T(k_0) = \Pr\left\{ \bigcup_{t=0}^{T} \{k_t < \tilde{k}\} \right\} \tag{7.1.3}$$

对应于图 7.2，不同资本水平个体的破产概率如图 7.3 所示。

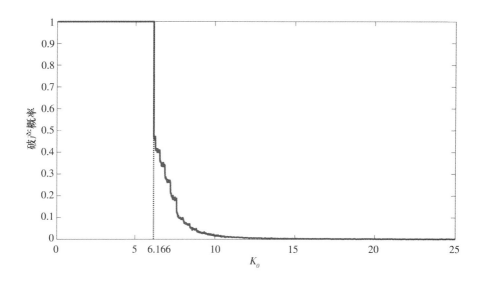

图 7.3　不同初始资本水平个体的破产概率[1]

图 7.3 进一步展示了图 7.2 所示内容。初始资本低于临界资本水平（临界资本水平为 6.166）的个体一定陷入贫困陷阱，破产概率为 1；初始资本高于临界资本水平的个体可能陷入贫困陷阱，且资本水平越高，破产概率越低。根据图 7.3 所示破产概率，结合我国 2012 年 "农村居民按纯收入分组的户数占调查户比重" 和 2012 年乡村人口数，无农业保险时我国农村预期贫困人口数为 7986 万人。[2]

四　含农业保险的多重均衡模型

为展现农业保险对贫困陷阱的影响，本部分在上述模型中引入农业保险。

（一）强制性农业保险对贫困陷阱的影响

假设农业保险是强制的，每个个体都必须购买农业保险管理农业产出风险，农业保险按照期望原则定价，即

$$m_t = (1 + \theta) p_2 (f(A^1, k_t - m_t) - f(A^2, k_t - m_t)) \tag{7.1.4}$$

其中 θ 为风险附加因子，后文假设为 0。上式含义是，个体在生产前拥有资本 k_t，缴纳保费 m_t 后进行生产，风险未发生时产出水平为 $f(A^1, k_t - m_t)$，风险发生时产出水平为 $f(A^2, k_t - m_t)$，风险发生概率为 p_2，因此农业生产的期望损失为

$$p_2 (f(A^1, k_t - m_t) - f(A^2, k_t - m_t)),$$

---

[1]　这里将期限定义为 400 期。即，不同初始资本的个体在 400 期内跌入贫困陷阱的概率。

[2]　这里与引言中的 5575 万贫困人口数字并不一致，不一致的主要原因是引言中的贫困人口数字来源于《中国扶贫开发报告 2016》，而我们这里估计的数据主要来自 2012 年的一些农村调查数据，考虑到过去几年我国贫困人口的脱贫速度，这一差异似乎也是合理的。

按照期望定价原则，保费如（7.1.4）式所示。

在引入农业保险后，个体面临的终身效用最大化问题为

$$\max_{\{c_t\}_{t=0}^{\infty}} E\left\{ \sum_{t=0}^{\infty} \beta^t u(c_t) \right\}$$

$$s.t\ c_t + k_{t+1} = f(A^1, k_t - m_t) + (1-\delta)(k_t - m_t)$$

（7.1.5）

上式的含义是，由于个体购买了农业保险，其生产虽然可能为 $f(A^2, k_t - m_t)$，但农业保险为其损失部分予以补偿，个体得到产出和赔付之和为 $f(A^1, k_t - m_t)$。

1. 无补贴强制性农业保险的影响

无补贴强制农业保险对跨期资本动态的影响如图7.4和表7.1所示。

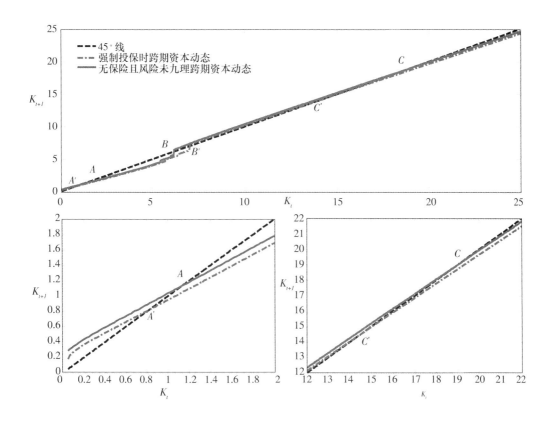

图 7.4　农业保险对跨期资本动态的影响

图7.4和表7.1展示了无补贴强制农业保险对均衡点以及临界值的影响。根据图7.4，在技术分层背景下，农业保险不会改变经济中存在多重均衡状态的特征。初始资本水平高于临界资本水平的个体收敛至高均衡状态，初始资本水平低于临界资本水平的个体收敛至低均衡状态。但是根据图7.4和表7.1，农业保险对经济的影响有利有

弊。有利方面，农业保险引入后，个体的长期资本水平趋于稳定，不会出现时高时低的波动。不利方面，农业保险引入后，农业保险保费使农业经济中的资本流入非农业经济，个体的长期资本水平低于无农业保险时的理论值和最大值。同时，略高于临界资本水平的个体由于必须购买农业保险，只能采取低技术水平而陷入贫困陷阱，因此，农业保险使跌入贫困的阈值提高（临界值由 6.166 提高至 7.016）。引入政府对农业保险的保费补贴政策，可能会降低这种不利影响，后文将对此进行讨论。

表 7.1　　　　　　　　　　　　农业保险对均衡点的影响

	低均衡	临界值	高均衡
无农业保险 （初始风险未发生的理论均衡点）	1.130（A）	6.166（B）	19.040（C）
无农业保险 （100 期期末的资本实际值）	[0.456, 1.129] 均值 1.006	6.166	[13.057, 18.025] 均值 15.056
无补贴强制性农业保险	0.820（A'）	7.016（B'）	14.470（C'）

注：无农业保险时，风险状况影响实际资本水平，因此理论均衡值与实际值存在差异。强制农业保险下，农业风险被全部转移，理论均衡值与实际值无差异。

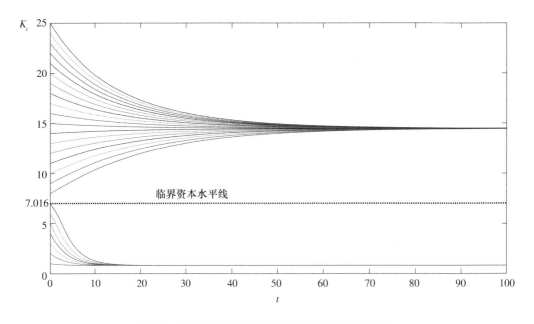

图 7.5　无补贴强制性农业保险下的资本动态过程

与图 7.2 对比，图 7.5 显示，农业保险的引入消除了农业风险对农村经济的影响。在图 7.3 中，农业风险使个体的资本动态过程呈现不确定性，高于临界资本水平的个体可能因农业风险跌入贫困陷阱。在图7.5中，农业风险对个体资本带来的不确定性被消除，初始资本水平高于临界资本水平的个体一定收敛至高水平均衡，初始资本水平低于临界资本水平的个体一定收敛至低水平均衡。[①]

与图7.5对应，农业保险也使不同初始资本水平的破产概率发生变化，如图7.6所示。

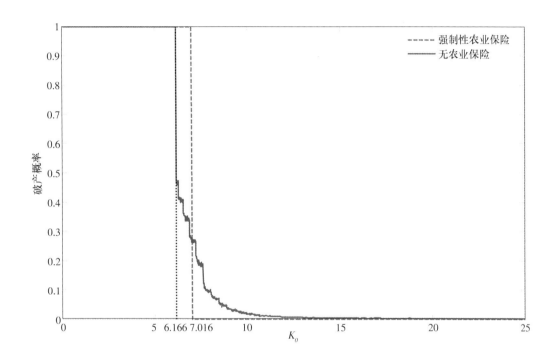

图7.6　无补贴强制性农业保险对不同初始资本水平个体破产概率的影响

图7.6显示，无补贴强制农业保险对不同初始资本水平个体的破产概率具有不同影响：首先，农业保险不改变绝对贫困个体（即初始资本水平低于原有临界资本水平6.166的个体）的贫困状况，这些个体一定会陷入贫困陷阱。其次，农业保险恶化相对贫困个体（即初始资本水平介于新旧临界资本水平6.166与7.016之间的个体）的破产概率，这些个体从"可能陷入贫困陷阱"恶化至"一定陷入贫困陷阱"。最后，农业保险改善相对富裕及绝对富裕个体（即初始资本水平高于7.016的个体）的破产概率，这些个体从"可能陷入贫困陷阱"改善至"一定不会陷入贫困陷阱"。

根据图7.6所示破产概率，结合我国2012年"农村居民按纯收入分组的户数占调查户比重"和2012年乡村人口数，无补贴强制性农业保险下我国农村预期贫困人口数

---

① 注意这时的临界值已经由无农业保险时的6.166提高至无补贴强制农业保险时的7.016。

为 8434 万人，比无农业保险时的贫困人口数增加 448 万。也就是说，无补贴强制性农业保险不能发挥扶贫作用，反而可能会恶化农村贫困状况。

2. 政府保费补贴下强制性农业保险的影响

农业保险是一种风险管理工具，更是一种农业扶持手段，很多国家通过农业保险保费补贴支持农业经济发展。我国自 2007 年开始实施中央财政农业保险保费补贴，而后农业保险迅速发展，并极大促进了我国农业经济发展。政府保费补贴下，（强制性）农业保险扶贫效果会是什么样呢？

表 7.2 展示了不同政府补贴下强制性农业保险对经济的影响。

表7.2 　　　　　　　　　　政府保费补贴下农业保险对均衡点的影响

	低均衡	临界值	高均衡
无农业保险 （初始风险未发生的理论均衡点）	1.130	6.166	19.040
无农业保险 （100 期期末的资本实际值）	[0.456, 1.129] 均值 1.006	6.166	[13.057, 18.025] 均值 15.056
强制性农业保险——0 补贴	0.820	7.016	14.470
强制性农业保险——50% 补贴	0.820	5.847	15.830
强制性农业保险——75% 补贴	0.810	5.827	16.530
强制性农业保险——100% 补贴	0.810	5.797	17.241

表 7.2 显示：第一，与无农业保险情形相比，农业保险具有很好的扶贫效果，并且政府补贴比例越高，临界资本水平越低，农业保险扶贫效果越好。第二，当政府补贴比例比较高时，高均衡资本水平也比较高。第三，无论补贴比例如何变化，低均衡资本水平几乎不发生改变。

表 7.2 的结果可以通过 Barrett、Carter 和 Ikegami（2013），Janzen、Carter 和 Ikegami（2016）介绍的事后脆弱性减少效应和事前投资激励效应说明。强制性农业保险消除了农业生产风险，发挥了事后脆弱性减少效应，临界资本附近的个体可以通过牺牲当前消费，增加再投资水平达到高均衡状态，因此临界资本水平降低，高均衡资本水平提高。但是对于陷入贫困陷阱底层的个体并非如此，虽然存在农业保险保费补贴，但是他们仍然不能脱离贫困陷阱，因此他们增加当期消费、减少再投资水平以增进终身效用。

图 7.7 展示了不同政府补贴下，强制性农业保险对不同初始资本水平个体破产概率的影响。

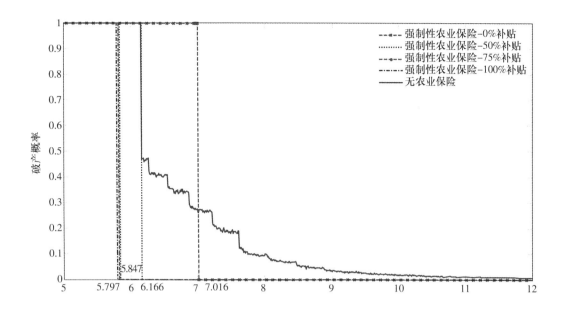

图 7.7　不同政府补贴下强制性农业保险对不同初始资本水平个体破产概率的影响

图 7.7 显示，无补贴时，临界资本水平为 7.016，初始资本水平介于 6.166 和 7.016 的个体破产概率上升为 1，初始资本水平高于 7.016 的个体破产概率下降为 0。政府补贴后，临界资本水平下降。以 50% 的补贴比例为例，临界资本水平下降为 5.847，低于无保险时的临界资本水平 6.166，补贴后的农业保险不但使相对贫穷、相对富裕及绝对富裕个体（即初始资本水平大于 6.166 的个体）收敛至高均衡资本水平，而且还使部分绝对贫穷的个体（即初始资本水平介于 5.847 与 6.166 之间的个体）摆脱贫困，达到高均衡资本水平。政府补贴使得更多个体既消除了农业风险，又不减少其资本水平，从而达到扶贫效果。

图 7.7 还显示，政府补贴扶贫的效果是可能是边际递减的。当保费补贴比例从 0 上升至 50% 时，农业保险促使初始资本水平介于 5.847 与 7.016 之间的个体摆脱贫困，而当保费补贴比例从 50% 上升至 100% 时，农业保险进一步促使资本水平介于 5.797 与 5.847 之间的个体摆脱贫困。贫困程度更深、生产函数边际递减都可能是政府补贴扶贫效果边际递减的原因。

根据图 7.7 所示破产概率，结合我国 2012 年 "农村居民按纯收入分组的户数占调查户比重" 和 2012 年乡村人口数，不同政府补贴强制性农业保险下我国农村预期贫困人口数也反映了上述特征。如表 7.3 所示。

表7.3　　　　不同政府保费补贴强制性农业保险下我国农村预期贫困人口数

	贫困人数（万）	与无保险相比贫困人数的增减（万）
无农业保险	7986	—
强制性农业保险——0补贴	8434	+448
强制性农业保险——50%补贴	5802	−2184
强制性农业保险——75%补贴	5761	−2225
强制性农业保险——100%补贴	5699	−2287

（二）市场性农业保险对贫困陷阱的影响

现实中，农业保险不是强制的，而是市场化的，个体可以根据需求选择购买农业保险。假设农业保险是可分的，农户可以按照自己的意愿选择购买任意比例的农业保险，自缴保费为

$$m_t = \rho_t(1 + \theta)p_2(f(A^1, k_t - m_t) - f(A^2, k_t - m_t))$$ (7.1.6)

其中 ρ_t 表示农业保险购买比例。

在引入农业保险后，个体面临的终身效用最大化问题为：

$$\max_{\{c_t\}_{t=0}^\infty, \{\rho_t\}_{t=0}^\infty} E\left\{\sum_{t=0}^\infty \beta^t u(c_t)\right\}$$

$s.t \ \forall t = 0, 1, 2\cdots$

以概率 p_1： $c_t + k_{t+1} = f(A^1, k_t - m_t) + (1 - \delta)(k_t - m_t)$

以概率 p_2： $c_t + k_{t+1} = \rho_t f(A^1, k_t - m_t) + (1 - \rho_t)f(A^2, k_t - m_t) + + (1 - \delta)(k_t - m_t)$

(7.1.7)

上式的含义是，由于个体购买了一定比例的农业保险，当风险发生时，其产出水平为 $f(A^2, k_t - m_t)$，得到的赔付为 $\rho_t(1 + \theta)p_2[f(A^1, k_t - m_t) - f(A^2, k_t - m_t)]$，因此个体的产出与赔付之和为 $m_t = \rho_t f(A^1, k_t - m_t) + (1 - \rho_t)f(A^2, k_t - m_t)]$。

1. 无补贴市场性农业保险的影响

求解（7.1.7）式，无补贴市场性农业保险的需求曲线如图7.8所示。

图7.8显示，不同资本水平个体的投保比例是不同的。当资本水平极低时，个体的投保比例为0。随着资本水平的增加，个体投保比例增加，直至完全投保。但当资本水平落入某段区间时，个体不选择投保。而当资本水平超过某个阈值时，个体的投保比例又逐渐增加，直至完全投保。

该现象的根本原因在于，个体以终身效用最大化为目标。农业保险从两方面影响个体的效用：一方面，缴纳保费减少个体可支配收入，效用下降。另一方面，农业保险保证了风险发生时的收入，效用提升。个体通过衡量上述两方面的相反效应做出投

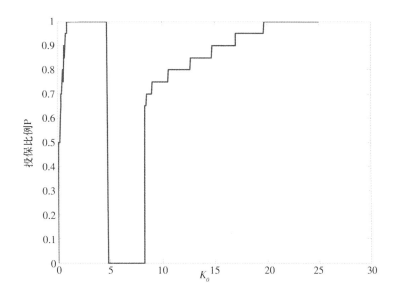

图7.8 不同资本水平个体的投保比例①

保决策。首先，当个体资本水平极低时，个体的生存是第一要务，因此不会购买农业保险，投保比例为0。其次，当个体资本水平很低时，可能发生的产出损失也低，保费便宜，第一方面的负效应很小。而成本很低的农业保险能稳定产出水平，提高效用，因此个体的投保比例逐渐增加。再次，当个体资本水平处于某一区间（[4.799，8.304]）时，产出损失增加，保费上升，甚至导致个体跌入贫困陷阱，第一方面的负效应很大，而保险减缓波动带来的效用很低，因此个体不购买保险。最后，当个体资本水平高于某个阈值时（8.304），农业保险降低个体破产概率，并避免了收入的波动，虽然保费进一步上升，但是个体能够负担，因此购买保险。

在个体的保险决策下，跨期资本动态如图7.9所示，市场性农业保险对均衡点的影响如表7.4所示。

图7.9和表7.4表明，与无农业保险相比，市场性农业保险的不利影响是降低了长期资本的低均衡点理论值和高均衡点理论值以及实际资本的均值，提高了跌入贫困陷阱的临界值，更多居民会跌入贫困陷阱。有利影响是使实际资本水平的波动范围缩小，有利于稳定农村经济产出水平。

与强制性农业保险相比，虽然市场性农业保险下长期资本的低均衡点理论值和高均衡点理论值高于强制性农业保险，但是由于市场性农业保险未转移全部农业风险，实际资本呈现一定波动，且实际资本均值低于强制性农业保险时的均衡值。市场性农

① 数值求解时，设定投保比例可选集为 {0，5%，…，95%，100%}，所以出现了图中阶梯递增的形状。

业保险下跌入贫困陷阱的临界值比强制性农业保险情形低，但高于无农业保险情形。

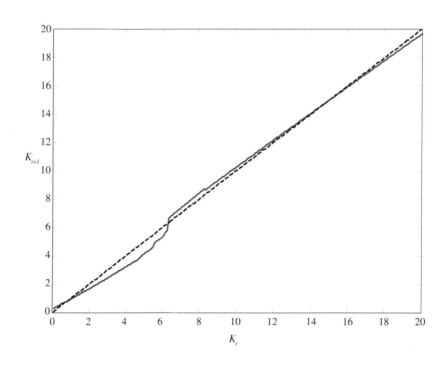

图 7.9　市场性农业保险下的跨期资本动态过程

表 7.4　　　　　　　　0 补贴下市场性农业保险对均衡点的影响

	低均衡	临界值	高均衡
无农业保险 （初始风险未发生的理论均衡点）	1. 130	6. 166	19. 040
无农业保险 （100 期期末的资本实际值）	[0. 456，1. 129] 均值 1. 006	6. 166	[13. 057，18. 025] 均值 15. 056
强制性农业保险——0 补贴	0. 820	7. 016	14. 470
市场性农业保险——0 补贴 （初始风险未发生的理论均衡点）	0. 849	6. 332	14. 886
市场性农业保险——0 补贴 （100 期期末的资本实际值）	[0. 803，0. 825] 均值：0. 810	6. 332	[14. 308，14. 830] 均值：14. 504

由于一些个体选择部分投保或者不投保，农业经济仍有不确定性，如图 7.10 所示。

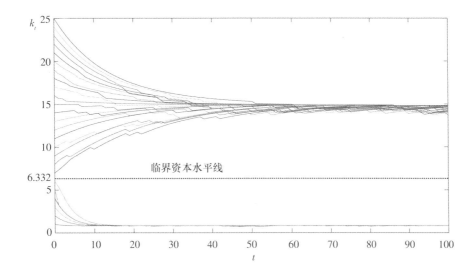

图 7.10　市场性农业保险下的资本动态过程

根据图 7.10，市场性农业保险也使得不同初始资本水平个体的破产概率发生了变化，如图 7.11 所示。

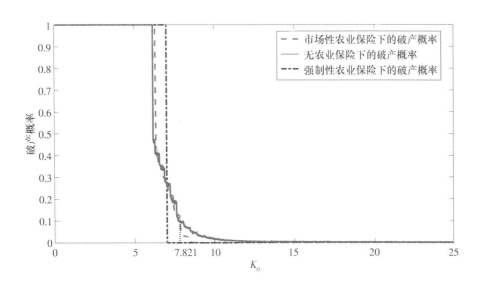

图 7.11　市场性农业保险对不同资本水平个体破产概率的影响

图 7.11 展示，与强制性农业保险相比，市场性农业保险对破产概率的影响较小。首先，自由投保提高了很小一部分个体的破产概率，而强制投保会使更多个体跌入贫困陷阱。其次，市场性农业保险不改变中间部分个体的破产概率，这部分个体不购买农业保险。最后，市场性农业保险降低了绝对富裕个体（初始资本水平高于 7.821）的破产概率。

根据图 7.11 所示破产概率，结合我国 2012 年"农村居民按纯收入分组的户数占调查户比重"和 2012 年乡村人口数，市场性农业保险下我国农村预期贫困人口数为 7809 万，比无农业保险时的贫困人口数减少 177 万（计算假设与过程见附录 2）。也就是说，无补贴市场性农业保险会有扶贫作用，但是效果不明显。

2. 政府保费补贴下市场性农业保险的影响

与强制性农业保险类似，政府保费补贴将改变市场性农业保险的影响。0、50%、75%、100% 的保费补贴比例下，个体的投保决策如图 7.12 所示：

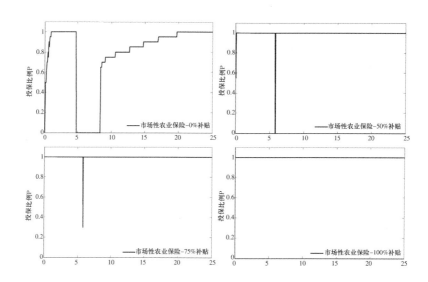

图 7.12　不同保费补贴比例下个体最优投保比例

图 7.12 显示，随着政府的保费补贴比例上升，购买农业保险的个体增加，且当政府保费补贴比例高于一定水平后，除处于临界值的个体外，其他个体的投保比例均为 100%。也就是说，政府可以通过市场化手段促进个体购买农业保险，而非一定要通过行政手段实现全体投保。

同时，有补贴的市场性农业保险和强制性农业保险对均衡水平的影响也是不同的，如表 7.5 所示。

表 7.5 显示，相同的补贴比例条件下，与强制性农业保险相比，市场性农业保险临界资本水平更低，更少的个体陷入贫困。表 7.5 还显示，保费补贴能有效改善农业经济。随着保费补贴比例的提高，低均衡资本水平几乎无变化，但高均衡资本水平快速提升。其原因可能是，处于低均衡资本水平的个体落入贫困陷阱，他们扩大再投资仍然不会改善其贫困状况，因此他们将所有补贴进行消费。而处于高均衡资本水平的个体更看重农业保险的事后脆弱性减少效应，从而扩大再投资，因此他们的均衡资本水平有所提高。

表7.5　　　　　　　　不同保费补贴比例下市场性农业保险对均衡点的影响

	低均衡	临界值	高均衡
无农业保险 （100期期末的资本实际值）	[0.456，1.129] 均值1.006	6.166	[13.057，18.025] 均值15.056
强制性农业保险——0补贴	0.820	7.016	14.470
强制性农业保险——50%补贴	0.820	5.847	15.830
强制性农业保险——75%补贴	0.810	5.827	16.530
强制性农业保险——100%补贴	0.810	5.797	17.241
市场性农业保险——0补贴 （100期期末的资本实际值）	[0.803，0.825] 均值：0.810	6.332	[14.308，14.830] 均值：14.504
市场性农业保险——50%补贴[注]	0.820	5.787	15.830
市场性农业保险——75%补贴[注]	0.810	5.797	16.530
市场性农业保险——100%补贴	0.810	5.797	17.241

注：市场性农业保险时，50%和75%的补贴比例下，农业经济的均衡资本水平仍有波动，但是波动幅度可以忽略不计了。

不同补贴比例下市场性农业保险的扶贫效果在表7.5中也有体现，但不明显，本节结合不同补贴比例下的破产概率予以展示，如图7.13所示。

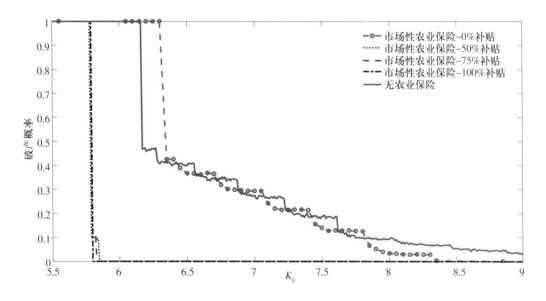

图7.13　不同政府补贴市场性农业保险对不同初始资本水平个体破产概率的影响

图 7.13 显示，保费补贴比例越高，临界资本水平越低，即更少的个体陷入贫困。但是也有例外：图中 50% 的补贴比例下，临界资本水平为 5.787，但 75% 或者 100% 的补贴比例下，临界资本水平为 5.797（具体数值见表 7.4）。其原因是，虽然 50% 的补贴比例下，临界资本水平更低，但是高于临界资本水平的一部分个体不会购买保险，其破产概率大于 0；而 75% 或者 100% 的补贴比例下，几乎所有个体购买保险，高于临界资本水平个体的破产概率为 0。

与图 7.7 类似，图 7.13 也显示了保费补贴比例的扶贫边际效果递减规律。图中，保费补贴比例从 0 增加到 50% 时，扶贫边际效果非常明显，但是保费补贴比例从 50% 增加至 100% 时，扶贫边际效果式微。这表明，单从扶贫效果考虑而言，补贴比例可能也并非越高越好，理论上似乎存在一个最优补贴比例。

此外，相同政府保费补贴下，强制性农业保险和市场性农业保险的扶贫效果也有差异，以 50% 的补贴比例为例，如图 7.14 所示。

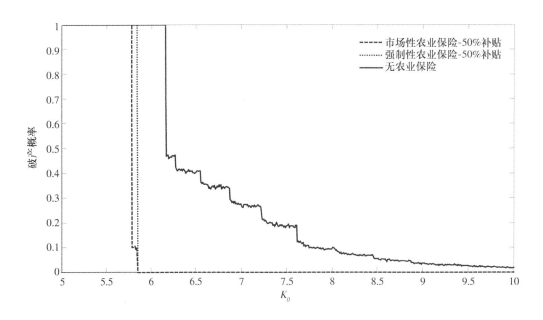

图 7.14　50% 保费补贴比例强制性农业保险和市场性农业保险扶贫效果对比

图 7.14 显示，50% 保费补贴下，与强制性农业保险相比，市场性农业保险能够改善更多个体的破产概率。根据图 7.13 所示破产概率，结合我国 2012 年"农村居民按纯收入分组的户数占调查户比重"和 2012 年乡村人口数，不同政府补贴市场性农业保险下我国农村预期贫困人口数也反映了上述特征。如表 7.6 所示。

表7.6　　　　　　　不同政府保费补贴市场性农业保险下我国农村预期贫困人口数

	贫困人数（万）	与无保险相比贫困人数的增减（万）
无保险	7986	0
自由投保 0 补贴	7809	− 177
自由投保 50% 补贴	5691	− 2295
自由投保 75% 补贴	5705	− 2281
自由投保 100% 补贴	5699	− 2287

五　本节小结

"反贫困"是发展经济学的一个重要研究主题，也是很多国家的战略目标之一。我国是一个发展中国家，自然因素、经济因素、地缘因素等导致我国仍有大量贫困人口，如何使贫困人口迅速脱贫是一个极富挑战性的重大课题。本节基于一个多重均衡模型讨论了一种帮助贫困农民摆脱贫困陷阱的方法。

我们的研究表明：

（1）如果农民没有参保，那么初始资本低于临界资本水平（临界资本水平为6.166）的个体一定陷入贫困陷阱，初始资本高于临界资本水平的个体可能陷入贫困陷阱，且资本水平越高，陷入贫困陷阱的概率越低。在 2012 年农村调查数据时所处的情景下，我国农村预期贫困人数约为 7986 万。

（2）无补贴的强制农业保险虽然会降低初始资本较高个体跌入贫困陷阱的概率，但是对于那些略高于临界资本水平的个体而言，由于保险是强制的，他们为了缴纳保费只能采取较低技术水平，陷入贫困陷阱的概率反而大幅提高。而对于那些资本水平低于临界值的更加贫困的个体而言，无补贴的强制农业保险更不会降低他们陷入贫困陷阱的概率。最终的结果是，在无补贴强制性农业保险下，我国农村预期贫困人口为8434 万，比无保险时增加 448 万。

（3）与强制性农业保险相比，无补贴的市场性农业保险的临界值有明显降低，但仍然高于无农业保险情形。因此，其也不算是合格的扶贫政策工具。

（4）国家如果对保费进行补贴，则能够起到很好的扶贫效果，这主要是由于临界值大幅降低，相比于无农业保险情形，更少的农民将跌入贫困陷阱。例如 50% 保费补贴强制性农业保险下，我国农村预期贫困人口为 5802 万，比无保险时减少 2184 万，农业保险的扶贫效果十分明显。

（5）最好的情形是带有保费补贴的市场性农业保险，相同的补贴比例条件下，与强制性农业保险相比，临界资本水平会进一步降低。例如 50% 保费补贴市场性农业保险下，我国农村预期贫困人口为 5691 万，比无保险时减少 2295 万，比相同补贴比例强制性农业保险的扶贫人数增加112万，农业保险的扶贫效果更加明显。

本节为制定精准扶贫政策提供了一些建议。回到文章的题目，参保有助于贫困农民摆脱贫困陷阱吗？我们的回答是肯定的：原来农民没有参保时，资本水平在6.166（相当于年收入2675元/人）以下的个体一定会陷入贫困陷阱，而资本水平略高于6.166的个体可能会陷入贫困陷阱，并且随着资本水平的提高，破产概率相应降低。农民参保后（以50%补贴的市场性农业保险为例），则只有资本水平低于5.787（相当于年收入2511元/人）的个体才会陷入贫困陷阱。农业保险相当于帮助那些资本水平介于5.787和6.166的贫困农民"爬出"了贫困陷阱。另外，农业保险还使得那些资本水平略高于6.166以上的贫困农民由原来的"可能陷入贫困陷阱"，跳到"一定不会陷入贫困陷阱"状态。在我们的研究框架里，这两部分贫困农民合计约有2295万，占所有贫困人口的比例为28.7%。

第二节　农业风险区划与精准扶贫

目前我国种植业保险实施的是"一省一费"的定价策略，其理论依据是种植业保险具有系统性风险特征。本节基于吉林省45个主要玉米生产县的相关数据，运用空间滞后模型对这一理论依据进行了检验。研究结果显示，种植业风险空间溢出效应显著，但是当相邻县数目扩展到8个以上时，相关性降低较快。本节进一步的研究发现，吉林省玉米种植保险在全省范围内可以细分成8个风险区划，且这种风险区划可以明显降低由"一省一费"带来的较高的交叉补贴率，从而能更有效地引导财政资金流向风险更高，也更贫穷的农村地区。本节的研究结论一方面证明了种植业保险系统性风险的存在，另一方面又指出这种系统性风险的空间分布恐怕还不足以支持现行的"一省一费"政策。本节的这些结论无疑对中国种植业保险更好地发挥扶贫作用提供了重要的参考依据和经验证据。

一　研究背景

很多研究都发现农民贫穷与农业风险之间具有高度关联（Mosley & Krishnamurthy，1994；Binswanger & Rosenzweig，1993）。这就给政策制定者们一个启示，即降低农民贫穷可以从降低农业风险入手。因此，很多国家都将农业保险视为一种有效的扶贫手段，如美国、欧盟、加拿大、日本（Barnett & Mahul，2007），以及印度、肯尼亚等（Chantarat et al.，Mude，2015）。中国自2004年起开始制订农业保险计划，并在每年中央"一号文件"中强调发展农业保险的重要性，将农业保险视为帮助农民摆脱贫困陷阱的重要工具。2007年，中央财政开始实行农业保险保费补贴政策，农业保险呈现出前所未有的蓬勃发展态势。2012 年，中国正式颁布《农业保险条例》，对农业保险的合同、经营规则、利益相关方的法律责任等做出了规定。

政策导向明显促进了中国农业保险的发展。从 2007 年至 2016 年，中国农业保险保费年均增长率超过 30%，并在 2016 年达到了 417.1 亿元。主要农作物承保面积达到 17.2 亿亩，保险金额突破 2.1 万亿元，参保农户突破 2 亿户次。以保费收入衡量，中国已经成为仅次于美国的全球第二大农业保险市场。

与保费规模迅速扩张形成鲜明对比的是，中国农业保险计划实际上还很不完善，具体包括产品设计、补贴结构、政府分工等方面问题（周县华，2010）。这些问题中，最突出的是中国农业保险产品设计中的风险区化和产品费率厘定问题，本节对此展开研究。目前我国农业保险大部分险种实行的是"一省一费"政策，即任何一种农作物，全省都执行一个费率。这似乎与种植业风险的系统性特征一致。农业生产的特点决定了农作物保险的空间依赖性，但是这种区域之间风险因素相似性能够解释经验损失的多大比例？目前吉林省全省作为一个风险单元是否合适？或者说在全省范围内被保险人的风险基本相当吗？对这些问题的回答不仅有助于我们把握中国农作物保险下一步的费率厘定机制，更关乎农业保险的扶贫效果和国家财政补贴的效率问题。

本节以吉林省玉米种植保险为例，运用空间滞后模型研究农作物种植业经验损失的空间分布。我们的研究结果表明，依据县级层面的数据，吉林省的空间溢出效应比较显著，但是研究结果还不足以支持吉林省在全省范围内作为一个风险单元。这表明吉林省目前执行的"一省一费"做法是不合适的，会产生比较严重的费率歧视性问题，从而导致财政补贴的低效。为解决这一问题，我们运用空间聚类分析方法为吉林省玉米种植保险设计了 8 个风险区划，新的风险区划与原来的"一省一费"相比，将能够更好地引导财政资金流向风险更高，也更贫穷的农户家庭。本节上述这些结论无疑将对中国种植业保险发展具有重要的政策指导意义，同时也为中国保监会进行下一步的省级以下风险区划工作提供了重要的经验证据和理论依据。

本节接下来的结构安排如下：第二部分评论有关风险区划与空间计量的相关文献并指出了本节的边际贡献。第三部分是运用空间计量模型建模并进行实证分析。第四部分是基于空间相关性的分级费率厘定。第五部分评估了新的风险区划的扶贫效果。第六部分给出结论。

二　文献评述

事实上，承保的风险相互独立且满足大数准则是保险市场有效的前提。然而，由于农业生产受到天气等区域相关因素的强烈影响，农业保险天然地具有高度相关性的系统性风险，从而导致保险市场面临失效的困境（Glauber，2004）。空间自相关性和尾部依赖性是农业保险系统性风险的两大主要来源。在现行的定价体系下，忽略系统性风险将导致对方差的低估，进而会造成尾部风险的低估。Miranda、Glauber（1997）指出，与车险和家财险等其他保险类别相比，农险经验损失的空间相关性更强。

面对农险与生俱来的系统性风险，商业保险公司通常只能通过制定严格的承保条件来小心甄别可保风险，或者索性放弃农险这一业务领域（Froot，2001；Cummins，2006）。此时，农险市场中仅由商业保险公司提供的保险产品显然无法满足市场需求，政府的补贴和干预成为必然。由此引发的农作物保险费率精算合理性（Glauber，2004），一直受到学者们的持续关注和广泛讨论。叶涛、聂建亮等（2012）指出，在运用产量统计模型进行农业保险定价时，由于农作物产量在空间上存在显著的相关性，农作物减产风险并不满足经典理论框架下个体服从独立同分布的假设。因此，产量统计模型并不能有效解决空间相关风险累加的问题，可能还需要引入空间要素。农业生产的特点决定了农作物保险的空间依赖性，这似乎表明种植业风险单元在空间维度上应该是"比较大"的。Hungerford、Goodwin（2014）通过 Moran's I 指数分别分析爱荷华州、伊利诺伊州和印第安纳州各县的玉米和大豆单产数据，发现在小样本情况下，玉米和大豆单产的空间相关性均达到1%的显著性水平，且整体上玉米的相关性强于大豆。史培军（2011），邓国，王昂生等（2002）还讨论了中国省级层面的种植业风险区化问题，并为中国"一省一费"规则提供了经验证据。上述这些研究表明，我国"一省一费"的政策似乎有其一定的合理性。

然而，Makki、Somwaru（2001）观察到，在"较大的"风险区划范围内，农业保险市场更容易存在逆选择现象，造成此现象的原因是风险与价格的不匹配。对低风险者定价过高，而对高风险者定价不足。这会促使高风险者提高保障水平和选择更有利的险种，从而导致保险公司实际承保情况与定价预期的偏差。除了上述直接影响外，不合理的费率还会造成其他更为广泛和严重的结果。Schnitkey 等（2003）指出，保险市场参与情况会显著影响生产者的收入分布，并进一步影响个人的风险容忍度（Chavas & Holt，1996）。扭曲的费率可能还会影响土地的使用情况和农作物的播种计划（Young et al.，2001；Lubowski et al.，2006）。另外，政府干预下的价格扭曲还可能造成整体性的费率过低，造成平均成本率和索赔频率的高企（Weiss et al.，2010）。

因此，农作物种植风险不仅在局部范围表现出相邻地区之间的相关性，也会在更大的空间范围内表现出不同区域的差异性。庹国柱，丁少群（1994）研究发现，要想在农险中坚持风险一致性的原则，首先就要根据农作物风险的差异和产量损失差异进行风险区划，并根据风险分区制定相应的费率分区。在此基础上，丁少群（1997）根据农作物单产分布的不同假设（离散和连续）给出了相应的费率计算方法。但是早期的研究主要集中在指标的选取和聚类分析上，而很少考虑空间因素。对空间相关性的研究直到 Wang 和 Zhang（2003）才取得进展。他们运用空间统计学对大麦、大豆和玉米主产区 26 年县级单产数据的实证分析发现，这些主要作物经验损失的正相关性在距离维度上迅速衰减，更确切地说这种空间上的依赖性在距离超过 570 英里之后可以忽略不计。这表明在大范围的区域上进行农作物灾害风险分散也是可能的。但是在局部区域，Joshua 和 Schnitkey（2012）对美国中央玉米种植带近三十年的单产和损失数据进行分析，发现相邻县之间的玉米作物损失呈现强相关性，并且保障水平这一计算损失的重要影响因子，也表现出显著的正的空间相关性。作者根据空间滞后模型拟合出空间滞后因子，并进一步测算出空间依赖性所造成的县际间的保费交叉补贴竟然高达总保费的 26%。

上述这些研究表明，在较大的风险区划范围内，低风险和高风险的保户很容易被混淆，此时大家使用相同的费率，享受的也是相同的财政补贴。然而事实上，往往是那些风险更高的农民才越贫穷（Dercon，2001；Mosley & Krishnamurthy，1994）。他们应该获得更多的补贴才会使得整个社会的福利更大。另外，再考虑到实务中，保险公司的赔款往往锚定初始保费，有效的风险区划和分级费率，将使得高风险地区的贫困农民也获得更多的赔款。有鉴于此，省级以下的风险区划不仅能引导财政补贴流向更贫穷的农村地区，也会引导保险公司的赔款流向这些更贫困的农户家庭。

有鉴于此，"一省一费"政策并不能有效区分"谁更贫穷"的问题。那么经验损失的区域性差异到底是属于偶然天气状况造成的个别现象，还是来源于与地理位置有关的系统性因素呢？对这个问题的回答，有必要在传统的经验损失模型中加入空间区位信息，并通过空间计量模型量化相关的影响因子。与以往文献相比，本节的边际贡献主要体现在三方面：第一，从研究主题上来说，本节研究中国农业保险问题。虽然中国已经成为第二大农业保险市场，但"一省一费"的做法可能会削弱国家财政补贴的扶贫效果，寻找省级层面以下的合适的风险区划层级将成为中国农业保险下一步发展的关键。我们期望本研究可以为中国保监会的风险区划工作提供一个标准的研究范式和路径。本节的研究还将为已有的国际农业保险研究提供来自中国保险市场的经验证据。第二，在研究方法方面，已有研究很少涉及农作物生产风险的空间统计特征。在可以找到的少量文献中，通常采用的是比较简单的相邻区间数据加权平均法和层级贝叶斯模型法。这些模型简便易行，但以损失研究分析所需的精度为代价。而本研究拟采用的空间计量方法可以得到更加细致和准确的结果。第三，在研究数据方面，受我国农业保险相关经验数据的限制，目前学者们对农作物种植保险风险的研究主要集中在全国和省级层面，对细分到县级层面的综合风险研究比较缺乏。本节选择在县级层面上对玉米经验损失的影响因素和空间作用进行分析，也是对农业保险精细化发展的一次有益尝试。

三 空间计量建模

（一）数据来源

本节以吉林省玉米种植保险为研究对象。吉林省作为我国北方玉米种植的大省，从 2004 年开始开展玉米作物种植保险，采取全省统一费率，保障的是种植农作物所投入的物化成本。本节研究数据来源于吉林省统计年鉴。受年鉴时效性影响，能够获取到的县级作物产量数据期间为 1999 年至 2014 年。另有部分数据来源于吉林省气象局、中经网产业数据库和国家农业部种植业管理司公开披露的信息。

（二）数据预处理

1. 区域划分调整

根据 2015 年最新的行政区划，吉林省现辖省会长春市（副省级市）、吉林市、四平市、通化市、白山市、辽源市、白城市、松原市，以及延边朝鲜族自治州和长白山管委会共 9 个地级市，另外还直接管辖梅河口和公主岭两个县级市。在本节研究中，考虑到市区一般较少种植农作物，将副省级市和地级市的各个市辖区合并为一个观测区域，如：长春市下辖南关区、朝阳区、绿园区、二道区、双阳区、宽城区和九台区 7 个市辖区，本节将其合并为一个长春市辖区，但市辖县仍然保留。因此除去长白山保护开发区不存在作物种植以及和龙市仅一年有少量承保外，我们将吉林省分为 45 个市、县区域进行统计分析。

2. 保单数据预处理

我们首先将保单数据统一按 2015 年行政区划进行整理汇总。然后根据农作物种植保险的赔付规则，实际损失按照出险面积×损失程度统计。本节采用两种方式计量经验损失情况，一种为单位投保面积损失率（LS_i），一种为单位保费损失率（LP_i）。为尽可能保证数据的稳定性，各区域的单位投保面积损失率和单位保费损失率取 2009 年至 2014 年六年的平均值，即 $LS_i = \left(\sum_{i=2009}^{2014} L_{ij}/S_{ij} \right)/6$，$LP_i = \left(\sum_{i=2009}^{2014} L_{ij}/P_{ij} \right)/6$，处理后的数据基本情况如表 7.7 所示。其中，$L_{ij}$ 为县 i 在 j 年的保险赔付，S 为投保面积，P 为保费收入。

3. 产量数据预处理

由于农作物产量除受当年的自然条件影响外，在较长时间跨度上的技术进步也会显著提高农作物的产量，因此在分析各观测区域的玉米产量数据时，首先需要将长期趋势和短期波动分离。本节采用 HP 滤波法将玉米的年产量数据分离为长期趋势项和短期波动项，然后分别求出较长时间区间下的产量增长率（HPT）和较短时间区间下的标准差（HPC）。

（三）模型构建和检验

1. 变量设置

本节涉及保单数据和产量数据相关变量的定义和统计特征分别如表 7.7 和表 7.8 所

示。我们将年均产量 AP 设为解释变量，分别反映产量长期增长趋势和短期波动的 HPT 和 HPC。其中，年均产量为统计区间各县玉米年平均产量，HPT 为 HP 滤波后的长期趋势序列对统计时间的回归斜率值，HPC 为 HP 滤波后的短期波动序列标准差。

另外对于玉米产量的相关变量，本节设置了两个统计区间，分别为获得原始数据的最长时间区间（1999—2014 年）和保单数据时间区间之前十年（1999—2008 年）。后一个统计区间对应的产量数据相关变量为：HPT_ 10Y、HPC_ 10Y 和 AP_ 10Y，前一个统计区间对应的产量数据相关变量为：HPT_ 16Y、HPC_ 16Y 和 AP_ 16Y。经过前期处理后的数据基本情况如表7.7所示。

表7.7　　　　　　　　　　　　　　各变量符号及定义

符号	变量	定义
LP	单位保费损失	2009 年至 2014 年各年实际损失除以各年保费后平均
LS	单位投保面积损失	2009 年至 2014 年各年实际损失除以各年投保面积后平均
HPT_ 16Y	产量十六年长期趋势	1999 年至 2014 年产量数据分离出的长期趋势与年度线性拟合得到的斜率值
HPC_ 16Y	产量十六年短期波动	1999 年至 2014 年产量数据分离出的短期波动序列的标准差
AP_ 16Y	十六年平均产量	1999 年至 2014 年各县年均产量
HPT_ 10Y	产量十年长期趋势	1999 年至 2008 年产量数据分离出的长期趋势与年度线性拟合得到的斜率值
HPC_ 10Y	产量十年短期波动	1999 年至 2008 年产量数据分离出的短期波动序列的标准差
AP_ 10Y	十年平均产量	1999 年至 2008 年各县年均产量

表7.8　　　　　　　　　　　　　　各变量基本统计量情况

	LP	LS	HPT_ 16Y	HPC_ 16Y	AP_ 16Y	HPT_ 10Y	HPC_ 10Y	AP_ 10Y
Mean	0. 012	0. 238	22291	65925	475476	23638	70639	413743
Median	0. 011	0. 222	17043	38077	295914	19911	36075	254445
Sd.	0. 004	0. 074	26654	72393	555535	26109	82815	486462
Kurtosis	0. 028	0. 028	4. 397	0. 902	2. 394	2. 360	0. 674	2. 027
Skewness	0. 758	0. 758	2. 029	1. 336	1. 751	1. 533	1. 329	1. 670
Min	0. 006	0. 120	−618	823	10789	−1322	703	9755
Max	0. 020	0. 405	120317	271971	2092886	104371	286132	1831837
Range	0. 014	0. 285	120935	271148	2082097	105693	285429	1822082

这样设计主要出于三点考虑：第一，考虑到之前所说的较长期情况下，技术革新

会导致农作物产量大幅提高，因此设置一个较短的子区间进行对比，以尽量保证数据的一致性和模型结果的有效性。第二，出于检验模型预测效果的考虑，设置产量数据区间在保单损失数据区间之前，从模型的架构来看，实际上就是通过产量历史数据来预测未来保单的损失情况，这种设置对农作物种植保险具有更大的实践意义。第三，还有一个对模型本身很有意义的考虑，在同一年份中保单的实际损失将直接受到产量情况的影响，因此若选用相同的统计区间，对产量数据产生影响的系统因素同样会作用于保单的损失数据，从而导致模型拟合结果的偏差。所以使用统计区间没有重叠的产量数据和保单数据建模可以在一定程度上减弱系统因素在变量间的传导，从而降低模型误差。通过以上保单数据和产量数据的相关变量，我们构建了如表7.9所示的四个模型。

表7.9 各模型变量

模型	被解释变量	解释变量
M1	LP	HPT_ 10Y, HPC_ 10Y, AP_ 10Y
M2	LS	HPT_ 10Y, HPC_ 10Y, AP_ 10Y
M3	LP	HPT_ 16Y, HPC_ 16Y, AP_ 16Y
M4	LS	HPT_ 16Y, HPC_ 16Y, AP_ 16Y

2. 空间相关性分析

首先，我们分别对被解释变量 LP 和 LS 作了四分位数分布图，希望能够对二者的空间分布状况有一个直观印象。如图7.7所示，LP 在空间分布上同时表现出差异性和相似性。具体而言，相邻县之间有一定的丛聚现象，特别是吉林省西北部的八个市县区域，都属于 LP 所有样本的上四分之一区间，其他部分的相邻县区也都有类似特征，因此我们判断吉林省各县的 LP 应该具有比较高的空间相关性。LS 的四分位数分布图与 LP 类似，本节不再赘述。

接下来本节使用 Moran'sI 统计量对 LP 和 LS 的空间相关性进行进一步的定量分析。Moran's I 统计量的定义如下：

$$I = \frac{N}{\sum_i \sum_j w_{ij}} \times \frac{\sum_i \sum_j w_{ij}(X_i - X -)(X_j - X -)}{\sum_i (X_i - X -)^2} \tag{7.2.1}$$

其中，N 为分别用 i 和 j 索引的二维空间单元个数，X 为样本，w_{ij} 是索引 i 和 j 的空间单元的权重值，W 为相应的权重矩阵，权重矩阵的构造方法将在后文详述。

在空间相关性检验中，首先需要选取合适的方法计算空间权重矩阵 W。考虑到吉

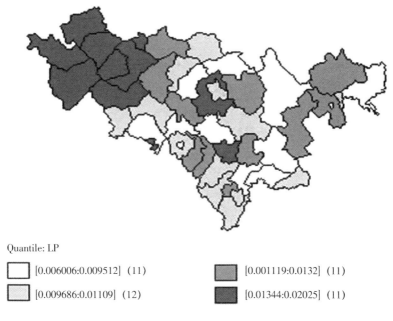

Quantile: LP

☐	[0.006006:0.009512] (11)	▨	[0.001119:0.0132] (11)
▨	[0.009686:0.01109] (12)	■	[0.01344:0.02025] (11)

图 7.15　LP 四分位数分布图

林省的种植面积以及调整后各观测区域的分布情况，本节采用 k 为 3 的核密度加权方法，即对于每个观测区域，考虑其周围距离最近的三个样本区域情况。具体而言，选用三角核密度函数对任意一个观测区域 i 和其他观测区域 j 的距离 dij 进行平滑处理，而核密度函数使用的带宽参数为观测区域 i 到其第三近观测区域的距离，所有距离采用区域中心距离，即 $W_{ij} = K(d_{ij}/d_i)$。对 LP 和 LS 的 Moran's I 检验结果均为 0.60450，表现出很强的空间相关性。

使用核密度加权矩阵作出的 LP 的 Moran 散点图如图 7.16 所示。图中横坐标为 LP，纵坐标为 LP 使用权重矩阵加权后的空间滞后变量，从图中可以看出 LP 及其滞后变量呈现出高—高、低—低的相互关系，这表明 LP 的确有比较强的空间相关性。LS 的 Moran 散点图与此相似，本节不再赘述。

3. OLS 建模设定模型基线

为评估建立空间计量模型的必要性以及便于后续对空间计量建模效果的分析，我们先建立普通的线性模型，并使用最小二乘法（OLS）进行估计，得到模型基线。本节对保单的实际损失建模如下：

$$L = X\beta + \varepsilon \tag{7.2.2}$$

其中，被解释变量 L 为 N 维的损失列向量，X 为 $N \times M$ 维的损失相关变量矩阵，β 为 M 维的参数向量，ε 为 N 维的拟合残差向量，N 为观测值个数，M 为相关的影响因素个数。模型原假设为损失相关变量中已经包含了 X 中所有系统性因素的信息，即 β

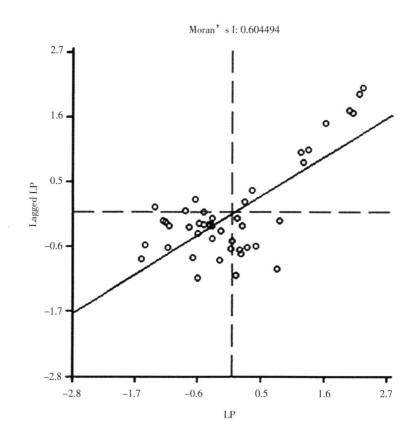

图 7.16　LP 的 Moran 散点分布

为 0 向量，则残差项各元素的值为各损失变量的值。备选假设为损失变量中遗漏了某些系统性因素，从而 β 非 0 向量，其中非 0 的元素 β_i 所对应的系统性因素 i 就是所对应的遗漏因素。

如表 7.9 所示，此处模型中 L 的形式为单位投保面积损失（LS）和单位保费损失（LP），X 包含的因素为各统计区间的平均产量、产量的长期增长趋势（HPT）和短期波动的标准差（HPC），各模型对应的被解释变量和解释变量如表 7.9 所示。本节首先采用普通最小二乘法（OLS）对各模型进行回归，以确定模型的基线，然后对普通最小二乘回归结果的残差进行 Moran's I 空间相关性检验，各模型的检验结果如表 7.10 所示。

表 7.10　　　　　　　　　　　　　　OLS 拟合结果检验

检验名称	Model1	Model2	Model3	Model4
Lagrange Multiplier（lag）	15.441	15.441	18.019	18.019
	0.000	0.000	(0.000)	(0.000)

检验名称	Model1	Model2	Model3	Model4
Robust LM （lag）	13.476	13.476	13.180	13.180
	0.000	0.000	(0.000)	(0.000)
Lagrange Multiplier （error）	4.909	4.909	7.499	7.499
	0.027	0.027	(0.006)	(0.006)
Robust LM （error）	2.944	2.944	2.660	2.660
	0.086	0.086	(0.103)	(0.103)
Residuals' Moran's I	0.252	0.252	0.311	0.311
	0.002	0.002	(0.000)	(0.000)

四个模型残差的 Moran's I 检验结果在 0.278—0.311 不等，且各自所对应的 P 值都显著小于 0.01。显然四个模型的普通最小二乘回归残差均表现出空间相关性，因此有必要做进一步的空间计量分析。

4. 空间计量模型选择

空间计量回归模型主要包括两种类型，分别为空间滞后模型（Lag）和空间误差模型（Error），前者包含空间滞后的因变量，后者则在残差中表现出空间滞后形式。我们将对以上四个模型分别进行拉格朗日乘数检验（LM 检验）以选择合适的空间计量模型。Anselin（1988）指出可以通过 LM 检验结果选择合适的空间计量模型，如果 LM（lag）和 LM（error）检验结果都不显著，则不需要使用空间计量方法，若其中之一显著，则采用检验结果显著的空间计量模型，若二者都显著，则采用检验结果值较大的空间计量模型。各模型的 LM 检验统计量如表 7.10 所示，四个模型的空间滞后模型统计量都显著，而空间误差模型统计量都不显著。有鉴于此，本节将采用空间滞后模型进行进一步回归。

5. 模型结果及检验

根据之前的 LM 检验结果，本节后续均采用空间滞后模型的形式，即

$$L = \rho WL + X\beta + \varepsilon \tag{7.2.3}$$

其中，W 为之前通过核密度方法得到的空间权重矩阵，u 为 N×1 的残差列向量，ρ 为用于度量空间相关性的空间自回归系数。WL 为空间滞后变量，除了具有方向性和多维性之外，空间滞后变量非常类似于时间序列中的滞后变量。当样本数据遵从空间滞后模型形式时，由于空间滞后项 ρWL 在多维度下具有内生性，若采用没有空间滞后变量的简单线性回归，将导致估计结果有偏并且不一致。

考虑到模型残差可能并不服从正态分布，我们对模型的估计采用不受残差分布限制的 GMM 方法。具体而言，本节将采用空间二阶段最小二乘法（S2SLS）做进一步的模型拟合，S2SLS 对普通二阶段最小二乘法（2SLS）的改进在于，在拟合使用的工具变量中加入变量的空间滞后项，即 $Q = [X, WX]$。以 $Z = [WL, X]$ 作为空间滞后解释变量和其他解释变量，$\delta = [\rho, \beta]$ 作为待估参数，则 δ 的估计值为

$$\delta_{s2sls} = [ZQ(QQ)^{-1}QZ]^{-1}ZQ(QQ)^{-1}QL。$$

由于 S2SLS 是渐进有效的估计方法，所以即使存在异方差的情况，模型仍然能够得到一致的估计值。

表 7.11 列示了各模型的 S2SLS 回归结果，各解释变量都比较显著，空间滞后项、产量短期波动项和平均产量的显著性水平都在 0.05 以上，且四个模型的调整拟合优度都在 0.60 左右，拟合效果较好。对模型残差进行 Moran's I 检验的 P 值接近 1，这表明均应该接受原假设，即此时的回归残差相互独立。空间滞后系数 ρ 显著且数值较大（0.7215—0.7505），这表明各县玉米种植保险的保单经验损失有很强的空间相关性，这种相关性可能来源于区域之间的溢出效应，或者经验损失模型中遗漏了具有空间相关性的解释变量。模型中短期波动的回归拟合系数显著为正，这与预期是一致的，产量波动意味着风险，风险增加损失也会相应增加。平均产量的估计系数显著为负，这与预期也是一致的。对比 4 个模型的拟合结果，我们发现各解释变量的显著性、模型整体拟合效果、空间滞后因子，以及残差的 Moran's I 检验结果都比较接近，这表明相邻地区的系统性因素对经验损失的影响表现出时间区间上的一致性，即不同地区的经验损失主要是由其相对的地理位置和长期气候引起的，而非短期的天气随机波动所致。

表 7.11 空间二阶段最小二乘法回归结果

模型	Model1		Model2		Model3		Model4	
被解释变量	LP		LS		LP		LS	
解释变量								
intercept	0.003	*	0.066	*	0.003	*	0.057	*
	0.053		0.053		(0.078)		(0.078)	
ρ	0.722	* * *	0.722	* * *	0.751	* * *	0.751	* * *
	0.000		0.000		0.000		0.000	
HPT	4.5E－08		9.1E－07		5.6E－08		1.1E－06	
	0.161		0.161		(0.109)		(0.109)	
HPC	4.8E－08	* * *	9.6E－07	* * *	5.4E－08	* *	1.1E－06	* *

续表

模型	Model1		Model2		Model3		Model4	
	0.008		0.008		(0.023)		(0.017)	
AP	− 1.0E − 08	＊＊＊	− 2.1E − 07	＊＊＊	− 9.6E − 09	＊＊＊	− 9.1E − 07	＊＊＊
	0.005		0.005		(0.005)		(0.005)	
Obs.	45		45		45		45	
df	40		40		40		40	
adj. R − sq.	0.606		0.606		0.602		0.602	
Moran's Istatist icforresidual	− 0.299		− 0.299		− 0.247		− 0.247	
p − value	0.990		0.990		0.964		0.964	

注：该表为 S2SLS 方法下模型 1—4 的空间滞后形式的估计结果，各解释变量第一行为估计系数，第二行为显著性的 P 值，右侧的显著性标记：＊ = 10%，＊＊ = 5%，＊＊＊ = 1%。

（四）模型结果分析

表 7.12 列示了各解释变量对被解释变量的影响情况，包括总效应、弹性效应和四分位距效应。其中总效应为模型拟合结果中各解释变量的系数，弹性效应为总效应除以对应被解释变量的均值再乘上解释变量的均值（这样处理是为了消除变量间数量级的差异），四分位距效应为总效应除以被解释变量的四分位距。

表 7.12   模型中各变量的效应对比

	总效应		弹性效应		四分位距效应	
	直接效应	乘数效应	直接效应	乘数效应	直接效应	乘数效应
Model1						
HPT	0.045	0.163	0.090	0.323	0.014	0.052
HPC	0.048	0.172	0.284	1.019	0.047	0.169
AP	(0.010)	(0.037)	(0.362)	(1.299)	(0.002)	(0.008)
Model2						
HPT	0.905	3.251	0.090	0.323	0.288	1.034
HPC	0.956	3.431	0.284	1.019	0.942	3.381
AP	(0.208)	(0.747)	(0.362)	(1.300)	(0.045)	(0.160)

续表

	总效应		弹性效应		四分位距效应	
	直接效应	乘数效应	直接效应	乘数效应	直接效应	乘数效应
Model3						
HPT	0.055	0.222	0.104	0.416	0.021	0.085
HPC	0.054	0.216	0.298	1.195	0.061	0.245
AP	(0.010)	(0.038)	(0.382)	(1.532)	(0.002)	(0.008)
Model4						
HPT	1.107	4.437	0.104	0.416	0.426	1.708
HPC	1.076	4.313	0.298	1.195	1.221	4.893
AP	(0.911)	(3.651)	(1.821)	(7.298)	(0.180)	(0.720)

对于每一种效应，我们又对直接效应和乘数效应分别进行度量。乘数效应主要考虑了解释变量的空间溢出效应，并通过被解释变量空间滞后形式的拟合系数进行计算，根据 Kim 等（2003）的一种简单计算方法，将直接效应乘以 $1/(1-\rho)$ 即可得到空间溢出效应的大小。直接效应和乘数效应的区别在于，前者只考虑了被解释变量所处地区的影响因素对经验损失的影响，而后者还包括了相邻区域影响因素对经验损失的跨区域作用，实际上反映的是更大区域的解释变量对被解释变量的总体影响。由于本节中各模型空间滞后变量的系数都为正数，因此相应的乘数效应往往大于直接效应。四个模型的空间滞后影响因子都在 0.72 以上，这导致各变量的乘数效应大致为直接效应的 4 倍。换言之，各被解释变量通过空间溢出效应受到的相邻区域影响因素的作用强度高达自身区域的 3 倍。另外，因为模型中被解释变量为实际损失率，因此各拟合系数反映的是解释变量对损失率的影响大小。此处为了对比解释变量对损失本身的影响，根据样本数据中年均保费和年均投保面积的数量级，我们对各系数的数量级进行了调整。表 7.12 列示的是将各影响因子提升六个数量级后的结果。

具体到各个解释变量的影响效果，HPC 的弹性乘数效应在 1.019—1.195 区间，AP 的弹性乘数效应在 -1.299— -7.298，这说明实际损失对 HPC 和 AP 的变化比较敏感。HPC 和 AP 对 LP 的四分位距乘数效应分别在 0.169—0.245 和 -0.0080— -0.0076 区间，这说明 HPC 和 AP 的上 1/4 分位数附近的样本分别比其下 1/4 分位数附近的样本对单位保费实际损失的影响大 20% 和小 0.8% 左右。类似地，HPC 对 LS 的四分位距乘数效应在 3.381—4.893 区间，这说明 HPC 的上 1/4 分位数附近的样本比其下 1/4 分位数附近的样本对单位面积实际损失的影响大 3—4 倍。HPC 对 LS 和对 LP 的影响差异可能是由于保费和投保面积的总体数量以及研究角度差异造成的。

（五）空间相关性的作用范围

从图 7.15 可以看出，吉林省各县级区域的直接相邻县在 3—6 个，所以上文中我们将模型中核密度加权矩阵的参数 k 选择为 3，即仅考察被观测县与距其中心距离最近的三个县的经验损失空间相关性。从模型结果可以看出邻接县与被观测县有比较强的空间相关性，为进一步考察这种相关性影响的扩散范围，我们将 k 的选择范围扩展到 3—10，并在此基础上评估不同加权范围下经验损失（LP）空间效应的变化情况（LS 的空间效应类似，在此不再单独分析）。

从表 7.13 中可以看出，当加权范围从相邻 3 个县扩展到 10 个县，即大致上从一阶相邻扩展到二阶相邻的情况下，各县之间经验损失的空间效应呈现缓慢减弱的趋势。当加权范围扩展到周围 8 个县左右时，相关性检验系数开始低于 0.5。这表明就吉林省而言，农作物种植保险在县级层面的风险区划至少不应少于 6 个（$45/8 \approx 6$），而绝不是像现在这样将全省作为一个风险区域。

表 7.13　　　　　　　　　　　不同 k 值下的 Moran's I 检验结果

k	3	4	5	6	7	8	9	10
Moran's I	0.6045	0.5723	0.5621	0.5436	0.5242	0.4845	0.4508	0.4150

四　分级费率评估

第三部分已经证明了种植业风险在空间上是具有相关性的，因此在费率厘定时必须加以考虑。理论上，基于 Copula 原理可以模拟具有相关性的变量间的变动情形，从而进行风险度量或者费率厘定。但是这需要确定 Copula 类型和变量的边际分布。同时，本节中近 50 个县级风险单元，也会造成速度上的问题。因此本节最终选取了空间聚类分析方法。

普通聚类分析只考虑了个体属性，并没有考虑个体的空间分布。在空间聚类中，个体的空间分布将被视为一种属性引入聚类分析中。席景科和谭海樵（2009）大致介绍了主流的空间聚类分析算法。对于空间属性的处理，第一种是将空间属性和非空间属性分别聚类，然后合并聚类结果；第二种是将空间属性和非空间属性合并为一体，对每个属性进行标准化处理，以便解决不同属性间量纲问题（李新运等，2004）。考虑到处理过程简单，原理清晰，费率调整形象，本节采用空间一体化的方法来进行聚类。对于非空间属性，本节选择 LS 这个变量（LS 刻画了被保险单元的平均物理损失）。

我们的考虑是，如果两个个体在空间上相邻或者相近，并且在非空间属性上具有相邻性，则将其归成一类的概率就更高。我们将依据个体的经纬度（x，y）确定其位置，则对于个体 i 和 j 的距离。

$$d_{ij} = 2 \times \arcsin\left[\sqrt{\sin^2\left(\frac{y_i - y_f}{2}\right) + \cos x_i \times \cos x_j \times \sin^2\left(\frac{x_i - x_j}{2}\right)}\right] \times 6378.137 \quad (7.2.4)$$

$$D_{ij} = d_{ij}^{1 + |LS_i - LS_j|} \quad (7.2.5)$$

d_{ij} 描述了个体间的空间距离，D_{ij} 在空间距离的基础上又考虑了非空间属性，即个体间距离将依据非空间属性差异进行"膨胀"。显然，如果两个个体间 LS 几乎无差异时，空间距离无任何膨胀。本节最终基于 D_{ij} 进行系统聚类，采用类平均算法计算类间距离。图 7.17 和图 7.18 展示了聚类结果。

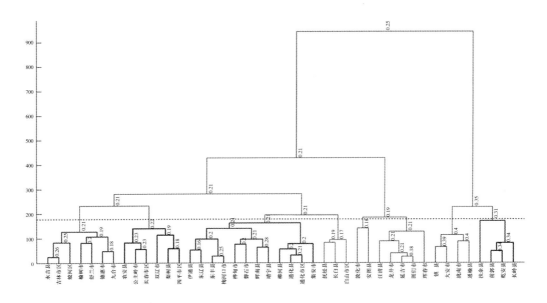

图 7.17　系统聚类树形图

本节前面的研究表明，吉林省玉米种植风险区划数目不应该少于 6 类，但也不宜过多。从图 7.17 显示来看（图中的数字为类的 LS 值），若分为 6 类或 7 类，那么中间风险的绿色和蓝色，将分别与低风险的红色和橘黄色合并为一类，低风险类别将消失。若分为 10 类，那么扶余县将独自为一类。因此，从聚类树形图来说，将分类数定为 8 类是比较合适的。系统聚类结果地图显示，区域聚集性非常明显，这也符合了本节的目标。在图 7.15 中出现的孤立点，如四平市辖区和永吉县等，在系统聚类结果地图中没有出现，孤立点被平滑合并到了邻近区域。

事实上，我们还可以将当前"一省一费"的费率调整为各风险区划的分级费率。我们将全省 LS 的加权平均值设为 $\overline{LS}$，各风险等级的费率调整因子设为 α_i，风险费率设为 r_i，则：

$$\overline{LS} = \frac{\sum_i S_i \cdot LS_i}{\sum_i S_i}, \quad \alpha_i = \frac{LS_i}{\overline{LS}}, \quad LS_i = \frac{\sum_{j \in i} S_j \cdot LS_j}{\sum_{j \in i} S_j}, \quad r_i = \alpha_i \cdot r \qquad (7.2.6)$$

其中 r 为当前费率 10%，计算结果如表 7.14 所示。可以证明，上面的公式不需要进行平衡性调整（调整前后全省保费收入不变）。如上述分析一样，我们也可以人为主观地将等级 3、4 和 5 合并为一类，毕竟三者差异不大。

表 7.14　　　　　　　　　　　　　分级费率结果

等级	加权 LS	费率调整系数	调整后 LtI'	含有国家级贫困县	政府补贴比例
1	0.1575	0.62	2.08		80.0%
2	0.1788	0.70	2.50	安图	80.0%
3	0.2051	0.80	3.01		80.0%
4	0.2058	0.81	3.03	靖宇	80.0%
5	0.2097	0.82	3.10	汪清、龙井	80.0%
6	0.2168	0.85	3.24		80.0%
7	0.3134	1.23	5.13		83.7%
8	0.3970	1.55	6.77	镇赉、大安、通榆	87.1%

显然，在目前全省统一费率的情况下，低风险区域的投保人对高风险等级的 7 和 8 被动提供了交叉补贴。风险区划做得不好很容易形成交叉补贴，交叉补贴一方面会导致比较严重的逆向选择问题，另一方面也极大地降低了我国的财政补贴效率。因此，与美国相比，风险区划问题是关系我国农业保险能否健康持续发展的一个迫切需要解决的问题（周县华，2010）。具体到本节研究的吉林省玉米种植保险情况，设 α_i 为费率调整因子，S_i 为等级 i 的投保面积，r 为当前费率，则补贴率 η 为：

$$\eta = \frac{(\alpha_7 - 1) \cdot S_7 \cdot r + (\alpha_8 - 1)S_7 \cdot r}{(S_7 + S_8) \cdot r} = 35.30\% \qquad (7.2.7)$$

即在目前"一省一费率"情形下，高风险区域保费是严重不足的，低风险区域补贴了高风险区域保费的 35.30%。

五　扶贫效果评估

假设吉林省玉米种植保险的费率为 Rate（实际值为 10%），农户自交比例为 α（目前实际值为 10%—20%），保险公司赔付率为 LR，农户收支比为 LtI，分级费率系数为 F。那么，在没有风险区划前，

$$LtI = (LR \times Rate - Rate \times \alpha)/(Rate \times \alpha) = (LR - \alpha)/\alpha \tag{7.2.8}$$

在实施费率分区后，实际上高风险地区往往也是最贫苦的地区。如表7.14 "含有国家级贫困县"列所示，高风险地区的国家级贫困县往往也越多。尽管费率提高后，高风险地区获得的财政补贴和保险公司赔款会增加，但是如果不改变补贴结构，这些地区农民需要支付的保费也要增加，而这往往是贫困地区农民所不能接受的。对这个问题的解决，恰恰也能助推我们改善目前 "一刀切" 的财政补贴结构。一个基本的初始想法是，这部分地区的农民自掏保费维持不变，则财政补贴将增加（F−1）× Rate ×α。由此会产生一个风险越高，财政补贴比率也越高的补贴结构。则此时农户收支比 LtI' 为：

$$LtI' = (LR \times Rate \times F - Rate \times \alpha)/(\min(1,F) \times Rate \times \alpha)$$
$$= (LR \times F - \alpha)/[\min(1,F) \times \alpha] \tag{7.2.9}$$

考虑到高风险地区的 F 大于1，因此上式显然要比式（7.2.8）大。即越贫穷的农民获得补偿也就越高，具体可以见表7.14 "调整后 LtI'" 列（该列是在假设保险公司赔付率为100%基础上计算的农民收入支出比）。同时，我们尝试做的新的补贴结构如表7.14 "政府补贴比例" 列所示，高风险地区的财政补贴比例将增加。

总之，新的风险区划一方面会引导财政补贴和保险公司赔款流向更加贫穷的地区，另一方面还会为我们设计更有效的补贴结构提供依据。

六 本节小结

本研究以吉林省玉米为例，收集了各县的玉米产量、损失和赔付的历史数据，采用空间滞后模型研究县级层面上的风险相关性问题，并结合空间聚类分析揭示了玉米种植风险在吉林省的地域分布规律。主要结论包括以下几点。

第一，吉林省玉米种植风险确实具有比较强的空间相关性，这种影响程度甚至达到本区域相同变量影响程度的3倍左右。这表明在县级水平上，玉米种植风险表现出一定的区域相关性，从而导致保险公司的整体承保风险具有不可分散的系统性特征。这似乎表明现行的 "一省一费" 有其一定的合理性。

第二，本节进一步的研究显示，在县级维度的二阶相邻范围内，吉林省的玉米种植保险经验损失依然具有比较显著的空间相关性。但是在扩展到8个县以外的范围后，相关性降低到0.5以下。因此所谓的空间相关性导致的 "系统性" 也是有边界的，单一风险区域不应超过8个县。这显然与现行的 "一省一费" 是矛盾的，同时这恐怕也表明现行的 "一省一费" 会造成非常严重的交叉补贴，进而影响财政补贴的扶贫效果。

第三，尽管种植业保险风险存在较强的空间相关性，风险大小相似的县域经常会连成片，从而使得几个县域落入同一个风险区划范围内；但在吉林省这样一个18.7万平方公里的空间范围内，县域层面的风险区划仍然可以达到8个，而且不同区域的玉米种植风险存在显著差异。

第四，原有的"一省一费"存在较严重的"交叉补贴"效应，同时也降低了财政补贴效率。我们厘定的分级费率能够较好地解决这个问题，整体减轻幅度大约有35.3%。新的风险区划将引导财政资金和保险公司赔款流向更贫穷（往往风险也更高）的农村地区，同时还能为我们改善财政补贴结构提供一些经验证据。

本节上述这些结论无疑将对中国种植业保险发展具有重要的政策指导意义，同时也为中国保监会进行下一步县级风险区划工作提供了经验证据和理论依据。

事实上，中国保监会早在2010年就提出要逐步在全国开展种植业保险区划研究工作，先是完成省级层面的全国种植业保险区划，然后计划用10年时间完成区县级层面的种植业保险区划。然而学界至今仍未对哪种区划方法最切合中国实际、哪些指标最具有代表性、可以采用哪些假设等问题形成一致的意见。本节的结论不仅对吉林省玉米保险发展有重要的政策指导意义，其经验方法同样可推广适用于其他省市自治区、其他农作物的风险区划及分级费率厘定工作。本节使用的数据易获得性高，计算流程简便，易于在实务中大规模展开应用。期望本节可以为此后的同类研究和种植业保险实务提供一个典型的研究路径和方法指导。

还必须指出的是，农业保险发达国家采用的风险分区方法，具有很高的参考性。但是从当前国情来看，研究者们还无法获得具有与国外相同参考价值的大数据。从农户和政府角度来说，一步推进到农户级或者乡村级费率也是不可能的，切实可行的方法是逐步推进。在条件成熟时，基于本节的研究框架路线，亦可以设置乡村级别的调整系数，从而实现更细致的风险差别费率。

第八章　农业保险准备金及财务核算

准备金评估主要是分析和核算各类保险业务的真实成本，一方面帮助公司管理层正确把握公司实际的经营和财务状况；另一方面也协助完成向公司股东、监管机构、投资者、客户以及相关利益方报告和披露公司经营业绩和财务状况。农业保险业务特点由于具有一定的特殊性，在准备金评估方面与传统成本保险有一定差异。本节主要从农业保险准备金评估、财务核算以及农业保险准备金管理三个方面进行介绍。

第一节　农业保险准备金评估

农业保险按照保险标的分类可分为种植业保险和养殖业保险。种植业保险包括农作物种植保险、林木保险等。养殖业保险主要包括牲畜养殖保险。种植业保险主要承担农作物等保险标的因遭受自然灾害导致产量减少或植被受损的损失。由于自然灾害的发生具有很强的季节性，且某地区自然灾害的发生会导致该地区大部分农作物受灾，因此农作物种植保险具有风险集中、地区风险相关性高等特点，与其他财产保险风险特征差异较大。养殖业保险主要承担牲畜由于遭受疾病疫病、自然灾害以及意外伤害导致死亡的损失。相比于种植险，养殖业保险承保的风险相对分散，更加符合大数法则原理，与传统财产险风险特征差异较小。本节主要介绍准备金评估的一般方法，不同的方法适用于不同的险种。

一　未到期责任准备金评估

未到期责任准备金，是指在评估日对有效保单的未到期责任所计提的准备金。未到期责任准备金的主要构成是未赚保费准备金。如果经过测试，所计提的未赚保费准备金不足以支付将来的赔付及相关的费用支出，还需要计提保费不足准备金。即

未到期责任准备金 = 未赚保费准备金 + 保费不足准备金

其中，未赚保费准备金 = （总保费 - 首日费用）× 比例法或风险分布法算出的未赚比例

（一）未赚保费准备金

未赚保费准备金（UPR），是保险人将所有有效保单在评估日的未赚保费收入确认为责任准备金负债，对应于有效保单尚未暴露的风险、分保费用等支出。计提未赚保费准备金的原理是基于会计核算的权责发生制要求和配比原则，即将收入的实际发生时间作为收入确认标准，将核算期内的各项收入和其相关联的成本、费用在同一会计期内予以确认和计量。按照该原则，只要保单责任未终了，保险公司就不能将保费完全确认为收入。保险公司收到保费后，将其确认为当期收入，在计提未赚保费准备金，作为对该项收入的修正，使当期收入满足权责发生制原则和配比性原则。计提未赚保费准备金的方法主要有两种：比例法和风险分布法。按照我国原保监会《保险公司非寿险业务准备金管理办法（试行）》要求，保险公司可用月比例法（1/24）和日比例法计提未赚保费准备金；对于特殊险种，也可以根据其风险分布状况选用其他方法。

新会计准则下计算未到期责任准备金的基数是校准保费，即签单保费减去首日费用。首日费用的内容和确认应当遵循增量成本的原则，即首日费用仅限于增量成本，增量成本是指如果不签单就不会发生的费用。首日费用的内容通常包括手续费、佣金支出、保单签单成本、与出单相关的保单相关运营费用、营业税金和附加、保险保障基金、监管费等费用、支付给以销售代理方式的内部员工的手续费和佣金。

1. 比例法

比例法假设保费收入在一年（季、月）中均匀流入，相对应的责任风险在保险期内均匀分布，从而未赚保费准备金与未经历的保险合同期长度成正比。比例法根据假设的不同，具体可分为年比例法（1/2）、季比例法（1/8）、月比例法（1/24）、日比例法（1/365）。养殖业保险的责任风险分布相对均匀，满足比例法假设要求，因此可以采用比例法对未赚保费进行估计。

（1）月比例法（1/24）

采用1/24法评估未赚保费准备金时，假设在保险期内各月份的责任服从均匀分布，这样可近似认为所有保单都从月中开始生效，即每张保单当月只能赚得半月保费，一年被分为24个半月，当月只能赚得年保费的1/24。1/24法是评估未赚保费准备金常用的一种方法。但当保险业务集中于每月的某一时段时，如月初或月末，这种方法评估结果的准确性受到很大质疑。

例【8.1】以一年期保单为例，采用1/24法评估2010年1月1日至2010年12月31日的保单在2010年底的未赚保费准备金。以 P 表示第 m 月的保费收入，则评估日2010年底需要为第 m 月提取的未赚保费准备金的计算公式为：

$$\left(\frac{2 \times m - 1}{24}\right) \times P$$

各月末未赚保费因子如表8.1所示：

表 8.1 各月未赚保费因子

保单起期月份	未赚保费因子	保单起期月份	未赚保费因子
2010 年 1 月	1/24	2010 年 7 月	13/24
2010 年 2 月	3/24	2010 年 8 月	15/24
2010 年 3 月	5/24	2010 年 9 月	17/24
2010 年 4 月	7/24	2010 年 10 月	19/24
2010 年 5 月	9/24	2010 年 11 月	21/24
2010 年 6 月	11/24	2010 年 12 月	23/24

对于 1 月起期的保单的计提公式是：1 月起期保单的保费收入 × 1/24；

对于 2 月起期的保单的计提公式是：2 月起期保单的保费收入 × 3/24；

……

对于 12 月起期的保单的计提公式是：12 月起期保单的保费收入 × 23/24。

将上述每个月计提的未赚保费准备金相加，即为当年业务在年末应提取的未赚保费准备金。

（2）日比例法（1/365 法）

1/365 法是根据实际业务的承保期限，逐单对未赚保费准备金进行评估的一种方法。在逐单评估时，以未满期日数占一次缴费的保险期限的比例来衡量未到期风险，具体的计提公式为：

$$U = \sum U_i = \sum P_i \frac{w_{id} - w_{ib}}{w_{id} - w_{ic}}$$

式中，U 为总体保单未赚保费准备金；U_i 为第 i 张保单的未赚保费准备金；w_{ib} 为评估日；w_{id}，w_{ic} 分别为第 i 张保单的保险起斯和保险止期；P_i 为第 i 张保单的保费收入。如果考虑再保险，则 P_i 需选用自留保费收入。

1/365 法避免了固定比例法中保单在财务年内承保不均匀分布的情况。

2. 风险分布法

对于种植业保险，从种植到收割，收获前农作物因灾害造成的损失风险最大。因此种植业保险的保单责任并不满足保险责任风险均匀分布的假设。在这种情况下，如果采用时间比例，很显然会低估未赚保费准备金，因而需要对风险的分布情况进行分析，根据风险比例来估计未到期风险。常用的风险分布法包括流量预期法、七十八法则或逆七十八法则。

（1）流量预期法

流量预期法是根据承保业务损失的历史经验数据估计未来预期风险分布状况，并以风险比例确定未赚保费准备金的一种方法。

例【8.2】根据历史经验数据，估计某险种未来的风险分布及未经风险比例的分布如表8.2所示。

表8.2　　　　　　　　　　　预期风险分布及未经风险比例

时间	0	2月	4月	6月	8月	10月	12月
预期损失分布	0	2%	3%	10%	30%	30%	25%
未经风险比例	100%	98%	95%	85%	55%	25%	0

精算人员根据风险比例评估未赚保费准备金，相应的未赚保费比例如表8.3所示。

表8.3　　　　　　　　　　　　未赚保费比例

时间	0	2月	4月	6月	8月	10月	12月
已赚保费比例	0	2%	3%	10%	30%	30%	25%
未赚保费比例	100%	98%	95%	85%	55%	25%	0

流量预期法依赖于经验数据和精算假设，客观性没有其他方法强，加大了准备金评估的监管难度。

（2）七十八法则或逆七十八法则

七十八法则或逆七十八法则是对流量预期法的一种简化。七十八法则在评估未赚保费准备金时，假设自保险起期，风险分布呈现逐月递减的趋势，在倒数第一个月、第二个月、第三个月……分别为1，2，3，……，而逆七十八法则则假设自保险起期，风险呈现以1，2，3，……逐月递增的分布。（见表8.4）

表8.4　　　　　　　七十八法则和逆七十八法则的已赚保费比例

保险起期后第×个月	每月已赚保费	
	七十八法则	逆七十八法则
1	12/78	1/78
2	11/78	2/78
3	10/78	3/78
4	9/78	4/78
5	8/78	5/78

保险起期后第 x 个月	每月已赚保费	
	七十八法则	逆七十八法则
6	7/78	6/78
7	6/78	7/78
8	5/78	8/78
9	4/78	9/78
10	3/78	10/78
11	2/78	11/78
12	1/78	12/78

（二）保费不足准备金

保费不足准备金的估计，主要是比较未赚保费准备金和相关费用。即

保费不足准备金 = MAX ［贴现后的未来现金净流出 × （1 + 风险边际率） − 未赚保费准备金，0］

未来现金净流出包括未到期保单的未来预期赔付、理赔费用以及维持成本等支出，即

未来现金净流出 = 未赚保费 × 预期赔付率 + 理赔费用 + 维持费用

由于绝大部分农业保险均为一年以内的短期保险，通常情况下农业保险未来现金流的久期小于一年，因此贴现率通常取100%。对于某些特殊产品未来现金流的久期大于一年时，则应对未来现金流进行贴现。关于贴现率的选择，通常采用由行业统一规定的贴现率，比如，现行规定是按中央国债登记结算有限责任公司编制的750个工作日国债收益率曲线的移动平均为基准，加上合理的风险溢价。风险溢价应在150BP范围内。

风险边际主要是对风险的补偿，包括对保险负债和合同中投资收益的不确定性进行补偿，以及弥补不利偏差的损失。风险边际的计算方法包括分位数法、条件尾部期望法和资本成本法。

分位数法是指在一个时期内既定的概率或置信度下（如75%或95%概率下），以最坏情况的损失（或最大损失）金额作为公司所需要提供的资本，其余准备金的最优估计的差值即为风险边际。这等同于在险价值（VaR）的概念。

条件尾部期望法，是指以损失超过一定百分比时的平均损失作为公司所需提供的资本，其与准备金最优估计的差值即为风险边际。

资本成本法是指为应对保险合同的负债风险所需持有相关资本的成本，该成本应当作为负债的风险边际计入负债，作为使用资本金的风险对价，与负债的最佳估计共

同组成准备金。

根据中国原保监会《关于保险业做好〈企业会计准则解释第 2 号〉实施工作的通知》要求，财产保险公司与再保险公司可以根据自身的数据测算并确定非寿险业务准备金的风险边际，但测算风险边际的方法限定为资本成本法和 75% 分位数法，风险边际与未来现金流现值的无偏估计的比例不得超出 2.5%—15.0% 的范围，同时测算风险边际的方法和假设应在报表附注中详细披露。不具备数据基础进行测算的财产保险公司与再保险公司，非寿险业务准备金的风险边际应采用行业比例，未到期责任准备金的风险边际按照未来现金流现值无偏估计的 8.5% 确定。[①]

二　未决赔款准备金评估

在新会计准则下，对未决赔款准备金的计算原理，是在对未来赔款和理赔费用现金流的合理估计的基础上，考虑贴现并加上恰当的风险边际，即

未决赔款准备金 =（已发生已报告未决赔款准备金 + 已发生未报告未决赔款准备金 + 理赔费用准备金）× 贴现率 + 风险边际

（一）已发生已报告未决赔款准备金

已发生已报告未决赔款准备金是保险公司对已经报案但尚未结案的保险事故而计提的赔款准备金。农业保险已发生已报案未决赔款准备金主要由理赔人员按照逐案评估法计提。逐案评估法是指保险事故发生后，理赔人员通过实地查勘过理赔经验，对所发生赔案的赔付金额进行逐案估计。理赔人员必须熟悉公司在案件受理、现场查勘、责任审核、准备金评估、赔付调整、理赔、残值和追偿收入等管理环节的水平和效率，及时了解法规的变更，社会、经济的因素变化对已报告赔案赔款的影响。

（二）已发生未报告未决赔款准备金

1. IBNR 准备金定义

已发生已报告未决赔款准备金又称 IBNR 准备金。评估 IBNR 准备金有诸多困难，其中之一是这个概念本身的定义和内涵不是特别明确。一般地，IBNR 准备金有广义和狭义之分。

狭义 IBNR 准备金是保险公司为已经发生但尚未提出索赔的赔案而进行的资金准备。

广义 IBNR 准备金主要包括四种准备金。

狭义 IBNR 准备金。这是对完全没有报案的赔案而计提的准备金，代表了已发生事故的报案延迟。

---

① 有关农业保险未到期责任准备金风险边际的取值，我们参照中国人民财产保险股份有限公司、中国平安财产保险股份有限公司、安华农业保险股份有限公司等 2018 年度信息披露报告资料加以确定。

已报案未立案准备金。这种准备金是指为保险事故已经报告给分支机构或报案中心，单位记录到保险人数据库中的赔案而提取的准备金。

未决赔案的未来进展准备金。理赔人员对已报案赔款的估计不可能完全准确，随着时间的推移，可获得的信息越来越多，因而对已报案赔款的估计也将越来越准确。最初已报案未决赔款准备金与最终实际的支付额之间的差额即为未决赔案的未来进展，保险人也需要为这部分赔款调整额做资金准备。

重立赔案准备金。已经赔付的赔案，经过一定时期后，如果出现新的信息，赔案可能被重新提起并要求额外增加赔付。保险人必须为此提取相应的准备金，即重立赔案准备金。

对于农业保险而言，传统成本种植业保险由于需要等到农作物收获后才能确定最终赔付，因此从农作物受灾报案至结案周期相对传统成本保险时间为长，且定损难度较大。因此对于农业保险，广义 IBNR 的概念更适用于种植业保险。而对于养殖险，由于大部分养殖业保险承保保险标的的死亡责任属于定额赔付，因此不存在未决赔案的未来进展准备金，结案周期相对较短。

2. IBNR 准备金评估

评估 IBNR 准备金可以根据保险业务的性质和规模，采用模型法进行预测。模型法可分为确定性模型、随机模型和动态模型。用模型法来预测 IBNR 准备金，也包括预测未决赔款准备金，需要根据保险业务的风险性质、赔付延迟模式、经验数据特点等因素，选择一种或几种模型和方法对赔款损失进行估计。

（1）确定性模型

确定性模型主要针对未来赔款的期望值，忽略随机波动。确定性模型的评估方法主要有链梯法、案均赔款法、准备金进展法、赔付率法、B－F 法、Cape－Cod 法等。

链梯法由一系列比率链，如逐年链梯比率，组成一个梯子，使人能够从历史经验记录中预测未来最终赔款。得到最终赔款后，扣除已决赔款和已发生已报告未决赔款准备金即为 IBNR 准备金。链梯法的原理可以表述为：只要各进展年的赔款相对稳定，赔款延迟模式就可以根据其所占最终赔款的比例来制定。未来事故年会延续过去的赔款延迟模式的规律来估计最终赔款。因此在链梯法中，基本假设是每个事故年的赔款支出具有相同的进展模式。

链梯法仅考虑了赔付额的货币价值，忽略了赔案数目这一重要信息。在通货膨胀率较高并且波动剧烈的情况下，采用这种方法会歪曲最终赔款估计。案均赔款法分别对应已处理赔案数目和已报案赔款数目，假设案均赔款及相应的赔案数据的流量模式前后具有一致性，根据这一规律可分别估计未来的案均赔款和相应的赔案数目，两者的乘积即为未来最终赔款。

链梯法和案均赔款法都基于已付赔款数据或已报案赔款数据，而没有考虑已付赔款和已报案未决赔款准备金之间的关系。准备金进展法将已付赔款同已报案未决赔款准备金进行比较，试图通过分析已报案未决赔款准备金的充足性，来评估最终赔款和未决赔款准备金。

赔付率方法是准备金评估的重要工具。对应保费与预期赔付率的乘积即为预期最终赔款。实践中赔付率具有不确定性，过去经验无法准确预测未来的情况。尽管评估准备金时不能完全知道未来的赔付率信息，但过去的数据经验、承保人和费率立定人员目前的赔付率预期都对未来赔付的估计有很大的帮助。在数据变动较大、过去数据经验不可能提供稳定的结果时，过去赔付率经验能够为其他准备金评估方法提供一个基准；在数据不充分，甚至不存在的情况下，赔付率法评估结果可以为准备金评估提供参考。

基于赔付延迟模式的最终赔款预测方法仅依靠过去数据来估计最终赔款，并假设赔案报告和理赔模式维持不变。实践中，其估计结果不能达到评估人所预期的置信水平。这一点在最近承保年体现得尤为明显，因为赔付延迟数据缺乏，累积进展因子值相对较高，且波动较大，一旦赔付额发生较大变化，将会导致预测结果严重偏离。B－F 法的特点是将简单赔付率法和链梯法结合起来。基本思想是将事故年的总赔款分为过去的和未来的两部分。对早期事故而言，过去发生的赔款基本完成，但对于未来的情况，事故年的赔付延迟模式并非保持不变，因而最好采用赔付率数据进行估计。然后将赔付率估计结果和链梯法估计结果进行加权平均，最近事故年赔付率法权重较大，然后逐渐降低至零。这样可得到最终赔款最合理的估计，从而较准确地估计准备金。

Cape－Cod 方法和 B－F 方法都综合运用赔付延迟模式规律和基于风险基础的期望赔款。同 B－F 方法相比，Cape－Cod 方法最大的创新之处在于使用所有已报案赔款或已付赔款经验数据来估计最终期望赔付率，而不是根据赔付经验来判断最终赔付率。当保险人因缺乏定价数据无法使用 B－F 方法时，可采用 Cape－Cod 方法。

（2）随机模型

随机模型不仅提供未来赔款的最佳估计，并且能够确定最佳估计的精确度。随机模型主要包括过度分散的泊松分布链梯模型、负二项分布链梯模型、负二项分布的正态近似链梯模型、MACK 模型、Gamma 模型、HoerlCurve 模型等。由于对这些的应用尚未制定明确的标准，监管部门以及职业组织目前还没有专门推荐任何具体的随机模型。

中国原保监会《保险公司非寿险业务准备金管理办法（试行）》第 14 条规定："对已发生未报告未决赔款准备金，应当根据险种的风险性质、分布、经验数据等因素采用至少下列两种方法进行谨慎评估提取：（一）链梯法；（二）案均赔款法；（三）准备金进展法；（四）B－F 法等其它合适的方法。"

对于农业保险而言，养殖险的风险特点与其他财产保险差异不大，因此上述方法均适用于养殖业保险。但对于种植险而言，由于农作物生长具有季节性的特点，每一季的农作物所受灾因、受灾程度、受灾时间均有所不同，因此种植业保险的赔付延迟模式并不能很好地预测未来赔付模式。对于种植险的 IBNR 准备金评估，常用预期赔付率法或者随机方法来评估。

（三）理赔费用准备金

理赔费用一般分为直接理赔费用和间接理赔费用。直接理赔费用（ALAE）是指与赔案直接相关的费用，如诉讼费、查勘费等可直接确认到具体赔案的费用。间接理赔费用（ULAE）是指不能分摊给具体赔案的理赔费用，包括理赔部门的薪金、办公费用等。

对已发生赔案的理赔费用支出进行估计，所计提的责任准备金就称为"理赔费用准备金"，可进一步分为直接理赔费用准备金和间接理赔费用准备金两类。

当直接理赔费用很大，或者是理赔费用延迟模式与赔案赔付延迟模式差别较大时，需要对理赔费用单独考虑。直接理赔费用准备金的评估方法主要有两种：（1）已付 A-LAE 链梯法；（2）已付 ALAE 与已付赔款比率法。对于农业保险而言，直接理赔费用相对较小，通常不需要单独评估，一般与 IBNR 准备金一并评估。

间接理赔费用准备金的评估方法主要有两种：

（1）平均日历年已付 ULAE 百分比法。该方法的原理是将日历年已赔付 ULAE 分配到赔案发生的事故年，如果业务稳定，则各间接理赔费用支付规律具有稳定性，这样可以确定日历年以及前日历年间接理赔费用的未支付比例，该比例乘以年均已付 UL-AE，即为间接理赔费用。

（2）已付 ULAE 与已付赔款比率法。该方法假设间接理赔费用和已付赔款一道随时间同步、稳定地变化。确定间接理赔费用与已付赔款比例后，用该比例乘以未决赔款准备金即为间接理赔费用。

（四）贴现因素

与评估未到期责任准备金一样，由于绝大部分农业保险均为一年以内的短期保险，通常情况下农业保险未来现金流的久期小于 1 年，因此贴现率通常取 100%。对于某些特殊产品未来现金流的久期大于 1 年时，则应对未来现金流进行贴现。关于贴现率的选择，通常采用由行业统一规定的贴现率，比如，现行规定是按中央国债登记结算有限责任公司编制的 750 个工作日国债收益率曲线的移动平均为基准，加上合理的风险溢价。风险溢价应在 150BP 范围内。

（五）风险边际

评估未决赔款准备金的风险边际与评估未决赔款准备金的风险边际方法一致。根据中国原保监会《关于保险业做好〈企业会计准则解释第 2 号〉实施工作的通知》要求，财产保险公司与再保险公司可以根据自身的数据测算并确定非寿险业务准备金的风险边际，但测算风险边际的方法限定为资本成本法和75%分位数法，风险边际与未来现金流现值的无偏估计的比例不得超出2.5%—15.0%的范围，同时测算风险边际的方法和假设应在报表附注中详细披露。不具备数据基础进行测算的财产保险公司与再保险公司，未决赔款准备金风险边际应采用行业比例，未决赔款准备金的风险边际按照未来现金流现值无偏估计的8.0%确定。[1]

三　大灾风险准备金

近年来，尤其是自2007年中央财政农业保险保费补贴试点开展以来，我国农业保险保费增长迅猛。农业保险保费增长的同时，保险公司面临的农险风险也在不断积累，如何更好地应对极端的气候条件对农业保险的冲击已成为保险公司无法回避的问题。

2013年12月，财政部发布财金〔2013〕129号文件《关于印发〈农业保险大灾风险准备金管理办法〉的通知》（以下简称《办法》），该《办法》对农业保险大灾风险准备金的计提、使用以及管理方法进行了明确的规范。

（一）农业保险大灾风险准备金的计提

（1）计提范围：各级财政按规定给予保费补贴的种植业、养殖业和林业。

（2）计提类别：保费准备金和利润准备金。保费准备金以保险公司的保费收入为计提基础。

利润准备金以保险公司的超额利润为计提基础。保险机构经营农业保险实现年度及累计承保盈利，且满足以下条件的，其总部应当在依法提取法定公积金、一般（风险）准备金后，从年度净利润中计提利润准备金，计提标准为超额承保利润的75%（如不足超额承保利润的75%，则全额计提），不得将其用于分红、转增资本：

①保险机构农业保险的整体承保利润率超过其自身财产险业务承保利润率，且农业保险综合赔付率低于70%；

②专业农业保险机构的整体承保利润率超过其自身与财产险行业承保利润率的均值，且其综合赔付率低于70%；

③前两款中，保险机构自身财产险业务承保利润率、专业农业保险机构自身与财产险行业承保利润率的均值为负的，按照其近3年的均值（如近3年均值为负或不足3年则按0确定），计算应当计提的利润准备金。

其中，财产险行业综合赔付率以行业监管部门发布数据为准，保险机构综合赔付率以经审计的数据为准。

（3）计提比例：该《办法》对各省提取保费准备金的比例区间给出了规定，其中

---

① 有关农业保险未决赔款准备金风险边际的取值，我们参照中国人民财产保险股份有限公司、中国平安财产保险股份有限公司、安华农业保险股份有限公司等2018年度信息披露报告资料加以确定。

种植险比例区间在 2%—8%，养殖险比例区间在 1%—4%，森林险比例区间在 4%—10%。利润准备金的计提比例为"超额承保利润的 75%"。

（4）滚存规模：如保费准备金滚存余额达到当年农业保险自留保费，可以暂停计提。

（二）农业保险大灾风险准备金的使用

（1）使用前提：保险机构的农业保险大类险种（种植、养殖及森林）综合赔付率超过 75%（大灾赔付率），且已决赔案中至少有 1 次赔案的事故年度已报告赔付率不低于大灾赔付率。

（2）使用顺序：依次为保险机构本地区的保费准备金、保险机构总部的利润准备金、保险机构其他地区的保费准备金。

（3）使用限额：大灾准备金的使用额度，以农业保险大类险种实际赔付率超过大灾赔付率部分对应的再保后已发生赔款为限。

（三）农业保险大灾风险准备金的管理

（1）会计处理：保险机构当期计提的保费准备金，在成本中列支，计入当期损益；保险机构计提的利润准备金，在所有者权益项下列示。

（2）纳税优惠：保险机构计提大灾准备金，按税收法律及其有关规定享受税前扣除政策。

（3）报备要求：保险机构于每年 5 月底之前，将上年度大灾准备金的计提、使用、管理等情况报告同级财政部门、行业监管部门。省级财政部门于每年 6 月底之前，将本地区保险机构大灾准备金的计提、使用、管理等情况报告财政部。

第二节　农业保险准备金财务核算

一　未到期责任准备金核算

（一）科目设置

1."提取未到期责任准备金"科目

2."未到期责任准备金"科目

（二）账务处理

1.期末提取未到期责任准备金

借：提取未到期责任准备金

贷：未到期责任准备金

2.期末转回未到期责任准备金

借：未到期责任准备金

贷：提取未到期责任准备金

3. 年末结转本年利润

借：本年利润

贷：提取未到期责任准备金

二　未决赔款准备金核算

（一）科目设置

1. "提取未决赔款准备金"科目

2. "未决赔款准备金"科目

（二）账务处理

1. 期末提取已报案赔款准备金

借：提取未决赔款准备金——已发生已报案

贷：未决赔款准备金——已发生已报案

2. 期末提取未报案赔款准备金

借：提取未决赔款准备金——已发生未报案

贷：未决赔款准备金——已发生未报案

3. 期末提取理赔费用准备金

借：提取未决赔款准备金——理赔费用准备金

贷：未决赔款准备金——理赔费用准备金

4. 期末转回未决赔款准备金

借：未决赔款准备金

贷：提取未决赔款准备金

5. 年末结转本年利润

借：本年利润

贷：提取未决赔款准备金

三　大灾风险准备金核算

（一）科目设置

（1）在损益类科目中设置"提取保费准备金"科目，核算保险机构按规定当期从农业保险保费收入中提取的保费准备金。本科目应按种植业、养殖业、森林等大类险种进行明细核算。

（2）在负债类科目中设置"保费准备金"科目，核算保险机构按规定从农业保险保费收入中提取，并按规定使用和转回的保费准备金。本科目应按种植业、养殖业、森林等大类险种进行明细核算。

（3）所有者权益类科目中设置"大灾风险利润准备"科目，核算保险机构按规定从净利润中提取，并按规定使用和转回的利润准备金，以及大灾准备金资金运用形成的收益。在"利润分配"科目下设置"提取利润准备"明细科目，核算保险机构按规定从当期净利润中提取的利润准备金。在"利润分配"科目下设置"大灾准备金投资收益"明细科目，核算保险机构以大灾准备金所对应的资金用于投资等所产生的收益。

（二）账务处理

（1）期末，按照各类农业保险当期实现的自留保费和规定的保费准备金计提比例计算应提取的保费准备金，借记"提取保费准备金"科目，贷记"保费准备金"科目。

（2）期末，保险机构总部在依法提取法定公积金、一般风险准备金后，按规定从年度净利润中提取的利润准备金，借记"利润分配——提取利润准备"科目，贷记"大灾风险利润准备"科目。

（3）保险机构按规定以大灾准备金所对应的资金用于投资等所产生的收益，借记"应收利息""应收股利"等科目，贷记"投资收益"等科目；同时，借记"利润分配——大灾准备金投资收益"科目，贷记"大灾风险利润准备"科目。

（4）保险机构在确定支付赔付款项金额或实际发生理赔费用的当期，按照应赔付或实际赔付的金额，借记"赔付支出"科目，贷记"应付赔付款""银行存款"等科目；按规定以大灾准备金用于弥补农业大灾风险损失时，按弥补的金额依次冲减"保费准备金""大灾风险利润准备"科目，借记"保费准备金""大灾风险利润准备"科目，贷记"提取保费准备金""利润分配——提取利润准备"科目。

（5）保险机构不再经营农业保险的，将以前年度计提的保费准备金的余额逐年转回损益时，按转回的金额，借记"保费准备金"科目，贷记"提取保费准备金"科目；将利润准备金的余额转入一般风险准备时，按转回的金额，借记"大灾风险利润准备"科目，贷记"一般风险准备"科目。

（6）年末结转本年利润，借记"本年利润"科目，贷记"提取保费准备金"科目。

第三节　农业保险准备金实务应用中问题分析

在本节中，我们将以某财产保险公司为例，指出该公司在其 2018 年度报告中处理农业保险准备金实务中存在的三个问题。

一　资金纳入问题

农险大灾准备金资金运用收益未纳入"大灾风险利润准备"科目核算。我们关注到该公司在"利润准备金"科目部分披露道，"本集团经营农业保险未实现年度及累计承保盈利，无须计提利润准备金"。但根据《财政部关于印发〈农业保险大灾风险准备金管理办法〉的通知》（财金〔2013〕129号）第16条保险机构应当按照专户管理、独立核算的原则，加强大灾准备金管理；第18条保险机构应当根据保险资金运用的有关规定，按照其内部投资管理制度，审慎开展大灾准备金的资金运用，资金运用收益纳入大灾准备金专户管理。以及《财政部关于印发〈农业保险大灾风险准备金会计处理规定〉的通知》（财会〔2014〕12号）规定，保险公司应在所有者权益类科目中设置"4105 大灾风险利润准备"科目，核算保险机构按规定从净利润中提取，并按规定使用和转回的利润准备金，以及大灾准备金资金运用形成的收益。保险机构按规定以大灾准备金所对应的资金用于投资等所产生的收益，借记"应收利息""应收股利"等科目，贷记"投资收益"等科目；同时，借记"利润分配——大灾准备金投资收益"科目，贷记"大灾风险利润准备"科目。显然，保险公司大灾准备金资金是需要专户管理、独立核算，相应的收益在所有者权益项下设置"大灾风险利润准备"科目进行核算。该公司资产负债表显示，该公司农险保费准备金 2017 年 12 月 31 日余额为1.61 亿元，在 2018 年不可能无资金运用收益。因此，P 财产积累的大灾准备金一方面可能并未按照财政部的要求进行专户管理，资金运用收益也并未独立核算；另一方面也可能即使进行了专户管理、独立核算，但相应的收益依然核算在投资收益中，并未计入"大灾风险利润准备"科目。

同时，我们也关注到另一家大型财险公司 2018 年信息披露报告中"利润准备金"部分披露道，"本公司在依法提取法定公积金、一般风险准备金后，从年度净利润中计提农险大灾利润准备金，包括按照农险业务超额承保利润的 75%（如不足超额承保利润的 75%，则全额计提）计提的超额利润准备金部分及运用农险大灾准备金（保费准备金及超额利润准备金）所对应的资金产生的投资收益部分"。2018 年末该大型财险公司"大灾风险利润准备金"科目余额为 24.72 亿元。

二　计提问题

我们关注到该公司将 2015 年为农房保险计提的 9.87 万元大灾准备金（在 2017 年全额转回）计入"农险保费准备金"科目，并在 2018 年附注中披露农房保险大灾准备金的计提比例为 0—8%，不符合《财政部关于印发〈农业保险大灾风险准备金管理办法〉的通知》（财金〔2013〕129 号）第 3 条本办法适用于各级财政按规定给予保费补贴的种植业、养殖业、林业等农业保险业务（以下简称农业保险）。

三　减少额处理问题

年度农险保费准备金的减少额未冲减"提取农险保费准备金"科目。我们关注到该公司 2015—2018 年"农险保费准备金"的减少额分别为 45.26 万元、44.24 万元、38.99 万元、36.72 万元，并未冲减"提取农险保费准备金"科目，具体如何进行会计处理不得而知，很大可能是冲减了"赔付支出"科目。根据《财政部关于印发〈农业保险大灾风险准备金会计处理规定〉的通知》（财会〔2014〕12 号）规定，保险机构在确定支付赔付款项金额或实际发生理赔费用的当期，按照应赔付或实际赔付的金额，借记"赔付支出"科目，贷记"应付赔付款""银行存款"等科目；按规定以大灾准备金用于弥补农业大灾风险损失时，按弥补的金额依次冲减"保费准备金""大灾风险利润准备"科目，借记"保费准备金""大灾风险利润准备"科目，贷记"提取保费准备金""利润分配——提取利润准备"科目。如果该公司当年"农险保费准备金"的减少额是用以弥补农业大灾风险损失的，是要按上述规定进行会计处理的。

第四节　农业保险财务管理

《农业保险条例》（国务院令第 629 号）第 18 条明确规定："保险机构经营农业保险业务，实行自主经营、自负盈亏。保险机构经营农业保险业务，应当与其他保险业务分开管理，单独核算损益。"《中国保监会关于加强农业保险业务经营资格管理的通知》（保监发〔2013〕26 号）明确规定："三、保险公司申请农业保险业务经营资格，应当具备下列条件：……（七）农业保险业务能够实现与其他保险业务分开管理，信息系统支持单独核算农业保险业务损益。"

一　农业保险的单独核算

农业保险单独核算时，遵循全面、准确、公平、透明原则核算经营损益、专属资产和专属负债。

（一）单独核算的主要内容

1. 农业保险专属资产和专属负债以及专属权益的核算

根据《农业保险大灾风险准备金管理办法》的规定，保险机构需要对各级财政按规定给予保费补贴的种植业、养殖业、林业等农业保险计提大灾准备金，大灾准备金按规定使用后的结余部分逐年滚存，逐步积累应对农业大灾风险的能力。保险机构按照农业保险保费收入一定比例计提的大灾准备金核算为保费准备金，作为农业保险专属负债，计提金额列支在当期损益；按照超额承保利润一定比例计提的大灾准备金核算为利润准备金，作为农业保险专属权益在所有者权益项下列示，累积利润不可用于分红、转增资本。

保险机构至少需要在会计年度末，根据当年农业保险保费收入和综合赔付率情况，确认大灾准备金计提和使用金额。大灾准备金结余部分对应的资金，按照保险资金运用的有关规定，审慎地开展大灾准备金的资金运用，核算为农业保险的专属资产。专属资金运用产生的收益额，计入当期损益并结转为农业保险专属权益。

2. 农业保险损益的核算

保险机构应采取与其他保险业务一致的会计政策确认专属收入、专属费用，按照一致性原则公平分摊共同收益、共同费用。

专属收入是指由于基于种植业、林业、畜牧业、渔业、副业的保险合同而确认的保费收入。

专属费用主要包括赔付成本、当期增提的各种责任准备金以及其他专为经营农业保险发生的、应当全部归属农业保险的费用。如：代办费、防预费、商业性农险业务的手续费、保单印刷费等专属变动费用以及保险机构专为开展农业保险而发生的内部人力成本、资产使用费、宣传费、培训费等专属运营费用。

共同收益指由农业保险和其他保险业务共同产生的收入，按照分摊原则确认的收入。如：保险资金运用情况下的投资收益，按照提供的现金流量分配的共同收益。

共同费用指不是专为经营农业保险发生的，不能全部归属农业保险的费用，按照费用分摊原则分摊的共同费用。如：房屋租赁费用、折旧费、行政管理人员的薪酬等。

（二）如何单独核算

1. 设置险种专项代码进行分险核算

保险机构为各类农业保险按照种植业、养殖业、林业分别设定单独代码，在财务、承保、理赔、再保等信息系统中实现农业保险单独记录和处理。财务系统可定期生成农业保险分险损益表，全面记录和反映各类农业保险的经营成果和损益情况。

农业保险单独核算损益的会计科目主要包括：保费收入、赔付支出、手续费及佣金支出（商业性农业保险业务涉及）、分保费收入、分出保费、分保赔付支出、分保费用、分出保费、摊回赔付支出、摊回分保费用、提取未到期责任准备金、提取未决赔款准备金、提取保费准备金、业务及管理费等损益类科目，均设置险种专项进行核算。业务、再保、精算等信息系统按照险种专项代码分别确认农业保险的保费收入、赔款支出等业务信息传送至财务系统生成农险分险核算的财务信息。

分险种单独核算农险业务的各项专属运用费用时，保险机构要加强农险业务专属费用的审核认定，农险业务人员应提供充分、明确的专属费用时认定依据，财务人员加强专属费用审核，确保农险业务专属费用认定合理、准确。

2. 共同费用和共同收益的分摊核算

对于不能全部归属农业保险的共同费用，由农业保险和其他保险业务共同产生的收入，根据《保险公司费用分摊指引》（保监发〔2006〕90号）的有关要求，进行分摊核算。分摊时应将保险机构内设部门分为两类，一是直接业务部门，包括直接从事保单销售、核保核赔、理赔服务、再保业务操作和业务管理的部门；二是后援管理部门，包括为直接业务部门提供服务和进行共同管理的人力、财会、精算、再保险、客服、信息、办公室等部门。同时将需要分摊的共同费用分为人力成本、资产占用费和其他营业费用三类。将共同费用分摊至险种的分摊标准和分摊程序如下。

步骤一：将资产占用费分摊到各部门，其中：房屋折旧费、租赁费等房屋相关费用按照各部门使用面积进行分摊；交通运输设备折旧费、租赁费等车辆相关费用按照车辆行驶里程或车辆使用数量进行分摊。

步骤二：将后援管理部门的费用，包括：人力成本、分摊的资产占用费以及其他营业费用，分摊到直接业务部门。

步骤三：将直接业务部门归集和分摊到的费用、其他营业费用、投资收益分摊到险种。其中：承保部门按照新单件数占比×50% + 保费收入占比×50%，理赔部门按照赔案件数占比×50% + 赔款占比×50%，再保部门按照分出保费 + 分入保费，销售部门按照保费收入/营业收入，其他直接业务部门按照保费收入×50% + 赔款×50%分摊到险种；电子设备折旧费、租赁费、运转费、计算机软件摊销费等按照有效保单件数分摊到险种。

步骤四："投资收益"按照各险种实际可运用资金量分摊到险种，各险种实际可运用资金量 = 期初该险种实际可运用资金量 + 报告期该险种实际收到的保费 − 报告期该险种实际支付的赔款、给付 − 报告期归属于该险种的实际支出的专属费用和共同费用。

保险机构应根据费用分摊指引要求，结合公司自身情况，制定具体的费用分摊实施办法，并在财务系统中设置费用分摊规则，采取系统控制确保分摊的一致性和准确性。

二　农业保险的"手续费及佣金"

农业保险按照是否有财政保费补贴分为政策性农业保险和商业性农业保险。政策性农业保险业务和商业性农业保险业务的开办模式不同。我国农业生产点多、面广、分散，逐户收取保费、查勘定损和支付赔款等成本较高，出于成本控制和经营绩效考虑，保险机构无法将服务网点覆盖承保区域内的所有乡、镇、村。大部分保险机构的政策性农业保险业务主要通过委托村委会或农林、畜牧、农经基层组织等机构协助办理。商业性农业保险业务开办模式与非农财产保险基本相同，主要通过保险中介机构或者个人营销员开展业务。

（一）商业性农业保险的"手续费及佣金"

通过保险代理公司、保险经纪公司等保险中介机构或者个人营销员开展的商业性农业保险业务，可按保险代理协议等相关合同、协议约定支付代理手续费，并核算在"手续费及佣金支出"中。

（二）政策性农业保险的"协办费用"

1. 政策依据

《农业保险条例》（国务院令第 629 号）第 21 条规定："保险机构可以委托基层农业技术推广等机构协助办理农业保险业务。保险机构应当与被委托协助办理农业保险业务的机构签订书面合同，明确双方权利义务，约定费用支付，并对协助办理农业保险业务的机构进行业务指导。"

《农业保险承保理赔管理暂行办法》（保监发〔2015〕31 号）协办业务管理相关规定："第二十七条 保险公司应加强自身能力建设，自主经营，自设网点。在基层服务网点不健全的区域，可以委托基层财政、农业等机构协助办理农业保险业务。第二十八条 保险公司委托基层财政、农业等机构协助办理农业保险业务的，应按照公平、自主自愿的原则，与协办机构签订书面合同，明确双方权利义务，并由协办机构指派相关人员具体办理农业保险业务。保险公司应将每年确定的协办机构和人员名单报所在地区保险监管部门备案。第三十条 协办业务双方应按照公平、公正、按劳取酬的原则，合理确定工作费用，并建立工作费用激励约束机制。保险公司应加强工作费用管理，确保工作费用仅用于协助办理农业保险业务，不得挪作他用。工作费用应通过转账方式支付。除工作费用外，保险公司不得给予或承诺给予协办机构、协办人员合同约定以外的回扣或其他利益。"

《关于加快农业保险高质量发展的指导意见》（财金〔2019〕102 号）规定："三、优化农业保险运行机制（八）明晰政府与市场边界。地方各级政府不参与农业保险的具体经营。在充分尊重保险机构产品开发、精算定价、承保理赔等经营自主权的基础上，通过给予必要的保费补贴、大灾赔付、提供信息数据等支持，调动市场主体积极性。基层政府部门和相关单位可以按照有关规定，协助办理农业保险业务。"

2. 协办费用范围及相关要求

根据上述规定，保险机构可以委托村委会或财政、农、林、牧、渔基层组织以及农村经济合作组织、农村金融机构、龙头企业等机构协助开展政策性农业保险业务。协办机构在协助开展农业保险业务的承保、查勘、理赔等各项工作时，发生的工作经费称为协办费用，不计入"手续费及佣金支出"中，应单独列示，核算在"业务及管理费—代办费"中。协办费用主要包括：差旅、人工、会议、宣传、培训、公示、车辆交通、办公用品、印刷、通信、专用设备购置等其他协办农业保险业务专属费用。

保险机构应严格执行地方政府及监管部门规定的协办工作费用标准。保险机构向协办机构支付协办费用后应索取相应的非税收入票据或税务发票等合法票据。据实支付协办费的地区，保险机构应严格按照协办合同载明条款，对报销凭证认真审核后，予以据实报销。

三 农业保险的"防御费"

（一）政策依据

根据《中央财政农业保险保险费补贴管理办法》要求，保险机构要强化风险管控，预防为主、防赔结合，协助做好防灾防损工作，通过再保险等有效分散风险。

《农业保险承保理赔管理暂行办法》（保监发〔2015〕31号）内控管理相关规定："第三十七条 保险公司应加强防灾防损工作，根据农业灾害特点，因地制宜地开展预警、防灾、减损等工作，提高农业抵御风险的能力。"

《关于加快农业保险高质量发展的指导意见》（财金〔2019〕102号）规定："四、加强农业保险基础设施建设（十五）完善风险防范机制。强化保险机构防范风险的主体责任，坚持审慎经营，提升风险预警、识别、管控能力，加大预防投入，健全风险防范和应急处置机制。督促保险机构严守财务会计规则和金融监管要求，强化偿付能力管理，保证充足的风险吸收能力。加强保险机构公司治理，细化完善内控体系，有效防范和化解各类风险。"

（二）防预费范围及相关要求

防预费是为防止保险事故发生，最大限度地减少灾害损失，采取防灾防损措施所发生的费用，主要是指由公司购置并实施及委托协办机构或被保险人购置并实施的防灾防损物资和服务类项目，具体包括：购置防灾防损设备（装备）器材、购置防治药物和器械、购买气象减损预警服务、购买专业化统防统治组织提供的服务、开展灾害风险评估与业务培训、构建灾害防控监测体系、防灾防损实施作业及宣传培训等。

防预费实行项目管理。防灾防损项目的选择和实施应坚持科学、高效、针对性强的原则，重点选择投入产出和效费比高的地区和项目。拟开展防灾防损工作时，应起草《防灾防损项目立项报告》，报告内容主要包括项目实施的背景、具体内容、实施方式、预算、项目实施的必要性以及预期效果等。委托他方实施的防灾防损项目，应签订项目委托实施协议，并对实施过程进行监管。项目实施完成后，应撰写项目实施效果评估报告。保险机构实施防灾减损时须严格按照相关协议所约定的支付对象，通过转账方式支付防预费，并取得相应的税务发票等合法票据，财务人员加强防预费票据的审核，票据内容应与防灾防损项目立项报告和协议内容一致。

四 农业保险的现金流管理

（一）农业保险现金流特点

现金流入：按照《中央财政农业保险保险费补贴管理办法》规定，保险经办机构在收到农户、农业生产经营组织自缴的保险费后，保险合同订立并生效。农户自缴部分的保费实行见费出单，款项即时到账，但在总保费中的占比相对较小，约为20%；

占总保费比约80%的为各级财政补贴保费。该部分保费资金到账时间地区差异较大、规律和时效性差，部分地区财政保费补贴资金到账时间通常晚于赔款支付时间。

现金流出：按照《农业保险条例》的规定，"保险机构应当在与被保险人达成赔偿协议后10日内，将应赔偿的保险金支付给被保险人。农业保险合同对赔偿保险金的期限有约定的，保险机构应当按照约定履行赔偿保险金义务"。保险经办机构对农户支付赔款的时间不受对应保单的各级财政补贴保费资金是否到账的约束。由于业务和风险特点，种植险业务和林险业务通常为集中结案、集中支付赔款，如遇灾害损失严重的年份，通常会导致短时间内大量的现金流出。养殖险通常以标的的保险事故死亡进行损失赔付，出险即赔，现金及时流出。

（二）农业保险现金流存在的问题

（1）各级财政补贴保费资金到位的及时率低，地方财政补贴资金特别是市、县级财政补贴的到位率低，部分地方出现常年拖欠。农险业务自身的现金流入无法满足集中理赔期的资金需要，需要保险机构先期投入运营资金，承保规模越大资金占用越多，这在一定程度上限制了保险经办机构提高服务能力的投入水平，对保险机构的承办积极性也有一定影响。

（2）各级财政补贴保费资金到账的规律性差，增加了保险机构现金流管理的难度，加大了现金流匹配风险。此外，随着各级财政补贴保费资金到账周期的拉长，其信用风险也逐步累积增大，对保险机构的最低资本要求逐步增大，限制偿付能力水平。

（3）各级财政补贴保费资金到账的滞后和无规律，综合导致保险机构的投资业务可运用资金规模稳定性差，基于流动性风险考虑保险机构会采取审慎配置策略，影响固定收益类资产和中长期资产的配置规模，限制了保险机构的投资收益水平。

（三）农业保险现金流管理措施

（1）加强农业保险现金流预算管理，做好各地财政保费补贴资金的管理方式与时效的调研工作，逐步摸清各地的情况与底数，制定相对稳健的农业保险现金流预算。

（2）建立农险业务现金流模型，逐步提升保险机构农险业务现金流预测与管理水平。

（3）实施更加稳健的资产负债管理策略。加强业务保险的压力测试，实施稳健的期限结构匹配策略与现金流匹配策略。

五　农业保险的财务预算及考核管理

保险机构经营农业保险，特别是市场化运营的专业农险公司，需要结合农业保险运营特点、风险特点和现金流特点，考虑自身风险管理能力和偿付能力，以审慎经营为原则制定农业保险财务预算。

（1）保险机构制定农业保险的保费收入预算时要充分考虑偿付能力水平和流动性

管理要求，预算规模要符合自身风险管理能力和服务保障能力，通过资产负债匹配管理模型预期符合保险机构实际的险种结构与保费规模的业务计划。

（2）制定农业保险的综合赔付预算时，应充分考虑全行业及所在地区的平均成本率水平，参考自身已开办业务种类和历年风险状况、再保险的风险分散安排制定预算目标。由于农业保险的损失大风险高，预期赔付率指标时应符合谨慎原则，对于出现的超过行业平均承保利润水平的情况，可以通过预计计提保费准备金、利润准备金的方式提高风险防预能力，平滑各年度农业风险损失稳定经营。

（3）农业保险业务分散，不易管理，前期基础性投入高，经营成本明显高于其他保险业务，须合理制定农险专属费用预算。《中国保监会关于加强农业保险业务经营资格管理的通知》要求，保险机构经营农业保险业务需要有相对完善的基层农业保险服务网络、专业人才情况、软硬件设施等。因此在制定农业保险保费预算时，还应统筹兼顾量入为出制定专属费用预算，合理预计投产比例，确保正常风险年份下的承保有利润，经营可持续。

（4）农业保险业务的考核管理。

一是财务指标考核。农险保费收入、应收保费、综合成本率是经营农险业务需重点关注的综合指标。经营农险业务前期需进行大量的基础性成本投入，是否能够进入存量市场，挖掘增量市场，投产比匹配情况影响到机构持续多年的经营效益，因此保费收入是绩效管理的核心指标。农险现金流入的及时性对于提高资金营运效率，控制流动性风险、降低信用风险资本占用至关重要，分账龄应收保费、每百元保费现金流是考核评价农险经营效率的有效指标。

二是非财务指标考核。合规性、创新性指标是经营农业保险业务应重点关注管理类指标。保险机构是促进农业保险高质量发展的重要参与者，提高财政补贴资金的使用效益，让政府放心、农民满意、保险机构可持续发展，保险机构首先要操作规范确保合规。农业保险点多、面广、操作难度大，让广大参保农户、养殖户信任和认可，保险机构在管理中须严格遵守"五公开三到户"，承保理赔公开透明。针对农业保险的内外部合规性检查情况、农险业务投诉率等是保险机构需重点关注的合规性管理指标。其次是创新性指标。当前财产保险市场竞争空前激烈，保险机构加大了对农村市场的研究和投入。从保险机构方面来讲，满足多元化的风险保障需求，扩大农业保险覆盖面，创新农险保险模式，因地制宜地研究优势特色农产品保险，考核评价创新产品的保费增长率是逐步培育农业保险增长点，提升其农业保险市场份额的重要措施。

第九章 农业保险最优再保险决策

本节基于内蒙古、吉林和辽宁的经验数据，研究了中国种植业保险的最优再保险问题，发现在给定原保险人的损失分布、再保险费计算原则和风险测度变量条件下，风险偏好程度、再保险费安全附加，以及再保险费预算约束都会影响最优再保险决策。除此之外，本节还发现在较高的再保险费安全附加水平和较低的再保险费预算约束条件下（这往往与现实情况相符），有限超赔再保险是最优的，这和实务中的通常做法是一致的。更为重要的是，依据中国种植业风险数据，本节给出了有限超赔再保险的最优上限和下限，这无疑对中国种植业保险的发展具有重要的现实意义。

第一节 问题提出

2013 年 11 月 9 日召开的中国共产党第十八届中央委员会第三次全体会议通过了"中共中央关于全面深化改革若干重大问题的决定"。决定要求"完善农业保险制度"。2014 年 1 月 19 日中共中央和国务院又发布了《关于全面深化农村改革加快推进农业现代化的若干意见》（2014 年 1 号文件），文件要求加大农业保险支持力度，加快建立财政支持的农业保险大灾风险分散机制。对于如何完善农业保险制度和农业保险大灾风险分散机制我们尚不得而知，但有一点显然可以肯定，即由于农业保险的系统性风险特征，再保险决策无疑将成为农业保险制度中的重要一环。自从 2007 年国家财政开始对农业保险进行补贴以来，我国种植业保险发展迅猛，2012 年当年的种植业保险保费已经达到 198.64 亿元，这一数字目前排在亚洲第一，世界第二的水平（仅次于美国）。然而在保费规模的"光环"背后，一些令人担忧的问题也纷至沓来（周县华等，2012）。其中一个比较重要的问题就是高昂的再保成本。2008—2012 年，我国种植业保险累计分出保费 95 亿元，摊回再保险赔款 46 亿元，摊回再保险费用 23 亿元，累计再保险净分出 26 亿元，占分出保费的比例高达 27%。① 如此高的再保险成本显然对于中国种植业保险的发展是不利的，那么再保险究竟是不是必须要购买的呢？如果答案是肯定的，成本究竟多高才是合适的呢？这引发了我们极大的兴趣。

在评价有关最优再保险决策的一些文献里，很多学者似乎还是倾向于理论上的超赔再保险② （Stop Loss Reinsurance） 的最优 （Borch，1969；Gajek & Zagrodny，2004；Guerra & Centeno，2008）。这在不考虑再保险费用预算约束的文献中表现得尤其突出。我们不否认超赔再保险作为最优再保险形式的理论上的普遍适用性，然而现实中的农业保险是买不起没有上限的超赔再保险的。这要么是因为再保险人不愿意承担尾部过高的风险，要么是因为再保险人要价过高而令分出人"望而却步"。那么，在保险人实际经营种植业保险的过程中，最优再保险真的存在吗？如果存在，它的上限和下限又是如何决定的呢？目前这样的研究在中国较少引起关注，本节试图利用中国的数据重点回答这些问题。

我们的研究结果发现，在给定原保险人的损失分布、再保险费计算原则和风险测度变量 （ρ） 条件下，原保险人风险偏好程度 （α）、再保险费安全附加 （β），以及再保险费预算约束 （π） 都会影响最优再保险决策。我们最重要的发现是，在再保险费预算约束条件下，保险人可以找到一个最优再保险方案。我们的研究一方面为现实中的中国种植业再保险决策提供了最优建议，另一方面也为最优再保险领域的文献提供了来自中国保险市场的证据。

本节的结构安排如下：第二部分评论了有关最优再保险的相关文献。第三部分是对数据与模型的一般介绍。第四部分是实证分析与结果。第五部分是结论。

第二节　再保险购买决策的文献评述

保险人为什么购买再保险？已有文献已经基本达成共识，即保险人购买再保险可以平滑承保结果的波动，降低巨灾冲击，获得再保险人的专业咨询和提高承保能力。当然，在原保险人将风险转移给再保险人的同时，保险人也要承担额外的成本，即需要向再保险人支付再保险费。因此保险人需要权衡转移的风险和支付的成本，如果购

---

① 这些数据统计日期为 2008—2012 年，因为 2013 年的数据目前还是预估数据，偏差较大，累计再保险净分出表示 2008—2012 年再保险分出保费减去再保摊回的赔款和再保摊回的费用，可以认为是 5 年内由原保险人流入再保险人的利润，或者叫再保成本。

② 超赔再保险，表示当损失或者赔付率低于起赔点 d 时，完全由分出者承担损失，当损失或者赔付率大于起赔点 d 时，再保险人承担超过 d 的部分，因此原保险人承担的损失不会大于 d，即可以使得原保险人的损失控制在一定范围内。

买的再保险保障是不必要的或者过度的，则会以牺牲保险人的承保利润为代价。[①] 相反，如果购买的再保险保障程度不够，则又会使原保险人陷于（巨灾可能会引起的）偿付能力不足甚至破产的境况当中（Fu & Khury, 2010）。正如 Venter（2001）所指出的，再保险决策过程就是权衡风险和利润的过程。如果两者匹配最佳，则此时的再保险为最优再保险。

　　关于最优再保险设计的研究可以追溯到 20 世纪 60 年代（Borch, 1960; Kahn, 1961; Ohlin, 1969）。半个世纪以来，最优再保险研究一直是学术界和实务界最感兴趣的热点问题，并已经取得了大量的成果。早期研究主要考察的是最优再保险形式，但研究结果却并不一致。Borch（1969）认为最优再保险形式是超赔再保险，但这一结论是建立在假设其安全附加与成数再保险相等的前提下。如果安全附加与再保险形式无关，分出风险是众多小额赔案的函数，则 Gerber（1979）认为，在期望价值再保险费原则下，超额损失再保险[②]（Excess of Loss Reinsurance）是最优的。但事实上，再保险费的安全附加往往随着分出部分方差的提高而提高，也许最优再保险就是我们身边的"耳熟能详"的成数再保险（Quota Share Reinsurance, Beard et al., 1977）。

　　近些年研究结果趋于一致，大都认为超赔再保险（或者它的变形）是最优的。Gajek 和 Zagrodny（2000）在标准差再保险费原则下，通过方差最小寻找最优再保险形式，结果发现当安全附加等于 0 时，超赔再保险是最优的；当安全附加大于 0 时，最优再保险是一个成数再保险和超赔再保险的混合。Cai 等（2008）依据 VaR 和 CTE 最小方法来寻找最优再保险形式，结果发现两种方法下的结果不尽相同。在 CTE 最小方法下，超赔再保险永远都是最优的，但是在 VaR 最小方法下，结果就变得复杂起来。如果分出损失函数是一个递增的凸函数，则超赔再保险是最优的（当最优自留额为 0 时，实际上就变成了一个全部分出的成数再保险）；但是如果将条件稍微放宽一下，比如假设分出损失函数和自留函数都是增函数，则有限超赔再保险[③]变成了最优形式；如果条件进一步放宽到假设自留函数是一个递增的左连续函数，则右截断超赔再保险是最优的。Gajek 和 Zagrodny（2004）做了一个更干脆的总结，如果保险人有足够多的钱买再保险以使破产概率最小，那么只有超赔再保险是最优的。上述这些研究除了结论大致相同以外，还有一个共同点，那就是基本都从风险的角度来考虑最优，而忽视了

　　[①]　再保险人定价的时候，往往要求一个比原保险人更高的利润预期，具体体现在再保险费的安全附加因子上，因此，购买过度的再保险会牺牲原保险人的利润。

　　[②]　表示当损失或者赔付率低于起赔点 d 时，完全由分出者承担损失，当损失或者赔付率大于起赔点 d 时，再保险人则承担全部损失，因为这种再保险安排其具有较大的道德风险，因此实务中较为少见。

　　[③]　有限超赔再保险，表示当损失或者赔付率低于起赔点 d 时，完全由分出者承担损失，当损失或者赔付率大于起赔点 d 且小于 d + m 时，再保险人承担超过 d 的部分，当损失或者赔付率大于 d + m 时，再保险人只承担 m 的损失，因此再保险人承担的损失不会大于 m，即可以使得再保险人的损失控制在一定范围内，实务中这种形式的再保险更为常见。其中 d 和 d + m 分别称为下限和上限。

权衡中的另外一边，即利润。Guerra、Centeno（2008）在期望均值再保险费原则下发现，通过寻找期望效用最大而得到的最优再保险形式也是超赔再保险。另外，Kaluszka（2004）还利用了均值方差的思想分析了最优再保险，结果表明损失变化再保险（Change Loss Reinsurance，超赔再保险的变形）是最优的。

尽管上述的理论研究非常丰富，而且几乎都指向了超赔再保险的最优性，但一个现实的问题是，这对保险人在购买再保险的决策过程中真的有所帮助吗？Bu（2005）提出，保险人如果想要平衡好自留风险的波动性和期望利润，恐怕只能为损失的中间层购买再保险，因为为高层损失购买再保险是非常不经济的。这实际上是提出了最优再保险决策的第二个问题，即最优自留额问题，而且这恐怕更是实务界所关心的。Cai 和 Tan（2007）在默认超赔再保险为最优再保险形式条件下，寻找使得 VaR 和 CTE 最小的自留额。结果发现两者会产生相同的最优自留额，即 $d^* = S^{-1}(1/(1+\beta))$。[1] 但是两者的充要条件并不完全一致，CTE 的条件要比 VaR 更宽泛，在很多情况下，通过 VaR 最小并不一定能够找到最优自留额，但是通过 CTE 最小的途径则能够找到。

事实上，Cai、Tan（2007）提到最优自留额 $d^* = S^{-1}(1/(1+\beta))$，其隐含的意思就是最优自留额取决于原保险人的损失分布和再保险人定价的安全附加。但是这恐怕还是漏掉了一个非常重要的因素，那就是长期以来被学界所忽视的现实中的再保险费预算约束条件。需要特别强调的是，再保险是一项成本高昂的风险转移机制。Froot（2001）分析了 1970—1998 年 4000 多个被交易的巨灾超赔层，结果发现：（1）再保险往往被用来保障低巨灾保险层（较高的概率被穿透），而不是高巨灾保险层（较低的概率被穿透）。（2）高巨灾超赔层的"性价比"较低（即保费期望损失比率非常高）。[2] 巨灾定价很大程度上是由再保险人"左右"的（Froot & Posner，2000；Froot，2001）。因此不切实际的购买最高保障的超赔再保险也许并非现实中的最优再保险。此时，我们已经有点接近实务中保险人的想法了，但还差一点。保险人最想知道的不是"高保障超赔再保险"的"不经济"问题，而是如何购买风险保障适当的"经济的"再保险问题（最优再保险），而这也正是本节想回答的。

通过对已有文献的比较和评论，本节准备在以下两个方面在以往研究的基础上提供边际贡献：第一，从估计方法和数据上来说，国际上研究最优再保险的文献很少会用到经验模型，同时也很少关注中国的问题。我们选择了经验再保险模型和中国部分地区种植业保险的经验数据，证实了中国种植业保险的确存在最优再保险决策，这为已有研究提供了来自中国保险市场的经验证据。第二，从研究主题上来说，目前中国种植业保险发展迅猛，但再保成本又出奇的高，保险人如何做出一个合适的再保险决

---

[1] S（x）表示损失变量的生存函数，即概率函数的补函数，β 表示再保险人的安全附加。

[2] 有的时候可高达 20 倍。

策是一个极其重要又极具有挑战性的工作，我们考察了中国种植业保险最优再保险问题，从而较全面地解决了中国种植业保险最优再保险形式和最优自留额问题，这是首次针对中国种植业保险展开的同类研究。我们相信本节的研究对中国种植业保险发展将具有重要的现实意义。

第三节　数据和模型

本节所使用的数据主要来自安华农业保险研究院的 AHCRES（An Hua Crop Reinsurance Evaluate System）系统。[①] 安华 AHCRES 系统通过搭建模型挖掘赔付率与粮食单产、气象数据和灾害数据等指标的关系，测算出内蒙古种植业赔付率服从参数 a = 5.74987 和 b = 0.105108 的 Gamma 分布，辽宁种植业保险赔付率服从参数 a = 4.1405 和 b = 0.1796 的 Gamma 分布，吉林种植业保险赔付率服从参数 a = 0.105086，b = 0.173391 和 c = 0.53431 的 Gev 分布（广义极值分布，Generalized Extreme Value Distribution）。其中 Gamma 分布和 Gev 分布的密度函数分别定义如下：

$$\text{Gamma 分布}, f(x) = \frac{1}{b^a \Gamma(a)} x^{a-1} e^{\frac{-x}{b}} \tag{9.3.1}$$

$$\text{Gev 分布}, \quad f(x) = \left(\frac{1}{b}\right) \exp\left(-\left(1 + a\frac{(x-c)}{b}\right)^{-\frac{1}{a}}\right)\left(1 + a\frac{(x-c)}{b}\right)^{-1-\frac{1}{a}} \tag{9.3.2}$$

这表明不同区域种植业风险状况差异较大，我们将基于这些赔付率分布随机生成赔付率样本。这里需要指出的是，本节的一个与以往研究不同之处是关于具体再保险标的的选择。以往对再保险的研究一般是基于损失随机变量本身，这一研究方法本身不存在问题，但是如果结合实务来看，这种方法就存在一定的问题。在非寿险再保险实务中，尤其是对种植业保险而言，更常见的再保险安排方式为赔付率超赔再保险形式，而不是对损失随机变量本身的再保险安排。因此，本节将研究如何对赔付率安排最优的再保险分出方式。

与以往的最优再保险研究相比，本节将用经验模型代替理论模型。理论上的最优再保险模型如下：

$$\min_f \rho(X, f)$$
$$s.t\ 0 \leqslant f(X) \leqslant X \tag{9.3.3}$$
$$\pi(f) \leqslant \pi$$

---

① 安华农业保险研究院的 AHCRES 系统实际上是一个风险评估系统，其通过搭建模型挖掘赔付率与粮食单产、气象数据和灾害数据等指标的关系，对各区域种植业保险风险进行评估，拟合各区域赔付率分布，以获得反映该区域种植业保险风险状况的详细信息。

其中 $\rho(X,f)$ 表示（对应损失变量 X 和再保安排 f）以某种风险测度度量的风险，$f(x)$ 表示再保分出函数，$\pi(f)$ 表示再保安排 f 所对应的再保险费。模型（9.3.3）的意思是在 $f(x)$ 和 $\pi(f)$ 的约束条件下，寻找使得约定的风险测度最小的再保安排 f。需要强调的是，理论上存在大量备选的风险测度，但近年来比较常用的是 CTE 和 VaR，又鉴于 CTE 相比 VaR 而言是一个更好的风险测度（Cai et al.，2008），因此本节的实证研究将以 CTE 风险测度展开，并做具体定义如式（9.3.4）所示：

$$CTE_X(\alpha) = E[X \mid X > VaR_X(\alpha)] \tag{9.3.4}$$

其中，$VaR_X(\alpha) = \inf\{x : \Pr(X > x) \leqslant \alpha\}$。

于是我们的经验模型可以表示为（9.5）式：

$$\min_f CET(x,f)$$
$$s.t\ 0 \leqslant f_i \leqslant x_i \tag{9.3.5}$$
$$\pi(f) \leqslant \pi$$

其中 $CTE(x,f)$ 表示（对应损失样本 x 和再保安排 f）对 CTE 的估计，f_i 是对应保险人赔付率 x_i 的再保险人赔付情况，即由再保险人承担的部分，$\pi(f)$ 表示分保安排 f 所对应的再保险费，我们的目的是寻找使得 CTE 最小的再保安排 f。我们之所以用经验模型代替理论模型主要是出于降维的考虑，模型（9.3.3）是在所有理论上可行的再保安排中寻找最优的 f，是一个无限维的优化问题，求解的难度非常大，在大多数情况下并不存在解析解。而模型（9.3.5）是一个经验模型，即根据有限的样本数据求解，是一个有限维的优化问题。另一个使用经验模型的考虑是因为大多数经验再保险模型可以转化为二阶锥规划问题[①]（Second Order Conic Programming），因此可以使用数值方法求解。本节拟采用 MATLAB 中的 CVX 工具箱[②]（Grant et al.，2013）来解决这个问题。

最后还有一点需要阐明，那就是关于再保险费的计算原则。Tan et al.（2009）对再保险费计算原则进行了总结，发现常用的原则多达 7 个。其中最常用的是保费期望原则和标准差原则。由于期望保费原则的简单实用和容易处理，它在文献研究中被广泛采用。然而，期望保费原则在某些性质的考察中不一定合适，Denuit（1999）就曾指出，按照期望保费原则，均值相同的两种风险收取相同的保费，但这两种风险可能会表现出差异巨大的波动性。相对期望保费原则，标准差保费原则充分考虑了损失的波动性。事实上，种植业保险的风险受天气等巨灾影响较大，相

---

① 鉴于本章仅在于求解二阶锥规划问题，因此不详细研究二阶锥规划理论，有关 SOC 规划问题的详细理论，可参考 Alizadeh and Goldfarb（2003），Ben – Tal and Nemirovskiĭ.（2001），and Lobo, et al.（1998）。

② CVX 作为一个免费的工具箱，大大提高了求解 SOC 问题效率，大大降低了求解的复杂性。

比普通的财产保险而言其波动要更加剧烈，而标准差原则恰好可以考虑这种风险性质的差异。因此，本节选取标准差原则作为本节的再保险费计算原则，具体如式（9.3.6）所示。

$$\hat{\pi}(f) \leqslant \pi <=> \bar{f} + \frac{\beta}{\sqrt{N-1}} \Big[\sum_{i=1}^{N} (f_i - \bar{f})^2 \Big]^{1/2} \leqslant \pi \tag{9.3.6}$$

第四节　实证分析与结果

一　实证分析步骤

事实上，应该有 6 个因素会影响最优再保险决策，那就是原保险人的损失分布、再保险费计算原则、风险测度（ρ）、保险人风险偏好水平（α）、再保险费的安全附加（β）和再保险费约束（π）。对于前三个因素，我们在"数据和模型"部分已经选定。而对于后三个因素，我们思考寻找一些最可能的值进行试算。对于 α，我们将分别对其取值 0.02、0.05、0.1 和 0.2（分别对应着 50 年一遇、20 年一遇、10 年一遇和 5 年一遇的风险）。另外，基于安华 AHCRES 系统收集的以往保险人的纯费率和再保险人的费率，我们可以粗略地测算出再保险费的安全附加，[①] 一般在 0.2—0.5。因此本节将对 β 分四个水平进行测算，取值分别是 0.2、0.3、0.4 和 0.5。至于再保险费约束的试算，这其实是最难的一个问题，毕竟这涉及各个公司的"预算机密"。我们只能"退而求其次"寻找其他一些可以替代的办法。安华 AHCRES 系统显示，中国种植业保险人在 2008—2012 年的净分出比例（净分出/原保费收入）约为 3.4%。所以我们大致判定，中国种植业保险保险人的再保费预算应该在原保费收入的 3.4% 左右，但可能不会低于 3%。于是，我们选择了 3%、4% 和 5% 这三种情形。另外，中国的种植业保险人往往喜欢成数和超赔混合购买。在 3% 的超赔再保险费预算基础上，如果还有个 20% 的成数的话，[②] 则实际超赔再保险费预算将是 3.75%［3%/（1—20%）］。因此本节最终将 π 值设为 3%、3.75%、4% 和 5% 四个水平，并重点关注 3.75% 这个水平。关于 α、β 和 π 的具体试算值如表 9.1 所示。

---

① 这样反推的过程其实是不严谨的，因为再保险定价和原保险定价假设的风险分布往往是不一致的，原保险定价更多地考虑自身的内部经验数据，而再保险定价还要考虑更为宏观的行业数据，因此这样简单地反推出的风险附加是不精确的，但是在目前已有的数据和模型下，我们只能做到这种近似的计算。

② 这是目前我国种植业保险的一个比较流行的成数分出比例。

表9.1　　　　　　　　　　　　　　　α、β 和 π 的试算组合

再保险费约束 π		再保险费安全附加 β			
		0.2	0.3	0.4	0.5
风险偏好水平 α	0.02，50 年一遇	3%，3.75%，4%，5%			
	0.05，20 年一遇				
	0.1，10 年一遇				
	0.2，5 年一遇				

我们的实证分析将分五步来完成。

第一步：确定所要测试的风险偏好水平 α、再保险费的约束 π（在本节指超赔再保险费与总保费的比例）和再保险费安全附加要求 β；

第二步：由 AHCRES 系统所测算的各个区域的赔付率分布，生成随机样本，考虑到结果的稳定性和运算效率，本节将样本数目设为 1000；

第三步：在第一步的各种约束条件下，对应第二步生成的样本 $\{x_i\}$，求解使得 CTE 最小的最优分出方式，即所对应的 $\{f_i\}$，绘制散点图（x_i, f_i），根据散点图的形状判断分出函数的类型；

第四步：根据散点图所显示的分出函数的类型和第二步模拟的样本，求解最优的分出方式，比如分出比例（比例再保险）、起赔点（超赔再保险）、分出宽度（有限的超赔再保险）等；

第五步：将各种不同的约束进行组合，得到最优再保险安排表，由管理层选择一种方式进行再保险的购买。

二　内蒙古地区最优再保险方案

我们首先以内蒙古地区的种植业保险赔付率分布为基础，随机生成 1000 个样本。然后再基于 α、β 和 π 各种不同水平进行测算，并通过 CTE 最小的方法，求解出对应的 $\{f_i\}$，$i = 1, 2, \cdots, 1000$。最后将（x_i, f_i）序列绘制在散点图上，这样就可以直观地看到分出函数的形式。

（一）再保险费约束和再保险费安全附加对最优再保险安排的影响

在这一部分，我们首先假定一个风险偏好水平 α（比如 0.02，即五十年一遇的风险），然后在此基础上分别依据表9.1中 β 的四个水平和 π 的四个水平，依次估计和描绘对应的散点图。（见图9.1、图9.2、图9.3、图9.4）

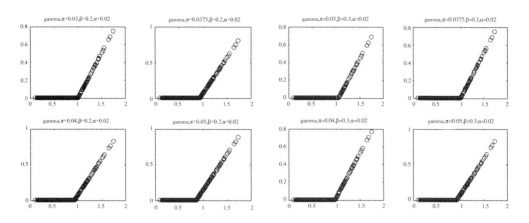

图9.1　β为0.2时损失与再保安排之间的关系　　**图9.2　β为0.3时损失与再保安排之间的关系**

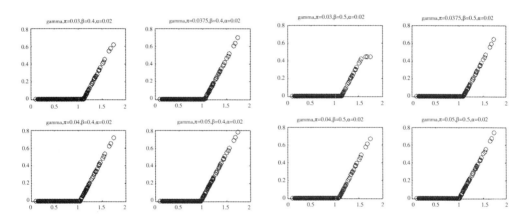

图9.3　β为0.4时损失与再保安排之间的关系　　**图9.4　β为0.5时损失与再保安排之间的关系**

图9.1、图9.2、图9.3和图9.4表示在 α 取0.02，β 分别取0.2、0.3、0.4和0.5，随着再保险费的约束不同，最优再保险安排的变化情况。从图9.1、图9.2、图9.3和图9.4可以看出，随着再保险费预算的提高，最优再保险的起赔点在逐渐降低，即最优再保险的覆盖范围会更宽。另外，我们还看到随着再保险费安全附加的提高，再保险的起赔点逐渐增大，即再保险费越贵，估计出的最优再保险覆盖的越窄，这也与我们的预期相一致。最重要的，我们发现在 α 取0.02这样一个风险偏好水平下，只有在再保险费安全附加最大，且再保险费预算约束最小的情况下，观察窗口内才出现了带上限的超赔再保险（limitedstoplossreinsurance）。而这恰恰就是真实情况的缩影，即在现实中再保险人的安全附加是很高的，而保险人的再保险费预算是很低的。这与我们看到的实务中保险人都只是购买有限的赔付率超赔再保险是一致的。

（二）再保险费约束和风险偏好水平对最优再保险安排的影响

在这一部分，我们首先假定一个再保险费安全附加水平 β（比如 0.4），然后在此基础上我们分别针对表 9.1 中四个水平的 α 和四个水平的 π，估计和描绘对应的散点图。（见图 9.5、图 9.6、图 9.7、图 9.8）

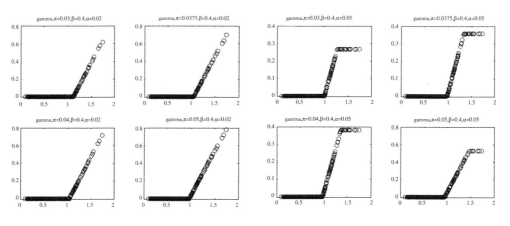

图 9.5　50 年一遇的风险下损失与再保安排之间的关系

图 9.6　20 年一遇的风险下损失与再保安排之间的关系

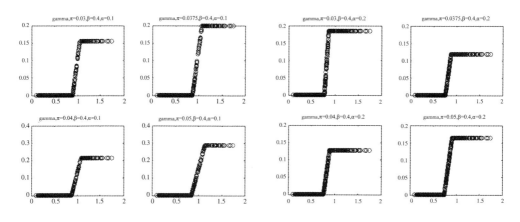

图 9.7　10 年一遇的风险下损失与再保安排之间的关系

图 9.8　5 年一遇的风险下损失与再保安排之间的关系

从以上散点图可以看出，随着再保险费预算的提高，再保险保障幅度有所变宽。随着 α 的提高，再保险起赔点逐渐降低，保障范围由保极端风险向中层风险过渡，即再保险转移的是发生概率相对较大的风险。这个时候显然再保险费也更贵，这也是为什么我们看到在相同的安全附加和再保险费预算的情况下，α 越高，斜率也就越陡，同时保障范围也就越窄的原因。事实上，这里面有一张图非常有可能符合现实中的种植业保险情况，那就是 $\pi = 3.75\%$，$\alpha = 0.05$，$\beta = 0.4$ 这一张。这张图对应的最优再保险的下限和上限是88.14%和108.79%，即本节给出的内蒙古地区种植业最优再保险的建议是购买88%—109%的赔付率超赔再保险，当然这在现实中很有可能变成90%—110%的决策。需要特别指出的是，尽管安华 AHCRES 系统认为种植业再保险相关参数的最可能情况是 $\pi = 3.75\%$，$\alpha = 0.05$，$\beta = 0.4$。但毕竟"一千个人眼中就有一千个哈姆雷特"，很多公司的管理层对风险的偏好程度、再保险议价能力和预算可能都有所不同，因此对于每个公司而言，即使面对相同的风险分布，可能也会产生不同的最优决策。本节想给出的绝不只是90%—110%这个决策的建议，而是最优决策到底需要考虑哪些因素，以及如何考虑这些因素的思考方式或决策方法。本节对其他组合的测试结果如表9.2所示。

表9.2　　　　　　　　　　　内蒙古种植险最优再保险测算结果

α		0.2		0.1		0.05		0.02	
β	π	下限（%）	上限（%）	下限（%）	上限（%）	下限（%）	上限（%）	下限（%）	上限（%）
0.2	3.00%	71.28	80.56	80.44	95.18	87.20	109.62	92.54	128.76
	3.75%	70.58	82.10	78.22	96.23	83.24	109.45	87.66	127.61
	4.00%	69.39	81.22	77.24	95.95	81.84	108.43	86.64	130.04
	5.00%	66.47	80.70	74.31	96.53	79.41	112.48	82.27	130.68
0.3	3.00%	72.14	80.42	81.67	94.42	88.69	107.81	94.77	124.46
	3.75%	70.11	80.10	79.41	94.94	85.03	107.54	91.54	128.44
	4.00%	69.80	80.49	78.80	95.28	84.16	107.93	90.23	131.12
	5.00%	67.83	80.78	76.09	95.81	81.23	109.55	85.70	128.42
0.4	3.00%	72.65	80.13	82.86	94.29	90.77	107.64	98.91	127.12
	3.75%	71.45	80.64	80.91	94.75	88.14	108.79	94.51	125.86
	4.00%	70.94	80.68	80.22	94.87	87.32	109.22	93.45	126.54
	5.00%	68.60	80.39	77.45	95.09	83.70	109.14	89.34	128.33
0.5	3.00%	72.96	79.81	84.24	94.54	93.32	108.64	99.75	123.28
	3.75%	72.19	80.57	83.13	95.76	90.12	108.07	96.46	125.44
	4.00%	71.71	80.59	82.44	95.79	89.69	109.12	94.95	124.40
	5.00%	68.09	78.88	79.41	95.37	85.74	108.76	91.11	125.71

三 吉林地区最优再保险方案

（一）再保险费约束和再保险费安全附加对最优再保险安排的影响

我们首先假定一个风险偏好水平 α（比如 0.02，即 50 年一遇的风险），然后在此基础上分别依据表 7.1 中 β 的四个水平和 π 的四个水平，依次估计和描绘对应的散点图（见图 9.9、图 9.10、图 9.11、图 9.12）。

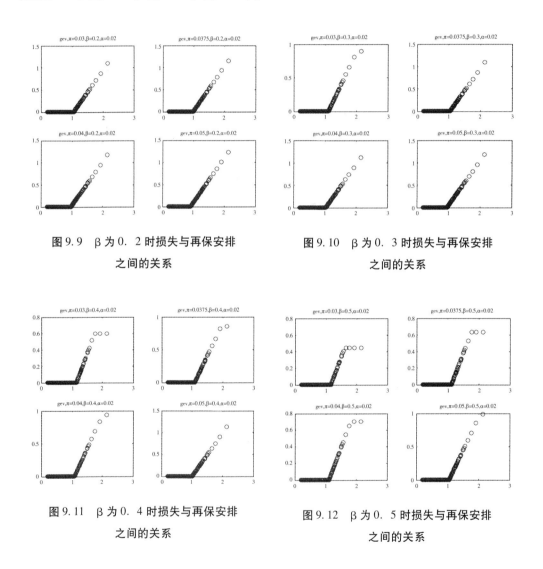

图 9.9　β 为 0.2 时损失与再保安排
之间的关系

图 9.10　β 为 0.3 时损失与再保安排
之间的关系

图 9.11　β 为 0.4 时损失与再保安排
之间的关系

图 9.12　β 为 0.5 时损失与再保安排
之间的关系

图 9.9、图 9.10、图 9.11 和图 9.12 表示在 α 取 0.02，β 分别取 0.2、0.3、0.4 和 0.5 时，随着再保险费的约束不同，最优再保险安排的变化情况。从图 9.9、图 9.10、图 9.11 和图 9.12 中可以看出，随着再保险费预算的增大，最优再保险的起赔点逐渐降

低。而随着再保险费安全附加的提高，再保险的起赔点逐渐增大，这些现象与内蒙古地区的分析都是一致的。同样地，我们发现在再保险费安全附加较大的图9.11和图9.12中，只有再保险费预算约束较小的情况下，超赔再保险才在观察窗口内出现了上限。这再次证明了，在安全附加较大，且再保险费预算较小的条件下，最优再保险的形式逐渐趋向于有限超赔再保险。

（二）再保险费约束和风险偏好水平对最优再保险安排的影响

与对内蒙古经验数据的测算过程一样，我们首先假定一个再保险费安全附加水平 β（比如0.4），然后在此基础上我们分别针对表9.1中四个水平的 α 和四个水平的 π，估计和描绘对应的散点图（见图9.13、图9.14、图9.15、图9.16）。

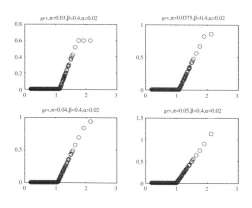

图9.13　50年一遇的风险下损失与再保
安排之间的关系

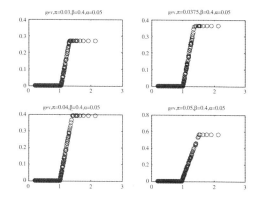

图9.14　20年一遇的风险下损失与再保
安排之间的关系

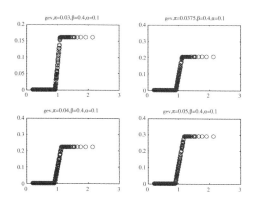

图9.15　10年一遇的风险下损失与再保
安排之间的关系

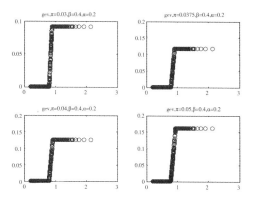

图9.16　5年一遇的风险下损失与再保
安排之间的关系

从以上散点图可以看出，随着再保险费预算的提高，再保险保障幅度有所变宽。随着 α 的提高，再保险起赔点逐渐降低，斜率变陡，保障范围变窄，这些结果都与对内蒙古地区的分析一致。同样地，对于最符合实际情况的 $\pi = 3.75\%$，$\alpha = 0.05$，$\beta = 0.4$ 这一张图。其对应的最优再保险的下限和上限分别是 93.91% 和 115.53%（转换成现实的决策可能是 95%—115%）。其他的测试结果如表 9.3 所示。

表 9.3　　　　　　　　吉林种植险最优再保险测算结果

α		0.2		0.1		0.05		0.02	
β	π	下限（%）	上限（%）	下限（%）	上限（%）	下限（%）	上限（%）	下限（%）	上限（%）
0.2	3.00	72.64	81.83	83.30	98.20	92.08	115.24	98.04	135.17
	3.75	70.69	81.86	81.59	99.40	88.54	115.34	96.62	142.09
	4.00	70.30	82.21	80.69	99.41	87.30	115.18	95.46	144.48
	5.00	68.04	82.24	76.74	99.01	83.21	116.60	90.01	143.43
0.3	3.00	73.62	81.90	84.89	97.99	94.65	114.68	104.62	137.77
	3.75	71.85	81.88	81.80	97.42	90.56	114.24	100.05	140.13
	4.00	71.44	82.11	80.91	97.29	89.31	113.95	98.11	138.33
	5.00	69.25	82.17	78.56	98.32	86.03	115.32	93.76	140.78
0.4	3.00	74.16	81.67	86.19	97.89	96.96	114.76	110.44	141.17
	3.75	72.67	81.87	83.75	97.90	93.91	115.53	106.84	144.24
	4.00	72.12	81.85	83.11	98.12	92.53	114.90	104.64	142.32
	5.00	69.98	81.76	80.18	98.07	88.62	115.05	97.81	139.47
0.5	3.00	74.85	81.72	87.39	98.00	97.61	113.52	113.57	140.08
	3.75	73.15	81.56	84.86	97.66	95.53	114.69	107.32	139.23
	4.00	72.64	81.55	84.17	97.70	94.47	114.58	105.59	138.77
	5.00	71.28	82.21	81.31	97.56	91.96	116.38	103.63	142.45

四　辽宁地区最优再保险方案

（一）再保险费约束和再保险费安全附加对最优再保险安排的影响

图 9.17、图 9.18、图 9.19 和图 9.20 表示在 α 取 0.02，β 分别取 0.2、0.3、0.4 和 0.5 时，随着再保险费的约束不同，最优再保险安排的变化情况。由于实证结果与内蒙

古和吉林经验数据测试的结果一致，此处不再赘述。

（二）再保险费约束和风险偏好水平对最优再保险安排的影响

与对内蒙古和吉林经验数据的测算过程一样，我们首先假定一个再保险费安全附加水平 β（比如0.4），然后在此基础上我们分别针对表9.1中四个水平的 α 和四个水平的 π，估计和描绘对应的散点图（见图9.21、图9.22、图9.23、图9.24）。

鉴于实证结果与吉林和内蒙古的经验结果一致，此处不再赘述。同样地，对于现实中最可能的 " $\pi=3.75\%$，$\alpha=0.05$，$\beta=0.4$ "这张图，我们给出的最优再保险的下限和上限分别是122.95%和145.57%（现实中可能转换为120%—140%的决策），其他的测试结果如表9.4所示。

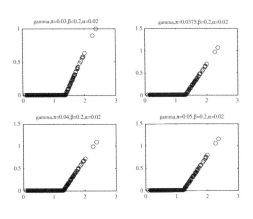

图9.17 β为0.2时损失与再保
安排之间的关系

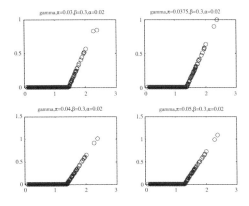

图9.18 β为0.3时损失与再保
安排之间的关系

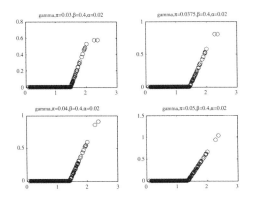

图9.19 β为0.4时损失与再保
安排之间的关系

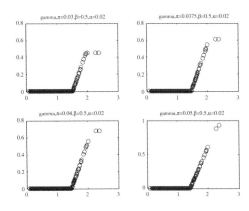

图9.20 β为0.5时损失与再保
安排之间的关系

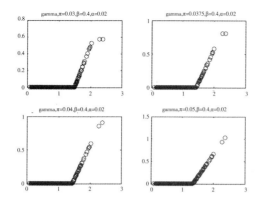

图 9.21　50 年一遇的风险下损失与再保
安排之间的关系

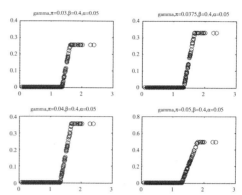

图 9.22　20 年一遇的风险下损失与再保
安排之间的关系

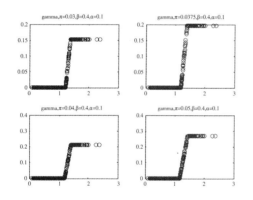

图 9.23　10 年一遇的风险下损失与再保
安排之间的关系

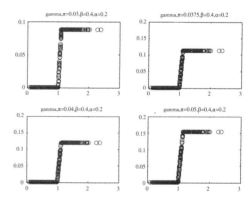

图 9.24　5 年一遇的风险下损失与再保
安排之间的关系

表9.4　　　　　　　　　　　　辽宁种植险最优再保险测算结果

α		0.2		0.1		0.05		0.02	
β	π	下限（%）	上限（%）	下限（%）	上限（%）	下限（%）	上限（%）	下限（%）	上限（%）
0.2	3.00	92.64	102.23	108.94	124.80	121.02	145.86	132.27	175.61
	3.75	90.82	102.52	104.74	123.47	115.36	144.17	124.60	170.93
	4.00	90.11	102.48	104.09	124.07	114.59	145.64	124.02	176.84
	5.00	87.31	102.34	101.25	125.30	110.77	147.07	119.22	179.90

续表

α		0.2		0.1		0.05		0.02	
β	π	下限（%）	上限（%）	下限（%）	上限（%）	下限（%）	上限（%）	下限（%）	上限（%）
0.3	3.00	93.40	101.95	109.96	123.63	123.73	145.05	136.21	170.58
	3.75	91.44	101.89	108.29	124.90	121.09	147.26	131.15	172.57
	4.00	90.85	101.93	107.43	124.98	119.19	145.94	129.55	173.19
	5.00	88.45	101.97	103.04	124.13	114.52	146.90	124.18	178.32
0.4	3.00	94.43	102.15	111.80	123.89	124.73	143.07	138.87	169.30
	3.75	93.00	102.51	108.51	123.30	122.95	145.57	134.46	170.77
	4.00	92.40	102.48	107.93	123.68	121.55	145.21	132.98	170.85
	5.00	89.87	102.17	105.38	124.27	116.17	144.22	126.33	170.88
0.5	3.00	95.60	102.65	112.08	122.90	126.31	142.42	142.24	168.77
	3.75	93.08	101.77	110.85	124.11	122.76	142.26	135.76	168.07
	4.00	92.52	101.74	110.12	124.16	121.22	141.35	134.29	168.36
	5.00	91.31	102.54	108.42	125.87	119.45	144.91	131.93	172.78

以上我们从风险偏好水平、再保险费安全附加和再保险费约束三个方面对最优再保险安排进行研究，从散点图和测试结果表格可以直观地看到最优再保险安排与各个可变参数的变化关系。具体地，我们将这些关系总结如下：（1）随着再保险费安全附加 β 的增大，最优再保险的形式逐渐趋向于有限超赔再保险，即再保安全附加越大，在同样的再保险费约束下，所能购买的再保险保障越少。（2）随着 α 的提高，最优再保险安排逐渐由保障极端风险向中层风险过渡，同时，在再保险费约束不变的情况下，相应地，再保险保障范围将变得非常狭窄。（3）随着再保险费预算约束 π 变小，最优再保险形式逐渐由超赔再保险变为有限超赔再保险，保费预算约束越小，保障宽度越小。

来自实务界的普遍观点是，原保险人总是想用最少的再保险费来获得最大的再保险保障，因此再保险费预算约束一般来说是比较严格的。如果不考虑再保险费预算的约束和再保险人能够且愿意承受的风险状况，仅从原保险人自身风险控制的角度考虑，那么最优选择当然是超赔再保险，这也是目前大量关于最优再保险的理论研究的结果。但是，实务中纯粹的超赔再保险是非常少见的，即使存在，也因再保险费安全附加过高而让分出人"望而却步"。在实务中我们更常见的是有限超赔再保险，本节对此提供了经验证据，更难得的是我们还在此基础上求解了最优再保险的下限和上限。总之，本节测试的各种不同组合结果可以供保险人进行再保险购买决策时参考，因而具有较强的现实意义。

本节利用安华农业保险研究院 AHCRES 系统收集的内蒙古、吉林和辽宁的种植业保险数据，研究了中国种植业保险最优再保险问题。我们发现在给定原保险人的损失分布、再保险费计算原则和风险测度变量（ρ）条件下，风险偏好程度（α）、再保险费安全附加（β），以及再保险费预算约束（π）都会影响最优再保险决策，这与国际上的已有研究结果是一致的。除此之外，我们还发现在较高的再保险费安全附加水平和较低的再保险费预算约束条件下（这往往与现实情况相符），有限超赔再保险是最优的。更为重要的是，我们依据中国种植业风险数据，给出了有限超赔再保险的最优上限和下限，这无疑对于中国种植业保险的发展具有重要的现实意义。

尽管我们已经从数据上看出了再保险费计算原则和再保险费安全附加水平在最优再保险决策过程中的重要作用，但目前还无法认定本节假设的标准差再保险费计算原则和再保险费安全附加水平是否与现实真正相符。本节所做的工作为进一步研究种植业保险最优再保险决策奠定了基础，从原保险人与再保险人博弈角度进行研究是我们下一步研究工作的重点。

附录 1 农业保险产品管理制度

一 农业保险条例相关规定

于 1995 年 6 月 30 日实施的《中华人民共和国保险法》中规定"国家支持发展为农业服务的保险事业，农业保险由法律、行政法规另行规定"，此后，2002 年、2009 年、2014 年多次修订后的《保险法》都保留了该规定。目前单独针对农业保险的行政规定，是 2012 年 11 月 12 日正式发布的《农业保险条例》，该条例的制定与发布对于完善我国农业保险法制机制、规范农业保险活动，促进农业保险事业健康发展具有重要意义。《农业保险条例》全文共五章三十三条，主体部分规定了农业保险合同、经营规则、法律责任等内容，其中对农业保险产品的相关管理规定具体如下：

（一）农业保险可以由农民、农业生产经营组织自行投保，也可以由农业生产经营组织、村民委员会等单位组织农民投保。

（二）在农业保险合同有效期内，合同当事人不得因保险标的的危险程度发生变化增加保险费或者解除农业保险合同。

（三）保险机构按照农业保险合同约定，可以采取抽样方式或者其他方式核定保险标的的损失程度。采用抽样方式核定损失程度的，应当符合有关部门规定的抽样技术规范。

（四）法律、行政法规对受损的农业保险标的的处理有规定的，理赔时应当取得受损保险标的已依法处理的证据或者证明材料。

（五）保险机构不得主张对受损的保险标的的残余价值的权利，农业保险合同另有约定的除外。

（六）保险机构应当在与被保险人达成赔偿协议后 10 日内，将应赔偿的保险金支付给被保险人。农业保险合同对赔偿保险金的期限有约定的，保险机构应当按照约定履行赔偿保险金义务。

（七）保险机构应当按照农业保险合同约定，根据核定的保险标的的损失程度足额支付应赔偿的保险金。

（八）保险机构应当公平、合理地拟订农业保险条款和保险费率。属于财政给予保险费补贴的险种的保险条款和保险费率，保险机构应当在充分听取省、自治区、直辖市人民政府财政、农业、林业部门和农民代表意见的基础上拟订。

（九）农业保险条款和保险费率应当依法报保险监督管理机构审批或者备案。

二　财产保险公司条款和费率规定

2010 年 1 月 26 日中国保险监督管理委员会主席办公会审议并通过的《财产保险公司保险条款和保险费率管理办法》，是目前针对财产保险公司的产品管理的一个系统性规定，该办法第四十三条规定，责任保险公司和农业保险公司财产保险条款和保险费率的管理适用该办法。其中适用对农业保险产品的相关管理规定如下：

（一）关系社会公众利益的保险险种、依法实行强制保险的险种的保险条款和保险费率，保险公司应当依照本办法的规定报中国保监会审批。其他保险险种的保险条款和保险费率，保险公司应当依照本办法的规定报中国保监会备案。

（二）保险公司需要修改已经批准或者备案的保险条款或者保险费率的，应当按照本办法规定重新报送审批或者备案。经中国保监会重新批准或者备案后，保险公司不得在新订立的保险合同中使用原保险条款和保险费率。

（三）保险公司报送修改的保险条款或者保险费率的，还应当提交修改原因及修改前后的内容对比说明。

（四）保险公司应当按照本办法的规定提交由法律责任人出具的法律责任人声明书。

（五）保险公司应当按照本办法的规定提交由精算责任人签署的精算报告和出具的精算责任人声明书。

（六）保险公司的保险条款和保险费率，应当符合下列要求：

1. 结构清晰、文字准确、表述严谨、通俗易懂；

2. 要素完整，不失公平，不侵害投保人、被保险人和受益人的合法权益，不损害社会公众利益；

3. 保险费率按照风险损失原则科学合理厘定，不危及保险公司偿付能力或者妨碍市场公平竞争；

4. 保险费率可以上下浮动的，应当明确保险费率调整的条件；

5.《中华人民共和国保险法》等法律、行政法规和中国保监会规定的其他要求。

三　财产保险公司产品开发指引的规定

为保护投保人、被保险人合法权益，规范财产保险公司保险产品开发行为，鼓励保险产品创新，保监会于2016年发布《财产保险公司保险产品开发指引》（以下简称《指引》），该《指引》详细规定了农业保险产品开发的具体要求。

（一）保险公司开发保险产品应当遵守《中华人民共和国保险法》及相关法律法规规定，不得违反保险原理，不得违背社会公序良俗，不得损害社会公共利益和保险消费者合法权益。保险公司开发保险产品应当综合考虑公司承保能力、风险单位划分、再保险支持等因素，不得危及公司偿付能力和财务稳健。

（二）保险公司开发保险产品应当坚持以下原则：

1. 保险利益原则。

2. 损失补偿原则。

3. 诚实信用原则。

4. 射幸合同原则。

5. 风险定价原则。

（三）保险公司不得开发下列保险产品：

1. 对保险标的不具有法律上承认的合法利益。

2. 约定的保险事故不会造成被保险人实际损失的保险产品。

3. 承保的风险是确定的，如风险损失不会实际发生或风险损失确定的保险产品。

4. 承保既有损失可能又有获利机会的投机风险的保险产品。

5. 无实质内容意义、炒作概念的噱头性产品。

6. 没有实际保障内容，单纯以降价（费）、涨价（费）为目的的保险产品。

7. "零保费""未出险返还保费"或返还其他不当利益的保险产品。

8. 其他违法违规、违反保险原理和社会公序良俗的保险产品。

（四）保险公司开发保险产品特别是个人保险产品时，要坚持通俗化、标准化，语言应当通俗易懂、明确清楚，切实保护投保人和被保险人的合法权益。

（五）保险条款和保险费率名称应当清晰明了，能客观全面反映保险责任的主要内容，名称不得使用易引起歧义的词汇，不得曲解保险责任，不得误导消费者。

（六）保险公司开发保险条款可以参考以下框架要素：总则、保险责任、责任免除、保险金额/责任限额与免赔额（率）、保险期间、保险人义务、投保人/被保险人义务、赔偿处理、争议处理和法律适用、其他事项、释义等。

保险条款具体内容可以根据各险种特点进行增减。保险条款的表述应当严谨，避免过于宽泛。

（七）保险费率厘定应当满足合理性、公平性、充足性原则。

（八）保险费率由基准费率和费率调整系数组成。厘定基准费率包括纯风险损失率和附加费率。

（十）保险公司应当制定本公司产品开发管理制度，明确规定保险公司产品开发工作的组织机构、职能分工、工作流程、考核奖惩等内容。

四 专项农业保险产品相关规定

（一）关于加强农业保险条款和费率管理的通知

中国保监会于 2013 年 4 月 15 日下发了《关于加强农业保险条款和费率管理的通知》（保监发〔2013〕25 号），相关具体要求如下：

1. 保险公司制定的农业保险条款和保险费率，应当在经营使用后十个工作日内由总公司报中国保监会备案。

2. 保险公司制定农业保险条款和费率应按照"公开、公平、合理"的原则。农业保险条款和费率应符合下列要求：

（1）依法合规、公平合理，不侵害农户合法权益；

（2）要素完备、文字准确、语句通俗、表述严谨；

（3）费率合理、保费充足率适当，不得损害保险公司偿付能力和妨碍市场公平竞争。

3. 属于财政给予保险费补贴的险种的保险条款和保险费率，保险公司应当在充分听取省、自治区、直辖市人民政府财政、农业、林业、保险监督管理部门和农民代表意见的基础上拟定。

4. 保险公司应分省（自治区、直辖市）逐一报备农业保险条款和费率。中国保监会另有规定的除外。

5. 保险公司向保监会报备农业保险条款和费率，除应提交《财产保险公司保险条款和保险费率管理办法》规定的材料外，还应提交以下材料：

（1）保监会批准在相应区域开办农业保险业务的文件复印件；

（2）可行性报告；

（3）开发属于财政给予保险费补贴的险种的保险条款和保险费率的，还应提供可真实反映地方政府财政、农业、林业部门意见的相关材料，以及反映参保农户代表意见和当地保监局意见的书面材料；

（4）中国保监会要求的其他材料。

6. 保险公司向中国保监会申请备案的农业保险条款和费率，应符合下列要求：

（1）保险责任原则上应覆盖保险标的所在区域内的主要风险。属于财政给予保险费补贴的农业保险产品，保险责任应符合财政部门有关规定。

（2）保险金额应充分考虑参保农户的风险保障需求，并与公司风险承担能力相匹配。

（3）保险费率应以固定数值形式加以规定，不得以区间形式出现。保险费率可依据保险标的的管理水平、风险分布、历年赔付情况等因素合理设置费率调整系数。

（4）起赔点、免赔额（率）等条款要素的设定应科学合理，避免产生经营风险和道德风险。

7. 保险公司开发农业保险条款应注意以下事项：

（1）条款中不得有封顶赔付、平均赔付等损害农户合法权益的内容。相互制保险条款除外。

（2）在农业保险合同有效期内，合同当事人不得因保险标的的危险程度发生变化增加保险费或者解除农业保险合同。

（3）保险公司不得主张对受损的保险标的的残余价值的权利。农业保险合同另有约定的除外。

（二）关于进一步完善中央财政保费补贴型农业保险产品条款拟定工作的通知

2015 年，中国保监会、财政部、农业部三部委联合下发了《关于进一步完善中央财政保费补贴型农业保险产品条款拟订工作的通知》（保监发〔2015〕25 号），相关管理规定如下：

1. 保险公司拟定条款应遵循以下基本原则：

（1）依法合规、公开公正、公平合理；

（2）要素完备、通俗易懂、表述严谨；

（3）不侵害农民合法权益、不妨碍市场公平竞争、不影响行业健康发展。

2. 保险公司应当在充分听取省、自治区、直辖市人民政府财政、农业、保险监管部门和农民代表意见的基础上，拟定条款。

3. 保险责任应列明保险标的所在区域内的主要风险，切实保障投保农户的风险需求。其中：

种植业保险主险的保险责任包括但不限于暴雨、洪水（政府行蓄洪除外）、内涝、风灾、雹灾、冻灾、旱灾、地震等自然灾害，泥石流、山体滑坡等意外事故，以及病虫草鼠害等。

养殖业保险主险的保险责任包括但不限于主要疾病和疫病、自然灾害〔暴雨、洪水（政府行蓄洪除外）、风灾、雷击、地震、冰雹、冻灾〕、意外事故（泥石流、山体滑坡、火灾、爆炸、建筑物倒塌、空中运行物体坠落）、政府扑杀等。当发生高传染性疫病政府实施强制扑杀时，保险公司应对投保农户进行赔偿，并可从赔偿金额中相应扣减政府扑杀专项补贴金额。

4. 保险金额应覆盖直接物化成本或饲养成本。鼓励各公司开发满足农业生产者特别是新型农业生产经营主体风险需求的多层次、高保障的保险产品。鼓励各级地方政府提供保费补贴。

5. 种植业保险及能繁母猪、生猪、奶牛等按头（只）保险的大牲畜保险条款中不得设置绝对免赔。同时，要依据不同品种的风险状况及民政、农业部门的相关规定，科学合理地设置相对免赔。

6. 种植业保险条款应根据农作物生长期间物化成本分布比例，科学合理设定不同生长期的赔偿标准。原则上，当发生全部损失时，三大口粮作物苗期赔偿标准不得低于保险金额的40%。

7. 种植业保险条款应明确全部损失标准。原则上，投保农作物损失率在80%（含）以上应视为全部损失。

8. 养殖业保险条款应将病死畜禽无害化处理作为保险理赔的前提条件，不能确认无害化处理的，保险公司不予赔偿。

9. 保险公司不得主张对受损的保险标的残余价值的权利，农业保险合同另有约定的除外。

10. 条款中不得有封顶赔付、平均赔付、协议赔付等约定。

11. 价格保险和指数保险等创新型产品、森林保险、相互制保险条款拟定事项另行规定。

（三）关于进一步明确农业保险产品备案相关问题的通知

为规范产品管理，提升产品报备质量，中国保监会于2017年6月下发了《关于进一步明确农业保险产品备案相关问题的通知》，对农险产品备案相关要求进行了明确，具体如下：

1. 按照保监发〔2015〕25号文件精神，"火灾"等责任应作为种植业保险主险的保险责任。

2. 商业型农险产品费率取消固定数值，可通过设置费率浮动区间满足新型农业经营主体多元化的风险需求。

费率浮动系数：保险费率可依据保险标的的管理水平、风险分布、历年赔付情况等因素合理设置费率调整系数。（中央补贴类品种补充保障部分0.7—1.3为限，其他品种0.5—1.5为限）；扶贫类产品说明：扶贫农业保险产品费率可在报备费率基础上下调20%，并要求保险公司对已确定的灾害，可在查勘定损结束前预付一定比例的赔款。

3. 农险产品报备应严格按照相关文件要求，提交公司产品管理委员会审议，并提交费率精算报告。

附录 2 农业保险承保与防灾防损实务

一 宣传与告知

（一）组织形式

1. 政府在农业保险中应承担的职责

政府在农业保险中应承担的职责主要有以下方面。

（1）组织和领导本地农险工作

《农业保险条例》第五条规定：县级以上地方人民政府统一领导、组织、协调本行政区域的农业保险工作，建立健全推进农业保险发展的工作机制。县级以上地方人民政府有关部门按照本级人民政府规定的职责，负责本行政区域农业保险推进、管理的相关工作。

（2）宣传和组织农业保险活动

《农业保险条例》第六条规定：国务院有关部门、机构和地方各级人民政府及其有关部门应当采取多种形式，加强对农业保险的宣传，提高农民和农业生产经营组织的保险意识，组织引导农民和农业生产经营组织积极参加农业保险。

（3）提供财政支持和税收优惠

《农业保险条例》第七条规定：农民或者农业生产经营组织投保的农业保险标的属于财政给予保险费补贴范围的，由财政部门按照规定给予保险费补贴，具体办法由国务院财政部门同国务院农业、林业主管部门和保险监督管理机构制定。国家鼓励地方人民政府采取由地方财政给予保险费补贴等措施，支持发展农业保险。第九条规定：保险机构经营农业保险业务依法享受税收优惠。

（4）监督管理农业保险活动，搭建信息共享机制

《农业保险条例》第四条规定：国务院保险监督管理机构对农业保险业务实施监督管理。国务院财政、农业、林业、发展改革、税务、民政等有关部门按照各自的职责，负责农业保险推进、管理的相关工作。财政、保险监督管理、国土资源、农业、林业、气象等有关部门、机构应当建立农业保险相关信息的共享机制。

（5）建立农业保险大灾风险分散机制

《农业保险条例》第八条规定：国家建立财政支持的农业保险大灾风险分散机制，具体办法由国务院财政部门会同国务院有关部门制定。国家鼓励地方人民政府建立地方财政支持的农业保险大灾风险分散机制。

2. 地方政府在农业保险上的参与

县级人民政府应成立以财政、林业、农业、畜牧、宣传、气象等部门为成员的农业保险业务指导工作组，联合力量推进农业保险工作，对保险经办机构的各项工作给予积极支持。同时运用财政补贴等手段，发挥政府组织推动作用，引导广大农户、种养大户和农村经济合作组织参加农业保险，不断促进农业保险业务的健康开展。应将农业保险补贴政策与各项支农惠农政策有机结合，发挥各项支农政策的综合效应。

县农险领导小组负责研究提出农业保险政策建议，统筹协调，搞好农业保险的规划和任务分解，组织相关部门加强农业保险宣传和督查工作，及时收集信息、掌握工作进度，汇总并上报全县工作情况，组织阶段性工作总结和年度考核。同时，将保险经办机构的服务质量和服务水平作为下一年度选择农业保险承办机构的重要依据。县林业局牵头、县农业局、县畜牧兽医局分别牵头林业保险、种植保险和养殖保险，各乡镇全力配合，积极组织村两委会协助保险经办机构上门逐户办理农业保险。农业保险分品种以村和组为单位进行汇总，投保明细表经村、组负责人签字确认后送乡镇政府审核汇总，乡镇政府审核汇总后经乡镇政府分管领导签字盖章后按林业、种植业、养殖业分别报林业局、农业水务局、畜牧兽医局审核汇总，林业局、农业水务局、畜牧兽医局审核汇总全县数据后报县财政局，县财政局以此作为保费补贴依据。种养业大户或发展林业产品的大户可单独向保险经办机构（保险公司）投保。

（二）宣传培训

政府、保险公司应积极地共同开展宣传工作。县级宣传部门应利用各种宣传媒体，大力宣传国家对农业保险的支持政策以及农业保险的重要意义和作用，并指导和协助保险承办机构和相关部门做好宣传工作。保险机构应积极深入乡镇村开展宣传，使参保人了解保费补贴政策、保险条款等内容；按照"预防为主、防赔结合"的方针，帮助农户防灾防损；负责向上级保险机构及时汇报农业保险工作中出现的问题，并积极主动与各有关单位和乡镇联系，组织做好农业保险的承保、查勘、定损工作，合理公正、公开透明，按照保险条款规定，迅速及时地做好灾后理赔工作。

保险承办机构、各乡镇和各有关部门要针对农业保险的特点和农民群众需求，利用电视、报纸、手机短信等多种媒体以及开辟专栏、张贴标语、上门入户等多种形式，大力宣传农业保险政策，不断增强广大农民的保险意识，营造良好的社会氛围，确保农业保险各项政策落到实处。

保险公司应对农业保险相关展业及服务人员进行培训，使他们熟悉、掌握国家支农惠农政策、各级政府补贴规定、农业保险条款、条款说明及实务操作规程，了解和掌握法律法规和财务、防灾等相关知识。

（三）市场调研

保险公司首先对当地农村经济社会情况业进行初步的调查，并通过与本地农业、畜牧、林业等农业保险主管部门协作，收集相关农业生产数据，如本地农作的种类、种植面积、生长周期、物化成本、生产管理条件、历史产量数据、灾害类型、历史气象资料等；本地畜禽养殖的种类、数量、养殖方式、养殖管理条件等。同时，保险公司通过深入走访，了解当地农户、农业企业及新型农业主体的保险需求，并初步预测市场前景，进行更进一步的可行性论证。

二　投保准备

（一）如何投保

1. 投保人

农业保险的投保人是指从事种植业、养殖业和林业的农业生产者，按照我国《农业保险条例》的规定，农业保险可以由农民、农业生产经营组织自行投保，也可以由农业生产经营组织、村民委员会等单位组织农民投保。

农业保险的投保人除了农户外，还可以是农业生产经营组织或村委会等单位。当投保人是农业生产经营组织或村委会等单位时，其与农户之间形成委托代理关系，农户成为保险中的被保险人。

2. 保险人

我国《农业保险条例》规定，农业保险的保险人，"是指保险公司以及依法设立的农业互助保险等保险组织"。

3. 投保方式

由上述规定可知，农业保险的投保方式分为个人投保和集体投保两种方式。

由农业生产经营组织、村民委员会等单位组织农民投保的，保险机构应当在订立农业保险合同时，制定投保清单，详细列明被保险人的投保信息，并由被保险人签字确认。保险机构应当将承保情况予以公示。

4. 投保应遵循的原则

（1）政府引导。省、自治区、直辖市人民政府可以确定适合本地区实际的农业保险经营模式。有关部门应当采取多种形式，加强对农业保险的宣传，提高农民和农业生产经营组织的保险意识，组织引导农民和农业生产经营组织积极参加农业保险。

（2）市场选择。投保人在选择保险人时，应当遵循市场规律，通过投保使自身经济效益最大化。

（3）自主自愿。任何单位和个人不得利用行政权力、职务或者职业便利以及其他方式强迫、限制农民或者农业生产经营组织参加农业保险。投保人应该凭借自身意愿选择是否投保以及投保何种险种。

（4）应保尽保。在种植业、林业、畜牧业和渔业的生产中可能遭受经济损失的标的都可以成为保险标的。投保人应将符合投保条件的保险标的全部投保，不得选择性投保。

（二）告知义务

保险经营中的最大诚信原则要求保险人履行告知义务。在投保人申请投保时，农险经营机构应履行明确说明义务，在投保单、保险单上做出足以引起投保人注意的提示，并向投保人说明投保险种的保障范围、保险责任、责任免除、合同双方权利义务、理赔标准和方式等涉及投保人切身利益的重要条款内容。应当注意，未做提示或明确说明的合同条款不产生法律效力。

保险人应当对条款中容易产生歧义的内容通过书面或其他方式进行明确说明，同时提醒投保人履行如实告知义务。投保人的告知义务，我国采用询问回答原则，投保人应对保险人的询问进行如实作答。具体询问的内容在下节介绍。

由农业生产经营组织或村民委员会组织农户投保的，可组织投保人、被保险人集中召开宣传说明会，现场发放投保险种的保险条款，讲解保险条款中的重点内容。

（三）禁止行为

保险机构和投保组织者应确保农户知情权和自主权，不应欺骗误导农户投保，不应以不正当手段强迫农户投保或限制农户投保。保险机构及其工作人员不应向投保人、被保险人承诺给予保险合同约定以外的保险费回扣或者其他利益，不应以任何方式进行误导性宣传。

（四）投保手续

保险公司业务员应当协助投保人完成投保手续。对投保人不清楚的地方，业务员应当耐心解释，使投保人确实掌握保单中涉及的信息。

投保单应由投保人亲自填写。如投保人客观上确实无法亲自填写的，可授权他人代替投保单。投保单的填写应当自己清楚，数字准确，项目齐全。

1. 投保人提出投保申请，保险人向投保人解释说明并协助投保人完成投保手续。

2. 投保人规范填写各类投保单证，清晰、准确填写各项投保信息，并主动协助保险人收集其他信息。投保单及相关手续应取得投保人的签章确认。

3. 投保人等待保险人通知核保结果，若保险人同意承保，则应按规定及时足额缴纳保费。

4. 保单存续期间，投保人应当妥善保管保险单证。此外，当标的物的风险状况产生明显变化时，应当及时通知保险人。

三　承保受理

（一）承保的概念

承保是指保险人在投保人提出要保请求后，经审核认为符合承保条件并同意接受投保人申请，承担保单合同规定的保险责任的行为。具体到农业保险的经营中，承保是指农险经营者以收取保费为条件，愿意为农业生产者面临的自然灾害或意外事故导致的经济损失提供保障，承担农险合同中约定的赔偿责任的行为。承保工作具有重要意义。

（1）有利于合理分散风险。

（2）有利于保险费率的公正。

（3）有利于促进被保险人防灾减损。

实践中，承保不仅仅指保险人收取保费签发保单这一行为，还应包括此前的承保准备与此后的单证管理。承保的主要流程如下：

（1）制定承保制度；

（2）接受投保单；

（3）标的查验与承保控制；

（4）决定承保；

（5）缮制单证与单证管理。

第三个环节中，承保控制是指在承保时，依据保险人的条件、能力，控制保险人承担的责任，并避免道德风险、心理风险等。从定义上来看，承保控制的过程主要就是核保的过程。因此，本节仅介绍标的查验部分，核保部分在下一节进行介绍。

（二）承保准备

保险人应当制定适当的承保制度，对承保过程中的相关概念与问题进行解释说明。承保制度是指保险公司对承保流程中各环节进行规范约束的书面文件，其内容一般包括：承保作业一般流程说明、承包工作准则、投保申请、受理初审/资料收集/信息录入/资料复核、核保、新契约管理、问题件处理、撤件处理和保单制作等。这是保险公司高效规范开展承保作业的基础。

当保险人接到投保申请后，应准确完整地采集投保信息。需要收集的投保信息主要包括如下内容：

（1）投保人、被保险人的姓名或者名称、住所；

（2）保险标的；

（3）种植、养殖地点，即标的详细坐落地点；

（4）畜龄和标识：养殖业保险中的一些标的需要注明畜龄与标识；

（5）计量单位：种植业以亩、株、棵等，养殖业以亩、头、只、羽等单位投保；

（6）承保数量，即按计量单位计算的标的数量；

其中，保险标的一项需要保险人进行查验。标的查验的流程主要包括以下几项：

（1）查验保险标的是否符合投保条件；

（2）核实投保标的的面积、数量、位置等信息；

（3）查验后，对于不符合条件之处应当给出意见；符合投保条件的，由查验人员签字确认后，将结果送交出单人员。

投保条件一项，种植业保险中，查验重点关注标的农作物种植品种、种植密度是否符合当地普遍采用的标准，投保时标的是否正常生长是否已发生灾害事故，标的生长位置是否在河滩地、水位线警戒以下。养殖业保险中，查验重点是管理、设施、养殖规模和饲养年限等是否符合承保条件，卫生防疫是否符合有关部门规定。

此外，保险机构应当按照国务院保险监督管理机构的规定妥善保存上述原始资料，禁止任何单位和个人涂改、伪造、隐匿或者违反规定销毁查勘定损的原始资料。

（三）承保受理

保险人经过查验标的与核保后，如果同意承保，应当及时通知投保人并订立保险合同，签发保险单证，同时收取保费。

我国农业保险中政策性保险占很大一部分比例。因此，农险经营者需要收取的保费主要分为两部分，政府补贴与农户自缴保费。政府补贴按照国务院财政部门商国务院农业、林业主管部门和保险监督管理机构，以及各地政府制定的补贴办法进行收取。农户自缴保费由保险人自行收取。由经办农险机构收取农户自交部分保费后，应制作投保农户分户清单，由农户本人在分户清单上签字确认。

在农险的经营中，保险人承保后，通常还需要将分户投保清单进行公示。分户投保清单应详细列明被保险人及保险标的的信息，经农业生产经营组织或者村民委员会核对并盖章确认后，以适当方式在村级或农业生产经营组织公共区域进行不少于3天的公示。保险机构应将公示情况通过拍照、录像等方式进行记录，公示影像资料应能够反映拍摄日期、地点和公示内容，并妥善保存归档管理，如上传业务系统等。如农户提出反馈意见，应在调查后及时核对调整。确认无误后，应将分户投保清单留存于保险人自身业务系统。

（四）单证管理

保险人决定承保后，应当向投保人签发保险单证。承保业务单证（包括分户投保清单）应由投保人或被保险人本人签字或盖章。特殊情形可以由投保人或被保险人直系亲属，或投保组织者代为办理。由投保人或被保险人直系亲属代为办理的，应同时注明其与被保险人的关系；由投保组织者代为办理的，应提供被保险人的授权委托书。

此外，在保险存续期间，如果需要可以通过批单修改保单内容，这部分在后续章节详细介绍。

四　核保管理

（一）核保的意义

农业保险核保是指保险人在对投保的标的信息全面掌握、核实的基础上，对保险风险进行评判与分类，进而决定是否承保、以什么样的条件承保的审核过程。在核保过程中，核保人员会按标的物的不同风险类别给予不同的承保条件，保证业务质量，保证农业保险经营的稳定性。农业保险的核保工作是保险公司规范经营农险业务、规避风险的重中之重，所有农业保险业务投保均须经过省级分公司或总公司核保，核保操作应由专岗、专职、专人完成。

（二）核保的内容

1. 核保流程
核保流程如附图 2.1 所示：
2. 核保审核要素
保险机构核保人员须按照规定履行职责，对承保总体质量负责。严格审核是否符合相关政策规定，严格审核承保条件、影像资料、投保信息以及其他承保相关资料是否真实、有效、完整清晰，缺少相关内容的，不得核保通过。

（1）审核是否符合相关政策规定

保险公司在核保时，应严格审核是否符合法律法规、国家政策、监管要求，是否存在违反保险监管部门规定的事项，从享受中央财政保费补贴的农业保险保费中提取手续费或者佣金，是否存在虚构或虚增保险标的或者以同一保险标的进行多次投保现

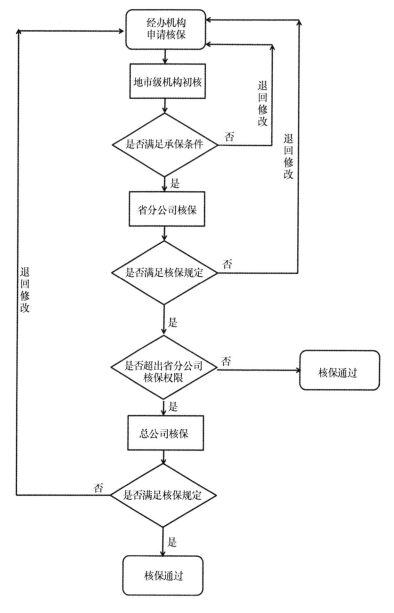

附图2.1　核保流程图

象。是否存在通过特别约定等方式，扩展保险责任、调整保险金额及保险费率、约定封顶赔付或平均赔付等现象。

（2）审核承保条件

保险公司在核保时，应依据相关承保规定与内容，审核投保标的及相关信息是否符合承保条件。审核投保单、投保清册、土地承包合同（种植业保险）等相关信息，判断被保险人是否对标的具有保险利益，不得将对保险标的不具有保险利益的组织或个人确认为被保险人；土地承包合同或村委会证明中是否明确土地承包面积，且是否与投保面积相符；动物防疫条件合格证（养殖业保险）、养殖场经营许可证是否符合条件要求；保险标的、金额、费率、责任、期限是否符合报备的条款规定和生长规律。严禁产品报行不一。承保条件不符合规定要求或缺少相关内容的，不得核保通过。

（3）审核影像资料

保险公司在核保时，应审核系统影像资料是否齐全，所有现场查验照片及公示照片是否有日期，日期是否符合时间逻辑。上传系统的影像资料应包含：

种植业：

①种植业保险投保单；②种植业保险投保清册；③种植业标的查验调查表；④土地承包经营权证书、租赁合同或乡政府、村委会等集体组织出具的土地权属证明及数量证明；⑤被保险农户的身份证、联系电话、银行卡复印件或企业负责人姓名、身份证、联系电话、开户许可证复印件；⑥现场验标照片；⑦承保情况公示照片；（集体投保）；⑧地块图；⑨农业保险农户部分自缴保费收据；⑩其他与承保有关的手续材料。

养殖业：

①养殖业保险投保单；②养殖业保险投保清册；③养殖业标的查验调查表；④当地防疫、畜牧部门开具的防疫证明材料；⑤被保险农户的身份证、联系电话、银行卡复印件或企业负责人姓名、身份证、联系电话、开户许可证复印件；⑥现场验标照片；⑦承保情况公示照片（集体投保）；⑧养殖场平面图；⑨农业保险农户部分自缴保费收据；⑩其他与承保有关的手续材料。

（4）审核投保信息

保险公司在核保时，应依据相关承保规定与内容，审核投保人/被保险人的名称、身份证号/组织机构代码、联系方式信息是否按照要求规范、完整录入；投保单中投保农户数、投保标的、投保数量与分户标的清单中的投保户数、投保标的、投保数量是否一致；各级政府保费承担以及相应金额是否计算准确等。信息填写不符合规定要求或缺少相关内容的，不得核保通过。

（三）核保管理

1. 分级授权

保险机构应加强核保管理，核保权限集中到省级或以上机构管理，实行省级分公司及以上机构分级授权核保制度，应逐级设置专岗、专职、专人负责农业保险核保工作。各省分公司可根据业务需要，增设地市级机构农险业务初审岗，但不具有核保通过权限。如审核同意，提出初审意见后提交省级分公司核保。如审核不同意，则退回出单员。

2. 强化考核

保险公司应制定农业保险核保业务操作流程及对核保人的考核办法。各级农险核保人须经保险公司统一培训、考核合格后，方可上岗。

3. 不相容岗位分离

农业保险应严格执行不相容岗位分离制度，核保人不得兼做业务，或兼任核赔人。

（四）风险评估

农业保险风险评估是指对农业保险经营管理过程中面临的以及潜在风险因素加以判断，对农业风险发生概率和损失程度（与预期收益比较）进行估计和衡量，通过对收集资料进行分析，对农险收益的波动性进行计量，明确不利事件的致损环境和过程，为设计开发农险保险产品、厘定费率、保险金额等提供科学依据。有效评估农业保险风险是保险公司开展工业保险风险管理工作的核心。

保险公司应科学评估农业保险承保风险，一方面可以从标的生物特性、种植/养殖技术及管理和农业生产地等方面，并按照标的产业情况结合自身经营经验来判断；另一方面也可通过对各种客观的资料和风险事故记录来分析，如归纳和整理当地农业历史及环境情况，历史灾害、疫情的损失情况，地方农牧防病防疫能力，农业生产成本及主要风险情况，从而找出各种明显和潜在风险及其损失规律，评估可保风险。因为农业风险具有可变性，因为风险评估是一项持续和系统性的工作，要求风险管理者密切注意原有风险变化，并随时发现新的风险。

五　出单管理

（一）收费出单

保险公司签发农业保险保单，应遵循"收费出单"原则。政策性农业保险业务，实行农户自缴保费"见费出单"，即保险公司收到保险合同约定的农户自缴部分保费后，方可出具保险单。严禁以虚假理赔、虚列费用、虚假退保或者截留、挪用保险金、挪用经营费用等方式冲销投保人应缴的保险费。商业性农业保险业务，实行全额见费出单。如有特殊需求的，可协商采取分其缴费方式，每期缴纳保费应与当期承担的风险责任和保险金额匹配，在投保人缴纳首期保费后，方可出具保险单。

（二）缮制保险单

保险公司出单部门负责对核保通过的保单进行缮制。农业保险保单采取流式打印方式，保险单流水号应与系统输入单证流水号严格一致。集体投保业务，应按照投保清册中信息，逐户制作保险凭证，每张凭证信息应与投保清单信息严格一致。

（三）复核签章

保单及保险凭证缮制完成后，应由复核人员进行审核，检查单证打印是否完整，信息是否一致，确认无误后应在保险单证上签章，附贴保险条款及清单附表并加盖骑缝章及承保专用章。保险单或保险凭证应确保发放到户。鼓励机构采取电子凭证（短信、电子邮件、微信等）等信息技术，创新保险单或保险凭证发放方式。

（四）装订、归档

农业保险业务各项手续由各业务机构档案管理人员整理、装订、登记、保存。业务档案应做到单证齐全、编排有序、装订整齐、单独存档。归档顺序为：（1）保险费发票（业务联）；（2）保险单副本（业务联）；（3）投保单；（4）批单副本（业务联）；（5）批改申请书；（6）投保单；（7）投保清册；（8）承保公示照片；（9）验标照片；（10）被保险人身份证、银行卡复印件；（11）其他相关承保资料。如影响投保方式的政府文件、委托书、林权证、土地流转合同、防疫证明等材料。

六　保费的收取与划拨

我国农业保险按照是否以营利为目的分为政策性农业保险和商业性农业保险。

（一）两者的定义

政策性农业保险是以保险公司市场化经营为依托，政府通过保费补贴等政策扶持，对种植业、养殖业因遭受自然灾害和意外事故造成的经济损失提供的直接物化成本保险。政策性农业保险将财政手段与市场机制相对接，可以创新政府救灾方式，提高财政资金使用效益，分散农业风险，促进农民收入可持续增长，为世贸组织所允许的支持农业发展的"绿箱政策"。我国农村现行的农业保险绝大多数是政府给补贴的政策性保险。

商业性农业保险是以商业营利为目的的农业保险。

（二）两者的区别

政策性农业保险和商业性农业保险两者虽然都是农业保险，但在经营和操作过程中有很大的区别。

经营主体不同。政策性农业保险由政府直接组织并参与经营，或指派并扶持其他保险公司经营，不具有营利性；而商业性农业保险的经营范围只由商业性保险公司承担，是以营利为目的。

缴费主体不同。政策性农业保险，其产品由政府给予一定比例的补贴，而商业性农业保险则完全由投保人自己承担费额。

组织推动不同。政策性农业保险是由政府组织推动，而商业性农业保险是由市场机制调节运作的。

责任范围不同。政策性农业保险的保费低，保险责任范围大；相对而言，商业性农业保险的保费较高，保险责任范围小。政策性农业保险不以营利为目的，社会效益优先；开展商业性农业保险是企业经营行为，公司效益为先。

（三）保费收取

保单核保通过后，分政策性农业保险保费收取和商业性农业保险保费收取。

1. 政策性农业保险业务

（1）农户自缴保费执行"见费出单"

政策性农业保险业务实行农户自缴保费"见费出单"。只有农户缴清保单规定的自缴部分保费，在收付系统做实收保费处理后，出单员才能打印有效保单和保险凭证。在操作中，应在核实投保分户清单后，按照投保分户清单载明的农户自缴保费金额足额收取保费。农业保险业务主要以农经站、村委为单位采取统保方式承保，可能由于少部分农户欠缴保费，从而导致无法出具统保保单现象。针对这种情况，为确保已缴费农户的经济利益，积极提供风险保障，可根据实际缴费情况对已缴费乡（镇）、村的农户先出具保单。其余农户缴清保费后另行出具保单，实行不缴费，不出单的原则。

注："见费出单"是农险经办机构应收保费管理的制度创新工具，是指农险经办机构业务系统根据相关支持系统（如银联、财务系统等）的应收保费入账反馈信息，实时确认并自动生成唯一有效指令后，业务系统方可打印正式保单的保费收取模式。

保险公司保费结算方式主要分为三种结算方式：

①现金收费

农户在保险公司柜台以现金方式支付保费时，保险公司柜台应在收取保费后，通过刷卡将等额保费划入保险公司指定收入账户，待获取银联公司返回的缴费成功信息后，方可生成并打印保单。

以现金收取农户自付保费的，各承办农业保险公司的工作人员，指导各乡镇农险经办人员收取农户自缴保费后，不得挪作他用。

②划卡收费

农户以银联银行卡通过 POS 机支付自缴保费时，保险公司业务系统以投保时系统生成的唯一投保单号向银联公司发送待收费信息，待获取银联公司返回的缴费成功信息后，方可生成并打印保单。

③支票收费

农户（以合作社或农牧公司为主）以支票支付自缴保费时，待支票到达保险公司指定收入账户后，由保险公司收付员在业务系统中进行人工收费确认后，方可生成并打印保单。

④创新收费

农户以支付宝、微信支付第三方支付平台祝支付自缴保费时，待保费到达保险公司指定收入账户后，由保险公司收付员在业务系统中进行人工收费确认后，方可生成并打印保单。

（2）各级财政保费补贴划拨

按财政部农业保险保费补贴管理的有关规定，只有农民缴清保费的保单才能申请财政保费补贴。保险公司按照政策性农业保险承保方案中明确的财政补贴资金划拨方式，于规定期限内将已缴清农户自缴保费的保单（或保险凭证）等相关材料提交各地方财政部、农业部、林业部、农发委等部门审核，申请划拨财政保费补贴资金。

2. 商业性农业保险业务

商业性农业保险业务由承保公司按照保险合同的规定，向投保人、被保险人收取保费，形式等同于政策性农业保险个人自缴保费部分。收取保费时，应同时提供保险单正本、保费发票客户联等相关单据。

七 承保回访

（一）承保回访定义

承保回访是指农业保险承办机构通过电话或现场走访等形式，采取按规则抽取和随机方式对承保的重点环节开展回访，留存回访和走访资料。

（二）承保回访方式

承保回访采取有效可行的方式对被保险人进行回访。回访方式包括：现场回访、电话回访、互动回访等方式。承保回访中可采取任意一种方式，也可采取多种方式进行回访。

（1）现场回访。须在规定时间内组织人员开展现场入户回访，填写回访相关资料，并留存现场回访的影像资料。

（2）电话回访。在规定时间内组织人员根据实际情况，随机选取被保险人通过电话对被保险人进行回访，回访人员须对电话回访情况进行录音，并留存录音资料。

（3）互动回访。可通过座谈、联谊等形式组织一定数量的被保险人代表进行互动式回访。

（三）承保回访比例

被保险人为规模经营主体的，应实现全部回访，其他被保险人应抽取一定比例回访。

（四）承保回访时间

承保回访要在保单生成后的 60 日内完成，保险机构应在保单生成后的 30 日内按规则制作回访清单和回访问卷，并移交至回访执行部门；回访执行部门应在 30 日内完成回访，并将回访结果及回访资料存档备案。

（五）承保回访内容

保险机构应重点回访核实保险标的权属和数量、自缴保费、告知义务履行以及承保公示等情况。

主要包括：

①被保险人对保险机构农业保险整体服务体制、服务机制、服务措施的评价；

②承保环节核实保险标的的权属和数量、自缴保费、告知义务履行情况，以及承保公示等情况；

③农户或农业生产组织对目前保险机构农业保险需求的具体意见和建议。

（六）承保回访登记制度

回访过程要建立完善的回访登记制度。保险机构应详细记录回访人员、回访时间、地点、对象和回访结果等内容，内容要完整，并留存原始回访资料备案，所有回访资料须由保险机构统一妥善保管。

（七）承保回访其他情况

保险机构要指定回访项目联系人，及时协调处理回访时联系不到被保险人的不成功件，及时解决回访时被保险人反映的其他问题。

承保回访过程中若遇到客户投诉、业务咨询等问题，保险机构须对被保险人提出的疑问、投诉不回避。若有重大事项，由保险机构指定专人进行单独回访或深度调查，进入咨询投诉处理流程。

八　批改管理

在农业保险合同有效期内，保险公司不得因保险标的危险程度发生变化增加保险费或解除农业保险合同。其他投保信息存在错误的，应经投保人/被保险人签章同意并填写保险事项变更申请书，报告至省级分公司或以上机构审批授权后，进行批改处理。批改申请相关材料必须齐全、批改理由合理、与保单有一定的逻辑性。相关数据批改更正后，应将相关单证送交投保人。

政策性农险业务中，财政补贴部分保费应退还给财政部门，农户自缴部分应退还给农户，确保将保险费退还给缴费人。

保险公司应加强批改管理，农业保险展业人员、承保系统录入人员以及核保人员均须确保各项信息的准确性、真实性、完整性，尽量避免因操作失误/审核失误导致对已生成的保险单进行批改。

九　防灾防损

（一）农业保险防灾防损的概念和意义

1. 农业保险防灾防损的概念

农业保险防灾防损管理主要是指对保险人与被保险人为履行防灾防损义务而采取的各种措施进行监督、检查和管理，以及对构成农业保险事故的各种风险进行调查、测定和处理的一系列管理活动。农业保险是农业灾害防范救助体系和应急管理体系的重要组成部分，对于农业保险具有重要意义。

2. 农业保险防灾防损的意义

（1）农业保险的功能要求

农业保险作为农业风险管理的手段，具备降低农民生产和投资的风险预期的功能。这一功能的实现分为三个阶段：分别是承保前对农业风险的预测；承保后各种防灾防损措施的实施以及出险后总结经验，对风险管理手段的完善。在功能的实现过程中，防灾防损贯彻始终，是降低农民生产风险的有效手段。

（2）农业保险发展的内在要求

农业保险市场上的供给与需求是不匹配的：一边是保险公司的业务量持续下降，农业保险持续亏损；而另一边，迫切需要投保的农民又承担不了高达8%甚至10%的保费率而无法投保。农业保险已经走入这样的"怪圈"：高赔付率导致了高费率，高费率限制了农民的购买能力，导致农业保险业务量的萎缩，使得大量同质风险的集中与分摊无法实现。

要解决高赔付的问题，单靠政府的补贴和税收优惠是不够的，必须重视加强农业保险自身防灾防损的能力，从源头上控制损失的程度和范围，才是促进农业保险发展，实现农业保险市场正常化、规范化的根本解决之道。

（3）保险公司进行风险管理的重要措施

经营农业保险的保险公司基本上是处于亏损的边缘，需要国家财政的补贴。在2006年，农业保险的赔付率达到了69.0%，接近保险业界公认的盈利临界点，而之前，从1982年到2003年，农业保险的平均赔付率高达92.2%，亏损达到了20%。

最早开办农业保险业务的保险公司，如中国人民保险公司和中华联合财产保险公司，业务不断萎缩，甚至需要通过发展农村责任保险和人身保险的收益来弥补农业保险的亏损，实行"以险养险"。

作为常年与各种灾害事故打交道的保险公司，积累和具备了丰富的风险管理经验，有风险管理方面的专家和团队，理应为防范农业风险做出自己的贡献，确保保险公司稳健经营，确保被保险财产的安全。可以说，防范风险于未然是农民和保险公司利益一致的行为。

因此，农业保险要高度重视防灾减损工作，要加大对防灾防损防疫人力物力的投入，加强与气象、农业、水利、国土等部门的合作，加强信息共享和协调联动，协助政府部门积极开展防灾减灾工作。要积极探索人工干预天气、无人机航拍、病虫害防治等方式，充分运用新技术、新手段，有效发挥保险功能作用。要积极配合地方政府和有关部门做好大面积农业气象灾害的抢险救灾工作，利用现代农业技术、信息技术、遥感测绘技术等科技成果，提高灾害应对能力。要积极主动向各级党委政府汇报保险业参与防灾减损和灾后救灾工作情况，增强地方党政对农业保险功能作用的认识，提高运用保险这一市场化手段应对灾害的能力。

（二）防灾防损的主要内容

防灾防损的主要内容包括：

（1）建立被保险人防灾档案，掌握保险标的风险状况。对农业保险总保险额达到一定数额以上，以及特别重要或特别危险的保险标的，应逐户建立防灾档案，这一工作可结合防灾安全检查工作进行。

（2）开展防灾防损安全检查。在灾害发生前，对农业保险承保标的所入环境进行防灾防损安全检查，及时发现危险隐患，并向被保险人提出整改建议。凡属建档的对象，尤其是往年承保标的中出险概率较大的或新承保的保险标的，在承保标的的生长发育阶段或保险期间内，至少应进行一次防灾安全检查，然后写出安全检查报告，并视情况向被保险人发送危险整改通知书，提出整改措施。一般来说，农业保险危险整改通知书为一式四份，在经由公司领导批准后，分别送给被保险人、政府有关部门、承保理赔部门，一份由防灾防损部门归档。

（3）制定防灾预案。防灾预案是承保公司为防止保险事故发生，或当保险事故发生后对保险标的进行有效施救而预先制定的防灾防损工作方案。制定防灾预案是为了明确保险双方防灾防损工作的关系，明确保险内容中各岗位的防灾职责，规范防灾防损工作程序，突出防灾防损工作重点，使防灾防损工作有条不紊地进行，进而取得良好的社会效益和自身经济效益。防灾预案的主要内容包括：指导思想、组织机构、工作任务、具体措施等，其重点是明确工作任务、制定切实可行的防灾措施。制定防灾预案的关键是建立防灾责任制，使防灾工作规范化、制度化。一般采取定人定点分片包干的办法，集定点联络防灾报灾的和灾后理赔于一体，实现集保险、防灾和灾后理赔于一体，实现保险、防灾、赔付一条龙服务，使保险业务人员与被保险人紧密挂钩，通过保前、保中、保后的防灾服务，达到减少灾害损失的目的。

（4）签订防灾防损协议。为了落实保险双方的防灾防损责任，保险公司在展业承保时，对于防灾重点保户可采取签订《防灾防损协议书》的方式，使保险双方防灾防损工作法律化，以促进被保险人强化防灾防损意识，切实落实防灾措施，减少社会财产的损失。《防灾防损协议书》的内容一般包括：防灾防损的具体保险标的、地理位置、防灾时间、施救方法、组织结构、保险双方所采取的措施以及违约责任等。协议书一式两份，保险双方各执一份，并作为保险合同的组成部分，具有法律约束力。

1. 种植业防灾防损工作

种植业保险防灾防损需注意以下几点：

（1）认真做好"三查"。即保前调查、保时审查、保后检查，这是商业保险经营中的基础工作，其主要内容包括：

①保前调查：在承保前，要对投保人申请的投保标的展开详尽的调查。可以通过实地勘察和保户自愿填写保险问询表的形式，了解标的现状、当地气象和水文资料、以往投保情况和出险情况。

②保时审查：主要审查投保单中的各项要素是否填写齐全、投保金额的确定是否科学、合理、特别约定事项是否列明，从而确定承保方式、承保比例、保险费率、赔偿方式等。

③保后检查：保险公司的业务人员要经常深入保户对保险标的的安全情况、危险隐患、防范措施等情况进行检查，还要检查保险条款中规定的被保险人义务是否得到履行，被保险人对保险标的的关注和呵护程度等。在灾害性天气到来之前，要同保户一起研究如何应付，及时采取措施，争取消灭危险隐患，把可能发生的损失率降到最低程度。

（2）以防为主、防赔结合。

①借助政府有关部门的支持和社会力量，对农业灾害进行预防，建立防灾、抗灾体系，实现综合治理，特别要把遥感、通信信息、计算机等先进技术密切配合起来，构成一个完整的技术体系。

②结合当地经济状况和自然条件，引导被保险人对防灾防损的投入，开展有针对性的防灾防损措施。如实施人工降雨和防雹增雨，筑堤防洪和开渠引水，喷洒农药和除草剂，在冬季采取一些防冻措施等。

③依靠科技手段做好防灾工作。如因地制宜选好种子、树苗、幼苗，使用高效农药、普及抗灾抗病能力强的农作物，在收获季节采用机械化作业，提高生产效率等。

（3）制定防灾预案，签订防灾协议，建立防灾防损工作责任制，增强做好农业保险风险防范工作的目标性。同时应加强定期检查督促，发现问题及时提出整改意见，把灾前要预防、灾中抢救和灾后补偿结合起来。

（4）建立农业保险防灾防损工作责任制，成立防灾领导小组，使各级各类人员对防灾防损工作做到责任明确，奖罚分明，有章可循。

（5）建立重大赔案汇总分析制度。定期分析重大赔案，从中找出规律性的东西，及时指导农业保险的管理工作。

2. 养殖业保险防灾防损工作

养殖业保险防灾防损工作的重心是养殖场所的综合性卫生防疫措施及落实情况。养殖场不论大小都要因地制宜地制定一整套综合性卫生防疫制度，做好环境消毒、免疫等方面的工作，尽量消除传染源，以减少发生传染病而造成的损失。

（1）建立综合性防疫体系

卫生防疫灭病的原则：

①养殖场的饲养人员、管理人员及场领导都要始终贯彻并遵循"预防为主，防重于治"的原则，严格遵守卫生防疫制度和国家有关条例、法规。

②根据传染病行成、蔓延流行的特点，采取的综合性防疫措施。具体内容有：场址的选择，禽（畜）舍的设计、建筑及布局，科学的饲养管理，供给全价的饲料，保持清洁干净的饲养和牧养环境，适时有计划的免疫、接种和消毒等。

养殖场建筑布局和设施在卫生防疫上的要求：

①养殖场应建筑在背风向阳、地势高燥、排水方便、水源充足、水质符合饮水卫生要求的地方（鸭、鹅等水禽应选择草源丰富、牧地开阔、濒临水面的地方）。

②场址要求交通方便，离公路、村镇、居民区、工厂、学校 500 米以外。特别是距离畜禽屠宰、肉类和畜产品加工厂要更远（1000 米以外）。

③生产区与生活区必须严格分开。原种场、种禽（畜）场、商品场、孵化场必须分开，相距 500 米以上。各场之间，应有隔离设施。大门、生产区大门的入口处应建

造宽于大门、长为汽车车轮一周半的消毒池，池内放消毒药。禽（畜）舍入口处要建造宽于大门、长约1.5米的脚踏消毒池，池内同样要放消毒药，并需每日更换一次。生产区门口还需建造更衣消毒室和淋浴室。

④储存库和禽（畜）舍应建造在上风头处，兽医室、病死禽（畜）和粪便处理场，应设在养殖场外的下风头处。病死禽（畜）和粪便要用专用运输工具送往围墙外的处理场或进行发酵处理。

⑤建立饲料库，用饲料车将饲料直接送入饲料库，或采用一次性的饲料袋进行装运。

⑥蛋盘和蛋箱消毒池应建造在生产区围墙的同一平行线上。回场蛋盘车要停在墙外，蛋盘和蛋箱要放入消毒池浸泡4—6小时，然后取出洗净备用。

经常性的卫生防疫制度：

①要制定具体的卫生防疫制度，并要明文张贴，作为全体工作人员的行动准则，并照章执行。

②本场职工进入生产区，先要在消毒室洗澡消毒、更换消毒衣裤和鞋帽后方可进入。

③禽（畜）舍一般谢绝参观，如需安排参观则须经场长同意，兽医室备案。非生产人员不得进入生产区，维修人员也需消毒后才能进入生产区。严格控制场外的任何物品未经消毒进入场内。

④场门口或生产区入口处的消毒池内的消毒液，必须及时更换，并保持一定的深度和浓度。冬季消毒池内可放些盐防止结冰。车辆进场时需经消毒池，对车身和车底盘进行喷雾消毒。

⑤保持禽（畜）舍的清洁卫生，饲槽、饮水器需定期洗刷和消毒。要保持禽（畜）舍清洁、干燥，并定期进行消毒。禽（畜）舍应保持空气新鲜，温度、湿度和光照适宜。供给全价饲料和足够的清洁饮水。不饲喂发霉变质的饲料。及时清除粪便，每周更换或增添垫草。禽（畜）进舍前应对禽（畜）舍彻底消毒，封闭1周。

⑥坚持"全进全出"的饲养制。同一栋禽（畜）舍不得饲养不同日（月）龄的禽（畜）或不同品种的禽（畜）。从进入禽（畜）舍饲养到上市或转群，应整批进、整批出，在上市或转群前应始终饲养在一个禽（畜）舍内。

⑦饲养人员要坚守岗位，自觉遵守卫生防疫制度，严禁串栋。各禽（畜）舍中的用具和设备必须固定使用。

⑧经常清除禽（畜）舍附近和场内的垃圾、杂草。每季进行一次环境消毒，经常开展灭鼠、灭蚊蝇和灭蟑螂工作。

⑨严格执行种蛋和孵化室的卫生防疫措施。

增强禽（畜）只的特异性抵抗力，进行科学免疫接种：

为了预防传染病，除了加强饲养管理和严格执行各种卫生防疫措施外，还必须进行免疫接种，以增加禽（畜）只的特异性免疫（获得性免疫）力，提高禽（畜）体抵抗力。这也是预防传染病的重要手段。

发生传染病时的紧急措施：

①兽医人员应该经常深入禽（畜）舍观察群体的健康状况。一旦发现异常，经检查、剖检，疑为某种传染病时，应立即隔离，做到早发现、早确诊、早处理。

②发生口蹄疫，新城疫，猪、鸭、鸡瘟等烈性传染病时，要立即封锁现场，并向上级主管部门报告，采取果断措施。

③病禽（畜）舍及使用过的用具，必须进行严格彻底的清洗和消毒，并需空置一定时间后才能再行使用。粪便和污物堆积发酵后方可使用。

④要根据传染病的种类和发生情况，采取相应的紧急接种措施和消毒办法，把传染病消灭在首发群中。尽量做到不使传染病扩散到另外的群体当中。

⑤对在发生传染病期间死亡的禽（畜）只和淘汰的病禽（畜），必须焚烧或深埋或集中处理。病死禽（畜）禁止食用，更不能出售给小贩，否则会造成更大的危害，给养禽（畜）业甚至给整个社会养殖业带来更大的经济损失。

（2）鸡常用疫苗的种类及免疫程序

育雏阶段应按免疫程序接种疫苗。常用的免疫程序如下（见附表2.1）。

附表 2.1　　　　　　　　　　　　　**常用免疫程序**

免疫日龄	疫苗	免疫方法
1	马立克疫苗	颈部皮下注射
	新城疫克隆 30 Ⅱ 系苗	
1—7	传染性气管炎苗	饮水或滴鼻
10	新城疫油乳灭能苗	皮下注射
14	法氏囊苗（中毒力）	饮水
22—24	法氏囊苗（中毒力）	饮水
25	鸡痘疫苗	刺种
28	传染性喉气管炎苗	点眼
35	传染性支气管炎苗	饮水或滴鼻
70	传染性喉气管炎苗	饮水
120—140	新需疫 + 法氏囊苗 + EDS－76 三联苗	肌肉注射
120	鸡痘疫苗	刺种
280	法氏囊油乳灭活苗	肌肉注射

（3）卫生消毒管理

现代饲养业都是高密度饲养、集约化经营，因此，疾病的传播速度非常快，一旦发病，即会迅速扩大，很难根除。为预防禽（畜）场发生与流行疫病，必须消灭病源，切断传播途径和提高家禽的抗病能力。

①常用消毒药物。

常用的消毒药物有：福尔马林、煤酚皂溶液（来苏尔）、煤焦油皂溶液（臭药水）、乳酸或醋酸、生石灰水、氢氧化钠（烧碱）、过氧乙酸（过醋酸）、漂白粉、氯胺、高锰酸钾、新洁尔灭、消毒净、乙醇（酒精）、碘酊、紫药水等。

②常用消毒药使用浓度表（见附表2.2）。

附表2.2　　　　　　　　　　　　　　**常用消毒药使用浓度**

消毒药	常用浓度（%）	应用范围
煤酚皂溶液（来苏尔）	2—5	2%用于洗手、皮肤消毒；3%—5%用于鸡舍、器物、分泌物、排泄物消毒
氢氧化钠（苛性钠、火碱、烧碱）	5—10	用于鸡舍、消毒槽、运输工具、分泌物排泄物消毒；对病毒杀灭力强，加热效果好；但对金属、织物、人体有腐蚀作用
甲醛	5	对于鸡舍、用具消毒
福尔马林	40	对于鸡舍、孵化室、孵化机、种蛋等熏蒸消毒；每立方米空间用40毫升福尔马林，20克高锰酸钾，40毫升水，有强烈刺激性，避免与皮肤接触
漂白粉（含氯石灰）	5干粉	用于鸡舍、分泌物、排泄物消毒
高锰酸钾（灰锰氧）	0.1结晶	混悬液要现用现配，不能用于金属器物消毒，用于饮水消毒，种蛋消毒用于和福尔马林一起做熏蒸消毒
生石灰	10—20	混悬乳剂，用于涂布鸡舍墙壁
氧化钙	干粉	用于地面消毒
新洁尔灭（溴化苄烷铵）	0.1—0.2	用于人手、皮肤、种蛋、用具消毒，忌与肥皂、盐类相遇
碳酸钠	4	用于鸡舍、器物消毒，最好用热溶液
过氧乙酸	0.1—0.5	用于鸡体表面、用具、尸体、污染地消毒，杀菌力强，对芽孢、真菌也有一定作用
乙醇（酒精）	70	用于医疗器械、人工授精器材、注射部位、人手消毒
碘酊	2	用于注射部位皮肤消毒

3. 林木保险的防灾防损工作

（1）建立综合性林木保险防灾防损体系

开办林木保险业务的分公司务必要加强对承保项目的风险管理，与被保险人共同提高风险管理水平，尤其是防范火灾的能力，尽可能防患于未然，最大限度地减少风险损失。

根据国家相关林业安全管理制度，林木保险的防灾防损要重点做到"五早"：

①提前分析和预测火险形势，落实分级响应措施，确保火险早知道；

②充分发挥国家林火卫星、高山瞭望、地面巡护等手段，全方位、全天候、全覆盖地监视火情，确保火灾早发现；

③加强值班和领导带班，确保火灾早报告；

④针对一些特殊时段，要细化预案分级响应机制，一旦发生火灾迅速启动预案，确保火灾早处置；

⑤各类森林消防队伍要靠前布防，提升战备等级，遇有火情快速出击，重兵扑救，确保火灾早扑灭。

开办林木保险业务的分公司可结合当地森林灾害预警和管理机制，通过以下方式为被保险人提供防灾防损服务：

第一，制定防灾防损预案。

在签订保险协议后，分公司应尽快制定相应林木项目的防灾防损预案，主要内容包括：风险管理、防灾防损检查、重大事故紧急反应程序等，并协助被保险人制定安全管理的各项规章制度。

第二，开展灾害天气预警。

开办林木保险业务的分公司应联合气象、水文、市、区、县林业局、当地人民政府或者森林防火指挥部等部门，建立全方位的森林火灾预警系统，为项目提供灾害防御服务。如在持续干旱，可燃物干燥易燃，森林火险气象等级持续偏高，森林防火形势严峻时，通过 95519 客户服务平台向被保险人及时发布森林火险预警灾害预警预报手机短信，及时提醒客户加强风险管控，做好灾害防御工作。

第三，建立项目风险检验制度。

①开办林木保险业务的分公司可根据项目实际聘请林木防火领域专家对项目进行防灾防损检查，并出具书面检查报告，提交被保险人。

②每年组织 1—2 次火灾防范体系检查，督促检查防灾防损建议落实情况，并出具书面报告，提交被保险人。

第四，建立数据统计分析制度。

①建立林木保险风险数据统计档案，积累林木风险和损失程度分布，提高林木保险防灾防损的针对性和效果。

②建立重大赔案分析制度，通过对重大赔案和典型案件分析，提高风险认识，为防灾防损工作提供借鉴作用，指导林木保险风险管理工作开展。

（2）林木保险防灾防损宣传

①媒体宣传

开办林木保险业务的分公司可组织、联系在承保林区所在县、市电视台，在天气预报节目中播放林木防火知识，以公益广告等形式普及扑救林木火灾常识。也可组织新闻媒体对林木防火工作进行系列报道，尤其是对在林木防火工作中涌现出来的先进集体和个人及火灾肇事者进行宣传报道，使森林防火工作家喻户晓，人人皆知。

②预防宣传

联系当地气象局发布林木火险等级预报，向森林防火指挥部及时发布林木火险警报，将天气信息以短消息形式发给县委、县政府主要领导、防火指挥部成员、乡镇党委书记、乡镇长、乡镇林业站长等。

③标语宣传

组织在进入林区的交通要道、林木火灾易发区、多发区设立森林防火固定宣传牌或警示牌，刷写永久性宣传标语。清明节等森林防火关键时期，组织人员进村入户宣传林木防火，并张贴、发放防火宣传资料。

附录3　农业保险理赔实务

一　报案管理

保险公司应当建立完善的报案制度和流畅的报案渠道。保险公司接到报案后，应通过保单号码、被保险人名称或标的识别标码等信息查询出保单信息，询问并登记出险原因、出险时间、出险地点、出险经过、报损数量、报案人姓名、身份、联系电话等报案信息，记录第一手报案资料，并在业务系统中生产报案记录。同时应当告知被保险人保护好事故现场，采取必要的合理措施，减少损失和防止损失再扩大，并在接到报案后的24小时内安排人手进行现场查勘。对于超出报案时限的案件，应在业务系统中录入延迟报案的具体原因。发生大面积灾害时，保险公司可以接受由村委会或协保员的集中报案；灾情严重的，保险公司在接到报案后应及时通知上级机构和政府有关部门。

保险公司应结合农业保险特性，建立科学的二次或多次定损制度。种植业保险、森林保险发生保险事故后，能够确认保险标的已经全损的，应及时开展后续定损工作；难以立即确定损失程度的，应根据保险标的的生物特性，设立不同的观察期，根据实际情况科学开展二次或多次查勘定损。

保险公司应建立报案数据定时清理机制，提高数据质量。对重复报案等无效报案，应在履行相应的审批程序之后做报案注销处理。

二　查勘定损

政策性农业保险的查勘定损工作是保险公司直接面向农户，体现理赔优质服务的关键环节，理赔查勘定损工作应做到主动、迅速、准确、合理，要求第一现场查勘率100%，确保查勘到户、案件真实、定损有据、信息准确。业务机构严禁将查勘拍照的权利下放给农户。查勘定损的内容和要求如下。

保险公司应在接到报案后24小时内进行现场查勘，因不可抗力或重大灾害等原因难以及时到达的，应及时与报案人联系并说明原因。

查勘定损要求被保险人、被保险人所在的乡镇政府或村委会负责人（当地主管、防疫部门或者技术部门），以及保险公司三方共同进行，原则上保险公司应至少两人一起查勘定损，分别负责与农户沟通，查验现场，记录工作，以确保查勘定损工作公正、公开、透明。养殖业保险应积极配合相关主管部门督促养殖户依照国家规定对病死标的进行无害化处理，并将无害化处理作为理赔的前提条件，不能确认无害化处理的，不予赔偿。

（一）核对信息

保险公司查勘定损人员应首先核对报案农户承保信息，如保单号、承保标的、承保数量、保险起止期等，确定承保情况准确。

（二）初步认定保险责任

保险公司查勘定损人员应讲求一定的工作方法和技巧，通过细致的观察、询问初步判定是否属于条款载明的保险责任。主要判定：

（1）出险时间是否在保单上列明的保险期限内；特别是养殖业保险中出险时间是否在7天观察期内，是否时间有重叠等；

（2）受损作物、损坏设施、死亡牲畜所在地址是否为保险单上载明的保险地址；

（3）受损作物、损坏设施、死亡牲畜是否为保险单上载明的保险标的；

（4）出险原因是否为保险条款上列明的保险责任。

（三）现场查勘

根据查验受灾现场的作物损失或牲畜死亡情况，初步确定损失面积、损失数量与损失程度，并根据出险时段的作物生长期、牲畜饲养期，确定每亩、每头/只最高赔偿限额，初步估计损失金额。种植业作物，特别是小麦、玉米等粮食作物受损后，难以当场确定灾害损失的，要耐心与农户进行解释、沟通，要求农户保护好受灾现场，并及时进行必要的施救，保险公司查勘定损人员先将现场损失情况记录在案，并与农户约定3—15天的观察期，于观察期后进行二次查勘定损，对于损失情况特别复杂或者延续周期较长的，可以实行多次查勘一次定损或收获前根据前几次灾害情况一次定损的原则来确定最终损失。

注意事项：（1）保险公司查勘定损人员在养殖业查勘定损时要注意出险标的拍照地点应为养殖场内部的固定位置，严禁将出险标的拖到猪场以外的地点拍照，并需对拍照位置予以定位并留存，且要求此定位信息中的经度、纬度要与承保时录入的定位信息一致。（2）种植业查勘定损需对拍照位置予以定位并留存，定位信息中的经度、纬度要与承保时录入的定位信息一致。（3）查勘定损人员不允许向任何被保险人承诺最终赔付金额，只对是否属于保险责任做出建议，并对能够现场确定的相关理赔信息与农户进行说明，所有赔案均由总分公司农险部审核确定最终损失。

（四）拍摄现场查勘照片

作为政策性农业保险案件核损、核赔的重要依据，现场查勘照片须反映出：现场查勘人员、查勘时间、被保险人或其代表、拍摄位置、标的全貌及受损情况、农户身份证明、银行账号、无害化处理等影像信息。

标的查勘照片既要如实反映受灾现场全貌及受灾数量，又要尽可能准确、详细、全面反映局部受损情况、标的品种与受损程度并要求查勘照片体现报案号信息等，必要时通过绘制现场示意图、录音、录像等方式全面、翔实记录留存各项资料和数据，同时保证查勘照片右下角日期与查勘当天日期相符。

保险公司查勘定损人员须采用具备定位功能的系统或拍照软件拍摄出险定损照片。

注意事项：（1）种、养两业查勘定损要在承保范围内，可通过 GPS 等定位系统予以判定，具体经、纬度信息可以以水印形式体现在出险定损照片上。（2）凡是能繁母猪、种猪、生猪、奶牛出险死亡，均须在死亡牲畜的耳部佩戴由当地畜牧、防疫管理部门统一发放的专用耳号标识，严禁将耳号标识放置在标的上拍照。（3）能繁母猪、种猪、生猪、奶牛出险标的影像一律按照"头向左，尾向右，肚子向下"的要求摆放，同个赔案所有死亡标的合影一张（包含报案号信息），且一个出险标的应拍摄至少三张照片，即带有保险信息的原始整体出险标的一张（能够反映出死亡标的佩戴了耳标，并包含赔案号），出险标的头部位一张（非剪耳照，含耳标，且能清晰反映出耳标数字，严禁将耳号标识剪下放置在标的上拍照），喷漆剪耳整体出险标的一张（能够清晰反映剪去耳朵部位，奶牛只需喷漆无须剪耳）。（4）其中死亡的能繁母猪、种猪和奶牛耳号标识须与核心业务系统中录入的承保耳号标识对应一致且确保影像清晰。（5）现场查勘照片或摄像内容应包含报案号信息并准确显示查勘当天日期，严禁出现时间逻辑性错误。（6）生猪、种猪、肉鸡及肉鸭出险标的影像反映出死亡标的大小或数量情况要与报案斤数或数量相匹配。（7）拍摄种植业查勘照片需注意：粮食作物倒伏，应拍摄近景（反映作物具体损失情况）、远景（反映倒伏面积和程度）；果树果实掉落，应拍摄树下落果、树上果实的对比照片，并且严禁将掉落果实攒成一堆儿拍摄。所拍摄的查勘照片须反映出种植业标的局部的损失程度和全部的损失面积等信息。

（五）承诺书签字

出险查勘时，保险公司查勘定损人员要请被保险人签字承诺书，承诺种植业灾情情况和养殖业死亡标的真实；承诺养殖业死亡标的进行无公害处理，并开具无公害处理证明于申请核赔前传入核心业务系统。

（六）缮制查勘报告

查勘报告要注明查勘时间和地点，并对标的受损情况、事故原因以及是否属于保险责任等方面提出明确意见。查勘报告应根据现场查勘的原始记录缮制，原始记录应由查勘人员和被保险人签字确认，不得遗失、补记和做任何修改。

（七）查勘时效管理

保险公司应及时核定损失。种植业保险发生保险事故造成绝收的，应在接到报案后20日内完成损失核定；发生保险事故造成部分损失的，应在农作物收获后20日内完成损失核定。养殖业保险应在接到报案后3日内完成损失核定。发生重大灾害、大范围疫情以及其他特殊情形除外。对于损失核定需要较长时间的，保险公司应做好解释说明工作。

三 拒赔处理

保险公司收到被保险人的索赔申请后，应按照查勘时效要求及时做出核定。对于不属于保险责任的，保险人应当自核定之日起3日内向被保险人发出书面拒绝赔偿通知书，内容包含：出险情形简单描述、拒赔原因、依据的具体条款、后续处理等。经办机构应妥善保存查勘照片、查勘报告和书面拒绝赔偿通知书等原始证明材料，同时上传至核心业务系统，并要与被保险人做好沟通解释工作。

四 立案管理

（一）立案的定义

立案是指保险人对被保险人的报案材料进行审核后，认为有保险事故发生且应该按照保险合同进行赔偿的，决定将其作为有效案件进行调查和理赔的处理环节。

立案是保险理赔程序中的重要环节，确定立案须具备两点要素。

要素一：保险事故确实发生。

要对保险事故进行立案的，必须是保险合同（条款）约定范围内的原因造成保险标的损失的保险事故。不属于约定范围内的原因造成的保险标的损失，不属于保险责任，就不能立案。要有一定的事实材料证明保险事故确已发生。

要素二：按照保险合同应该予以赔偿。

指按照保险合同向被保险人支付赔偿金。当有保险事故发生，并且达到保险合同约定的条件时，才有必要而且应当立案。

（二）及时立案

在初步查勘并确定保险责任后，应及时进行立案处理。

立案时，应根据查勘情况在仔细核实出险原因和损失数量（养殖险包括死亡数量、扑杀数量，种植险包括受灾面积、成灾面积、绝产面积）、受益农户户次等要素信息。对于一次事故有多个出险原因的，应对照事故证明，在保险责任范围内，选择录入最直接、最有效的致损原因。

（三）立案估损

是指在立案时，对标的损失金额进行预估，并将预估金额录入理赔及系统。应逐案进行立案估损。

立案后，应根据最新查勘情况调整估损金额，并在业务系统内保留相应的估损调整修改痕迹。应注意未决赔案估损准确率，尽可能降低估损偏差。

（四）预付处理

在处理理赔案件时，对于损失金额高、社会影响大，保险责任已经明确，但因客观原因一时难以确定最终赔款金额的案件，在保险金额范围内，按照能够确定的损失和及时恢复生产的需要，可以预付部分赔款。

预付赔款原则上应支付给被保险人。但为帮助被保险人及时恢复生产，应被保险人要求或在地方政府统一组织下，也可以通过协助购买发放种子化肥等生产资料的形式兑现。此种情况应加强管理、妥善保管相关资料，确保赔款资金不被挪用。预付赔款应该及时进行登记并上报上级公司审批，办理预付赔款手续。一般来说，预付金额应控制在估损金额的50%范围内。

（五）立案有误或拒赔案件处理

对于立案后发现不属于保险责任、被保险人主动放弃索赔或误立案等情形的，应在履行相应的审批流程后进行拒赔、零赔付结案或立案注销处理。

拒赔案件要理由充分、证据确凿，出具书面拒赔通知书，并注意向被保险人做好解释工作。立案注销审核权限由分公司集中管理。

保险公司应建立立案管理机制，合理设置立案及立案注销审核权限。超过规定的立案时限、立案金额或估损调整范围的，应履行相应的审批程序。

五　理算及理赔公示

理算是指根据保险条款对受损保险标的损失金额进行准确计算；理赔公示是将理算结果在公开场合向被保险人进行公示告知。

（一）理算到户

对于集体投保业务，一次事故涉及多户损失，理算时应形成到户的分户理算清单。对于已将土地转租他人耕种的，在理赔时应注意核实确定赔付对象。理算时必须认真核对农户信息、银行信息，确保信息准确。

（二）准确理算

根据保险条款对保险标的因遭受灾害造成的直接损失金额的确定。对损失金额中不属于保险标的或非保险责任造成的损失金额予以剔除；对保单中约定的免赔额或免赔率予以扣除；对不足额保险、重复保险、扑杀、保险金额高于标的实际价值等特殊情况应按相关法律法规和保险合同的约定处理，理算过程要与保险条款的约定保持一致。

涉及再保险业务的，原保险公司应按照再保险方案和合同的约定，明确再保险人应承担的比例或超赔部分的赔偿金额，及时向再保险人报送理赔情况。

（三）费用列支

为确定损失原因、损失程度、损失数量而聘请专业机构、人员所发生的鉴定、公估、检验等直接理赔费用，应按保险企业会计准则和保险监管部门相关监管要求规范列支，并取得合法有效的凭据。

（四）理赔公示

保险公司应缮制分户的理赔公示表，并在标的所在的行政村进行公示，公示内容应包括被保险人姓名、保险标的、投保数量、损失数量、损失程度和赔款金额以及保险公司联系电话等。赔款公示后，如有被保险人反馈不同意见，保险公司应进行核实，并将核实的结果告知被保险人；经核查情况属实的，应对理算结果进行相应调整。如公示后无异议应要求被保险人在赔款计算明细表中签字确认。公示现场应进行拍照或录像。

六 核赔管理

核赔是对理赔案件最终赔付金额的审核。

核赔人员应通过查阅报案记录、索赔申请、事故证明、查勘报告、定损清单、损失照片等资料，核实出险时间、报案时间、出险地点、出险原因，受损标的名称、损失数量、损失程度等要素，核定保险责任认定是否准确，查勘定损过程是否规范，定损结果是否合理、赔款计算是否准确、赔案单证是否完备、付款对象是否准确，并签署核赔意见。

保险公司可根据案件赔偿金额设置分级核赔权限，制定核赔权限的管理规定，赋予各级核赔人员相应的核赔权限，对于超过本级核赔权限的，报上级升级审核。

一般来说，核赔是理赔案件审批的最后环节，核赔通过的案件，将进入赔款支付环节。

七 赔款支付管理

（一）赔款支付的原理

（1）赔款支付是指保险公司根据农业保险合同，对被保险人在种植业、林业、畜牧业和渔业等农业生产过程中因保险标的遭受约定的自然灾害、意外事故、疫病或者疾病等事故所造成的财产损失承担赔偿支付保险金。

保险公司应确保理赔结果公开，赔款及时、足额支付到户。杜绝通过虚假赔案退回代缴保费或返还财政保费补贴资金，杜绝任何形式的截留、挪用农业保险赔款的行为。

现行主流保险公司的赔款支出，实行集中支付的模式，以"零现金集中支付"为原则。被保险人是自然人的，一律通过非现金方式支付到与被保险人名称一致的银行账户中；被保险人是单位的一律采取转账至单位账户。

（2）赔款集中支付是指每一笔赔款资金都由总公司直接转账支付到每个客户账户，而不再实行各机构分级授权的传统支付模式。赔款支付模式的改变，极大地提高了赔款支付的时效性和安全性，确保客户赔款资金及时到位，进一步提升了服务时效和服务品质，极大地提高了客户服务满意度。

如需实现赔款集中支付的前提条件须符合如下要求。

①"赔款集中支付"必须真实。以理赔系统自动生成挂账数据，作为赔款支付的唯一有效数据来源，其他方式提供的赔款支付信息不作为支付依据。

②"赔款集中支付"方式必须规范。赔款资金遵循"逐案、逐卡、逐账户"支付方式。

"逐案"是指每一笔赔款在理赔系统中均有对应赔案信息；

"逐卡"是指对被保险人或受益人为个人，以网银转账或第三方支付的方式，支付到被保险人同名的银行卡；

"逐账户"是指对被保险人或受益人为单位的，以网银转账或第三方支付的方式，支付到被保险人或受益人同名的银行账户。

③"赔款集中支付"对象必须合规。赔款支付必须向保险合同约定的被保险人或受益人支付；支付对象需由理算人员审核，确保支付对象的合规性。

（3）赔款集中支付依据金额因素及风险因素分为自动支付和非自动支付。

①自动支付是指资金系统自动接收并自动核对的由核心系统传输的待支付数据，核对成功数据按照设定的支付时点，自动发送银行或第三方，整个过程无人工干预。

②非自动支付是指资金系统自动接收并自动核对的由核心系统传输的待支付数据，资金结算人员需手动进行支付。

如：单笔支付金额超过300万元（含）以上的数据，由于金额较大、风险较高，需人工核对系统中已提交的支付申请；终审批复同意支付后，按照赔款支付流程，手动正常支付。

注：资金系统主要功能是直接对接银行进行付款，包括：赔款支付、薪酬支付、费用报销支付，可以实现后台自动校验，规避前台操作风险，对现有资金交易的全流程进行规范，为风险管理提供量化依据。

（二）赔款支出的特殊类型

1. 预付赔款

在处理赔案的过程中，有些赔案损失较大，且案情比较复杂，由于种种原因不能当时或短时间内核实损失，确定赔款金额。为了尽快恢复投保单位或个人的生产经营和正常生活秩序，保险公司按估赔的一定比例，先预付一部分赔款，待核实结案时再一次结清。一般来说，预付赔款金额不得超过估损金额的50%，而且不能跨年度使用，结案率至少在85%以上。在核算时应设置"预付赔款"科目。

2. 代位追偿

公司承担赔偿保险金责任后，依法从被保险人处取得代位追偿权向第三者责任人索赔而取得的赔款。追偿款属于代位求偿，在某些保险事故的发生是由第三者造成的情况下，保险公司事先按照保险合同约定向被保险人支付赔款，与此同时，从被保人处取得对标的价款进行追偿的权利，由此而追回的价款，实质上不是一项收入，而是对赔款支出的一种抵减。

3. 共保业务

指两个或两个以上的保险人共同承保同一标的的同一危险、同一保险事故，并按照约定的比例承担保险责任的经营行为。共同保险业务可分为两类：

（1）对外的共同保险。指本公司与系统外保险机构共同承保同一保险标的、共同承担风险的保险业务。

（2）对内的共同保险。也称联保，指本公司系统内保险机构共同承保同一保险标的、共同承担风险的保险业务。

涉及联保或共保的案件，从联、从共方保险公司应根据共保协议约定的条件和时间，将应分摊的赔款划拨回主联、主共方保险公司。

（三）实务操作流程

1. 各项系统操作流程

（1）核心系统接收数据

赔款数据结案后传递至核心系统，可以实时查询到已结案待支付的赔款信息。赔款结案后查询状态显示为"待处理"表明赔款支付信息已由核心系统传递至资金系统。

（2）资金系统接收数据

资金系统接收到核心系统传递的支付信息后生成相应的待支付指令，包括赔款对应的单据号、付款方银行账户信息、收款方银行账户信息、指令状态、指令生成时间等。

（3）资金系统支付款项

①自动支付。资金系统自动核对无误的款项，定时自动进行发送，银行或第三方收到数据后将款项进行支付，被保险人或受益人收到打款。

②手动支付。资金系统自动核对无误的款项，资金结算人员点击发送指令，银行或第三方收到数据后将款项进行支付，被保险人或受益人收到打款。

款项经过银行或第三方的处理后会将结果反馈给资金系统，资金系统接收到反馈的结果后对指令状态进行更新。支付成功的状态更新为"已出款"，未成功的状态更新为"已失败"，并显示具体的错误原因。对于支付失败的指令需要进行手动撤销，将支付信息退回至核心系统。（见附图3.1、附图3.2）

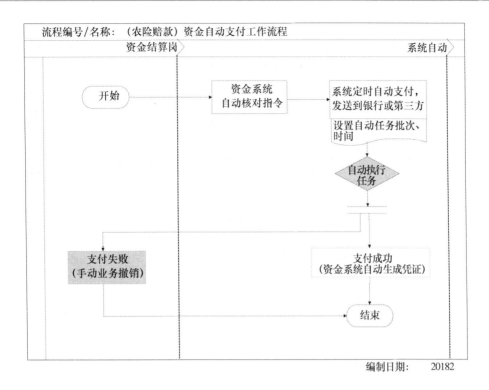

附图 3.1 （农险赔款）资金自动支付工作流程

注：支付失败主要是收款行名称或收款账号录入空格等原因导致系统自动核对失败。

4. 核心接收反馈信息

支付完成后款项状态会由资金系统回写至核心系统，核心系统接收到信息后会对款项状态进行更新。

其中发生退票的款项，在核心系统中会对前期生成的自动收付进行相应的冲正，将款项状态还原成未支付。在系统里显示为"退票"，需要由中支公司理算赔款责任人根据具体原因对收款方信息进行修改后重新按上述流程将款项信息发送到资金系统。

注：所谓"退票"是指资金系统第一次返回状态为"支付成功"后收款方银行又将款项退回，资金系统再次返回的状态即为"退票"，退票普遍原因为账户不存在、账号有误等。

5. 资金对账

集中支付的银企对账，是将银行的支付信息与公司财务总账凭证按日进行核对，以确保公司支付信息无误、资金安全。

银企对账岗时刻关注资金系统支付情况；每日核对交易数据，登录银行账户、第三方下载前一天交易明细；从系统下载财务凭证明细，核对二者笔数与金额，如未生

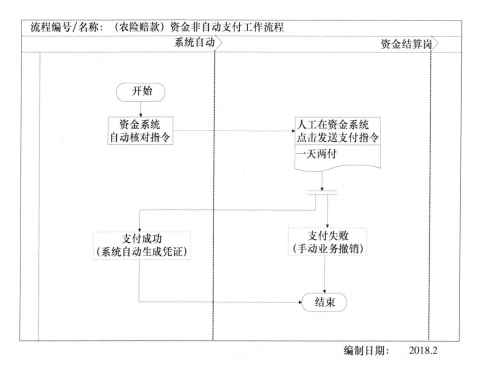

附图 3.2　（农险赔款）资金非自动支付工作流程

成凭证及时查明原因并触发系统补录凭证；每日登记台账，确保台账余额与银行、第三方余额相符；月末出具付款账户的余额调节表。

6. 资金档案管理

档案管理岗将电子档案妥善保存归档。如：资金系统支付情况清单、退票清单；大额支付 OA 审批文件；第三方电子回单、明细清单；直连行提供的电子回单、明细清单。

档案管理岗将纸质凭证附件妥善保存归档。如：打印的纸质第三方、直连行提供的电子明细清单；打印的资金系统退票清单；收集的直连行纸质回单；打印的收付费系统凭证。

档案管理岗收集所有凭证及回单附件，根据系统来源、凭证类别分别核对存放；收集后需要进行核实，杜绝凭证打印不齐全、附件不完整的情况。

八　理赔回访

（一）理赔回访定义

理赔回访是指农业保险承办机构通过电话或现场走访等形式，采取按规则抽取和随机方式对理赔的重点环节开展回访，留存回访和走访资料。

（二）理赔回访方式

理赔回访采取有效可行的方式对被保险人进行回访。回访方式包括：现场回访、电话回访、互动回访等方式。理赔回访中可采取任意一种方式，也可采取多种方式进行回访。

1. 现场回访

需在规定时间内组织人员开展现场入户回访，填写回访相关资料，并留存现场回访的影像资料。

2. 电话回访

在规定时间内组织人员根据实际情况，随机选取被保险人通过电话对受益被保险人进行回访，回访人员须对电话回访情况进行录音，并留存录音资料。

3. 互动回访

可通过座谈、联谊等形式组织一定数量的被保险人代表进行互动式回访。

（三）理赔回访比例

支付赔款后，保险机构应对受益农户进行回访。受益农户为规模经营主体的，原则上应实现全部回访；其他受益农户应抽取一定比例回访。

（四）理赔回访时间

保险机构要在赔款支付成功后的 60 日内组织人员完成理赔回访，保险机构应在赔款支付成功后的 30 日内按规则制作回访清单和回访问卷，并移交至回访执行部门；回访执行部门应在 30 日内完成回访，并将回访结果及回访资料存档备案。

（五）理赔回访内容

保险机构应重点回访核实受灾品种、损失情况、查勘定损过程、赔款支付、理赔公示等情况。

主要内容包括：

（1）被保险人对保险机构农业保险整体服务体制、服务机制、服务措施的评价；

（2）理赔环节核实受灾原因、受灾品种、损失情况、查勘定损过程、赔款支付、理赔公示等情况；

（3）受益农户或农业生产组织对目前保险机构农业保险需求的具体意见和建议。

（六）理赔回访登记制度

理赔回访要建立完善的回访登记制度，保险机构应详细记录回访人员、回访时间、地点、对象和回访结果等内容，内容要完整，并留存原始回访资料备案，所有回访资料须由保险机构统一妥善保管。

（七）理赔回访其他情况

保险机构要指定回访项目联系人，及时协调处理回访时联系不到被保险人的不成功件，及时解决回访时被保险人反映的其他问题。

理赔回访过程中若遇到客户投诉、业务咨询等问题，保险机构需对被保险人提出的疑问、投诉不回避。若有重大事项，由保险机构指定专人进行单独回访或深度调查，进入咨询投诉处理流程。

九　查勘定损技术创新

当前农业保险查勘定损环节存在的主要问题；如何运用新技术解决问题；目前有哪些应用。

（一）当前农业保险查勘定损环节存在的主要问题

由于农作物生长发育的特殊性，勘察定损难是农业保险理赔时的技术障碍。理赔时由于缺乏技术性专业仲裁机构、出险损失难以确定等因素，保险公司和农户很难就赔偿金额达成一致，极易出现理赔纠纷。此外，保险公司勘察理赔工作量大，赔款到农户时间长，对农民参加投保积极性有着负面影响。再有，保险公司理赔方面存在虚假理赔数据，甚至有些地方存在平均赔付，虚假理赔，严重损害被保险人利益。总之，农业灾害查勘定损是一个世界性难题，而我国又具有农业灾害严重、农村经济社会发展相对滞后、农业现代化水平较低等特殊国情，因此，我国农业灾害查勘定损面临更大的挑战，主要表现在以下两个方面。

一是信息不对称导致的道德风险。

由于受灾者和灾害补偿者双方信息的不对称，在灾前防灾、灾后减灾以及灾害补偿中的道德风险不可避免，而在农业保险中则更加突出，这是国内外经营农业保险共同面临的难题。

农业生产所特有的自然再生产和经济再生产有机结合的特征，更加凸显了农业保险存在的道德风险。由于事后道德风险的存在，农作物发生自然灾害后，投保人怠于灾后田间管理、不及时采取灾后补救措施，从而扩大保险损失。再次，投保人故意行为导致的道德危险。由于农户居住分散，查勘核损难度大，就为投保人的故意行为导致道德风险创造了条件，常常会出现少损多报、轻灾重报等虚假情况。

二是小农经济背景下农业灾害查勘定损的效率问题。

由于我国农业灾害风险管理所针对标的物具有覆盖范围广、地理位置分散、数量十分庞大等特点，同时我国农业生产实行小规模农户分散经营，组织化程度低，从而降低了农业灾害风险管理的效率。特别是对于经营农业保险的公司，一方面保险公司承保、理赔等经营成本较高；另一方面工作效率和服务效率难以提高。表现为：对散户投保标的进行核实和确认的工作量非常大；种植业大面积灾害发生后，保险公司需要动用大量人员进行查勘定损，但由于时间短、工作量大，仍然难以做到挨家挨户准确定损。如 2008 年初的南方冰冻雨雪灾害造成林木损失严重，但保险林木分布在山区，在恶劣天气下查勘定损难度极大，理赔效率难以保障。

1. **种植险查勘定损环节存在的主要问题**

在理赔阶段存在着查勘定损程序多、周期长现象，不能有效发挥理赔及时快速的政策惠民效应：

（1）农业保险的对象是有生命的动植物，保险责任划分必须要有一定专业知识的专家认定才有效。种植业保险品种定损要按不同生长期确定损失，由于投保的是活性标的，大多灾情核损过程较为烦琐复杂，即首先确定是否受灾，损失程度则要若干天以后才能确定，有的甚至要到作物成熟后才能确定。鉴定报告有时时间跨度较长，一定程度上影响理赔速度，影响到投保人的期望值。

（2）农业生产一旦受灾，往往多地同时出现灾情，这种点多面广的状况在短时间内无法逐户核实灾情，导致不能及时出险，农技专家不够也加大了农业保险灾后查勘定损的工作量和准确度，造成了农户受灾理赔难的错误认识。

（3）因土地变更、账号更换等原因形成了相当一部分理赔的退票现象，而农户在查勘后并没有积极去找寻没有收到理赔款的原因，在农户中容易产生理赔不及时的心理。

（4）政策的宣传还不彻底，对承保阶段宣传多，对理赔政策的宣传不够到位，引起参保农户的不满，很多农户对理赔的法定程序、不同生长期的理赔标准不是很清楚，结果理赔款发放下来，与其期望值相去甚远，影响了其来年再次投保的积极性。理赔环节太多，程序过于复杂，致使理赔时间过长往往达几个月之久，建议上级有关部门研究简化一些程序，力求将理赔款早日兑付给受灾农户。

2. **养殖险查勘定损环节存在的主要问题**

目前，畜牧业保险中存出栏数量核实难、投保牲畜信息采集难、理赔标识核对难等技术难题比较突出，投保养殖户将自然淘汰的家畜转嫁给保险赔偿等道德风险问题也时有发生，在一定程度上增加了保险公司的运营成本。

（1）存栏数量核实和标的信息采集有困难

一是在规模养殖场，由于场区封闭管理，保险公司人员不便进入生产区核实标的数量，造成标的数量核实不准确，增加了道德风险。二是由于养殖业保险标的有生命活动、生长繁殖的特殊属性，如非专业人士很难判断保险标的的生长、繁殖活动周期等，因而存在以自然淘汰的能繁母猪骗保等类似情况。三是统计存栏量往往有时间截点，用何种方式统计补栏牲畜也没有统一的方法和标准。

（2）养殖业保险的专业从业人员匮乏

参与养殖业保险工作是需要专业和技术的，目前现有的模式大多是出险后保险机构人员、协办员和当地动物卫生监督所人员到现场勘查定损。然而保险机构人员大多不懂得养殖知识，协办员和动物卫生监督所人员大多不懂风险评估等保险知识。在这种情况下，一旦养殖户的牲畜接连死亡，没有一个明确的诊断，也没有处方，只能死亡一例报险一例，这大大增加了工作强度，同时也不利于保险机构盈利。

3. 林木险查勘定损环节存在的主要问题

森林保险虽然在风险保障、融资增信、精准扶贫、生态保护等方面发挥着重要作用，但在森林保险理赔实务操作过程中也存在诸多难点问题，亟待逐步解决。

（1）查勘定损技术难题。一是保险机构往往面临林种识别、龄组识别、受灾区块划定、观察期设置、损失程度识别、损失率确定等技术问题，易引发争议。目前，多数公司仅能依靠林木查勘定损经验相对丰富的理赔人员，运用经验目测、GPS 测亩仪、网格法以及无人机遥感等测量技术，对受灾林地进行查勘定损，但定损准确度和林农认可度欠佳，容易引发争议。二是保险机构专业技术装备配备不足，如无人机、农险相机、测亩仪等数量不足。三是卫星遥感识别、大数据技术等高新技术应用不足。

（2）林业大灾理赔难题。一是林业大灾一般具有区域性特征，点多面广，易造成保险机构查勘力量短时期内应对不及。二是林业大灾具有伴生性特征，其他农业灾害往往伴随着林业大灾发生而发生，造成保险机构农险查勘力量调配捉襟见肘，影响理赔效率。三是林业大灾一般具有持续性，如南方雨季山路湿滑难行，增加了查勘难度。四是林业大灾查勘理赔一般需要二勘甚至是三勘，理赔周期长，定损难度大，造成保险机构理赔成本升高。

（3）查勘定损标准难题。除湖南、福建、广西等省区为保证森林保险的正常运行已经推出了本地区的森林保险灾害损失认定标准外，目前多数省市自治区尚没有制定灾害损失认定标准，导致查勘定损时难有依据，易造成理赔争议纠纷。

（二）农业保险查勘定损新技术体系

各保险公司积极引入、GPS（全球定位系统）、GIS（地理信息系统）、RS（卫星遥感）、无人机航拍、移动互联等科技手段，提高农业保险查勘定损理赔服务水平。

总体思路是：遥感调查工作根据业务特点、查勘目的、灾害类型及区域特征等，选取有代表性的项目分阶段试点推进，积累数据，逐步完善查勘定损模型，从辅助手段到主要手段分阶段探索按图承保和按图理赔的农业险新模式，以新技术的应用推动农业保险升级。

以 3S 技术为核心的空间信息技术可以为农业保险承保、理赔等各个环节提供技术支持。在承保阶段，3S 技术可以为承保标的信息化管理、风险评估和费率厘定提供数据和平台支撑，解决信息不对称问题，提升农业保险业务的空间风险分析和管控能力。在理赔阶段，主要有三个方面的应用：

一是进行灾情总体评估。从宏观上了解灾害的总体损失情况及空间分布，解决因信息不对称而造成的报损不准问题。

二是指挥调度查勘理赔力量。根据遥感影像反映的灾害损失情况，可根据灾情严重程度，按照严重受灾地区、中等受灾地区和轻度受灾地区分类，科学合理地配置查勘定损力量，及时奔赴受损地区实地进行抽样查勘定损，目的明确，安排合理，并节省查勘时间和人力物力，可提高理赔效率，降低运营成本。

三是为政府部门和农户提供规避和减轻灾害风险的建议。基于遥感影像进行灾害损失评估，及时科学地向政府和客户汇报和介绍灾害损失情况，说服力强，有利于政府和农户及时采取防灾防损和恢复措施，从而减少损失，达到共赢的结果。同时，也可以防止因政府和农户缺乏有效、准确信息而造成灾情被夸大（或缩小），解决双方对灾情认识的不统一问题。

1. 种植业险"按图作业"模式创新

"天空地"一体化的按图理赔模式。按图理赔的业务流程如下：首先，基于中低分辨率的遥感影像和先验知识，进行灾情总体快速评估，确定各区域灾情等级；其次，依据总体灾情评估结果，协助政府进行救灾，并调动卫星遥感、无人机遥感和地面调查力量进行详细查勘；最后，基于无人机遥感影像、卫星遥感影像、区域基础地理信息、承保信息，进行天空地一体化的损失评估，形成损失评估报告，为精确和快速理赔提供支撑，实现按图理赔。

2. 养殖险业查勘定损新技术体系

养殖业保险核心是通过移动互联技术，建立一整套与标的真实相关联的前、中、后台相结合的全流程数据采集、管理和追溯机制，通过影像（地理位置、时间和采集人）真实来管控风险，应用物联网、区块链技术对接食品安全追溯机制。

3. 森林查勘定损实务创新

破解森林保险理赔实务难题、进一步挖掘森林保险功能绩效的最好方法是创新。主要林业灾害可以通过遥感技术获取损失程度及面积，结合承保林的版图，可以作出承保标的损失情况图，用于实际理赔。

（1）技术应用创新

技术应用创新是降低森林保险承保理赔成本重要一环。针对森林保险承保面积广、理赔范围大、承保验标难、查勘理赔难等问题，卫星和无人机遥感、大数据等创新技术将成为森林保险承保理赔工作的重要工具。如，保险机构可以利用基于 GIS 技术提供保险数据空间化查询展示工具，结合遥感等外部数据进行风险管理；利用卫星和无人机遥感、手持移动终端构建立体的承保验标、查勘定损技术体系，降低承保验标和查勘定损成本，如森林火灾、病虫害评估，通过遥感识别过火或病虫害范围、测定受灾面积，与承保林版图进行系统比对确定理赔面积。

（2）图形管理创新

一是根据林班图、遥感标的空间分布图、理赔风险区划图等信息，分析、识别、读取森林保险图形信息，建立森林保险图形管理模式，实现按图厘定费率、按图承保、按图查勘、按图定损、按图理赔、按图统计、按图决策，进而破解森林保险承保理赔实务难点问题。二是在风险区划的基础上针对不同区域实现差别费率、浮动费率；针对树种和林龄不同实现差异费率。

（3）遥感评估流程

通过多次森林灾害遥感评估的经验，逐步形成了上下联动、二阶段遥感评估的技术流程。上下联动是指总公司负责技术支持，分公司及分支公司负责确定承保范围、承保标的类型、现场查勘及复勘等工作。二阶段遥感评估是指根据报案信息的遥感初评，查勘验证后的遥感复评。其技术流程包括：分公司火灾报案、上下联动收集数据资料、遥感分级定损、现场抽验、联合复勘、撰写理赔报告 6 个环节。

（三）农业保险查勘定损新技术应用

1. 种植业保险"天空地"多遥感协同采集及辅助决策平台

中华联合财产保险股份有限公司种植业保险"天空地"多遥感协同采集及辅助决策平台覆盖小麦、玉米、森林、马铃薯等主承保作物，针对旱灾、洪涝灾害、火灾、病虫害、风雹等灾害类型，综合应用高分遥感卫星数据源，结合无人机航拍和地面查验体系，实现对风险多层次、全覆盖的高效评估，辅助中宏观决策。一是实现了遥感评估常态化。在冬小麦主承保区开展长势监测和产量预估，在马铃薯和大蒜主承保区开展种植面积监测统计，为承保展业提供数据支撑，及时启动春季大面积森林火灾损失监测，快速统计损失面积，应对水灾、风灾和旱灾等重大灾害，本着重大灾害遥感应用优先的原则，启动重大灾害应急响应，科学指导决策和经营。二是无人机查验便捷化。实践证明，尤其是 2016—2017 年，中小型多悬翼无人机在多地森林火灾、烟叶水灾、蔬菜雹灾、马铃薯查验、暴雨涝灾、果树验险验标等农险实务中得到了实际应用，效果显著，提供了大量有价值的灾害定量评估结果。三是地面信息采集协同化。承保信息采集的核心环节是验险验标，确保验标数量达标、数据真实可靠，理赔以抽样查勘为主，验证遥感评估结果，预估受灾地区的整体损失情况，为精确和快速理赔提供支撑。

2. 养殖险"前中后"一体化"互联网＋"服务平台

中华联合财产保险股份有限公司养殖险"前中后"一体化"互联网＋"服务平台，其前端为"农险 E 键通"App 信息采集平台，通过互联网前端用户扩大信息采集群体，提高采集效率，实现精准采集；中端为数据处理平台，将信息数据、图片分类、矢量数据进行系统化、规范化集中处理和校验，确保中端数据管控和品质管理的质量；后端为综合服务平台，综合应用物联网、气象、价格指数及基因监测等新技术、新工具，打造农业全产业生态圈服务链，最大限度地应用互联网技术打造线上线下一体化的服务平台。

该服务平台实现了标准化和流程化的精准便捷采集，有效完善承保理赔档案的真实性和完整性；技术上满足与核心业务系统、呼叫系统的数据交互和验证，具有与公司其他业务系统"快速整合"的兼容性。自 2017 年 5 月上线以来，前端"农险 E 键通"App 日均处理养殖险案件 1800 件，随着使用机构的不断扩大，日均处理量在逐渐上升，截至 2017 年 12 月底，已累计处理案件 26.5 万件，最快能在 2 小时内完成结案支付，极大缩短了理赔时效，有力地支持和保障了当前农险业务发展的需要。

参 考 文 献

1. Anselin L. , 1988, "Lagrange Multiplier Test Diagnostics for Spatial Dependenceand Spatial Heterogeneity", *Geographical Analysis*, 20 (1).

2. Ashley Elaine Hungerford, Barry Goodwin, 2014, "Bigassumptions for Small Sample Sincropinsurance", *Agricultural Finance Review*, 74 (4).

3. Barnett B. J. , Mahul O. , 2007, "Weather Index Insurance for Agriculture and Rural Areasin Lower – Income Countries", *American Journal of Agricultural Economics*, 89 (5).

4. Sommarat Chantarat, Andrew G. Mude, Christopher B. Barrettand Calum G. Turvey, 2015, "Welfare Impacts of Index Insurance in the Presence of a Poverty Trap", *Working Paper*, 2015.

5. Chavas J. P. and M. T. Holt, 1996, "Economic Behaviorunder Uncertainty: AJoint Analysis of Risk Preferences and Technology", *Review of Economics and Statistics*, 78 (2).

6. Chong W. K. , Phipps T. T. , Anselin L. , 2003, "Measuring the Benefit so Fairquality Improvement: Aspatial Hedonicapproach", *Journal of Environmental Economics & Management*, 45 (1).

7. Cummins J. D. , 2006, "Should the Government Provide Insurance for Catastrophes?", *Federal Reserve Bank of St. Louis Review*, 88 (4).

8. Froot K. A. , 2001, "The Market for Catastrophe Risk: A Clinical Examination", *Journal of Financial Economics*, 60 (2 – 3).

9. Glauber J. W. , 2004, "Crop Insurance Reconsidered", *American Journal of Agricultural Economics*, 86 (5).

10. Joshua D. Woodard, Gary D. Schnitkey, Bruce J. Sherrick, Nancy Lozano – Gracia, LucAnselin, 2012, "Aspatial Econometrican Alysis of Lossex Periencein the U. S. Cropinsurance Program", *The Journal of Risk and Insurance*, 79 (1).

11. Lubowski R. N. , S. Bucholtz, R. Claassen, M. J. Roberts, J. C. Cooper, A. Gueorguievaand R. Johansson, 2006, "Environmental Effects of Agricultural Land – Use Change: The Roleof Economicsand Policy", *Economic Research Service Report*, 25.

12. Coble, Keith H. , and B. J. Barnett, 2013, "Why Do We Subsidize Crop Insurance?",

AmericanJournal of Agricultural Economics, 95（2）.

13. Congressional Research Service, "Federal CropInsurance: Background", *Working Paper*, R. 40532, Membersand Committees of Congress, 2015 – 1 – 9.

14. Makki S. S. and A. Somwaru, 2001, "Evidence of Adverse Selectionin Crop Insureance Markets", *Journal of Riskand Insurance*, 68（4）.

15. Miranda, M. and Glauber, J., 1997, "Systemicrisk, Reinsurance, and the Failure of Cropinsurance Markets", *American Journal of Agricultural Economics*, 79（1）.

16. Paul Mosley, R. Krishnamurthy, 1994, "Cancropin Surance Work? The Case of India", *The Journal of Development Studies*, 31（3）.

17. Rosenzweig M. R., Binswanger H. P., 1993, "Wealth, Weather Risk and the Compositionand Profitability of Agricultural Investments", *Economic Journal*, 103（416）.

18. Schnitkey G. D., Sherrick B. J., and Irwin S. H., 2003, "Evaluation of Risk Reductions Associated with Multi – Peril Crop Insurance Products", *Agricultural Finance Review*, 63（1）.

19. Wang H. H., Zhang H., 2003, "On the Possibility of Private Cropin Surance Market: Aspatial Statistics Approach", *The Journal of Risk and Insurance*, 70（1）.

20. Weiss M. A., Tennyson S., Regan L., 2010, "The Effects of Regulated Premium Subsidieson Insurance Costs: An Empirical Analysis of Automobile Insurance", *Journal of Riskand Insurance*, 33（1）.

21. Young C. E., Vandeveer M. L. and Schnepf R. D., 2001, "Direct Payments, Safety Netsand Supply Response: Production and Price Impacts of U. S. Crop Insurance Programs", *American Journal of Agricultural Economics*, 83（5）.

22. Alizadeh F., Goldfarb D., "Second – ordercone Programming", *Mathematical Programming*, 2003, 95（1）.

23. Beard R. E., Pentikainen T. and Pesonen E., "Risk Theory". 2 oned., Chapman and Hall, London, 1977.

24. Ben – Tal A., Nemirovskiĭ A. S., "Lectureson Modern Convexoptimization: Analysis, Algorithms, and Engineering Applications", Siam, 2001.

25. Borch K, "The Safety Loading of Reinsurance Premiums", *Scandinavian Actuarial Journal*, 1960,（3 – 4）.

26. Borch K., "The Optimal Reinsurance Treaty", The ASTIN Bulletin, 1969, 5（2）.

27. Bu Y., "On Opticnal Reinsurance Arrangement", *Casualty Actuarial Society Forum*, 2005.

28. Cai J., Tan K. S., "Optimal Retention for A Stop – Loss Reinsurance under the VaR and

CTE Risk Measures" *Astin Bulletin*, 2007, 37 (1).

29. Cai J., Tan K. S., Weng C, et al., "Optimal Reinsurance under VaR and CTE Risk Measures", *Insurance: Mathematicsand Economics*, 2008, 43 (1).

30. Denuit M., "The Exponential Premium Calculation Principle Revisited", *Astin Bulletin*, 1999, 29.

31. Froot K., Posner S., "Issues in the Pricing of Catastrophe Risk", *Trade Notes*, Marsh & McLennan Securities, 2000.

32. Froot K. A., "The Market for Catastrophe Risk: Aclinical Examination", *Journal of Financial Economics*, 2001, 60 (2).

33. Fu L., Khury C. K., "Optimal Layers for Catastrophe Reinsurance", *Variance*, 2010, 4 (2).

34. Gajek L., Zagrodny D., "Insurer's Optimal Reinsurance Strategies", *Insurance: Mathematics and Economics*, 2000, 27 (1).

35. Gajek L., Zagrodny D., "Optimal Reinsurance Under General Risk Measures", *Insurance: Mathematics and Economics*, 2004, 34 (2).

36. Gerber H. U., "An Introduction to Mathematical Risk Theory", Philadelphia: S. S Huebner Foundation for Insurance Education, Whart on School, University of Pennsylvania, 1979.

37. Grant M., Boyd S., Ye Y., "CVX: Matlab Software for Disciplined Convex Programming", (web pageand soft ware), Version2, 0beta, http://cvxr.com/cvx/download/, 2013.

38. Guerra M., Centeno M. L., "Optimal Reinsurance Policy: The Adjustment Coefficient and the Expected Utility Criteria", *Insurance: Mathematics and Economics*, 2008, 42 (2).

39. Kahn P. M., "Some Remarks on a Recent Paper by Borch", *AstinBulletin*, 1961, 1.

40. Kaluszka M., "Mean – Variance Optimal Reinsurance Arrangements", *Scandinavian Actuarial Journal*, 2004, 2004 (1).

41. Khury C. K., "Discussionon 'Actuarial Applications in Catastrophe Reinsurance", Proceedings of the Casualty Actuarial Society 60, 1973.

42. Lobo M. S., Vandenberghe L., Boyd S., et al., "Applications of Second – Order Cone Programming", *Linear Algebra and Its Applications*, 1998, 284 (1).

43. Ohlin J., " On a Class of Measures of Dispersion with Application to Optimal Reinsurance", *Astin Bulletin*, 1969, 5 (2).

44. Tan K. S., Weng C. G., Zhang Y., "VaR and CTE Criteria for Optimal Quota – Share and Stop – Loss Reinsurance", *North American Actuarial Journal*, 2009, 13.

45. Venter G. G. , "Measuring Value in Reinsurance", CAS Forum, 2001.

46. Ashok K. , Barry K. , "Adoption of Crop Versus Revenue Insurance: A Farm – Level A-nalysis", *Agricultural Finance Review*, 2003 (3) .

47. Brockett, Goldens, Wen, Yang, "Pricing Weather Derivatives Using the Indifference Pricing Approach", *North American Actuarial Journal*, 2012 (3) .

48. Coble, Heifner, Zuniga, "Implications of Crop Yield and Revenue Insurance for Producer Hedging", *Journal of Agricultural and Resource Economics*, 2000 (2) .

49. Dismukes R. , "Crop Insurance in the United States", Paper Submitted to: International Conference of Agricultural Insurance and Income Guarantees, 2002.

50. Golden, Wang, Yang, "Handling Weather Related Risks Through The Financial Markets: Considerations of Credit Risk, Basis Risk, and Hedging", *The Journal of Risk and Insurance*, 2007 (2) .

51. Kellner, Gatzert, "Estimating the Basis Risk of Index – Linked Hedging Strategies Using Multivariate Extreme Value Theory", *Journal of Banking & Finance*, 2013 (37) .

52. Mahul, Wright, "Designing Optimal Crop Revenue Insurance", *American Journal of Agricultural Economics*, 2003 (3) .

53. Sommarat Chantarat etc. , "Designing Index – Based Livestock Insurance for Managing Asset Risk in Northern Kenya", *The Journal of Risk and Insurance*, 2013.

54. Sommarat Chantarat etc. , "Willingness to Pay for Index Based Livestock Insurance: Results From a Field Experiment in Northern Kenya", *Working Paper*, Cornell University, Ithaca, NY.

55. Agénor P. R. , and Aizenman J. , 2010, "Aid Volatility and Poverty Traps", *Journal of Development Economics*, 91 (1) .

56. Aryeetey G. C. , Westeneng J. , 2016, "Can Health Insurance Protect Against Out – of – Pocket and Catastrophic Expenditures and also Support Poverty Reduction? Evidence from Ghana's National Health", *International Journal for Equity in Health*, 15 (1) .

57. Azariadis C. , and Stachurski J. , 2005, "Poverty Traps", In P. Aghion and S. N. Durlauf, eds. , *Handbook of Economic Growth*, Elsevier, Vol. 1, Part A, Chap. 5.

58. Baland J. M. , and Francois P. , 1996, "Innovation Monopolies and The Poverty Trap", *Journal of Development Economics*, 49 (1) .

59. Barrett C. B. , and Carter M. R. , 2013, "The Economics of Poverty Traps and Persistent Poverty: Empirical and Policy Implications", *Journal of Development Studies*, 49 (7) .

60. Barrett C. B. , Carter M. R. , and Ikegami M. , 2013, "Poverty Traps and Social Protection", *Working Paper*.

61. Buera F. J. , 2009, "A Dynamic Model of Entrepreneurship with Borrowing Constraints: Theory and Evidence", *Annals of Finance*, 5 (3 – 4) .

62. Carter M. R. , and Lybbert T. J. , 2012, "Consumption Versus Asset Smoothing: Testing the Implications of Poverty Trap Theory in Burkina Faso", *Journal of Development Economics*, 99 (2) .

63. Carter M. R. , Little P. D. , and Mogues T. , et al. , 2007, "Poverty Traps and Natural Disasters in Ethiopia and Honduras", *World Development*, 35 (5) .

64. Chantarat S. , Mude A. G. , and Barrett C. B. , et al. , 2009, "The Performance of Index Based Livestock Insurance: Ex Ante Assessment in the Presence of a Poverty Trap", *Working Paper.*

65. Chantarat S. , Mude A. G. , and Barrett C. B. , et al. , 2017, "Welfare Impacts of Index Insurance in the Presence of a Poverty Trap", *World Development*, 94.

66. Ghatak M. , 2015, "Theories of Poverty Traps and Anti – Poverty Policies", *World Bank Economic Review*, 29 (suppl_1) .

67. Hamid S. A. , Roberts J. , and Mosley P. , 2011, "Can Micro Health Insurance Reduce Poverty? Evidence from Bangladesh", *Journal of Risk & Insurance*, 78 (1) .

68. Janzen S. A. , Carter M. R. , and Ikegami M. , 2016, "Asset Insurance Markets and Chronic Poverty", *Working Paper.*

69. Kovacevic R. M. , and Pflug G. C. , 2011, "Does Insurance Help to Escape the Poverty Trap? – A Ruin Theoretic Approach", *Journal of Risk & Insurance*, 78 (4) .

70. Kraay A. , and Raddatz C. , 2007, "Poverty Traps, Aid, and Growth", *Journal of Development Economics*, 82 (2) .

71. Laajaj R. , 2017, "Endogenous Time Horizon and Behavioral Poverty Trap: Theory and Evidence from Mozambique", *Journal of Development Economics*, 127.

72. Sarma S. P. , Kannan Philip, N. E. , 2012, "Utilization of Comprehensive Health Insurance Scheme, Kerala: A Comparative Study of Insured and Uninsured Below – Poverty – Line Households", *Bmc Proceedings*, 6 (5) .

73. Santos P. , and Barrett C. B. , 2011, "Persistent Poverty and Informal Credit", *Journal of Development Economics*, 96 (2) .

74. Sood N. , Bendavid E. , Mukherji A. , et al. , 2014, "Government Health Insurance for People below Poverty Line in India: Quasi – Experimental Evaluation of Insurance and Health Outcomes", *BMJ*, 349.

75. Dean G. W. , Heady E. O. , "Changes in Supply Response and Elasticity for Hogs", *Journal of Farm Economics*, 1958, 40 (4) .

76. Breimyer, Harold F. Emerging Phenomenon：A Cycle in Hogs", *Journal of Farm Economics*, 1959, 41 (4).

77. Chavas J. P., Holt M. T., "On Nonlinear Dynamics：The Case of the Pork Cycle", *American Journal of Agricultural Economics*, 1991, 73 (3).

78. Streips M. A., "The Problem of the Persistent Hog Price Cycle：A Chaotic Solution", *American Journal of Agricultural Economics*, 1995, 77 (5).

79. Miller D. J., and Hayenga M. L., "Price Cycles and Asymmetric Price Transmission in the U. S. Pork Market", *American Journal of Agricultural Economics*, 2001, 83 (3).

80. Holt M. T., Craig L. A., "Nonlinear Dynamics and Structural Change in the U. S. Hog – Corn Cycle：A Time – Varying STAR Approach", *American Journal of Agricultural Economics*, 2006, 88 (1).

81. Berg E., Huffaker R., "Economic Dynamics of the German Hog – Price Cycle", *International Journal on Food System Dynamics*, 2015, 2 (6).

82. Burdine K. H., Yoko K., Maynard L. J., et al., "Livestock Gross Margin – Dairy：An Assessment of Its Effectiveness as a Risk Management Tool and Its Potential to Induce Supply Expansion", *Journal of Agricultural & Applied Economics*, 2014, 46 (2).

83. Burdine K., Mosheim R., Blayney D., et al., "Livestock Gross Margin – Dairy Insurance：An Assessment of Risk Management and Potential Supply Impacts", *Social Science Electronic Publishing*, 2014.

84. 周县华，范庆泉，周明，李志刚. 中国和美国种植业保险产品的比较研究 ［J］. 保险研究，2012 (7).

85. 庹国柱，朱俊生. 关于我国农业保险制度建设几个重要问题的探讨 ［J］. 中国农村经济，2005 (6).

86. 庹国柱. 我国农业保险的发展成就、障碍与前景 ［J］. 保险研究，2012 (12).

87. 朱俊生，庹国柱. 关于我国专业性农业保险公司发展问题的调查与思考 ［J］. 保险职业学院学报（双月刊），2011 (2).

88. 伍玮. 我国专业农业保险公司经营效率研究 ［D］. 硕士学位论文，长沙：湖南大学，2016.

89. 庹国柱，朱俊生. 对相互保险公司的制度分析——基于对阳光农业相互保险公司的调研 ［J］. 经济与管理研究，2008 (5).

90. 庹国柱，朱俊生. 建立我国政策性农业保险制度问题探讨 ［J］. 首都经济贸易大学学报，2004 (6).

91. 庹国柱. 论农业保险中的 "协会保险人" 及其监管 ［J］. 中国保险，2013 (12).

92. 李鸿敏，庹国柱. 农村合作经济组织经营政策性农业保险问题探讨 ［J］. 中国合作经济，2008（6）.

93. 庹国柱，朱俊生. 完善我国农业保险制度需要解决的几个重要问题［J］. 保险研究，2014（2）.

94. 王丽. 企业的组织结构模式选择研究［J］. 北方经贸，2009（11）.

95. 林志扬. 从治理结构与组织结构互动的角度看企业的组织变革［J］. 中国工业经济，2003（2）.

96. 段求平. 中外保险公司组织结构设计初探［J］. 国际金融研究，2007（7）.

97. 陆晓龙. 我国保险公司组织结构优化研究［D］. 博士学位论文，南开大学研究生院，2010.

98. 程新生. 公司治理、内部控制、组织结构互动关系研究［J］. 会计研究，2004（4）.

99. 袁力. 保险公司治理：风险与监管［J］. 中国金融，2010（2）.

100. 李维安，李慧聪，郝臣. 保险公司治理、偿付能力与利益相关者保护［J］. 中国软科学，2012（8）.

101. 刘素春. 保险公司治理的特殊性研究——基于利益相关者理论［J］. 保险研究，2010（5）.

102. 吴定富. 我国保险公司治理结构建设的理论与实践［J］. 中国保险，2006（6）.

103. 罗胜. 保险公司治理评价与治理监管研究［J］. 天津：南开大学商学院，2012.

104. 王乐夫，陈干全. 公共管理的公共性及其与社会性之异同析［J］. 中国行政管理，2002（6）.

105. 王乐夫. 论公共管理的社会性内涵及其他［J］. 政治学研究，2001（3）.

106. 李华. "保险＋期货"探索农产品价格改革的金融逻辑［J］. 中国期货，2016（2）.

107. 王克，张峭，肖宇谷等. 农产品价格指数保险的可行性［J］. 保险研究，2014（1）.

108. 张峭. 农产品价格保险产品设计与风险管理新模式的分享［R］. 工作论文，第十届中国期货分析师暨场外衍生品论坛，2016 - 4 - 24.

109. 张峭，汪必旺，王克. 我国生猪价格保险可行性分析与方案设计要点［J］. 保险研究，2015（1）.

110. 周县华，廖朴. 美国农业安全网对我国农业保险的启示［R］. 工作论文，南开大学农业保险研究中心，2016 - 7 - 8.

111. 邓国，王昂生，周玉淑，李世奎. 中国省级粮食产量的风险区划研究［J］. 南京气象学院学报，2002（25）.

112. 丁少群. 农作物保险费率厘定问题的探讨［J］. 西北农业大学学报，1997（25）.

113. 李新运，郑新奇，闫弘文. 坐标与属性一体化的空间聚类方法研究［J］. 地理与地理信息科学，2004（20）。

114. 庹国柱，丁少群. 农作物保险风险分区和费率分区问题的探讨［J］. 中国农村经济，1994（8）.

115. 史培军. 全国种植业保险区划. 中国保险监督管理委员会部级研究课题，2011.

116. 叶涛，聂建亮. 基于产量统计模型的农作物保险定价研究进展［J］. 中国农业科学，2012（45）.

117. 周县华. 民以食为天：关于农业保险研究的一个文献综述［J］. 保险研究，2010（5）.

118. 席景科，谭海樵. 空间聚类分析及评价方法［J］. 计算机工程与设计，2009（30）.

119. 安毅，方蕊. 我国农业价格保险与农产品期货的结合模式和政策建议［J］. 经济纵横，2016（7）.

120. 巴曙松. 对我国农业保险风险管理创新问题的几点看法［J］. 保险研究，2013（2）.

121. 蔡胜勋. 农产品期货市场发展的前置条件及其制约因素［J］. 改革，2009（1）.

122. 蔡胜勋，秦敏花. 我国农业保险与农产品期货市场的连接机制研究——以"保险＋期货"为例［J］. 农业现代化研究，2017（3）.

123. 程百川. 我国开展"保险＋期货"试点的现状与思考［J］. 西部金融，2017（5）.

124. 董婉璐，杨军，程申，李明. 美国农业保险和农产品期货对农民收入的保障作用——以2012年美国玉米遭受旱灾为例［J］. 中国农村经济，2014（9）.

125. 房瑞景，崔振东，周腰华，陈雨生，中美玉米期货市场价格发现功能的实证研究［J］. 价格月刊，2007（12）.

126. 高伟. 如何推动中国农产品期货市场发展［N］. 中国经济时报，2007－7－17.

127. 胡祥，张连增. 基于期望效用函数最大化的最优再保险策略［J］. 统计与决策，2017（8）.

128. 刘凤军，刘勇. 期货价格与现货价格波动关系的实证研究——以农产品大豆为例［J］. 财贸经济，2006（8）.

129. 刘庆富，王海民. 期货市场与现货市场之间的价格研究——中国农产品市场的经验［J］. 财经问题研究，2006（4）.

130. 李敬伟. "保险＋期货"试水农产品价格保险［N］. 中国信息报，2015－08－19.

131. 刘岩. 中美农户对期货市场利用程度的比较与分析［J］. 财经问题研究，2008（5）.

132. 刘岩. 期货市场服务"三农"中的"公司＋农户"模式研究［J］. 经济与管理研究，2008（4）.

133. 刘岩、于左. 美国利用期货市场进行农产品价格风险管理的经验及借鉴［J］. 中国农村经济, 2008（5）.

134. 马龙龙. 中国农民利用期货市场影响因素研究：理论、实证与政策［J］. 管理世界, 2010（5）.

135. 任柏桐. 从"保险＋期货"看我国保险业服务三农新模式［J］. 上海保险, 2017（2）.

136. 孙林. 我国农业保险制度："保险＋期货"的原理、路径及建议［J］. 改革与战略, 2017（9）.

137. 孙蓉, 李亚茹. 农产品期货价格保险及其在国家粮食安全中的保障功效［J］. 农村经济, 2016（6）.

138. 汪五一、刘明星. 目前我国期货市场发展中的问题及解决建议［J］. 经济管理, 2006（10）.

139. 夏益国, 黄丽, 傅佳. 美国生猪毛利保险运行机制及启示［J］. 价格理论与实践, 2015（7）.

140. 唐甜, 单树峰, 胡德雄. 价格保险在农产品风险管理中的应用研究——以上海蔬菜价格保险为例［J］. 上海保险, 2015（6）.

141. 徐欣, 胡俞越, 韩杨, 王沈南. 农户对市场风险与农产品期货的认知及其影响因素分析——基于5省（市）328份农户问卷调查［J］. 中国农村经济, 2010（7）.

142. 杨伟鸽. 美国农业保险发展历程及运作模式［J］. 世界农业, 2014（6）.

143. 张峭, 基于期货市场的农产品价格保险产品设计与风险分散［J］. 农业展望, 2016（4）.

144. 张树忠, 李天忠, 丁涛. 农产品期货价格指数与CPI关系的实证研究［J］. 金融研究, 2006（11）.

145. 张兆义, 郑适, 韩雪. 美国农业保险模式发展及对中国的启示［J］. 社会科学战线, 2008（5）.

146. 祝捷. 创新我国农村社会保障制度［J］. 知识经济, 2008（3）.

147. 王文静. 开展气象指数农业保险的前景分析［J］. 保险职业学院学报, 2011（1）.

148. 张宪强, 潘勇辉. 农业气候指数保险的国际实践及对中国的启示［J］. 社会科学, 2010（1）.

149. 陈盛伟. 农业气象指数保险在发展中国家的应用及在我国的探索［J］. 保险研究, 2010（3）.

150. 谭朵朵. 关于开发天气保险的思考［J］. 上海保险, 2005（9）.

151. 易泳泳, 王季薇等. 草原牧区雪灾天气指数保险设计——以内蒙古东部地区为例

　　［J］．上海保险，2005（9）．

152．达古拉等．草原畜牧业经营状况及面临的问题——以锡林郭勒盟为例［J］．产业
　　　透视，2011（24）．

153．陈素华等．气候变化对内蒙古农牧业生态环境的影响［J］．干旱区资源与环境，
　　　2005（4）．

154．李兴华等．干旱对内蒙古草地牧草返青期的影响［J］．草业科学，2005（9）．

155．孙金涛．内蒙古草原的畜牧业气候［J］．地理研究，1988（1）．

156．张峭，汪必旺，王克，我国生猪价格保险可行性分析与方案设计要点［J］．保险
　　　研究，2015（1）．

157．鞠光伟，王慧敏，陈艳丽等．我国生猪目标价格保险实践的效果评价及可行性研
　　　究——以北京、四川、山东为例［J］．农业技术经济，2016（5）．

158．王克，张峭，张旭光等．猪周期、逆选择和我国生猪价格指数保险的发展［J］．
　　　中国食物与营养，2016（11）．

159．张政伟，杜锐，张在一．生猪价格风险责任分担：基于 EEMD 的分解［J］．保险
　　　研究，2018（4）．

160．孙建明．基于能繁母猪存栏量和猪粮价比的猪肉价格预报［J］．农业工程学报，
　　　2013（13）．

161．辛贤，谭向勇．中国生猪和猪肉价格波动因素测定［J］．中国农村经济，1999
　　　（5）．

162．李秉龙，何秋红．中国猪肉价格短期波动及其原因分析［J］．农业经济问题，
　　　2007（10）．

163．毛学峰，曾寅初．基于时间序列分解的生猪价格周期识别［J］．中国农村经济，
　　　2008（12）．

164．潘方卉．生猪价格波动周期规律的实证检验［J］．统计与决策，2016（17）．

165．蔡勋，陶建平．货币流动性是猪肉价格波动的原因吗——基于有向无环图的实证
　　　分析［J］．农业技术经济，2017（3）．

166．苗珊珊．突发事件信息冲击对猪肉价格波动的影响［J］．管理评论，2018（9）．

167．罗千峰，张利庠．基于 B - N 分解法的我国生猪价格波动特征研究［J］．农业技
　　　术经济，2018（7）．